우리가 정말 알아야 할 우리 음식 백가지 2

펴낸곳 / (주)현암사
펴낸이 / 조미현
글 / 한복진
사진 / 한복려
감수 / 황혜성

인쇄 / 영프린팅 · 한교원색
제책 / 쌍용제책사
표지 디자인 / PH413

펴낸날 / 1998년 12월 15일
9쇄 발행 / 2009년 7월 30일
등록일 / 1951년 12월 24일 · 10-126

주소 / 서울시 마포구 서교동 442-46
전화 / 365-5051 · 팩스 / 313-2729
E-mail / editor@hyeonamsa.com
홈페이지 / www.hyeonamsa.com

ⓒ 한복진, 한복려 1998

*잘못된 책은 바꾸어 드립니다.
*지은이와 협의하여 인지는 생략합니다.

ISBN 978-89-323-1292-7 03590

우리가 정말 알아야 할
우리 음식 백가지 2

|한복진 글|한복려 사진|황혜성 감수|

현암사

책머리에

사람은 누구나 제 복(福)을 타고난다고 한다. 내 이름에 '福' 자가 붙어서인지 남보다 더 많은 복을 받고 큰 어려움 없이 이제껏 잘 살아온 것 같다. 특히 내게 더 큰 복이 있다면 귀하고 맛난 음식을 늘 먹어 볼 수 있는 식복(食福)이 있다는 것이다.

어릴 때부터 어머니 덕분에 맛난 음식 맛을 구별할 수 있었고, 커서는 내가 만들어 모두에게 나누어 주는 즐거움 또한 아주 컸다. 더 나이 들어 음식 만드는 솜씨도 늘었고, 철마다 새로 나오는 햇차, 죽순, 매실, 송이, 웅어, 황복, 참게 등 진귀한 음식 재료를 찾아서 열심히 돌아다녔다. 한편 세계 여러 나라의 음식을 맛보고 배우기 위해서도 노력하였다. 한국을 떠나서 외국인들에게 한국 음식을 가르치고 알리면서 우리 한국 음식의 멋과 맛을 더 깊이 깨닫게 되었고, 좋은 점과 부족한 점을 집어낼 수도 있게 되었다.

전통 음식을 지켜 나가는 일만을 일생 업으로 삼고 살아오신 필자의 어머니 황혜성 여사는 28년 전에 궁중 음식이 국가중요문화재로 지정될 수 있도록 노력하셨고, 스승인 한 상궁님이 돌아가신 후에는 인간문화재로 지정되셨다. 어머니께서는 혼자서 어렵게 노력하여 닦아 놓으신 길을 지금은 세 딸이 이어받고 있어 참으로 다행스럽게 여기신다.

세월은 반드시 흘러가지만, 전통은 올바르게 지키고 전해야 한다. 먹는 일은 너무나 일상적인 것이어서 많은 사람이 문화라는 말을 붙이기에 주저한다. 그러나 음식은 민족마다 독특한 문화 양식이다. 100여 년 전 옛날 책에 나오는 '효종갱, 열구자탕, 수정회, 너비아니, 석류탕, 석탄병' 등 이름도 아름다운 우리 음식은 점점 잊혀져 가고, 요즘은 '뼈다귀해장국, 부대찌개, 쇠머리국밥, 통돼지구이' 등 천한 이름의 음식이 그 자리를 차지하고 있다. 우리는 아름답고 좋은 것은 지키고 후세에 남겨야 할 사명이 있다.

오년 전쯤 나는 현암사의 '우리가 정말 알아야 할' 시리즈 중 꽃, 나무, 나비, 짚풀문화 등의 책을 읽으면서 너무나 감격하고 그 책의 필자들을 무던히 흠모하였다. 우리 나라 복식의 대가 고(故) 석주선 교수님은 당시 '우리 옷 백가지'

의 출간을 의논 중이셨다. 석 교수님께서는 우리 옷만이 아니라 우리 음식에 대한 애정도 많으셔서 어머니의 뒤를 이어받은 우리 자매를 기특히 여기시며 평소에 아끼시던 부엌 도구나 옛 문헌을 손수 주시면서 열심히 하라고 늘 격려해 주곤 하셨다. 우리 세 자매는 각자 다른 장소에서 일을 하고 있지만 어머니께서 일생 동안 이루신 모든 유형·무형 자료를 출판하고 전수 교육을 통하여 후세에 남길 수 있도록 노력하고 있다.

얼마 후에 우리 가족은 『우리가 정말 알아야 할 우리 음식 백가지』의 출간에 관하여 의논하였고, 엄청나고 귀한 일을 겁없이 내가 맡게 되었다. 세 딸 중에 유난히 자료 수집과 정리에 부지런을 떨고, 더구나 대학의 긴 방학 기간을 활용할 수 있다는 점 때문이었다. 일정에 쫓겨 허둥지둥하면서 자투리 시간까지 알뜰하게 썼는데도 꼬박 3년이 걸렸다. 또 생각보다 분량이 많아 결국 두 권으로 꾸미게 되었다.

드디어 이 책이 세상에 나오게 된다니 부끄럽고 두려운 마음이 앞선다. 한편으로는 누구나 읽을 수 있는 음식책과 '우리 음식에 관한 이야기'를 겸한 '우리 음식 정본'이 되었다는 작고도 큰 성취감에 가슴이 뿌듯하다.

이처럼 큰 일을 내게 맡겨 주신 현암사 조근태 사장님, 형난옥 주간님께 감사드린다. 또한 변변치 못한 재료(원고)를 드렸는데도 불구하고 정성껏 다듬고, 데치고, 지지고, 볶고, 간을 맞추어 맛있고 볼품 있는 음식(책)으로 완성시켜 주신 편집부의 정차임, 황종환 씨에게도 감사드린다.

이 책을, 아직도 할머니이기를 거부하시고 왕성하게 활동하고 계시는 우리 엄마(?) 팔순 기념 선물로 드리고 싶고, 100세가 넘을 때까지 건강하시기를 간절히 빈다. 또 항상 큰 사랑으로 나를 이끌어 주고 보살펴 주시는 복려와 복선 언니에게도 깊이 감사드린다.

1998년 11월
춘천 동면 노루목에서 한복진

차례

제5부 육류 찬

- 육❶ 불고기 561
- 육❷ 육회, 갑회 565
- 육❸ 전골 569
- 육❹ 산적 573
- 육❺ 누름적 577
- 육❻ 갈비구이 580
- 육❼ 족편, 전약 584
- 육❽ 소 내장 음식 588
- 육❾ 순대, 편육 593
- 육❿ 육포 596
- 육⓫ 돼지고기 음식 600
- 육⓬ 닭고기 음식 603
- 육⓭ 꿩고기 음식 608
- 육⓮ 쇠고기 밑반찬 613

제6부 어류 찬

- 어❶ 민어, 농어, 숭어 681
- 어❷ 도미, 도루묵 686
- 어❸ 홍어, 가오리 690
- 어❹ 넙치, 가자미, 병어, 서대 694
- 어❺ 붕어, 잉어, 쏘가리, 가물치 698
- 어❻ 청어, 고등어, 삼치, 전갱이 703
- 어❼ 명태, 대구 707
- 어❽ 조기 712
- 어❾ 준치, 갈치 716
- 어❿ 장어, 메기 720
- 어⓫ 아귀, 복어 725
- 어⓬ 오징어, 낙지, 문어 730
- 어⓭ 꽃게 735
- 어⓮ 새우 740
- 어⓯ 멸치, 뱅어 746
- 어⓰ 대합, 홍합, 꼬막 751
- 어⓱ 굴, 전복, 소라 757
- 어⓲ 해삼, 멍게, 성게 763

제7부 채소 찬

부록

- 채❶ 콩나물, 숙주 841
- 채❷ 무, 배추 845
- 채❸ 시금치, 근대, 쑥갓 850
- 채❹ 봄나물 855
- 채❺ 산채 862
- 채❻ 파, 부추, 미나리 868
- 채❼ 채소쌈 873
- 채❽ 감자, 고구마, 토란 878
- 채❾ 오이, 동아 883
- 채❿ 호박, 박 888
- 채⓫ 가지, 머위, 연근 892
- 채⓬ 고추, 마늘 895
- 채⓭ 버섯 901
- 채⓮ 묵 908
- 채⓯ 두부 914
- 채⓰ 잡채, 죽순채, 겨자채 919
- 채⓱ 구절판 926
- 채⓲ 녹두빈대떡 931
- 채⓳ 미역, 김, 다시마, 우무 934
- 채⓴ 달걀 940

- 부❶ 한국 음식의 종류 985
- 부❷ 한국 음식의 양념과 고명 993
- 부❸ 한국의 식사 예법 998
- 부❹ 한국의 일상식 상차림 1004
- 부❺ 통과 의례와 음식 1011
- 부❻ 제례 음식 1018
- 부❼ 혼례 음식 1023
- 부❽ 한국의 부엌과 부엌 세간 1028
- 부❾ 향토 음식 1043
- 부❿ 명절 음식과 시식(時食) 1062
- 부⓫ 궁중 음식 1077
- 부⓬ 한국의 옛 음식책 1086
- 부⓭ 한국 식생활의 역사 1093

참고 문헌 1102

찾아보기 1110

● 1권 차례

제1부 밥, 죽, 면

밥❶ 쌀밥 49
밥❷ 잡곡밥 55
밥❸ 콩나물밥, 김치밥 60
밥❹ 비빔밥 63
밥❺ 떡국 68
밥❻ 흰죽, 팥죽, 콩죽, 녹두죽 72
밥❼ 우유죽, 잣죽, 깨죽 78
밥❽ 전복죽, 닭죽, 장국죽, 채소죽 83
밥❾ 미음, 응이, 범벅 87
밥❿ 국수장국, 면신선로, 어복쟁반 92
밥⓫ 냉면 97
밥⓬ 만두 101
밥⓭ 수제비, 칼국수 105
밥⓮ 콩국수, 깨국수 110

제2부 탕, 국, 찌개

탕❶ 장국밥, 설렁탕, 곰탕 153
탕❷ 삼계탕 159
탕❸ 매운탕 163
탕❹ 추어탕 167
탕❺ 신선로 171
탕❻ 육개장, 닭개장 175
탕❼ 해장국 178
탕❽ 개장국 181
탕❾ 맑은장국 186
탕❿ 된장국 192
탕⓫ 된장찌개, 청국장찌개 196
탕⓬ 순두부찌개, 비지찌개 199
탕⓭ 젓국찌개 203
탕⓮ 냉국 206

제3부 떡, 과자, 음료

떡❶ 인절미 277
떡❷ 시루떡 281
떡❸ 설기떡 286
떡❹ 증편 289
떡❺ 약식 292
떡❻ 송편 295
떡❼ 절편, 개피떡 299
떡❽ 두텁떡, 석탄병 303
떡❾ 콩찰떡, 쇠머리떡 306
떡❿ 화전, 부꾸미, 주악 309
떡⓫ 경단, 단자 312
떡⓬ 약과, 만두과, 매작과 316
떡⓭ 숙실과 320
떡⓮ 다식 324
떡⓯ 과편 329
떡⓰ 정과 332
떡⓱ 엿, 엿강정 337
떡⓲ 유과 341
떡⓳ 식혜 345
떡⓴ 화채 349
떡㉑ 수정과, 배숙 354
떡㉒ 미수, 수단, 원소병 358
떡㉓ 제호탕 361
떡㉔ 녹차 364
떡㉕ 과실차, 곡차 369

제4부 저장 음식

저❶ 배추김치 429
저❷ 보쌈김치, 백김치 433
저❸ 고들빼기김치, 갓김치, 파김치 436
저❹ 깍두기, 감동젓무 440
저❺ 동치미, 나박김치, 장김치 444
저❻ 열무김치, 총각김치, 순무김치 448
저❼ 별미 김치 452
저❽ 궁중 김치 457
저❾ 오이지, 오이소박이 461
저❿ 채소 장아찌 465
저⓫ 부각, 튀각 471
저⓬ 젓갈 475
저⓭ 식해 484
저⓮ 어리굴젓, 진석화젓 487
저⓯ 술 490
저⓰ 간장, 된장 500
저⓱ 청국장 508
저⓲ 고추장 511
저⓳ 막장, 집장 517

참고 문헌 521
찾아보기 529

🔵 일러두기

1. 이 책은, 전통 우리 음식의 기원과 유래에서 만드는 법에 이르기까지 우리 음식 문화의 모든 것을 체계적으로 담아 낸 책으로 두 권으로 구성하였다.
2. 음식의 종류에 따라 1권에는 제1부 밥·죽·면, 제2부 탕·국·찌개, 제3부 떡·과자·음료, 제4부 저장 음식으로, 2권에는 제5부 육류 찬, 제6부 어류 찬, 제7부 채소 찬으로 나누어 실었다. 부록에는 한국 음식의 종류와 식사 예법, 상차림, 향토 음식 등을 실어 우리 음식의 체계를 자세히 보여 준다.
3. 각 부의 앞에 음식 만드는 법을 화보와 함께 실어 화보만으로도 훌륭한 우리 음식 조리서로 활용할 수 있게 하였다.
4. 본문과 화보를 서로 찾아보기 쉽게 하기 위해서 1권의 제1부 본문의 밥·죽·면은 화보에 🅱으로, 그 밖에 제2부 탕·국·찌개는 🅣, 제3부 떡·과자·음료는 🅓, 제4부 저장 음식은 🅙 로 표기하였고 2권의 제5부 육류 찬은 🅤, 제6부 어류 찬은 🅐, 제7부 채소 찬은 🅒, 부록은 🅑 로 색깔을 달리하여 표시하였다. 또 본문의 각 편 끝부분에 화보에 실은 음식 이름을 🍲 와 함께 표시하였다.
5. 옛 음식책을 인용한 부분은, 원본이 한자로 쓰어 있거나 옛말이 많아 이해하기 쉽도록 가능한 한 현대어로 풀었다. 음식 이름 '찾아보기'도 실었다.
    6. 뒷부분에 '참고 문헌'을 실어 본문에 나오는 각종 문헌의 제목과 지은이, 연대 등을 찾아보기 쉽게 하였다.
7. 화보의 '만드는 법'에서의 계량 단위는 다음과 같다.
1작은술 - 5ml(cc) / 1큰술 - 15ml(cc) / 1컵 - 200ml(cc) / 1되 - 5컵(1,000ml)
8. 본문과 화보에 나오는 '청장'은 재래식 간장(국간장)을 말하며, 진간장은 '간장'으로 표기하였다.

제5부 육류 찬

불고기 육 ❶

불고기

우리 나라의 대표적인 음식으로 꼽힌다. 요즘은 고기를 얇게 썰어서 달게 만드는 경향이 있다.

재료(4인분)

쇠고기(등심) 400g, 파 2뿌리, 배 ⅓개, 양파 ½개
(가) 간장 4큰술, 설탕 1큰술, 다진 파 2큰술, 다진 마늘 1큰술, 깨소금 1큰술, 참기름 1큰술, 후춧가루 약간

만드는 법

1. 쇠고기는 기름기가 있는 연한 등심으로 0.3cm 두께로 얇게 저미서 적당한 크기로 썬다.
2. 배와 양파는 강판에 곱게 갈아서 합하여 쇠고기를 한 장씩 떼어 넣고 고루 주물러 10분간 재워 둔다.
3. (가)의 조미료를 모두 합하여 양념장을 만들고, 파는 어슷하게 썬다.
4. 과즙에 재웠던 고기에 ③의 양념장을 넣어 고루 주물러서 썬 파를 넣고 30분 정도 재워 둔다.
5. 석쇠나 불고기판을 충분히 달군 다음 기름을 약간 바르고 양념한 불고기를 한 장씩 펼쳐서 굽는다. 고기가 반 이상 익었을 때 뒤집어서 나머지를 살짝 익힌다.

너비아니

고기를 도톰하게 저며 양념한 다음 불에 직접 굽는 음식이다.

재료(4인분)

쇠고기(등심 · 안심) 500g
(가) 간장 4큰술, 배즙(육수) 4큰술,
설탕 2큰술, 다진 파 3큰술,
다진 마늘 1½큰술,
깨소금 1½큰술, 참기름 1½큰술,
후춧가루 약간

만드는 법

1. 연한 등심이나 안심 부위를 0.5cm 두께로 썰어서 잔칼집을 넣어 연하게 한다.
2. (가)의 재료를 모두 합하여 양념 간장을 만든다. 배가 없을 때에는 육수를 넣어도 된다.
3. 고기를 굽기 30분 전쯤에 ②의 양념 간장으로 고루 주물러 간이 배게 해둔다.
4. 뜨겁게 달군 석쇠에 고기를 얹어서 양면을 고루 익힌다. 숯불에 석쇠를 얹어서 직화로 굽는 것이 번철에 굽는 것보다 훨씬 맛있다.

육회, 갑회 육❷

육회

육회에 적합한 쇠고기의 부위는 연하면서도 기름기 없는 우둔이나 홍두깨살이다.

재료(4인분)

쇠고기(우둔) 400g, 배 ½개, 마늘 2쪽, 잣가루 2큰술
(가) 간장 4큰술, 설탕 2큰술, 다진 파 1큰술, 다진 마늘 1큰술, 깨소금 1큰술, 참기름 1½큰술, 후춧가루 약간

만드는 법

1. 우둔살이나 홍두깨살로 준비해 기름이나 힘줄을 말끔히 발라내고 얇게 떠서 채 썬다.
2. 곱게 다진 파, 마늘에 (가)의 다른 조미료를 넣어 양념 간장을 만든다.
3. 배는 껍질을 벗기고 가늘게 채 썰어 설탕물에 잠깐 담갔다 건지고 마늘은 얇게 저민다.
4. 잣은 도마에 종이를 깔고 잘게 다져 가루를 만든다.
5. 채 썬 쇠고기를 양념 간장으로 고루 주물러서 접시에 담고 잣가루를 고루 뿌린다. 배와 마늘을 곁들여 담는다. 쑥갓 등 푸른 잎으로 장식하여도 좋다.

갑회

우둔, 양, 처녑, 간, 콩팥 등 소 내장으로 만든 회이다.

재료(4인분)

쇠간 150g, 처녑 150g,
양 250g, 잣 2큰술
(가) 참기름 1큰술, 소금 1작은술,
통깨 1작은술
(나) 참기름 4큰술, 소금 1큰술,
후춧가루 1작은술

만드는 법

1. 쇠간은 얇은 막을 벗겨서 주름이나 힘줄을 말끔히 발라내고 얇게 떠서 폭 2cm, 길이 4cm 정도로 저민다. (가)의 참기름, 소금, 통깨로 무치거나 잣을 말아 놓는다.
2. 처녑은 얇은 막을 떼어 내고 소금을 뿌려서 주물러 씻는다. 물기를 없애고 간과 같은 크기로 썰어 잣을 가운데 놓고 말아서 간회 옆에 담는다.
3. 양은 되도록 두꺼운 부위로 골라서 소금을 뿌려 주물러 씻는다. 안쪽의 흰색 기름을 떼어 내고 끓는 물에 잠시 넣었다가 건져서 칼등으로 검은 막을 긁어서 깨끗이 손질한 다음 얇게 저미서 잣을 가운데 놓고 말아서 다른 회와 함께 담는다.
4. (나)의 조미료를 고루 섞어 작은 그릇에 따로 내어 회를 찍어 먹는다.

전골 육③

옛 문헌에 따르면 군사들이 진중에서 조리 기구가 변변치 않아, 머리에 썼던 철관(鐵冠)에 고기나 생선을 넣어 끓여 먹었던 데서 유래한 음식이라고 한다.

쇠고기전골

재료(4인분)

쇠고기(등심) 200g, 마른 표고 4개
무 100g, 당근 70g, 숙주 100g,
실파 30g, 양파 100g,
달걀 1개, 소금·참기름 적량,
물 2컵, 후춧가루·간장·청장 적량
(가) 간장 3큰술, 설탕 1½큰술,
다진 파 1큰술, 다진 마늘 1큰술,
참기름 1큰술, 깨소금 1큰술,
후춧가루 약간

만드는 법

1. 쇠고기는 연한 등심이나 우둔살로 준비해 채 썰고, 표고는 불려서 기둥을 떼고 채 썬다.
2. (가)의 조미료로 양념장을 만들어서 채 썬 고기, 표고에 나누어서 고루 양념한다.
3. 무와 당근은 5cm 길이로 납작하게 채 썰고, 숙주는 머리와 꼬리를 따서 끓는 물에 소금을 약간 넣고 살짝 데쳐서 참기름, 소금, 후춧가루를 넣고 무친다.
4. 양파는 길이로 채 썰고, 실파는 5cm 길이로 썬다.
5. 육수 또는 끓는 물 2컵에 소금과 청장으로 간을 싱겁게 맞추어 장국을 준비한다.
6. 양념한 쇠고기와 채소들을 전골 냄비에 색스럽게 돌려 담고, 잣을 고루 뿌리고 더운 장국을 부어 끓인다. 쇠고기와 채소가 익으면 달걀을 가운데에 깨어 넣어 반숙으로 익힌다.

각색전골

재료(4인분)

쇠고기 150g, 마른 표고 4개,
쇠간 100g, 양 200g, 처녑 100g,
무 100g, 당근 70g, 실파 50g,
다홍고추 2개, 소금·청장 적량,
잣가루 2큰술
(가) 간장 2큰술, 설탕 1큰술,
다진 파 4작은술, 다진 마늘 2작은술,
참기름·깨소금 각 2작은술,
후춧가루 약간
(나) 간장 2큰술, 설탕 1큰술,
다진 파 4작은술, 다진 마늘 2작은술,
다진 생강 1작은술,
참기름·깨소금 각 2작은술,
술 1큰술, 후춧가루 약간

만드는 법

1. 쇠고기는 연한 부위로 얇게 저미서 잘게 썰고, 표고는 불려서 채 썬다.
2. 간은 엷은 막을 벗기고 납작납작하게 썰고, 처녑은 안쪽의 얇은 막을 떼어 내어 소금으로 주물러서 씻어 채 썬다. 양은 되도록 두꺼운 것으로 골라서 끓는 물에 잠시 넣었다가 건져 검은 막을 말끔히 벗기고 얇게 저민다.
3. (가)의 양념장으로 채 썬 고기와 표고에 고루 넣어 무친다.
4. (나)의 양념장으로 간, 처녑, 양에 고루 넣어 무친다.
5. 무, 당근, 다홍고추는 길이로 채 썰고, 실파는 다듬어 5cm 길이로 썬다.
6. 육수나 더운물을 소금과 청장으로 싱겁게 간을 맞추어 장국을 준비한다.
7. 양념한 쇠고기와 내장, 채소 등을 전골 냄비에 고루 돌려 담고, 잣가루를 고루 뿌리고 더운 장국을 부어 끓인다.

산적

육 ❹ 꼬치에 꿰어 굽는 것을 '적'이라고 하는데 고기뿐 아니라 계절 채소나 흰떡 등 다양한 재료로 만든다.

사슬적

① 쇠고기와 두부를 고루 양념한다.

② 생선을 꼬치에 꿰어 양념한 고기를 고르게 붙인다.

사슬적

재료(4인분)

생선 흰살(민어·광어·동태) 200g,
쇠고기 150g, 두부 150g
(가) 간장 ½큰술, 소금 1작은술,
참기름 2작은술, 다진 파 2작은술,
다진 마늘 1작은술, 후춧가루 약간
(나) 간장·소금 각 1작은술,
참기름·깨소금 2작은술,
다진 파 2작은술, 다진 마늘 1작은술,
후춧가루 약간, 잣가루 1큰술

만드는 법

1. 생선은 길이 6cm, 폭 1cm 정도의 막대 모양으로 썰어 (가)의 조미료로 고루 무친다.
2. 곱게 다진 쇠고기 살과 물기 없이 꼭 짠 두부를 한데 섞어 (나)의 조미료로 고루 양념한다.
3. 생선을 꼬치에 꿰어 밀가루를 고루 묻힌 다음 ②의 양념한 고기를 생선 사이사이에 채워서 고르게 눌러 붙인다. 또는 생선을 꼬치에 꿰어 뒷면에 양념한 고기를 반대기를 만들어 고르게 붙인다.
4. 석쇠에 굽거나 번철을 달구어서 양면을 지져 낸다.
5. 접시에 담아 잣가루를 뿌리고 초장에 찍어 먹는다.

고기산적

재료(4인분)

실파 100g, 쇠고기(등심) 400g
(가) 간장 2큰술, 설탕 1큰술,
다진 파 2큰술, 다진 마늘 1큰술,
깨소금 1큰술, 참기름 1큰술,
후춧가루 약간

만드는 법

1. 실파 또는 움파를 다듬어 5cm 길이로 잘라 놓는다.
2. 쇠고기는 기름이 없고 연한 부위로 0.5cm 두께로 적을 떠서 잔칼집을 넣어 6cm 길이의 막대 모양으로 조금 길게 썰어 (가)의 양념장으로 고루 버무린다.
3. 대꼬치에 고기와 파를 번갈아 꿰어 잠시 두어 간이 배도록 한다.
양끝에 쇠고기를 끼워야 구울 때에 빠지지 않는다.
4. 석쇠나 번철에 달구어서 양념을 지져 낸다.

누름적 육⑤

파, 참버섯, 고기와 도라지, 파, 미나리 등을 번갈아 가며 꼬치에 꿰어 밀가루와 계란을 입혀 기름에 지지거나 익혀서 꼬치에 뗀 음식이다.

잡누름적

재료(4인분)

쇠고기(우둔) 200g, 전복 1개(200g),
불린 해삼(대) 1개(100g),
마른 표고(대) 2개, 통도라지 100g,
당근 6cm(100g)
(가) 간장 3큰술, 설탕 1½큰술,
다진 파 2큰술, 다진 마늘 1큰술,
깨소금 2작은술, 참기름 2작은술,
후춧가루 약간
(나) 소금 2작은술, 다진 파 4작은술,
다진 마늘 2작은술,
참기름·깨소금 2작은술,
후춧가루 약간

만드는 법

1. 쇠고기는 0.7cm 두께로 넓적하게 적으로 뜬다.
2. 전복은 깨끗이 손질하여 살만 떼고, 불린 해삼은 잘 씻어서 굵기 0.7cm, 길이 6cm의 막대 모양으로 썬다.
3. 마른 표고는 되도록 큰 것으로 골라서 물에 담갔다가 0.8cm 폭으로 썬다.
4. (가)의 양념장으로 쇠고기, 전복, 해삼, 표고에 나누어 고루 무쳐서 각각 볶는다.
5. 통도라지와 당근도 고기와 같은 크기로 썰어 소금물에 살짝 데친다.
각각 (나)의 양념장으로 무쳐 번철에 볶고 바로 넓은 그릇에 펴서 식힌다.
6. 준비한 재료들을 대꼬치에 색을 맞추어 번갈아 꿰고 끝을 가지런히 다듬어서 접시에 돌려 담고 잣가루를 뿌린다.

*옛날 고임상에는 여러 가지 적을 고여서 담고 위에 홍합초나 전복초를 얹는 경우가 많았다.

화양적

화양적 만들기

① 쇠고기 잔칼집 넣기

② 쇠고기 적 지지기

③ 달걀 지단 부치기

화양적

재료(4인분)

쇠고기(우둔) 150g,
마른 표고(대) 5개, 통도라지 150g,
당근 6cm(100g), 오이 1개,
달걀 3개, 소금·참기름 적량
다진 파·다진 마늘 적량
(가) 간장 3큰술, 설탕 1½큰술,
다진 파 2큰술, 깨소금 1큰술,
참기름 1큰술, 후춧가루 약간
(나) 잣가루 2큰술, 육수 3큰술,
소금 ⅓작은술

만드는 법

1. 쇠고기는 살로 두께 0.7cm로 크게 적을 떠서 잔칼집을 많이 넣고 (가)의 양념장 반 분량으로 재웠다가 번철에 지져 6cm 길이의 막대 모양으로 썬다.
2. 마른 표고는 되도록 큰 것으로 골라 물에 담갔다가 0.8cm 폭으로 썰어 (가)의 나머지 양념장으로 고루 무쳐서 번철에 볶는다.
3. 통도라지와 당근은 같은 크기로 썰어 소금물에 살짝 데쳐 내고, 오이는 6cm로 토막 내어 속을 잘라 내고 막대 모양으로 썰어 소금에 절였다가 물기를 짠다.
4. ③의 채소를 각각 소금, 참기름, 다진 파와 마늘로 양념하여 번철에 볶아서 바로 넓은 그릇에 펴서 식힌다.
5. 달걀은 황백으로 나누어 소금을 약간 넣고 0.7cm 두께로 두껍게 부쳐 다른 재료와 같은 크기로 썬다. 지단을 두껍게 하려면 달걀이 미처 익기 전에 접어서 두껍게 한다.
6. (나)의 잣가루에 소금을 넣고 육수를 조금씩 부으면서 저어 뽀얀 잣즙을 만든다.
7. 가는 대꼬치에 준비한 재료들을 색을 맞추어 꿰어서 접시에 돌려 담고 잣즙을 위에 고루 바르거나 잣가루를 그대로 뿌리기도 한다. 가운데에 홍합초를 어울려서 담기도 한다.

갈비구이 육❻

예전에는 '가리구이', '가릿국', '가리찜' 이라고도 불렸던 음식으로 잘 피운 참숯불에 석쇠를 달구어서 구운 것이 맛있다.

쇠갈비구이

재료(4인분)

쇠갈비 1kg
(가) 간장 5큰술, 배(간 것) 5큰술,
설탕 2큰술, 다진 파 3큰술,
다진 마늘 1½큰술,
깨소금 1½큰술,
참기름 1½큰술, 후춧가루 약간

만드는 법

1. 연한 암소 갈비를 6cm 길이로 토막 내어 흰색의 기름 덩어리와 질긴 껍질을 떼어 내고, 살을 0.5cm 정도의 두께로 얇게 저미서 잔칼집을 고루 넣는다.
2. 파, 마늘을 곱게 다지고 배는 갈아서 (가)의 다른 조미료와 모두 합하여 양념 간장을 만든다. 배가 없을 때에는 육수를 대신 넣어도 된다.
3. 고기는 먹기 30분 전쯤에 ②의 양념 간장으로 주물러 간이 고루 배게 한다.
4. 뜨겁게 달군 석쇠에 얹어서 양면을 고루 익힌다.
숯불에 석쇠를 얹어서 직화로 굽는 편이 더 맛있다.

쇠갈비찜

재료(4인분)

쇠갈비 800g, 물 4컵, 무 300g, 당근 200g, 마른 표고(소) 8개, 잣 1작은술, 달걀 1개 (가) 간장 6큰술, 배(간 것) 6큰술, 설탕 3큰술, 다진 파 2큰술, 다진 마늘 2큰술, 참기름 1큰술, 깨소금 1큰술, 후춧가루 약간

만드는 법

1. 쇠갈비는 5cm로 토막을 내어 찬물에 담가 핏물을 빼고 건져서 끓는 물 4컵 정도에 넣어 살짝 익을 정도로 삶아 낸다. 갈비에 붙은 질긴 힘줄이나 기름 덩어리를 떼어 내고 2cm 간격으로 칼집을 넣고 육수는 기름을 걷는다.
2. 배는 껍질을 벗기고 강판에 갈아 (가)의 나머지 조미료와 합하여 양념장을 만든다.
3. 냄비에 삶은 갈비를 담고 (가)의 양념장 $\frac{2}{3}$ 분량을 남기고 넣어 고루 버무리고 육수 2컵 정도를 넣어서 중불에 서서히 끓인다.
4. 무와 당근은 사방 3cm 크기로 썰어 모서리를 다듬어서 삶아 내고, 표고는 물에 불려서 기둥을 뗀다.
5. 갈비가 무르게 익으면 삶은 무, 당근, 표고를 넣고 남은 양념장과 육수를 넣어 약한 불에서 서서히 찜을 한다.
6. 달걀은 흰자와 노른자로 나누어 소금을 약간 넣어 얇게 지단을 부쳐서 완자형이나 골패형으로 썬다.
7. 갈비와 채소에 고르게 맛이 들면 찜기에 담고 위에 달걀 지단과 잣을 뿌린다.

쇠갈비찜구이

재료(4인분)

쇠갈비 1kg (가) 간장 5큰술,
배(간 것) 5큰술,
설탕 2큰술, 다진 파 3큰술,
다진 마늘 1½큰술,
참기름 1½큰술,
깨소금 1½큰술, 후춧가루 약간

만드는 법

1. 쇠갈비는 5cm로 토막을 내어 찬물에 담가 핏물을 빼고 건진다. 물 3컵을 끓이다가 갈비를 넣고 살짝 익을 정도로 삶아내어 질긴 힘줄이나 기름 덩어리를 떼어 내고 2cm 간격으로 칼집을 넣고, 육수는 기름을 걷어 놓는다.
2. 배는 껍질을 벗기고 강판에 갈아 (가)의 나머지 조미료와 합하여 양념장을 만든다.
3. 냄비에 삶은 갈비를 담고 (가)의 양념장 ⅓분량을 남기고 넣어 고루 버무린 후, 갈비가 겨우 잠길 정도로 자작하게 육수를 부어 끓인다.
4. ③의 갈비찜이 국물이 잦아들고 무르게 익었으면 꺼내어 석쇠에 은박지를 깔고 양념장을 바르면서 굽는다.

쇠갈비찜 만들기

① 갈비 핏물 빼기

② 갈비 삶기

③ 삶은 갈비에 칼집 넣기

④ 양념한 갈비에 육수 붓기

⑤ 석쇠에 굽기

족편, 전약 육 ⑦

족편

쇠족과 사태로 만든다. 집에서 만들기가 어려워 점점 사라져 가는 우리 음식이다.

재료(8인분)

쇠족 1개(1kg), 사태 500g, 달걀 3개, 석이 5g, 실고추 약간
(가) 생강 50g, 마늘 4쪽, 파 2뿌리
(나) 소금 1큰술, 간장 1큰술, 다진 마늘 1큰술, 후춧가루 약간
(다) 간장 4큰술, 식초 2큰술, 물 1큰술, 설탕 ½작은술, 다진 파 1작은술, 잣가루 1작은술, 겨자즙 2큰술

만드는 법

1. 쇠족은 말끔히 털을 깎아 내고 솔로 문지른 다음 깨끗이 씻어 토막 낸 다음 물에 담가서 핏물을 뺀다. 냄비에 물을 넉넉히 끓여서 쇠족을 넣고 다시 끓어오르면 건져 깨끗이 씻는다.
2. 한 번 데쳐 낸 쇠족을 냄비에 담고 물을 충분히 부어 삶는다. 끓어오르면 (가)의 파와 생강, 마늘을 저미서 넣고 위에 떠오르는 거품을 가끔 걷어 내면서 약한 불에서 서서히 끓인다.
3. 사태는 쇠족이 반 정도 물렀을 때에 넣어 함께 끓인다. 쇠족의 골수가 쉽게 빠질 정도까지 끓여서 뼈를 추려 내고 체에 쏟아서 국물은 받고 고기 건지는 곱게 다진다.
4. 다진 고기와 국물을 도로 냄비에 담고 (나)의 조미료를 넣어서 약한 불에서 서서히 끓인다.
5. 달걀 2개는 완숙으로 삶고 한 개는 황백으로 나누어 얇게 지단을 부쳐 채 썰고, 석이는 더운물에 불렸다가 깨끗하게 손질하여 가늘게 채 썰고, 실고추는 3cm 길이로 끊어 놓는다.
6. 네모진 쟁반에 물을 고루 묻히고 끓인 족의 국물을 쏟아 부어서 식힌다. 윗면이 식어서 약간 굳으면 달걀 지단, 삶은 달걀, 석이 채, 실고추를 고루 얹어서 랩으로 덮어서 냉장고에 넣어 굳힌다.
7. 족편이 잘 굳으면 거꾸로 엎어서 먹기 좋게 썰어 접시에 담는다.
8. (다)의 조미료로 초간장을 만들어 작은 그릇에 담고 잣가루를 뿌려서 낸다. 겨잣가루를 물로 개어 매운맛을 낸 겨자즙도 따로 낸다.

전약

겨울철에 주로 먹는 음식으로 약재를 넣은 족편의 일종이다.

재료(8인분)

쇠족 1개(1kg), 물 6리터, 꿀 2컵, 대추 3컵, 생강 50g, 정향가루 2작은술, 계핏가루 2작은술, 후춧가루 1작은술

만드는 법

1. 쇠족은 말끔히 털을 깎아 내고 솔로 문지른 다음 깨끗이 씻어 토막을 내어 물에 담가서 핏물을 뺀다. 냄비에 물을 넉넉히 끓여서 쇠족을 넣고 한소끔 끓인 다음 건져서 씻는다.
2. 다시 물을 끓여서 쇠족을 넣고 푹 무르게 삶아 뼈는 추리고 고기는 건져서 곱게 다져 도로 냄비에 담는다.
3. 대추는 물을 붓고 푹 고아서 체에 걸러 놓는다.
4. 족 곤 것에 대추 곤 것, 다진 생강, 정향가루, 계핏가루, 후춧가루와 꿀을 모두 담아서 뭉근한 불에서 서서히 끓여 걸쭉하게 될 때까지 곤다.
5. 네모진 그릇에 3cm 정도의 두께가 되도록 쏟아서 단단하게 굳힌다. 1cm 두께로 썰어 그대로 먹기도 하고 초간장을 찍어 먹기도 한다.
6. 굳힐 때 족편처럼 달걀 지단, 석이 채, 잣, 실고추 등을 위에 고루 얹어서 굳혀도 된다.

소 내장 음식 육⑧

우리 나라 사람은 다른 육류보다 쇠고기를 유난히 즐겨 먹는다. 내장의 영양가는 부위마다 다르지만 비타민이나 무기질이 살코기보다 월등히 많다.

처녑전, 간전, 부아전

처녑전

재료(4인분)

소의 처녑 200g, 소금 1큰술, 후춧가루 약간, 달걀 2개, 밀가루 · 지짐기름 적량
(가) 간장 2큰술, 식초 2큰술, 물 1큰술, 잣가루 ½작은술

만드는 법

1. 처녑은 한 잎씩 떼어서 소금을 뿌려 잘 주물러서 깨끗이 씻어 채반에 건져 물기를 뺀다.
2. 처녑이 연해지도록 칼로 자근자근 두드려서 후춧가루를 고루 뿌린다.
3. 처녑에 밀가루를 얇게 묻힌 다음 달걀 푼 것에 담갔다가 건져서 번철에 기름을 두르고 양면을 노릇하게 지진다.
4. (가)의 조미료로 초장을 만들어 곁들여 낸다.

간전

재료(4인분)

쇠간 200g, 소금 1큰술, 후춧가루 약간, 메밀가루 3큰술, 깨소금 1큰술, 지짐기름 적량
(가) 간장 2큰술, 식초 1큰술, 물 1큰술, 잣가루 ½작은술

만드는 법

1. 쇠간은 얇은 막을 벗기고, 힘줄이나 기름을 발라내고 한 입에 먹기 알맞은 0.6cm 정도의 두께로 포를 뜬다. 소금을 고루 뿌려 주물러서 물에 헹구어 핏물을 빼고 채반에 건져 물기를 뺀다.
2. ①의 간에 후춧가루를 고루 뿌리고, 메밀가루와 깨소금을 섞어서 고루 묻힌다.
3. 번철에 기름을 두르고 양면이 완전히 익도록 지진다.
4. (가)의 조미료로 초장을 만들어 곁들여 낸다.

부아전

재료(4인분)

부아(소의 허파) 200g, 소금 1작은술, 후춧가루 약간, 달걀 2개, 밀가루 · 지짐기름 적량
(가) 간장 2큰술, 식초 1큰술, 물 1큰술, 잣가루 ½작은술

만드는 법

1. 부아는 덩어리째 씻어서 끓는 물에 넣어 속까지 완전히 익도록 도중에 대꼬치로 가끔 주면서 삶는다.
2. ①의 부아를 한입에 먹기 알맞은 0.6cm 정도의 두께로 포를 떠서, 연해지도록 칼로 자근자근 두드리고 소금과 후춧가루를 고루 뿌린다.
3. 부아에 밀가루를 얇게 묻힌 후 달걀 푼 것에 담갔다가 건져서 번철에 기름을 두르고 양면을 노릇하게 지진다.
4. (가)의 조미료로 초장을 만들어 곁들여 낸다.

간전 만들기

① 쇠간을 소금에 주물러 물에 헹군다.

② 메밀가루와 깨소금을 묻혀 지진다.

양동구리

재료(4인분)

양 300g, 소금 1큰술, 달걀 1개, 녹말가루 3큰술, 지짐기름 적량
(가) 소금 ½큰술, 다진 파 2큰술, 다진 마늘 1큰술, 후춧가루 약간, 참기름 ½큰술
(나) 간장 2큰술, 식초 1큰술, 물 1큰술, 잣가루 ½작은술

만드는 법

1. 양은 두꺼운 부위로 골라서 소금으로 문질러 씻고 안쪽에 붙어 있는 기름 덩어리와 막을 벗긴다.
2. 끓는 물에 양을 잠깐 넣었다가 건져서 검은 막을 긁어 내고 곱게 다진다.
3. (가)의 조미료를 다진 양에 넣어 고루 섞는다.
4. 양념한 양에 녹말가루와 달걀을 풀어 넣고 고루 섞어서 달군 번철에 기름을 두르고 한 수저씩 떠서 동그랗게 지진다.
5. (나)의 조미료로 초장을 만들어 곁들여 낸다.

염통구이

재료(4인분)

염통 300g, 쇠고기(등심) 100g, 파 4뿌리, 마늘 8쪽
(가) 간장 4큰술, 배(간 것) 4큰술, 설탕 2큰술, 다진 파 3큰술, 다진 마늘 1½큰술, 다진 생강 2작은술, 참기름 1½큰술, 깨소금 1½큰술, 후춧가루 약간

만드는 법

1. 소의 염통을 덩어리째 씻어서 핏물을 빼고 힘줄과 딱딱한 부분은 도려내고 얇은 막을 벗긴 다음 얇게 저민다. 한입에 먹기 좋게 잔칼집을 넣어 연하게 한다.
2. 쇠고기는 연한 부위로 납작하게 저며 썬다.
3. (가)의 조미료로 양념 간장을 만든다. 배가 없을 때에는 육수를 대신 넣어도 된다. 염통이나 콩팥은 살코기와는 달리 특유의 냄새가 나므로 반드시 생강을 넣는다.
4. 고기는 먹기 30분 전쯤에 (가)의 양념 간장으로 주물러 간이 고루 배게 한다.
5. 뜨겁게 달군 석쇠나 번철에 고기 조각을 잘 펴서 양면을 고루 익힌다. 파와 마늘을 크게 썰어서 함께 지지거나 구우면 맛있다.

순대, 편육 육⑨

순대는 한국식 소시지라고 할 수 있는 음식으로 돼지·오징어·동태순대 등이 있다. 편육은 고기를 고아서 얇게 저민 음식이다.

돼지순대

재료(8인분)

돼지 소창 500g, 찹쌀 2컵, 우거지(삶은 것) 200g, 숙주 300g, 배춧잎 200g, 돼지피 2컵
(가) 된장 2큰술, 간장 1큰술, 소금 ½큰술, 다진 파 4큰술, 다진 마늘 2큰술, 다진 생강 2작은술, 후춧가루 ½작은술, 참기름 1큰술
(나) 된장 3큰술, 생강 30g
(다) 소금 2큰술, 고춧가루 1작은술, 후춧가루 ½작은술

만드는 법

1. 돼지 소창은 끝부분을 수도꼭지에 대고 물을 틀어서 씻어 내고 소금으로 주물러 씻어 뒤집어서 하룻밤 물에 담가 놓는다.
2. 찹쌀은 2시간 이상 충분히 불려서 건져 찜통에 젖은 행주를 깔고 너무 무르지 않을 정도로 찐다.
3. 배추와 무청 말린 우거지를 충분히 불려서 삶고, 숙주는 끓는 물에 데친다. 두 가지 모두 대강 다져서 물기를 꼭 짠다.
4. 큰 그릇에 찹쌀밥을 쏟아 식혀서 먼저 선지를 넣고 섞은 후 나머지 재료를 모두 합하여 (가)의 조미료를 넣어 고루 섞는다.
5. 돼지 소창은 건져서 물기를 닦아 한쪽 끝에 굵은 깔때기를 대고 준비한 소를 밀어 넣어 채운 다음 끝을 실로 묶는다.
6. 물에 (나)의 된장과 생강 저민 것을 넣고 끓으면 순대를 넣는다. 30분 정도 지나면 대침으로 순대 곳곳에 침을 주어서 삶는다. 불을 줄이고 1시간 정도 삶아 1cm 두께로 썬다.
7. (다)의 조미료로 양념 소금을 만들어 작은 그릇에 따로 담아 낸다.

오징어순대

재료(8인분)

오징어 4마리, 두부 200g, 쇠고기 100g, 숙주 150g, 배춧잎 100g, 풋고추 2개, 다홍고추 1개
(가) 소금 1½큰술, 다진 파 4큰술, 다진 마늘 2큰술, 깨소금 2큰술, 참기름 2큰술, 후춧가루 ½작은술

만드는 법

1. 오징어는 다리를 당겨 손질해서 끓는 물에 데쳐 잘게 썰고 몸통은 깨끗이 닦아 물기를 없앤다.
2. 두부는 으깨어 물기를 짜고, 숙주와 배추는 삶아서 물기를 꼭 짜고 송송 썰고, 고추는 씨를 빼고 다진다.
3. 쇠고기는 다져서 갖은 양념을 한다.
4. ①의 오징어 다리와 준비한 재료를 모두 합하여 (가)의 양념을 넣어 잘 치대면서 끈기가 나게 반죽한다.
5. 오징어의 몸통 안에 소를 ⅔쯤 채워 넣고 끝부분을 찔러 꼬치로 소가 빠져 나오지 않게 한 다음 김이 오른 찜통에 쪄 낸다.
6. 식으면 1cm 두께로 썰어 접시에 담고 초간장을 곁들인다.

양지머리편육(위), 제육편육(아래)

양지머리편육 재료

양지머리편육

재료(8인분)
양지머리 1kg, 물 20컵,
소금 1큰술, 파 1뿌리, 마늘 3쪽
(가) 간장 4큰술, 식초 2큰술,
물 2큰술, 잣가루 ½작은술

만드는 법
1. 양지머리는 되도록 두꺼운 부위로 골라 덩어리째 찬물에 담가서 핏물을 뺀다.
2. 물을 끓여 양지머리를 넣고 삶는다.
3. 국물이 다시 끓어오르면 파를 크게 끊고, 마늘은 두세 조각으로 저며서 넣는다. 불을 줄이고 위에 떠오르는 거품을 가끔 걷어 내면서 서서히 끓인다.
4. 2시간 정도 삶아서 고기가 무르게 익으면 소금을 넣어 잠시 더 끓여서 젖은 베보에 평평하게 싸고 위를 판판한 것으로 눌러 모양을 반듯하게 한다.
5. 눌러 놓은 고기를 폭 5cm로 결과 반대로 얇게 썰어서 그릇에 흐트러지지 않게 담는다.
6. (가)의 간장에 식초, 물을 타서 초장을 만들어 작은 그릇에 담고 잣가루를 뿌려 낸다.

제육편육

재료(8인분)
돼지 삼겹살 1kg,
물 10컵, 소금 1큰술, 마늘 2쪽,
생강 1톨, 파 1뿌리
(가) 새우젓국 4큰술, 식초 1큰술,
고춧가루 1작은술, 깨소금 ½작은술

만드는 법
1. 돼지 삼겹살은 기름이 적은 두꺼운 부분으로 골라서 덩어리째 찬물에 담가서 핏물을 뺀다.
2. 솥에 물을 넉넉히 끓여서 돼지 삼겹살을 넣어서 다시 끓어오르면 소금과 파, 생강, 마늘을 저며서 넣고 위에 떠오르는 거품을 가끔 걷어 내면서 불을 줄여 서서히 끓인다.
3. 한 시간 정도 끓여서 고기가 충분히 무르면 건져 젖은 베보에 싸서 도마로 눌러 두어 모양을 반듯하게 굳힌다.
4. 모양이 굳은 삼겹살을 4cm 폭으로 얇게 저며 썰어 그릇에 가지런히 담는다.
5. (가)의 새우젓국에 식초, 깨소금, 고춧가루를 섞어 초젓국을 만들어 작은 그릇에 담아 함께 낸다.

편육 만들기

① 삶은 편육을 베보에 싸기

② 편육 누르기

육포 육⑩

육포

쇠고기를 얇게 저며서 말린 것인데 마른안주 중에서는 첫째로 꼽는다. 폐백 음식으로도 썼다.

재료(10인분)
쇠고기(우둔) 500g, 잣 3큰술, 참기름·잣가루 적량
(가) 간장 5큰술, 꿀 1큰술, 설탕 2큰술, 후춧가루 ⅓작은술

만드는 법
1. 쇠고기는 기름기가 없는 우둔살 부위로 골라 결과 같은 방향으로 두께 0.4cm 정도로 얇고 넓게 포감으로 떠서 기름과 힘줄을 말끔히 발라낸다.
2. 그릇에 (가)의 조미료를 한데 담아 고루 섞는다.
3. 포감을 한 장씩 양념장에 앞뒤로 고루 적셔서 전체를 고루 주물러 간이 충분히 배도록 1시간 정도 둔다.
4. 육포감을 채반에 겹치지 않게 펴 넣어서 통풍이 잘 되고 햇빛이 나는 곳에 이틀 정도 말린다. 널어서 반나절쯤 뒤에 겉면이 대강 마르면 뒤집어서 뒷면도 고루 말린다.
5. 바싹 마르기 전에 걷어서 평평한 곳에 한지를 깔고 말린 포를 끝을 잘 펴서 차곡차곡 싸서 도마나 판자를 놓고 무거운 것으로 눌러서 하루쯤 두어 편편하게 한다.
6. 말린 포는 비닐이나 랩으로 싸서 냉장고나 냉동실에 넣어 보관한다.
7. 먹을 때는 육포의 양면에 참기름을 고루 발라서 석쇠에 얹어 앞뒤로 살짝 구워서 먹기 좋게 자르고 잣가루를 뿌린다. 육포를 고일 때는 대꼬치에 물엿을 바르고 잣을 육포에 붙여서 모양을 낸다.

칠보편포, 대추편포, 포쌈

칠보편포 · 대추편포

다진 고기를 양념하여 말린 것을 편포라고 한다.
칠보편포는 고기를 동글납작하게 빚어 잣 일곱 알을 눌러 박고,
대추편포는 고기를 대추알만하게 빚어 끝에 잣을 하나씩 박는다.

재료(10인분)
쇠고기(우둔) 500g,
잣 3큰술, 참기름 적량
(가) 간장 5큰술, 꿀 1큰술, 설탕 2큰술,
후춧가루 ½작은술

만드는 법

1. 쇠고기는 기름기가 없는 우둔살 부위로 골라서 기름기를 떼고 얇게 저민 후 곱게 다진다.
2. 그릇에 (가)의 조미료를 한데 담아 고루 섞어서 다진 고기를 넣어 전체를 고루 주물러서 간이 충분히 배도록 하여 1시간 정도 둔다.
3. 칠보편포는 양념한 고기를 반은 직경 4cm, 두께 1cm로 동글납작하게 빚어서 중심에 잣 한 알을 박고 가장자리에 여섯 알씩 깊게 박아서 채반에 넣어 말린다.
4. 대추편포는 양념한 고기를 큰 대추알만큼 빚어서 끝에 잣 한 알을 깊게 박아 통풍이 잘 되고 햇빛이 나는 곳에 이틀 정도 가끔 뒤집으면서 말린다.
5. 바싹 마르기 전에 걷어서 비닐이나 랩으로 싸서 냉장고나 냉동실에 넣어 보관한다.
6. 먹을 때는 참기름을 고루 발라서 석쇠에 살짝 구워 낸다.

*포쌈은 얇게 썬 고기를 양념하여 펴서 잣을 놓고 겹쳐서 반달형으로 만들어 말린 것이다.

돼지고기 음식 육⑪

부위에 따라 독특한 맛이 있지만 소금, 후추만 뿌려서 구운 삼겹살과 목등심, 양념을 해서 석쇠에 굽는 제육불고기 그리고 갈비찜도 빼놓을 수 없다. 단백질, 지방, 비타민 A, 비타민 B, 칼슘, 인 등이 풍부한 식품이다.

제육구이

재료(4인분)

돼지고기 400g, 양파 ½개
(가) 고추장 2큰술, 간장 2큰술,
설탕 2큰술, 다진 파 2큰술,
다진 마늘 1큰술, 다진 생강 ½큰술,
참기름 1큰술, 깨소금 1큰술,
후춧가루 약간

만드는 법

1. 돼지고기는 등심이나 삼겹살을 0.5cm 두께로 썰어서 잔칼집을 넣어 연하게 한다.
2. 양파는 길이대로 가늘게 채 썬다.
3. (가)의 조미료로 양념 고추장을 만든다.
4. 돼지고기를 한 장씩 펴서 양념 고추장에 재워서 주물러 간이 고루 배게 한다.
5. 뜨겁게 달군 석쇠나 번철에 고기 조각을 잘 펴서 양면을 고루 익힌다.

제육 양념하기

돼지갈비찜

재료(4인분)

돼지갈비 600g,
물 2컵, 다홍고추 1개,
마른 고추 1개, 지짐기름 2큰술
물 2컵, 밤 8개, 당근 200g, 대추 8개
(가) 간장 6큰술, 술 2큰술, 설탕 3큰술,
다진 파 4큰술, 다진 마늘 2큰술,
다진 생강 1큰술, 참기름 1큰술,
깨소금 1큰술, 후춧가루 ½작은술

만드는 법

1. 돼지갈비는 5cm로 토막을 내어 찬물에 담가 핏물을 빼고 건져서 물기를 닦는다. 질긴 힘줄이나 기름 덩어리를 떼어 내고 2cm 간격으로 칼집을 넣는다.
2. 다홍고추는 갈라서 씨를 빼고 어슷하게 썰고, 파는 3cm 길이로 썬다. 당근은 밤보다 크게 썰어 모서리를 돌려 깎는다. 밤은 껍질을 까고 대추는 씨를 발라서 두 조각으로 나눈다.
3. (가)의 조미료로 양념장을 만들어 ⅓ 분량은 남겨 놓고 돼지갈비를 고루 버무려서 잠시 둔다.
4. 마른 고추는 씨를 발라 내고 1cm 폭으로 썬다. 냄비에 기름을 데워서 마른 고추를 넣고 양념한 갈비를 넣어 대강 볶는다.
5. 돼지갈비의 겉이 익으면 당근, 밤, 대추를 넣고 더운물 2컵을 부어 중불에 올려서 끓인다. 고기가 무르게 익으면 나머지 (가)의 양념장을 넣어 위아래를 섞어서 간이 고루 들도록 찜을 한다.
6. 국물이 거의 졸아들면 파와 다홍고추를 넣고 잠시 더 익힌다.

닭고기 음식 육⑫

닭고기는 쇠고기나 돼지고기에 비해 지방이 적고 소화도 잘 되는 단백질 식품이다. 지방산 중에 리놀레산을 많이 함유하여 성인병 예방에 좋으며 노인식, 환자식에도 적합하다.

궁중닭찜

재료(4인분)

닭(중)1마리(1kg), 물 10컵, 파 2뿌리, 마늘 3쪽, 생강 1톨, 마른 표고(중) 4개, 목이 10g, 석이 4장(5g), 소금·후춧가루 적량 녹말가루 3큰술, 물 3큰술, 달걀 2개 (가) 소금 1큰술, 다진 파 2큰술, 다진 마늘 1큰술, 참기름 1큰술, 깨소금 1큰술, 후춧가루 약간

만드는 법

1. 닭은 머리, 발을 잘라 내고 배를 갈라서 내장과 뼈에 붙어 있는 것들을 말끔히 뜯어낸다. 물에 씻어서 10컵 정도의 끓는 물에 넣어 삶는다. 삶는 도중에 파, 마늘, 생강을 크게 저며 넣는다.
2. 닭이 충분히 무르면 건져서 뼈와 껍질을 발라내고 살만 모아서 굵직하게 뜯어 놓고, 국물은 식혀서 기름을 걷고 깨끗한 행주에 거른다.
3. 표고는 불려서 기둥을 떼고, 목이는 불려서 잘 씻어 손으로 한 잎씩 떼어 손질하고, 석이는 더운물에 불려 비벼서 안쪽의 이끼를 없앤다. 모두 굵게 썬다.
4. 냄비에 닭국물 4컵을 담고 끓여서 소금, 후춧가루로 간을 맞추고 표고와 목이를 넣어 끓이다가 물에 푼 녹말을 조금씩 넣는다. 주걱으로 저으면서 걸쭉하게 끓인다.
5. 닭살은 (가)의 양념으로 고루 버무려 ④에 넣어 끓어오르면 달걀을 풀어 넣고 석이를 고루 얹는다.

닭북어찜

재료(4인분)

닭(중) 1마리(1kg), 소금 1작은술, 후춧가루 약간, 마른 고추 2개, 식용유 3큰술, 북어포 1마리, 다시마 1오리(30cm), 미나리 30g, 달걀 1개
(가) 갱엿 50g, 물 1컵, 간장 4큰술, 다진 파 3큰술, 다진 마늘 1½큰술, 다진 생강 1½큰술, 설탕 2큰술, 깨소금 1½큰술, 참기름 1½큰술, 후춧가루 약간

만드는 법

1. 닭은 깨끗이 손질한 후 먹기 좋게 토막을 내어 소금, 후추를 뿌려 놓는다.
2. 북어는 물에 담가 부드러워지면 물기를 꼭 짜서 4cm 폭으로 썬다.
3. 다시마는 두꺼운 것으로 물에 담갔다가 불려 3~4cm 크기로 네모지게 썬다.
4. 고추는 씨를 털어내고 1cm 폭으로 썰고, 달걀은 황백으로 나누어 지단을 부쳐서 완자형으로 썬다.
5. 팬에 식용유를 두르고 고추를 넣어 매운맛이 나면 닭을 넣고 노릇하게 지져 내어 망에 건진다.
6. 냄비에 물과 갱엿을 넣고 끓여 완전히 녹으면 불에서 내리고 나머지 양념을 모두 넣어 고루 섞는다. 갱엿이 없으면 조청으로 만든다.
7. 닭, 북어, 다시마를 각각 양념장으로 버무려서 냄비에 담아 끓인다. 국물이 잦아들면 윤기가 날 때까지 위아래를 가끔 뒤섞으면서 서서히 익힌다.
8. 연한 미나리를 짧게 끊어서 고명으로 얹는다.

닭적

재료(4인분)

닭 2마리, 소금 2큰술,
후춧가루 약간, 청주 4큰술
(가)간장 6큰술, 물 4큰술,
조청 4큰술, 청주 2큰술, 설탕 2큰술,
파 1뿌리, 마늘 20g, 생강 10g

만드는 법

1. 통닭은 배를 갈라서 내장과 피를 말끔히 긁어내고 배를 완전히 가르고 다리와 날개의 관절을 뒤로 꺾어 제쳐서 납작하게 만든다.
2. 넓적하게 편 닭의 앞뒤에 소금, 후추를 뿌리고 술을 고루 발라서 접시에 담은 채로 김이 오른 찜통에 넣어 20분 정도 찐다.
3. 냄비에 (가)의 재료를 한데 담아 끓여서 엿장을 만들어 식힌다.
4. 찐 닭의 앞뒤에 솔로 엿장을 고루 바르고 석쇠 위에 얹어서 직화에 굽거나 달군 오븐에 넣어 고루 탄 빛이 나게 굽는다.

*제사상에 고일 때는 흰색의 사지를 꼬리에 꽂으며, 잔치 때는 사지로 장식하고 황백 달걀 지단을 얹는다.

꿩고기 음식 육⑬

옛날에는 야생 꿩이 많아 옛 음식책에도 꿩으로 만든 음식이 많이 나온다. 만두, 구이, 찜, 장조림, 포 등이 있는데 요즘에는 겨울철에 만들어 먹는 꿩만두와 꿩구이 등이 있다.

꿩만두

재료(4인분)

쇠고기 200g, 생치(꿩) 반 마리, 숙주 300g, 미나리 200g, 마른 표고 10개, 배추 500g, 두부 1모, 소금 1큰술, 청장 적량, 후춧가루 약간, 메밀가루 2컵, 밀가루 1컵,
(가) 소금 1큰술, 다진 마늘 1큰술, 후춧가루 ½작은술, 참기름 1작은술
(나) 간장 1큰술, 소금 2작은술, 다진 파 4큰술, 다진 마늘 2큰술, 다진 생강 2작은술, 참기름 2큰술, 후춧가루 ½작은술
(다) 소금 1작은술, 물 약 ½컵

만드는 법

1. 쇠고기는 반을 잘라 잘게 썰어 (가)로 양념하여 냄비에 볶다가 물 10컵을 부어 장국을 끓인다. 나머지 쇠고기는 곱게 다진다.
2. 꿩은 뼈를 바르고 살만 다져서 ①의 쇠고기와 합하여 (나)로 양념하여 볶는다. 이 때 꿩의 뼈를 부드럽게 다져서 섞어도 된다.
3. 숙주, 미나리, 배추는 끓는 물에 데쳐 물기를 짜고 잘게 썬다.
4. 마른 표고는 불려서 곱게 채 썰고, 두부는 물기를 짜서 곱게 으깬다.
5. 볶은 고기와 채소, 두부를 한데 합하여 소금 간을 하고 고루 섞어 만두 소를 만든다.
6. 만두피는 메밀가루와 밀가루를 합하여 (다)의 소금물로 반죽하여 얇게 밀어서 직경 7cm로 둥글게 찍어내어 소를 넣어 만두를 빚는다.
7. 고기 장국이 맛이 들면 청장으로 간을 맞추고 만두를 넣어 끓인다. 익어서 떠오르면 대접에 담아 후춧가루를 뿌려 낸다.

생치적(꿩적)

재료(1마리)

꿩 1마리, 달걀 1개
(가)국간장 1큰술, 참기름 2큰술,
후춧가루 약간

만드는 법

1. 보통 닭의 털을 뽑을 때는 닭을 더운물에 데쳐 뜯어 내지만 꿩은 그대로 털을 잡아 뽑는다.
2. 꿩의 배를 갈라서 내장을 말끔히 꺼내고 되도록 넓적하게 편다.
3. 깨끗한 한지를 물에 적셔 손질한 꿩에 착 달라붙게 싸서 불에 굽는다. 반쯤 익으면 종이는 벗겨 내고 (가)의 기름장을 발라 가면서 양면을 고루 굽는다.
4. 꿩적을 통째로 만든 전치수(全雉首)는 잔치나 제사상에 고임을 하고 위에 달걀 지단을 얹어 장식한다. 평상시에 먹는 생치적은 다리와 가슴살을 발라서 넓적하게 펴서 두들겨 양념장을 발라서 굽는다.

쇠고기 밑반찬   육 ⑭

예전에는 냉장 시설이 발달하지 않아 고기나 생선, 채소를 절이거나 말려서 찬으로 만들어 두고 먹는 조리법이 발달하였다.
쇠고기 반찬으로는 다진 고기로 만든 섭산적, 간장에 조린 장산적, 채 썰어 조린 장똑도기, 그 밖에 장조림 등이 있다.

쇠고기장조림

재료(10인분)
쇠고기 600g, 물 5컵
(가) 간장 1컵, 설탕 4큰술, 마늘 2쪽, 생강 1톨

만드는 법
1. 쇠고기는 덩어리째 물에 씻어 핏물을 빼고 5cm 크기로 토막을 낸다.
2. 냄비에 물을 끓여서 고기 토막을 넣고 고기가 무르고 물이 반 정도 줄어들 때까지 삶는다.
3. 고기가 연해졌으면 (가)의 간장과 설탕 그리고 얇게 저민 마늘과 생강을 넣어 조린다.
4. 고기에 간이 들어 거무스름하게 조려지면 불에서 내려 병이나 보존 용기에 담고 장조림 간장을 함께 부어 보관한다.
5. 상에 낼 때는 결대로 가늘게 찢거나 얇게 저며서 담고 간장을 조금 부어 낸다.

장똑도기

재료(4인분)

쇠고기(우둔) 300g
깨소금 1큰술, 참기름 1큰술
(가) 간장 1큰술, 참기름 ½큰술,
후춧가루 약간
(나) 간장 2큰술, 설탕 2큰술,
물 2큰술, 흰파 10cm,
마늘 2쪽(10g), 생강 5g

만드는 법

1. 쇠고기는 연하고 기름기가 없는 우둔살이나 홍두깨살을 골라서 얇게 저민 후 가늘게 채 썬다.
2. 파는 3cm로 토막 내어 채 썰고 마늘과 생강도 깨끗이 껍질을 벗겨서 곱게 채 썬다.
3. 채 썬 쇠고기를 (가)의 조미료로 고루 무쳐서 냄비를 뜨겁게 달구어서 볶는다.
4. 고기가 익으면 (나)의 간장, 설탕, 물을 섞은 장물을 붓고 조리다가 채 썬 파, 마늘, 생강을 넣고 서서히 조린다.
5. 장물이 거의 졸아들면 참기름, 깨소금을 넣어 고루 윤이 나게 뒤적인다.

섭산적

재료(4인분)

쇠고기(우둔) 300g, 두부 반 모(150g), 잣가루 2작은술
(가) 간장 2큰술, 소금 1작은술, 설탕 1큰술, 다진 파 2큰술, 다진 마늘 1큰술, 깨소금·참기름 각 1큰술, 후춧가루 약간

만드는 법

1. 쇠고기는 연하고 기름기가 없는 부위로 곱게 다진다.
2. 두부는 행주로 싸서 무거운 것으로 눌러 물기를 빼고 곱게 으깬다.
3. 쇠고기와 두부에 (가)의 조미료를 모두 넣고 끈기가 날 때까지 고루 섞는다.
4. 양념한 고기를 둘로 나누어 은박지에 식용유를 바르고 1cm 두께의 네모진 반대기를 만들어 윗면을 칼등으로 자근자근 두들긴다.
5. 석쇠에 얹어서 고기가 고루 익도록 가끔 자리를 움직이면서 굽는다.
6. 양면을 모두 익힌 다음 한김 식으면 가로 3cm, 세로 2cm 정도의 크기로 썰어 그릇에 담고 잣가루를 고루 뿌린다.

장산적

재료(4인분)

쇠고기 300g, 두부 반 모(150g), 잣가루 2작은술
(가) 소금 1작은술, 설탕 1큰술, 다진 파 2큰술, 다진 마늘 1큰술, 깨소금, 참기름 각 1큰술, 후춧가루 약간
(나) 간장 3큰술, 물 4큰술, 설탕 2큰술, 후춧가루 약간

만드는 법

1. 쇠고기는 연하고 기름기가 없는 부위로 골라 곱게 다진다.
2. 두부는 행주로 싸서 무거운 것으로 눌러 물기를 빼고 곱게 으깬다.
3. 쇠고기와 두부에 (가)의 조미료를 모두 넣고 끈기가 날 때까지 고루 섞는다.
4. 양념한 고기를 둘로 나누어 은박지에 식용유를 바르고 1cm 두께의 네모진 반대기를 만들어 칼등으로 자근자근 두들겨서 위를 편편하게 한다.
5. 석쇠에 얹어서 고기가 고루 익도록 가끔 자리를 움직이면서 굽는다. 양면을 모두 익힌 다음 한김 식으면 가로 3cm, 세로 2cm 정도의 크기로 네모지게 썬다.
6. 냄비에 (나)의 조미료를 담아 불에 올려서 끓어오르면 ⑤의 섭산적을 넣어서 고루 간이 들도록 가끔 간장을 위에 끼얹는다.
7. 국물이 자작할 때까지 윤이 나게 조려서 그릇에 담고 잣가루를 고루 뿌린다.

불고기

육❶

외국에도 널리 알려진 '불고기'

우리 나라 사람이 가장 좋아하는 음식은 갈비구이와 불고기이며, 불고기는 외국에도 가장 많이 알려진 한국 음식이다. '불고기'란 말은 최근에 생긴 듯하다. 1950년대까지만 해도 문헌에 나오는 것은 '너비아니'로, 불고기와 비슷하지만 만드는 법이 약간 다르다.

1939년의 『조선요리제법』에 나오는 '우육구이(너비아니)' 만드는 법을 보면, "고기를 얇게 저며서 그릇에 담고 간장과 파 이긴 것, 깨소금, 후추, 설탕을 넣고 잘 섞어서 굽는다"고 하였고, 1800년대 말의 『시의전서』에서는 정육을 잘게 저며 양념한 다음 불에 직접 굽는 것을 '너비아니'라 하였다. 하지만 요즘 불고기는 훤히 비치도록 얇게 썰어서 질척하게 양념해서 달구어지지도 않은 철판에 올려 굽는다. 불에 굽는 '불 고기'가 아니라 국물에 잠겨서 익는 '물 고기'가 되어 버렸다. 너비아니는 도톰하게 저며서 잔칼집을 내어 석쇠나 적틀에 구운 음식이다.

불고기의 근원을 찾아보면 상고 시대까지 거슬러 올라간다. 유라시아 대륙의 넓은 초원에서 유목을 하던 한 부족이 동쪽으로 이동하여 만주 남부 지방의 토착민과 함께 맥(貊)족을 형성하여 우리 조상이 되었는데,

유목민이어서 가축을 조리하는 기술이 뛰어나 유라시아의 대초원에 야생하는 마늘이나 부추 등의 훈채를 장에 섞어 양념으로 사용하였으리라 생각된다.

중국에서는 우리 조상을 맥족이라 불렀고 우리 조상이 먹는 고기 구이를 '맥적(貊炙)'이라 하였다. 3세기 중국의 진(晉)나라『수신기(搜神記)』에서는 "맥적은 본래 북쪽 오랑캐의 음식인데 옛날부터 중국에서 귀중히 여겨 중요한 잔치에 먼저 내놓는다"고 하였다. 중국인의 고기 굽는 법과는 달리 맥적은 미리 장(醬)에 부추나 마늘 등을 섞어 고기를 구웠기 때문에 이것을 귀하게 여겼다.

삼국 시대와 고려 시대에는 불교를 숭상하여 육식을 금했으므로 채식을 주로 하였다가 고려 말 몽고족의 침입으로 다시 육식을 즐기게 되었다. 특히 몽고 사람이 많이 와 있던 개경에는 '설하멱(雪下覓)'이라는 고기 구이가 명물로 전해졌다.『산림경제』(1715년경)의「치선(治膳)」편에도 '설하멱적(雪下覓炙)'이 나오는데 "쇠고기를 저며 칼등으로 두들겨 연하게 한 뒤, 대나무 꼬챙이에 꿰어서 기름과 소금을 바른다. 충분히 스며들면 뭉근한 불에 구워 물에 담갔다가 곧 꺼내어 다시 굽는다. 이렇게 세 차례 하고 참기름을 발라 다시 구우면 아주 연하고 맛이 좋다"고 하였다.

『해동죽지』(1925년)에서는 "설야적(雪夜炙)이란 개성부(開城府)에서 예부터 전해 오는 명물로, 쇠갈비나 염통을 기름과 훈채로 조미하여 굽다가 반쯤 익으면 냉수에 잠깐 담갔다가 센 숯불에 다시 굽는다. 눈 오는 겨울 밤 술안주로 좋고, 고기가 몹시 연하여 그 맛이 좋다"고 하였으니 찬물에 담갔다가 굽는 것이 비법이다. 원래 '설야멱(雪夜覓)'은 '눈 내리는 밤(雪夜)에 찾는다(覓)'는 뜻인데, 중국의 송나라 태조가 설야에 진(晉)을 찾아가니 숯불에다 고기를 굽고 있었다는 이야기에서 유래했다고『송남잡식(宋南雜識)』에 씌어 있다.

옛날 음식책에는 대부분 고기를 꼬치에 꿰어 구웠다고 씌어 있는데 석쇠나 철판이 생기고 나서는 굳이 꿰어 구울 필요가 없어졌다. 지금은 산적류만 꼬치에 꿰어서 굽는다.

『산림경제』에서도 중국의 『거가필용』을 인용하여 "고기를 구울 때는 대개 땔감으로 뽕나무와 닥나무 불을 꺼린다. 대꼬챙이에 꿰어 숯불 위에서 굽는데 먼저 기름, 소금, 장, 갖은 양념, 술, 초에 재웠다가 묽은 밀가루 풀을 살짝 발라 재빨리 구워 낸 뒤에 고기에 입힌 밀가루 껍질을 벗긴다"고 하였으니 지금의 조리법과는 많이 다르다. 이외에 고기를 구울 때 참깨꽃 가루를 고기 위에 뿌리면 기름이 흐르지 않는다는 비법도 적혀 있다.

요즘은 양념하여 재운 갈비나 불고기보다 양념을 전혀 하지 않은 생고기나 생갈비가 오히려 인기가 있는데 양념에 재우는 고기보다 육질이 더 좋아야 한다. 날고기를 구워서 소금을 찍어 먹는 것을 '등심구이'라고 하는데 『조선무쌍신식요리제법』에서는 이를 '방자구이'라 하여 "연한 고기를 얇게 저며 씻지 말고 그냥 석쇠에 놓고 소금만 쳐서 구워 먹으면 고명한 것보다 더 맛있고 영양가도 높다"고 하였다. '방자(房子)'란 심부름하는 남자 하인을 이르는 말인데, 상전을 모시고 다닐 때 마당이나 부엌 근처에서 서성거리다가 운좋게 고기 한 점을 얻어 양념도 못 하고 불에 재빨리 구워 먹어서 '방자구이'라는 이름이 붙었다고 한다.

고도의 미각 문화를 지닌 우리 민족

육류는 도살 후 바로 강직 현상이 일어났다가 시간이 지나면서 고기 자체의 효소 작용으로 연하고 맛이 좋아진다. 쇠고기의 숙성 기간은 4~7℃에서는 10일 전후, 2℃에서는 2주일 정도 걸린다. 그러므로 신선하다고 해서 무조건 좋은 것은 아니다. 요즘 불고기는 워낙 얇게 썰어서 조리하므로 고기가 질긴지 아닌지를 잘 알 수 없으나 등심이나 안심을 두껍게 썰어서 철판이나 석쇠에 굽거나 스테이크를 만들 때에는 고기가 알맞게 숙성되어야 연하고 제맛이 난다.

　고기는 숙성해야 맛있지만 내장류는 신선한 것이 좋다. 특히 소화관인 양이나 처녑, 곱창 등은 내용물이 들어 있어 시간이 지나면 냄새가 나고 쉽게 상한다. 간이나 처녑을 날로 먹을 경우에는 특히 신선한 것으로 골라야 한다.

　돼지고기와 쇠고기는 부위별로 팔고 있으므로 음식 종류에 따라 골라서 살 수 있는데 구이로 쓰는 부위는 연한 등심이나 안심을 제일로 꼽는다. 하지만 우리 나라 사람은 유난히 질긴 것을 좋아해서 사태와 양지 부위인 차돌박이, 심지어는 쇠꼬리까지 구워서 먹는다.

　쇠고기는 부위에 따라 맛이 다른데 우리 나라 사람은 고기뿐 아니라 내장이나 뼈도 많이 이용한다. 인류학자인 마거릿 미드 여사는 "세계에서 부위별로 쇠고기 맛을 세분해 내는 고도의 미각 문화를 지닌 민족은 한국과 동아프리카의 보디족뿐"이라고 말한 바 있다.

 불고기, 너비아니

육회, 갑회

오랑캐 음식이라던 육회

요즘에는 회(膾) 하면 대개 신선한 생선이나 멍게, 해삼, 굴 등을 손질한 것으로 주로 초고추장에 찍어 먹는다. 냉장 시설이 발달하기 이전에 내륙 지방에서는 신선한 생선을 구하기가 어려워 먹기가 쉽지 않았고, 우리 나라 사람은 생선 외에도 육류를 날로 먹는 것을 좋아하여 소를 도살하여 싱싱한 쇠고기나 내장을 횟감으로 삼았다.

회는 크게 생회(生膾)와 숙회(熟膾)로 나뉘는데, 생회는 날것을 말하고, 숙회는 살짝 데친 것이다. 생회에는 각종 생선회와 쇠고기로 만든 육회 그리고 처녑·양·간·콩팥 등의 소 내장으로 만든 갑회가 있다. 숙회에는 흰살 생선을 녹말에 묻혀서 끓는 물에 데친 어채와 오징어·문어 등의 해물 숙채 그리고 실파·미나리·두릅 등 채소류를 데쳐 상투 모양으로 감은 강회가 있다.

중국의 사전 『석명(釋名)』에서는 회(膾)란 '모을 회(會)' 자라 하였으며, 우리 나라의 『옹희잡지』에서는 "고기를 잘게 썬 것을 회(膾)라 한다. 회는 끊을 회(劊) 또는 할(割)을 뜻한다"고 하였다. 후대에 『송남잡식』에서는 "생선의 회는 회(鱠), 고기의 회는 회(膾)로 표기한다"고 하여 생선회와 육회를 구별하여 썼다.

세계적으로 유목민을 제외하고는 날고기를 즐기는 나라는 아주 드물다. 생선회는 섬나라인 일본 사람이 가장 즐겨 먹고, 생선회 치는 기술도 능숙하다. 중국 사람은 육류건 생선이건 전혀 회를 먹지 않는다.

1600년대 이수광의 『지봉유설』에서는 "중국 사람은 회를 먹지 않는다. 말린 생고기도 반드시 익혀서 먹으며, 회를 먹는 우리 나라 사람을 비웃는다"고 하였다. 같은 시기의 『어우야담』은 다음과 같은 이야기를 전한다. "임진왜란 때 명나라 군사 십만 명이 우리 나라에 주둔했을 때 우리 나라 사람이 회를 먹는 것을 보고 더럽다고 모두 침을 뱉었다. 이를 본 한 선비가 '『논어』에 보면 공자께서도 일찍이 회를 좋아하였는데 그대들의 말은 매우 지나치다'고 꾸짖자 중국 사람이 되묻기를 '소의 밥통인 처녑, 양 같은 것은 모두 더러운 것을 싼 것이다. 중국 사람은 잘 익은 고기가 아니면 먹지 않는다. 이것은 오랑캐 음식이다.' 하며 바닥에 내동댕이치면서 욕을 했다. 선비가 다시 대답하기를 '회나 구운 음식이나 모두 옛사람들이 좋아하던 것이다. 고서에도 많이 나오는데 어찌 탓할 수 있겠는가.' 하였다."

사실 중국에서도 공자 시대에는 육회를 먹었다고 하는데 언제부터인가 전혀 먹지 않게 되었다. 시기는 확실치 않으나 11세기 송나라 때 대역질이 유행했는데 그 원인이 회에 있다고 보아 그 때부터 안 먹게 되었고, 마침 그 무렵 중국에 석탄이 널리 보급되어 불에 익히거나 튀기는 요리가 빠르게 발달하여 날것을 먹는 일이 거의 없어졌다고 한다.

문헌에 나오는 육회와 갑회

육회에 적합한 부위는 연하면서도 기름기 없는 우둔이나 홍두깨살이다. 『조선무쌍신식요리제법』에서는 "육회에는 우둔이 제일이요, 그 다음이 대접살이고, 그 외에 홍두깨는 결이 굵고 질기고 흰 색깔이 나서 못 쓰고, 안심은 연하기는 하나 시큼하며, 설낏은 더욱 좋지 않다"고 하였다. 고기를 가늘게 채 썰어 간장이나 소금, 다진 파, 마늘, 참기름 등을 넣고 주물러서 채 썬 배와 마늘을 한데 담고 잣가루를 뿌려서 담아 내고 먹을 때 고루 버무려서 먹는다. 간혹 양념한 고기 위에 달걀 노른자를 얹기도 하는데 부드럽기는 하지만 육회의 고유한 맛이 안 난다.

『시의전서』에 나오는 육회는 "기름기 없는 연한 황육(黃肉 : 쇠고기)의 살을 얇게 저며서 물에 담가 피를 뺀 다음 베보로 잘 짠다. 다진 파, 마늘, 후추, 깨소금, 기름, 꿀을 넣은 후 주물러 재운다. 잣가루를 많이 섞는다"고 하였다.

『진찬의궤』를 보면 잔칫상에는 '갑회(甲膾)'가 빠지지 않고 올랐다고 한다. 갑회는 대개 우둔·양·처녑·간·콩팥 등의 육류와 전복·생합 등을 한데 어울려 담는데, 두 가지를 담은 것을 양색 갑회, 세 가지를 담은 것을 삼색 갑회라고 하였다.

서유구의 『임원십육지』에는 독특한 회로 '저육수정회(豬肉水晶膾)'가 나온다. "돼지껍질의 기름을 깎아내고 깨끗이 씻어 고기 한 근에 물 한 말을 붓고, 파·산초·진피(陳皮 : 오래 묵은 귤 껍질)를 조금 넣어 껍질이 연해질 때까지 뭉근한 불에 삶는다. 꺼내서 실처럼 잘게 썰고 다시 원액에 넣어 끓인다. 알맞게 삶아지면 무명 주머니에 걸러 놓았다가 굳으면 썰어서 진한 초를 쳐서 먹는다." 하였으니 일종의 족편인 셈이다.

우리 나라 사람이 언제부터 회를 즐겨 먹었는지는 알 수 없으나 상고시대부터 먹어 왔거나 고려 말 몽고족이 들어온 후부터 널리 퍼졌으리라고 생각된다.

독일의 유명한 요리인 타르타르 스테이크(Tartar steak)는 서양식 육회라 할 수 있다. 연한 쇠고기 살을 날로 다져서 햄버거 모양으로 만들고 난황을 얹어 접시에 담고 가장자리에 파슬리, 켑파(caper), 양파, 에샤롯(양파나 마늘과 비슷한 향이 나는 쪽파), 오이 피클 등을 다져서 놓으며 소금, 후추 등을 적당히 넣어 먹는다.

    1240년경 칭기즈칸이 유럽을 원정하러 갔을 때 몽고족은 말 엉덩이에 쇠고기를 매달고 다니면서 전쟁을 했다. 오랫동안 전쟁터에 다니다 보니 매단 고기가 이리저리 흔들리면서 자연히 연해져 채소를 섞어서 날로 먹었는데 나중에 게르만족이 이를 보고 즐겨 먹게 되었다고 한다. 예전에 유럽 사람들이 몽고의 유목민족을 타르타르(韃靼)라고 불렀기 때문에 타르타르 스테이크라고 하게 되었다.

 육회, 갑회

전골

육❸

철 모자에 끓여 먹던 음식

날이 추워지면 따끈한 국물이 있는 전골(煎骨, 顫骨)을 많이 찾는다. 쇠고기전골, 각색전골, 곱창전골, 국수전골, 해물전골, 궁중전골, 김치전골 등 종류도 아주 다양하며, 보통 상 위에서 가스 불을 놓고 보글보글 끓이면서 먹는다. 요즘 흔히 먹는 '궁중전골'은 음식점마다 조금씩 다르지만 대개는 냄비에 삶은 양·곱창 그리고 새우·조개·오징어 등의 해물, 호박·쑥갓·배추·파 등의 채소, 어묵·곤약에 이르기까지 골고루 둘러 담고 육수를 부어 빨간 다대기를 듬뿍 얹고 재료가 익을 때까지 뚜껑을 덮고 끓인다. 그런데 조선조 궁중의 마지막 주방 상궁인 한희순 상궁이 전하는 궁중전골은 이것과는 전혀 다르며 문헌에서도 이러한 전골은 전혀 찾아볼 수 없다.

전골의 유래에는 여러 가지 설이 있다. 장지연의 『만국사물기원역사』에는 다음과 같이 나와 있다. "상고 시대에 진중 군사들의 머리에 쓰는 전립(氈笠)은 철로 된 것이었는데 진중에서는 기구가 변변치 않아 자기들이 썼던 철관(鐵冠)에 고기나 생선 같은 음식을 넣어 끓여 먹었다고 한다. 이것저것 마구 넣어 끓여 먹던 것이 이어져서 여염집에서도 냄비를 전립 모양으로 만들어 고기와 채소 등 여러 재료를 넣고 끓여 먹었으니 이를 전골이라 한다."

또 『어우야담』에는, 토정비결로 유명한 이지함 선생은 별호가 철관자(鐵冠子)였는데 항상 철관을 쓰고 다니다가 고기나 생선을 얻으면 그것을 벗어 끓여 먹었다는 이야기가 전해진다.

1700년대의 『경도잡지』에서는 서울의 식생활 풍속을 소개하면서 "전립투라는 냄비가 있는데 벙거지처럼 생겼다. 가운데 움푹하게 들어간 부분에다 채소를 데치고, 가장자리의 편편한 곳에 고기를 굽는다. 술안주나 반찬에 모두 좋다"고 하였다.

화롯가에 둘러앉아 먹던 난로회

『동국세시기』에는 시월 시식(時食)으로 난로회(煖爐會)에 대한 설명이 나온다. "화로에 숯불을 활활 피워 놓고 번철을 올려놓은 다음 쇠고기를 기름, 간장, 달걀, 파, 마늘, 고춧가루로 양념하여 구우면서 둘러앉아 먹는데 이를 '난로회'라 한다. 추위를 막는 시절 음식이니 이것이 곧 옛날의 난란회(暖煖食)이다. 또 섣달 납일[臘日 : 동지 후 셋째 미일(未日)]에 종묘 사직에 큰 제사를 지내는데, 제사에 쓰고 난 산돼지나 토끼를 납육(臘肉)이라 하고 이로 만든 전골을 납평전골이라 한다."

전골은 중국의 『세시잡기』에도 나오는데 "북경 사람은 시월 초하루에 술을 걸러 놓고 고기를 화로에 구워 먹는데, 이것을 난로(煖爐)라 한다"고 하였으니 옛날부터 있던 중국의 시절식 풍습이 우리 나라에 전해진 듯하다.

한편 『옹희잡지』에서는 전골이 일본에서 들어온 음식이라고 하였다. "적육기(炙肉器) 중에 전립을 거꾸로 눕힌 듯한 모양의 것이 있다. 복판의 우묵한 곳에 장수(醬水)를 붓고 도라지, 무, 미나리, 파를 가늘게 썰어 담아 숯불 위에 놓고 뜨겁게 달군다. 고기는 종잇장처럼 얇게 썰어 기름장에 적시고 젓가락으로 집어서 사면의 전(독이나 화로의 위쪽 가장자리의 약간 넓게 된 부분)에 굽는다. 서너 사람이 둘러앉아 먹는데, 이 기구를 전철(煎鐵) 또는 전립투라 한다. 일본에서 건너온 음식으로 온나라에 널리 퍼져 있다."

같은 시기에 이덕무의 시구 가운데 "남국과홍(南國鍋紅)"이 나오는데 주석에서 "냄비의 모양이 갓과 같다. 이것으로 고기를 구워 난로회(煖爐會)를 여는데, 이 풍속은 일본에서 온 것이다." 하였다.

전골과 비슷한 옛 음식 중에 '승개기'가 있는데 일본의 스키야키와 비슷한 고기구이 음식이다. 일본어의 '스키'는 원래 농사지을 때 쓰는 쟁기를 말하고 '야키'는 굽는다는 뜻이니 고기를 쟁기에 얹어서 구운 것이었으나 지금은 쇠로 된 낮은 냄비를 사용한다.

조선조 순조 때 이학규가 김해에서 귀양살이하면서 그곳의 풍토잡사를 적은 『금관죽지사』를 남겼는데 이 책에서 "승개기라는 고깃국은 일본에서 들어왔는데 신선로처럼 고기를 익혀 먹는다"고 하였다.

『해동죽지』에서는 "승개기는 해주(海洲)의 명물로 서울의 도미국수와 비슷하며 맛이 뛰어나 승가기(勝佳妓)라는 이름이 붙었다"고 하였다. 실제로 무엇으로 어떻게 만들었는지는 알 수 없다.

개화기에는 개화파 인사들이 승개기 난로회를 즐겨 김옥균이 외국 손님을 초대할 때 대접했다는 기록도 있다. 이 음식은 머리를 맞대고 둘러앉아 먹어야 하므로 대화나 모의할 때 좋아 갑신정변 때도 이 음식을 먹으면서 거사를 논의했다고 한다.

지금 남아 있는 옛날 전골틀은 돌이나 쇠로 되어 있다. 돌전골틀은 높이가 낮고 전이 따로 달려 있지 않은 움푹한 돌판 모양인데 달구어서 구이나 볶음을 하기에 적합하다. 쇠전골틀은 옛날의 벙거지처럼 생겨 둘레에 고기나 채소를 지지고, 가운데 움푹한 곳에는 장국을 끓일 수 있다. 요즘 전골은 냄비에 여러 재료를 넣고 재료가 잠기도록 국물을 넉넉히 붓고 상에서 끓이면서 먹는 탕전골이 대부분인데 예전에는 화로에 전골 틀을 올려놓고 굽거나 지져서 먹는, 국물이 없는 구이전골이 더 많았던 것 같다.

 쇠고기전골, 각색전골

산적

육❹

날것을 꿰어 굽는 산적

고기나 생선을 구운 음식에는 '구이'나 '적' 자를 붙이는데, 철판이나 돌에 올려놓고 굽는 것을 주로 구이(燔)라 하고, 꼬챙이에 꿰거나 석쇠에 얹어서 불 위에서 바로 굽는 것을 적(炙)이라 한다. 예전에는 두 가지를 구분하지 않았으나 1900년 중반 이후에 나온 책에는 꼬치에 꿰어 굽는 것을 '적', 나머지는 '구이'라 하였다. 『산림경제』(1715년)에서는 '고기구이(燒肉)'를 쇠꼬챙이에 꿰어 숯불 위에서 굽는다고 하였다.

'적' 자가 붙는 음식에는 산적, 누름적, 지짐누름적의 세 가지가 있다. '산적'이란 날고기나 채소를 꼬챙이에 번갈아 꿰어서 불에 직접 굽는 것으로 쇠고기산적, 파산적, 떡산적 등이 있고, '누름적'은 양념하여 익힌 고기나 채소를 꼬챙이에 번갈아 꿰어 구운 음식으로 누름적·화양적 등이 있다. '지짐누름적'은 날재료를 꼬챙이에 꿴 다음 밀가루와 달걀을 입혀서 지지거나 밀가루즙을 씌워서 지진 것으로 김치적·두릅적 등이 있다.

『옹희잡지』(1800년대 초)에서는 산적을 한문으로 '산적(䉼炙)'이라 하였고, 궁중에서는 '산적(散炙)'이라 하였으며, 『조선무쌍신식요리제법』에서는 꼬챙이에 꿰인 것이 주판과 같다 하여 산적(筭炙)이라고 하였다. 『옹희잡지』에 산적 만드는 법이 자세히 나와 있다. "살찐 우육을 두세 치로 잘라서 유장에 담갔다가 참깨를 뿌리고 대꼬챙이에 꿰어 양쪽을 고르게 자르고 숯불 위에서 굽는다. 염통, 간, 밥통, 처녑 등의 고기를 번갈아 가며 대꼬챙이에 꿴 것을 잡산적이라 하고, 구운 후에 장을 묻힌 것을 장산적이라 한다. 개성 사람들은 즙료(汁料)를 많이 사용한 잡산적을 만드는데 이것을 즙산적이라 한다"고 하였다.

『조선무쌍신식요리제법』에 나오는 산적은, "연한 고기를 두툼하고 넓게 저며서 장을 치고 기름, 깨소금, 후춧가루 넣어 주물러서 다시 도마에 펴놓는다. 칼로 다시 저미듯 두드려 가며 기름과 깨소금을 켜켜이 뿌려 놓았다가 석쇠에 굽는다. 제사상이나 큰 잔칫상에 고이는 음식이다"고 하였다. 또 사슬산적에 대한 설명을 보면, "고기를 누름적 고기보다 굵게 썰어서 장과 기름, 파, 깨소금에 주물러서 꼬챙이에 꿰어 두드려 가며 굽는다. 고기만 꿰어서 쓰기도 하나 제육과 생선을 고기와 같이 썰어 마음대로 꿰어 쓰기도 한다. 제육과 생선을 각각 꿰어 구워야 잘 익는다"고 하였다.

『주찬』의 '육적'은 "즙이 있는 산적을 만들려면 연한 고기와 염통, 처녑, 곤자소니, 양, 간을 모두 소금에 씻어서 젓가락처럼 빗겨서 세 치 길이로 자른다. 마늘즙, 파, 생강, 후춧가루, 천춧가루, 잣가루, 깨소금, 참기름 등의 양념에 장을 넣어 간을 맞추고 힘있게 주물러 양념 맛이 고기에 배게 한 후에 대나무 꼬치에 꿰어서 칼날로 자근자근 고루 두들긴 다음 활활 피어오르는 숯불에 급히 구워 낸다. 구울 때 진한 밀가루즙에 볶은 깨를 섞어서 고루 발라 익혀 내어 뜨거울 때 먹는다. 고기 구이는 숯불이 세지 않으면 쉽게 익지 않아 고기가 연하지 않으니 센불에 급히 구워 내는 것이 좋다"고 하였다.

『시의전서』에서는 돼지 족으로 만든 '족적' 만드는 법을 소개하고 있다. "족을 삶아서 건져 낸 후에 긴 뼈는 버리고 굽통 사이만 잘라 양념에 재웠다가 굽는다. 두 개를 하려면 꼬치를 좌우로 질러 사지 둘을 감고, 하나만 하려면 사지 하나를 감는다. 대강 뼈를 추리고 양념하여 굽는다." 하였다.

제사상에 꼭 올리는 제물

옛 음식책에는 '잡산적', '잡탕', '잡채' 등 '잡'자가 붙은 음식이 많이 나온다. 소의 여러 내장으로 만드는 '잡산적'은 양·간·처녑 등과 채소를 한데 꿰어 구운 산적이다. 또 '사슬산적'은 옛날에는 얇게 썬 고기만 끼우거나 돼지고기·생선을 번갈아 끼웠는데 요즘에는 주로 생선살을 길게 썰어서 꼬치에 꿰고 양념한 다진 고기를 채워 배접하거나 생선살 사이에 채워서 만든다.

'적'은 제사상에 꼭 올리는 제물(祭物)이었다. 첫째로 꼽는 적이 육적(肉炙)이고 다음으로 어적(魚炙), 소적(素炙 : 두부를 양념하여 꼬챙이에 꿰어 구운 음식) 등이 있다. 형편에 따라 닭, 꿩, 갈비, 족을 올리기도 한다. 육적을 가장 많이 하는데 『시의전서』에 나오는 육적 만드는 법을 보면, "정육을 손바닥 두께 정도의 세오리로 저며 눈대중으로 염접하고 양념에 재운다. 도마에 세 조각을 가지런히 놓고, 싸리 꼬챙이 둘로 좌우를 찔러 꿰어 산적같이 잔칼질을 한 뒤에 깨소금을 뿌려 석쇠에 얹고 반숙이 안 되게 굽되 사지(絲紙)를 감는다. 큰 제사나 잔치에는 일곱 가지 적을 쓰는데 고기산적 외에 생선적, 족적, 닭적, 꿩적, 양서리목, 간서리목이라." 하였다. '염접'이란 가장자리를 접거나 베어 가지런히 하는 것을 말하고, '사지'는 제사나 잔치에 쓰는 누름적이나 산적의 꼬챙이 끝에 감아 늘어뜨린 가늘고 긴 종이인데 제사 때에는 흰 종이를 쓰고 잔치에는 오색 종이를 쓴다. '서리목'이란 앞에서도 설명한 '설야멱적'을 말하는데 양이나 간을 넓게 썰어 잔칼집을 넣고 꼬챙이에 꿰어 석쇠에 구운 음식이다.

산적은 고기뿐 아니라 제철 채소나 흰떡 등 다양한 재료로 만들 수 있다. 봄철에는 쌉쌀한 맛의 두릅적이 좋고, 가을에는 송이나 표고버섯으로 만든 버섯산적, 겨울에는 달고 연한 움파산적, 정월에는 흰떡을 끼운 떡산적 등 철마다 계절의 별미를 즐길 수 있다.

 사슬적, 고기산적

누름적

육❺

익혀서 꿰어 굽는 누름적

잔칫상에서 흔히 볼 수 있는 꼬치는 게살어묵, 단무지, 김밥용 햄, 파나 오이를 번갈아 꿰어서 달걀을 입혀 지진 것으로 현대판 누름적이라고 할 수 있지만 재료로 보아서는 우리 전통 음식이라고는 할 수 없다. 누름적은 고기와 도라지, 파, 미나리 등 채소를 번갈아 가며 꼬치에 꿰어 밀가루와 달걀을 입혀서 지진 음식으로 옛 음식책에도 여러 차례 나오는 것으로 보아 오래전부터 해 먹던 음식인 듯하다.

'화양누르미'라고도 하는 누르미는 국어 사전에 나오는 설명을 보면, "삶은 도라지를 잘게 찢어 쇠고기, 버섯과 섞어 양념해서 볶아 꼬챙이에 꿰고 끝에 삼색 사지(絲紙)를 감은 음식. 또는 도라지, 소의 양과 허파, 꿩고기, 닭고기, 생전복 등을 백숙하여 양념한 다음 주물러 꼬챙이에 한 가지씩 섞어 꿰고, 알고명을 실같이 썰어 위에 얹은 음식"이라 하였다. '즙화양적', '화양적', '누르미른', '횡누르미'라고도 한다.

1600년대의 『음식디미방』에서는 '느름이'라고 하였는데 개장고지느름이, 개장국느름이, 동화느름이, 가지느름이 등 다섯 가지가 나온다. 여기서의 '느름이'는 지금의 '누르미'와는 전혀 다르다. 느름이는 구운 재료를, 간을 한 장국에 넣어 끓이고 가루즙을 풀어 넣은 것이다. 같은 시기의 『주방문』에도 석화느름이, 동화느름이가 나오는데 모두 즙을 풀어 넣었다.

1700년대의 『음식보』에는 석화느르미, 쇠고기느르미, 동화느르미가 나오는데 앞의 것과는 달리 꼬챙이에 꿰어 만들기 시작했다. 『역주방문』의 '우육느르미'는 재료를 꼬챙이에 꿰어 구운 다음 참깨를 갈아서 만든 마지즙(麻脂汁)을 끼얹은 음식이다.

1600년대의 음식책에서 누르미는 지진 것이 아니라 걸쭉한 즙을 끼얹은 음식이고 1700년대 이후에는 재료를 즙에 바로 넣어 익힌 음식이 아니라 꼬챙이에 꿰어서 익힌 다음 장국에 가루즙을 풀어 익히거나 꼬챙이를 가루즙에 묻혀서 지지는 전과 같은 형태로 바뀌었다.

1800년대의 『주찬』에는 동화눌음(訥音), 황향눌음, 생선눌음이 나온다. '동화눌음'은 녹말과 달걀을 씌워 익힌 후 간을 맞춘 장국에 넣었고, '황향눌음'은 고기·파·도라지를 대꼬챙이에 꿰어 깨소금과 진말(밀가루)을 섞어서 바른 다음 볶아 가루즙을 푼 장국에 넣었고, '생선눌음'은 생선 조각을 꿰어서 녹말을 입힌 다음 지져서 장국에 넣고 달걀을 풀거나 지단을 얹은 음식이다. 모두 꼬챙이에 꿰어 지져 내어 다시 즙을 한 장국에 넣어 익혔다.

『이씨음식법』(1800년대 말)에는 알느름이, 잡느름이, 동화느름이가 소개되어 있는데 '알느름이'는 달걀을 황백 지단으로 부쳐서 고기를 양념하여 달걀 소를 넣고 말아서 꼬치에 꿴 것으로 잣즙을 썼고, '동화느르미'는 동아를 얇게 저며서 닭이나 꿩을 두드려 소로 넣고 말아 양푼에 담고 솥에 중탕했다. '잡느름이'는 파, 참버섯, 쇠고기를 꼬치에 꿰어 지졌다. 이후의 음식책에는 지금처럼 달걀을 씌워 지진 것으로 나온다.

조선 시대 궁중 잔치 기록에도 아홉 가지가 나오는데 그 가운데 어음적(於音炙)은 1719년과 1765년의 잔치 기록에만 나오는 것으로 재료를 꼬챙이에 꿰어 달걀이나 밀가루 또는 녹말가루를 입혀서 지진 지짐누름적으로 보인다. 전유어와 비슷하지만 꼬치에 꿴 것이므로 '적'이라 하였고 이후에는 화양적이라고 하였다. 오늘날의 화양적은 고기와 표고, 도라지 등을 양념하여 익혀서 지단과 번갈아 꿰어 잣가루를 뿌린 음식이다.

   1930년대의 조자호가 지은 『조선요리법』에는 전유어 항목에 잡느럼이, 동아느르미, 박느러미, 향느럼이, 누름적 등이 소개되어 있다. 잡느럼이는 재료로 양, 대창, 도라지, 전복, 해삼, 표고, 고기가 들어가는데 모두 익혀서 양념하여 대꼬챙이에 꿰어서 그릇에 담고 잣가루를 뿌렸다. 반면 누름적은 재료는 같으나 양념하여 꼬치에 꿴 것을 밀가루와 달걀을 입쳐 지진 것이다. 이상과 같이 누르미와 누름적은 용어 설명이 일정하지 않고 계속 변화를 거듭해 왔다.

 잡누름적, 화양적

갈비구이

육❻

평양냉면집에서 팔기 시작한 '가리구이'

　가족과 외식할 때나 직장에서 회식할 때 가장 즐겨 먹는 음식이 갈비구이이다. 예전에 서울에서는 가리구이, 가리국, 가리찜이라고도 불렀고, 옛날 음식책에서는 갈비의 음을 빌려 '갈비(乫飛)'라는 한자를 만들어 쓰기도 하였다.

　『시의전서』에 소개된 가리찜은, "가리를 한 치 길이씩 잘라 삶되 양을 튀한 것과 부아·곱창·통무·다시마를 함께 넣고 무르게 삶아 건진다. 가리찜 할 때의 무는 탕 무처럼 썰되 더 잘게 썬다. 다른 고기도 그와 같이 썰고, 다시마는 골패쪽처럼 썰고, 표고·석이버섯도 썰어 놓는다. 파·미나리는 살짝 데쳐 넣는다. 이상의 모든 재료를 갖은 양념에 가루를 섞어 주물러 볶아서 국물을 조금 있게 하여 그릇에 담고, 위에 달걀을 부쳐 석이와 같이 채쳐 얹는다"고 하였다.

　예전에는 갈비를 고깃간에서 짝으로만 팔았는데, 짝이란 소의 갈비의 한쪽을 말하므로 한 마리에서 두 짝이 나온다. 그러므로 가정집에서는 명절이나 잔치 때가 아니면 가리 음식을 좀처럼 먹을 수가 없었다. 그러다 1939년경 서울 낙원동에 있는 평양냉면집에서 낱개로 가리구이를 팔면서부터 쉽게 사 먹을 수 있었고 이 때부터 '갈비'라고 부르기 시작했다. 조풍연은 이 냉면집에 대해 다음과 같이 말했다.

"냉면집은 서울에 사는 평안도 사람들이 즐겨 드나들기 시작하더니 그 뒤 이름이 나서 한밤인 자정 때쯤이 가장 바빴다고 한다. 자정 때는 극장이나 요릿집, 카페, 바 등이 파하는 시간이다. 술 깨는 데에 냉면이 좋다 하여 모여들었고, 요릿집에서 놀다가 찾는 무리도 많아서 자리가 없을 지경이었다. 당시에 냉면은 한 그릇에 20전, 특제가 30전이고, 갈비가 한 대 20전이었는데, 갈비는 연한 암소 갈비였다. 냉면을 보통으로 시키고 갈비 두 대를 시켜 먹으면 모두 60전이다. 이 냉면집 덕택에 서울 시민은 짝으로 사지 않아도 가리구이를 먹을 수 있었다."

김화진은 '설상(雪上)가리'라는 운치 있는 갈비구이가 있었다고 한다. 눈 오는 날 석쇠에 구운 가리를 뜨거울 때 차가운 눈 위에 놓으면 빠지직하면서 가리가 얼어서 붙는데 이렇게 운치가 있어 즐겨 먹었다고 한다. 옛 음식책에 나오는 '설야적(雪夜炙)'을 과장해 말한 것 같다.

혹자가 말하기를, 국어 사전의 '가든' 항목에 '고기를 파는 식당'이라는 새로운 뜻을 추가해야 한다고 할 정도로 '가든'이라는 이름이 붙은 갈비구잇집이 곳곳에서 성업중이다. 예전부터 지방마다 유명한 갈비가 있었는데, 수원·예산 갈비가 특히 널리 알려져 있다.

예전에 수원의 팔달문 안에 '화춘옥'이라는 갈비구잇집이 유명했는데 지금은 없어졌고, 그 후에 생긴 '삼부자갈비집'과 '옛수원갈비집', '명성옥' 등은 지금도 수원 갈비의 명성을 지키고 있다. 예산의 '소복갈비집'은 지금도 성업중인데 갈비를 손님 자리에서 굽지 않고 구워서 상에 내온다. 필자가 살고 있는 춘천도 지금은 닭갈비와 막국수로 유명하지만, 원래는 쇠갈비구이로 더 유명한 고장이다.

맛있는 갈비 조리법

갈비의 맛은 첫째로 고기에 달려 있다. 기름기가 적당히 섞인 암소 갈비가 가장 맛있는데 뼈에 붙은 질긴 껍질을 잘 발라내고 잔칼집을 넣어줘야 한다. 배즙과 술, 참기름을 넉넉히 넣어 만든 양념장에 고기를 반나절쯤 재웠다가 굽는다. 잘 양념한 갈비라도 열원이 참숯인지, 합성 숯인지, 오븐인지, 가스인지, 또 불판이 석쇠인지 철판인지에 따라서도 맛에 큰 차이가 난다. 잘 피운 참숯불에 석쇠를 달구어서 구운 것이 가장 맛좋다.

갈비를 잘못 구우면 질겨져서 먹기가 나쁘다. 앞에 나온 설상가리처럼 굽다가 눈 위에 놓아 갑자기 차게 하였다가 다시 굽는 방법도 있지만 현실적으로 어려운 일이다. 양념에 배를 갈아 넣으면 연해진다고도 하지만 큰 효과는 없다. 일부 고깃집에서는 고기에 연화제를 뿌렸다가 쓰기도 한다. 파인애플이나 키위에는 단백질을 연화시키는 효소가 많이 들어 있으므로 갈아서 양념장에 넣으면 연해지기도 하고 과일의 단맛과 향이 나서 좋다. 칼집을 고루 내는 것도 중요하다.

이용기의 『조선무쌍신식요리제법』에는 갈비구이를 양념하는 법과 먹는 법이 자세히 적혀 있다. "기름진 연한 갈비나 암소 갈비를 잘게 쪼개되 가리(뼈)는 질기므로 내놓고 한 치 길이씩 잘라서 물에 씻어 베보에 꼭 짠다. 붙은 고기를 발라 가며 안팎을 잘게 저민 후에 진간장에 꿀과 배즙, 이긴 흰 파와 마늘을 저며 넣고 깨소금과 후춧가루를 넣어 한데 푼다. 갈비를 하나씩 들고 고명 풀어 놓은 것을 안팎으로 바르되 짜지 않게 하여 담는다. 켜켜로 깨소금과 기름을 쳐 가며 재워 놓았다가 구워 먹는다. 피를 많이 빼면 보기에는 좋으나 영양 손실이 많다. 옛날에는 갈비에 기름, 깨소금, 파, 마늘, 생강 썬 것과 후춧가루를 넣었으나 무엇이든 옛날에 했던 음식이 지금보다 걸쭉하고 그다지 신기하지 않다. 꿀보다는 설탕이 좋고 배즙을 많이 넣는다." 또한 껍질은 질겨서 소화가 잘 안 되므로 먹지 말라고 하면서 "잘 재운 가리를 번철에 기름을 붓고 바싹 지져 먹는 것도 좋고 석쇠에 구울 때는 기름기가 약간 섞인 것이 더 맛있다"고 하였다.

집에서는 갈비구이보다 갈비찜을 더 많이 해 먹는다. 쇠갈비찜을 하려면 갈비 토막을 찬물에 담가 핏물을 빼고 삶아 양념을 하여 무르게 익도록 끓인다. 생고기에 양념을 해서 바로 끓이면 무르게 익지 않고 질기다. 무, 표고, 밤 등을 함께 넣으면 잘 어울린다. 양파나 당근을 많이 넣으면 뭉개져서 지저분하다.

쇠갈비찜구이는 일단 찜을 만든 다음 구이를 한 것으로 찜과 구이의 맛을 한번에 맛볼 수 있는 독특한 음식이다.

 쇠갈비구이, 쇠갈비찜, 쇠갈비찜구이

족편, 전약

육❼

사라져 가는 음식 '족편'

우리 조상들은 고기 중에서도 유난히 쇠고기를 좋아했고, 부위에 따라 알맞은 조리법을 개발해 냈다. 그 중 하나인 족편은 시중에서 파는 곳도 없고, 집에서 만들기도 번거로워 점차 사라져 가는 우리 음식이다.

족편은 주로 쇠족으로 만드는데 족에는 특히 콜라겐이라는 아교질의 단백질이 많아 묵처럼 만들 수가 있다. 근육과 뼈를 이어 주는 힘줄이나 쇠족, 껍질 부분에는 콜라겐이 특히 많아서 이것으로 족편을 만든다. 콜라겐은, 물을 붓고 열을 가하면 성분이 녹아서 물처럼 되지만 식으면 돌처럼 단단하게 굳는데, 이를 젤라틴화 현상이라고 한다.

족편을 만들려면 우선 족을 토막내어 찬물에 담가 핏물을 뺀다. 큰 냄비나 솥에 족을 담아 물을 넉넉히 붓고 끓여서 뼈의 골수가 다 녹아 나와 가운데 구멍이 훤히 뚫릴 때까지 12시간 이상 곤다. 도중에 통후추, 생강, 마늘 등을 넣어 주면 누린내를 없앨 수 있다. 족이 무르면 뼈를 추려 내 버리고 국물은 체에 거르고 건지는 곱게 다져서 국물과 함께 솥에 붓는다. 닭고기나 사태를 넣어서 만들 때는 따로 무르게 삶아서 잘게 썬 다음에 넣는다. 다진 파, 마늘, 후춧가루, 소금을 넣고 약한 불에서 밑이

눋지 않게 가끔 저으면서 걸쭉하게 끓인다. 한김 식혀서 네모진 넓은 그릇에 쏟아 차가운 곳이나 냉장고에 놓아 둔다. 윗면이 굳으면 달걀 지단, 실고추, 석이버섯 등을 채 썬 것과 통잣을 고명으로 고루 얹어서 단단히 굳을 때까지 둔다. 굳으면 납작납작하게 썰어 초간장과 겨자를 곁들여 낸다. 소금 대신에 간장으로 간을 하면 색이 거무스름해지는데, 이를 장족편이라 한다.

족편은 겨울철 음식으로 설날 무렵에 즐겨 먹던 음식이다. 겨울에 밖에 내놓았다가 살짝 얼면 베어 먹는데 아작아작한 감촉이 별미였다. 단백질과 지방이 많은 자양 음식으로, 부드러워서 노인이나 아이들도 즐겨 먹었다. 만들기도 번거롭고, 고기 맛이 느끼하고 진해서 요즘 사람의 입맛에는 맞지 않는지 점차 사라져 가고 있어 안타깝다.

민가에서는 족편(足片)이라고 하였는데 궁중의 잔치 기록에서는 '족병(足餠)'이라고 했다. 민가에서는 족편의 재료로 가죽·꼬리 등과 사태고기·꿩고기 등을 쓰기도 한다. 궁중에서는 족편을 잔칫상에 빼놓지 않고 올렸는데 주재료는 우족이고 부재료로 묵은 닭(陳鷄)·숭어·마른 대구·마른 전복 등을 넣었다. 고명으로는 달걀·표고·석이·진이·고추·잣 등을 썼고, 간장·참기름·후춧가루·계핏가루·식초·녹말가루 등으로 양념했다.

우리 나라 사람은 워낙 족이나 사골, 꼬리 등의 뼈를 곤 곰국류를 좋아한다. 우리 나라에서는 족 하나에 10만원이 넘지만 일본이나 미국 등지에서는 아주 헐값이거나 동물 사료로 쓴다. 깨끗하게 손질해서 토막내어 팔아 싸고 손쉽게 구할 수 있다.

1600년대의 『음식디미방』에는 족편이란 음식은 나오지 않지만 만드는 법이 비슷한 '별미'가 나온다. 닭과 대구를 삶아서 간장으로 간을 하여 굳힌 음식이다. 『옹희잡지』에는 '우행교방(牛胻膠方)'이라 하여 우족을 고아서 파, 생강, 잣, 후추, 깨 등을 섞어 다시 곤 후에 굳힌 것이 있다. 족편이라는 말은 1800년대 들어서서야 문헌에 나온다.

『규합총서』에는 '저피수정회(猪皮水晶膾)'라는 음식이 나오는데, 돼지 껍질을 고아서 묵처럼 굳힌 것이다. 맑은 수정 같아 아름다운 이름이 붙었다. 일종의 족편인데 차게 해서 장을 찍어 먹는 것이라 '회'라고 한 듯하다.

몸을 보해 주는 전약

겨울철 시식으로 '전약(煎藥)'이 있는데 약재를 넣은 족편의 일종이다. 겨우내 몸을 보해 주는 음식이었다 한다. 궁중에서는 동짓날 내의원에서 만들어 임금에게 진상하면 임금이 이를 다시 신하들에게 하사하였다고 한다.

『동의보감』에는 전약의 재료로 "꿀(白淸) 1두, 아교(阿膠 : 젤라틴) 1두 3승, 관계(官桂 : 좋은 계피) 6포, 건강(乾薑 : 말린 생강) 1량 4돈, 후추(胡椒) 5돈, 정향(丁香) 3돈, 대추살(大棗肉) 8홉"이라고 씌어 있다. 아교를 녹이고 약재는 모두 곱게 가루 내고 대추는 쪄서 체에 거르고 꿀에 넣어서 함께 오래 끓여서 족편처럼 굳혔다.

그런데 『보한재집(保閑齋集)』에서는 "전약이란 우유에다 생강, 정향, 계심(桂心), 청밀 등을 섞어 고약처럼 곤 것이다. 고려 시대에는 중추(中秋) 팔관회의 진찬으로 삼았으나 조선 시대에는 내의원에서 만들어 동지의 절식으로 가까운 신하들에게 나누어 주었다. 우유가 부족할 때는 마유(馬乳)로 대용하였다"고 하였다. 우유를 오래 끓이면 연유처럼 걸쭉해지지만 족편처럼 엉기지는 않는다. 그러므로 이 책의 전약과 조선 시대의 전약은 다른 음식인 듯하다.

족으로는 주로 탕을 만들지만, 일단 삶아 낸 족으로 구이나 볶음을 하는 방법이 옛날 음식책에 나온다. 『시의전서』에서는 제사에 올리는 '족적(足炙)'은 "족을 삶아서 건져 낸 후에 긴 뼈는 버리고, 굽통 사이만 잘라 양념에 재웠다가 굽는다. 두 개를 하려면 꼬치를 좌우로 질러 사지 둘을 감고, 하나만 하려면 사지 하나를 감는다. 대강 뼈를 추리고 양념하여 굽는다"고 하였고, 보통 '족구이'는 "족을 무르게 삶아 대강 뼈를 추리고 양념하여 굽는다"고 하였다. 제물로 쓸 탕을 만들 때는 족을 무르게 고아서 건져 담고 달걀을 얹었다.

방신영의 『조선요리제법』에는 '족볶이(주저탕)'가 나오는데 "족과 고기와 무를 깨끗이 씻어 물을 붓고 약한 불로 오랫동안 끓여서 잘 무르면 무는 곰국 끓일 때처럼 썰고, 고기는 잘게 썰어서 다시 국물에 넣고 후추, 간장을 넣고 밀가루를 풀어 넣어 오래 끓인다"고 하였으니 볶음이라기보다는 국에 가깝다. 같은 이가 쓴 『우리 음식 만드는 법』의 '족볶음'은 우족을 적당한 크기로 잘라 찬물에 담가 핏물을 빼고 무와 고기를 함께 넣어 뭉근한 불에서 푹 무르도록 끓여 건진 다음 표고와 석이를 넣어 볶다가 국물을 넣고 밀가루를 묽게 풀어서 볶은 음식이다.

 족편, 전약

소 내장 음식

육❽

우리 나라 사람은 다른 육류보다 쇠고기를 유난히 즐겨 먹는다. 부위 명칭이 그대로 음식 메뉴가 되어 버리고, 탕반을 파는 집에서도 곰탕·양곰탕·꼬리곰탕·족탕·내장탕·양지탕·갈비탕 등 주재료를 확실히 나타낸다. 국어 사전에서 쇠고기의 부위 명칭을 찾아보면 무려 120가지가 넘는데, 살코기를 주로 하는 부위와 내장류, 기타 세 부분으로 나누어 보겠다.

① 살코기 : 등심, 채끝, 설도, 안심, 우둔, 앞다리, 양지, 갈비, 목덜밋살, 꽃살, 치맛살, 대접살, 도가닛살, 설낏살, 홍두깨살, 중치, 사태, 업진살, 양지머리, 홀떼기, 차돌박이, 안창살, 날갯살, 쇠가리, 쐐악가지, 힘줄, 제비추리, 등성마루살, 유통, 이보구니(소 입 속의 잇몸살)
② 내장류 : 염통(우심), 간, 콩팥(우신), 만화, 지라(비장) 방광, 부아(허파), 양, 깃머리, 벌집양, 처녑, 대장, 곱창, 곤자소니
③ 기타 : 혀밑, 꼬리, 족, 쇠머리, 우설, 골, 등골, 주곡지뼈, 무릎도가니, 앞거리, 걸랑, 뒤뚱이, 족통, 사골, 잡뼈, 반골, 수구레(쇠가죽 안쪽의 아교질)

아프리카의 보디족이 쇠고기를 51부위로 나누어 요리한다고 하는데

우리는 이들보다 두 배나 더 세분하였으니 세계에서 쇠고기에 대한 미각이 가장 발달한 민족일 듯하다. 이처럼 쇠고기에 대한 미각이 발달한 이유를 이규태는 다음과 같이 설명하고 있다. 첫째, 신성설로 "소가 제사지낼 때 바치는 가장 소중한 희생물이었기에 어느 한 부위도 버려서는 안 된다"는 설이다. 둘째, 희귀설로 "소는 농경 문화에서 필요 불가결한 생산 도구로 사용해 왔으며, 생산이 느리고 역사적으로 우금(牛禁) 시대가 있었기에 어느 한 부위도 버려서는 안 된다"는 설이다. 셋째, 전통설로 "쇠고기를 먹어 온 역사가 워낙 오래되어 각 부위별 미각이 발달했을 것"이라는 설이다.

내장은 부위마다 각각 특성이 있고, 손질하는 요령도 다르다. 국거리로는 질긴 양이나 곱창·허파 등이 알맞고, 찜에는 양·곱창·곤자소니가 좋다. 구이 거리로는 염통·콩팥·곱창·양이 좋고, 횟감으로는 간·처녑·양·콩팥 등을 쓴다. 영양가는 부위마다 다르지만 모두 비타민이나 무기질이 살코기보다 월등히 많다. 옛 음식책을 보면 내장마다 특성을 잘 살려서 만든 음식이 아주 많이 나온다.

양과 처녑

소는 위가 네 개 있는데 주로 첫째와 둘째 위를 양이라 하고, 셋째 위를 처녑이라 한다. 소의 둘째 위는 벌집 모양처럼 생겨 벌집양이라고 한다. 양은 타월처럼 겉이 오돌오돌하며 돌기 사이에 소의 내용물이 들어 있으므로 깨끗이 씻어야 한다. 굵은 소금으로 비벼 씻어서 냄새를 없애고 흰 쪽의 기름이나 얇은 막을 벗긴 다음 펄펄 끓는 물에 튀하는데 검은 막 쪽은 물에 잠깐 넣었다 꺼내어 칼로 말끔히 긁어서 하얗게 손질한다. 양의 두꺼운 줄기 부분을 깃머리 또는 돈두레라고 하는데 구이, 편육, 찜을 할 때 쓴다.

양은 예부터 자양 식품으로 여겨 허약한 이나 회복기 환자, 임산부 등이 양즙을 보약처럼 먹었다. 양즙은 손질한 양을 곱게 다져서 다진 파, 마늘로 양념하여 옹기에 담고 중탕해서 베보로 짜 내리는데 벌집양으로 하면 즙이 더 많이 나온다. 양을 뽀애질 때까지 무르게 삶은 것은 양곰탕, 무르게 삶아 편육처럼 만든 것은 양숙편이라고 한다.

두툼한 양은 양념하여 굽거나 볶는데 오래 익히면 질겨서 맛이 없다. 『음식디미방』에서도 "솥뚜껑을 오래 달궈서 기름을 두르고 양을 넣어 급히 볶아 내면 맛있다"고 하였다. 『주방』이나 『임원십육지』 '우두초(牛肚炒)' 부분에도 양볶이가 나온다.

양을 삶아서 얇게 떠서 부치기도 하고 날로 곱게 다져서 양념하여 한 수저씩 떠서 부치기도 하는데 이를 양동구리라고 한다.

처녑에는 얇은 막이 많이 붙어 있는데 막 사이사이를 깨끗이 씻어 내려면 소금으로 주물러 빨아야 한다. 검은 막은 벗기지 않는다. 전을 하려면 되도록 넓은 것을 한 장씩 떼어 칼끝으로 자근자근 두들겨서 후추를 뿌렸다가 밀가루와 달걀을 입혀 지진다. 두꺼운 막은 국 끓이는 데 넣거나 구이를 한다. 신선한 것은 날로 가늘게 썰어서 소금과 참기름으로 무쳐 회로 먹기도 한다.

옛 음식책에 처녑만두와 양만두가 나오는데 껍질을 가루내어 반죽한 것이 아니라 육류를 얇게 썰어 고기 소를 넣은 것이다. 『주찬』의 양만두는 "양의 내외피를 벗겨 내고 길이와 폭이 두 치쯤 되게 얇게 썰어서 칼날로 고르게 자근자근 두들겨서 녹말을 묻힌다. 여러 가지 양념을 갖추어 생선 만두처럼 싸고 다시 녹말에 굴려서 손으로 가장자리를 붙이거나 실로 꿰매어 소쿠리에 담아서 끓는 물에 삶는다. 냉수에 씻어 낸 후에 초장에 양념을 하여 찍어 먹는다"고 하였고, 처녑만두는 "처녑의 길이와 폭을 양만두처럼 썰어서 여러 가지 속을 넣어 녹말을 묻혀 실로 가장자리를 꿰매고 대꼬치로 꿰어서 삶아서 먹는다"고 하였다.

그 밖의 내장류

부아는 허파를 말하는데 물에 깨끗이 씻어서 삶아 국에 넣거나 찜을 하거나 전을 부친다. 삶을 때 파, 생강, 마늘 등을 넣고 도중에 대꼬치로 찔러서 피를 빼면서 삶는다. 가벼워서 전이 많이 필요한 잔치나 고임상을 꾸밀 때 많이 쓴다.

간은 한 개가 4kg 정도 되고 암적색이며 부드럽다. 철분이 특히 많고 각종 비타민과 무기질의 보고이다. 눈이 나쁜 이에게 좋은 효과가 있으나 핏기가 많고 냄새가 나서 비위에 맞지 않는다는 사람도 있다. 핏물을 잘 빼거나 우유에 담갔다 조리하거나 양념을 잘 하면 냄새가 덜하다. 전을 부칠 때는 삶아서 하는 것보다 날것을 얇게 썰어서 소금으로 주물러 씻어서 물기를 빼고 메밀가루에 깨소금을 넉넉히 섞어서 앞뒤에 꼭꼭 눌러 붙여 기름을 넉넉히 두르고 지진다.

심장(염통)은 살이 많고 지방도 적당히 있어 구이나 볶음에 적당하다. 심장을 갈라서 껍질과 굵은 혈관을 발라내고 얇게 저며서 양념한다.

콩팥(신장)은 콩처럼 생긴 것이 두 쪽 붙어 있다. 갈라서 흰색의 힘줄과 기름을 떼어 내고 얇게 썰어서 구이나 전골, 볶음을 한다. 특이한 냄새가 나므로 양념할 때 생강즙이나 술을 넉넉히 넣는다.

만화는 소의 이자와 지라를 한데 이르는 말로 주로 탕에 넣는다. 지라는 비장(脾臟)을 말하며 부드럽다. 껍질과 기름을 떼어서 설렁탕처럼 오래 끓이는 국에 넣기도 하고 삶거나 구이를 한다.

골은 두골과 등골이 있는데 구하기가 쉽지 않다. 백숙을 하거나 막을 벗겨서 얇게 저며 전을 부치고, 전을 넣은 골탕도 만든다.

곱창에는 대장, 직장, 소장, 곤자소니 등이 있는데 기름 덩어리가 많이 붙어 있으므로 떼어 내고 밀가루를 뿌려서 빨래하듯이 주물러 씻는다. 창자의 한쪽 끝을 수도꼭지에 대고 물을 틀어서 내용물을 훑어 씻어 낸다. 구이를 하려면 갈라서 양념하여 굽고, 찜이나 탕을 할 때는 삶아서 끓인다. 곱창전골을 하려면 곱창을 미리 무르게 삶아 썰어서 양념하여 채소를 넣고 끓인다.

내장류는 거의 전감으로 사용하는데 선지로 전을 하기도 한다. 『조선무쌍신식요리제법』에서는 "선지를 데쳐서 얇게 저며 전유어를 부치면 별 맛은 없지만 바삭바삭하다. 선지에 고기를 난도하여 넣고 이겨서 저며 지진다"고 하였다.

쇠꼬리

쇠꼬리는 소 한 마리에 한 개밖에 없으므로 그만큼 귀한 먹을거리이다. 그래서 쇠꼬리하면 꼬리곰탕을 떠올릴 정도로, 주로 국물을 넉넉히 하여 끓여 먹는다. 요즘 들어서는 꼬리찜을 해먹기도 한다. 꼬리찜은 옛 음식책에서는 찾아볼 수 없는 것으로 보아 그리 오래된 음식은 아닌 듯하다. 갈비찜이나 사태찜과 같은 방법으로 만드는데, 먼저 쇠꼬리를 삶아 낸 다음 채소와 함께 양념하여 무르게 익힌다. 보양 식품이며 입맛을 돋울 뿐 아니라 구수하고 깊은 맛이 있다. 양념이 잘 밴 뼈 속살의 쫀득쫀득한 맛이 일품이다.

 처녑전, 간전, 부아전, 양동구리, 염통구이

순대, 편육

육❾

한국식 소시지, 순대

순대에는 돼지순대, 동태순대, 오징어순대 등이 있는데 서양의 소시지와 비슷한 음식이다. 돼지순대는 돼지 창자 속에 두부, 숙주나물, 다진 파, 마늘, 찹쌀, 선지, 소금, 후춧가루 등을 고루 버무려 채워서 삶는다. 얇게 썰어 고춧가루, 후춧가루를 섞은 소금을 찍어서 먹는다.

『음식디미방』에는 '개장'이라는 음식이 나오는데 "개를 삶아서 살을 발라 갖은 양념을 하여 창자를 씻어서 가득 담고 시루에 뭉근한 불로 쪄서 어슷어슷 썰고 초와 겨자를 곁들여 먹으면 맛있다"고 했으니 지금의 순대 만드는 법과 비슷하다.

'순대'라는 말은 1800년대 말의 『시의전서』에 처음으로 나온다. "창자를 뒤집어 깨끗이 빨아 숙주, 미나리, 무를 데쳐 배추김치와 함께 다져서 두부를 섞는다. 파, 생강, 마늘을 많이 다져 넣고 깨소금, 기름, 고춧가루, 후춧가루 등 각색 양념을 넣고 돼지 피와 함께 주물러 창자에 넣는다. 부리를 동여매고 삶아 식혀서 썬다"고 하였다.

동태순대는 함경도에서, 오징어순대는 강원도에서 많이 만들었다. 돼지순대와는 달리 선지를 넣지 않는다. 동태 입을 열어 내장과 뼈를 발라

내고 소를 채워서 찌거나 삶아서 한겨울 내내 요긴한 찬으로 삼았다고 한다. 서양에도 우리와 비슷한 순대가 있다고 한다.

『시의전서』에는 민어 부레에 쇠고기・숙주나물・두부 등을 채워서 삶은 '어교(魚膠)순대'와 숙주나물・배추김치・무・두부 등을 섞어 조미한 다음 돼지 피를 섞어 돼지 창자에 채워서 동여매어 삶은 '도야지순대'가 나오는데 요즘 순대와 거의 같다.

오징어순대는 몸통 안에 두부, 쇠고기, 고추, 숙주나물, 배추, 오징어 다리를 잘게 다져 소로 넣고 찜통에 쪄 낸 것으로 초간장에 찍어 먹는다.

고기를 고아 얇게 저민 편육

고기를 푹 고아서 물기를 뺀 것이 수육(水肉) 또는 숙육(熟肉)이고, 고아서 얇게 저민 것은 편육(片肉) 또는 숙편(熟片)이다. 쇠고기나 돼지고기를 덩어리째 삶아 베보에 싸서 도마로 판판하게 눌러서 얇게 저며 양념장이나 새우젓국을 찍어 먹는다.

이용기는 『조선무쌍신식요리제법』에서 "편육이란 것은 약을 달여 약은 버리고 찌꺼기만 먹는 셈이니, 좋은 고기 맛은 다 빠졌는데 무엇이 그리 맛이 있으며 자양(滋養)인들 되리요." 하여 편육의 조리법을 그리 달갑지 않게 여기고 있다. 하지만 우리 나라 사람이 여전히 좋아하는 음식이고 요즘은 돼지고기 편육을 절인 배추에 싸서 보쌈으로 즐겨 먹는다.

고기의 모든 부위가 숙육에 알맞은 것은 아니다. 『시의전서』에서는 양지머리 외에 사태・부아・지라・쇠머리・우설・우랑・우신・유통 등이 편육감으로 알맞고, 제육은 초장과 젓국・고춧가루를 넣고, 마늘을 저며 고기에 싸 먹으면 느끼하지 않다고 하였다. 돼지고기로 편육을 만들려면 삼겹살, 돼지머리, 목등심 등이 적당하고 쇠고기 편육으로 가장 좋은 부위는 양지머리이다. 양지머리 중에서도 차돌박이 편육이 최고인데, 차돌박이는 하얗고 깨끗하고 윤이 나며 차돌이 박힌 것처럼 흰 점이 있다 하여 붙여진 이름이다. 지방 성분인 하얀 차돌박이는 텁텁하지 않고 담백하다. 양도 푹 삶아서 편육처럼 먹는데 이를 '양숙'이라고 한다.

잔치 음식을 만들 때는 양지머리나 사태를 덩어리째 삶아 국물은 국수장국의 국물로 쓰고 고기 건더기는 편육으로 쓴다. 쇠고기를 지나치게 오래 삶으면 고기의 좋은 맛이 국물에 다 빠지고 영양가도 줄어들지만 산뜻한 맛을 즐길 수 있다. 편육으로 할 때 고기가 무르고 나면 국물에 소금을 넣고 잠시 더 끓여서 고기에 밑간이 들게 하면 더 맛있다.

손정규의 『우리 음식』에서는 "편육은 쇠고기 삶은 것을 말하는데, 양지머리 삶은 것을 제일로 친다. 살코기만 있는 것이 아니고, 염골에 하얗고 오들오들한 차돌 같은 것이 박혀 있어 '차돌박이양지머리편육'이라고 한다. 섬유가 가늘어서 먹기도 좋고 맛있다. 아무것도 넣지 않고 삶은 뒤에 적당한 헝겊으로 싸서 무거운 돌로 반나절이나 하루쯤 눌러둔다. 먹을 때는 결에 거슬리게 가로로 얇게 저며서 접시에 담아 초장을 찍어 먹는다. 삶은 국물도 좋으므로 이용하는 것이 당연하다"고 하였다.

 돼지순대, 오징어순대, 양지머리편육, 제육편육

육포

육⑩

안줏감으로 좋은 육포

육포는 쇠고기를 얇게 저며서 말린 포를 말하며 안주 중에 첫째로 꼽는다. 쇠고기 육포에도 여러 종류가 있다. 가장 흔한 것이 진장을 치고 주물러 말린 장포인데 우둔살을 되도록 넓게 결대로 길게 떠서 육폿감을 만든다. 다진 고기를 양념하여 말린 편포는 큰 덩어리로 만들면 고기가 상하기 쉬우므로 작게 빚은 대추포나 칠보편포로 만드는 것이 좋다. 얇게 뜬 육폿감에 잣을 소로 넣어 만두처럼 만든 포쌈도 있다.

육포는 대개는 간장으로 간을 하는데 소금 간을 한 것은 염포라고 한다. 육포감으로는 기름이 적고 연한 살코기인 볼깃살을 결대로 도톰하게 썰어서 마련한다. 물론 한우가 맛이 월등히 좋다. 미국산 육포는 너무 두껍고 단단할 뿐 아니라 싱거우며 중국산은 연하고 부드러우나 너무 달고 독특한 향신료 냄새가 나서 우리 나라 사람 입맛에서는 잘 맞지 않는다.

육포는 귀한 음식이라 예전에는 폐백 음식으로 많이 사용했다. 장포를 고이거나 큼직한 편포에 청홍 띠를 두르고 실에 꿴 대추와 함께 올린다. 편포는 다진 고기를 양념하여 큼직하고 갸름하게 두 덩이를 만들어 겉에 잣가루를 뿌려서 말리는데 날고기를 다져서 만들기 때문에 쉽게 상한다.

안줏거리로 만드는 편포에는 대추편포와 칠보편포가 있다. 대추편포는 다진 고기를 양념하여 대추알만하게 빚어 끝에 잣을 하나씩 박는다. 칠보편포는 지름 4cm로 동글납작하게 빚고 위에 잣 일곱 알을 꼭꼭 눌러서 박는다. 포쌈은 넓게 뜬 육폿감을 양념하여 도마에 놓고 잣을 예닐곱 개 놓고 접어서 고기를 맞붙인 다음 반달 모양으로 오려서 가장자리를 꼭꼭 눌러서 말린다. 말리는 도중에 잣이 빠지지 않도록 깊이 박는다.

육포의 역사는 상당히 오래되어 원시 수렵 시대에 먹고 남은 고기를 높은 데 걸어 놓으면 자연 건조되어 오랫동안 두고 먹을 수 있다는 것을 자연스럽게 터득했으리라고 생각된다. 고려 때 문헌인 『고려도경』에는 송나라 사신 서긍에게 대접한 술상에 육포와 어포가 차려져 있었다고 씌어 있다.

제물의 기본은 주·과·포(酒果脯)인데 그 중 으뜸으로 치는 것이 육포이다. 물론 혼례나 환갑 등의 잔칫상에도 반드시 올리는 음식이었다.

조선조 궁중의 잔치에는 '절육(截肉)'이라 하여 쇠고기 포와 꿩·닭의 포, 말린 어류, 조개류 등을 한데 고이는데, 1척 5촌(50cm 정도)의 높이로 잔치 음식 중 가장 높이 고였다. 고종 때 잔치에 올린 '각색절육'은 '편포 1첩, 황포(黃脯) 3첩 15립, 황대구 7마리, 백대구 18마리, 광어 13마리, 사어(모래무지) 9마리, 오징어 3첩 5개, 강요주(江搖柱) 7첩 20개, 전복 63개, 추복(搥鰒) 9첩, 문어 2마리, 다시마 9립, 실백자 2승 7합'을 한데 고였다. 편포와 황포는 쇠고기 육포이고, 나머지는 거의 건어물이다. 육포와 어포 등을 차례로 고인 후에 문어, 오징어, 전복 등을 거북이, 봉황, 새, 꽃 모양으로 오려서 화려하게 장식하고 다시마와 잣도 고명으로 쓴 것 같다.

좋은 육포 만드는 법

좋은 육포를 만들려면 우선 고기가 좋아야 한다. 고기 구이를 할 때는 결과 반대로 썰지만 육포는 결대로 0.4cm 두께로 썬다.

양념은 아주 간단하여 간장, 설탕, 후춧가루 세 가지이다. 그 밖에 꿀, 배즙, 생강즙 따위를 넣기도 하지만 파, 마늘, 깨소금, 참기름은 넣지 않는 편이 낫다. 양념을 많이 넣으면 맛이 변하여 오래 보관하기 어렵다.

육포를 만들려면 먼저 육폿감을 도마에 펴서 가장자리에 붙은 힘줄과 기름을 떼어 낸다. 무게를 확인하여 고기 100g당 간장을 한 큰술(15cc) 비율로 정확히 계량하고, 설탕은 간장의 반 분량을 넣고, 후춧가루는 적당히 넣는다. 포는 간이 부족하면 느끼하고 맛이 없다. 설탕 대신에 꿀을 반쯤 섞어서 쓰면 마른 뒤에 부드럽고 향기가 좋다. 큰 그릇에 간장, 설탕, 꿀, 후추를 고루 잘 섞은 양념장을 만든 후 육폿감을 한 장씩 떼어 앞뒤로 충분히 묻힌다. 손으로 주물러서 스며들 때까지 30분쯤 둔다.

깨끗이 씻어 말린 채반에 양념한 육폿감을 똑바로 펴서 햇볕이 잘 들고 바람이 통하는 곳에 널어 놓는다. 두어 시간 후에 겉면에 물기가 가시면 뒤집어서 말린다. 그대로 두면 채반에 고기가 눌어붙어서 떼어 내려면 고기가 찢어지므로 꾸득꾸득하면 해 지기 전에 걷어서 육포 가장자리의 오그라든 부분을 손으로 살살 펴서 다음날 다시 널어 말린다. 햇볕이 좋고 바람이 잔잔한 봄이나 가을철에는 한나절이면 거의 마른다. 말린 육포를 한 장씩 잘 펴서 차곡차곡 쌓아서 한지로 싼 다음 다듬잇돌로 이틀 정도 눌러 모양을 바로잡는다. 말린 육포를 그대로 밖에 두면 말라서 딱딱해지고 습하면 벌레가 생긴다. 예전에는 한지로 싸서 매달아 보관했지만 지금은 비닐봉지에 넣어 꼭 묶어서 냉동고에 넣어 두면 오래 두고 신선하게 먹을 수 있다.

육포는 잘 구워야 제맛이 난다. 참기름을 앞뒤에 살짝 바르고, 석쇠에 얹어 먼 불에서 살짝 굽는다. 이 때 참기름을 손바닥에 조금 따라서 육포의 앞뒤를 고루 비벼서 바르는데 지나치게 많이 바르지 않도록 한다. 구운 육포를 한입에 알맞은 크기로 골패형이나 완자형으로 잘라서 그릇에 담고 잣가루를 뿌린다. 까만색의 육포에 잣가루를 뿌리면 보기도 좋고 먹음직스럽다.

『고사십이집』과 『산림경제』에서는 '우육다식'이라 하여 "정육을 꿩고기와 섞어 난도하고 유장으로 섞어 다식판에 찍어 내어 잠깐 건조시켜서 먹으면 맛이 매우 좋다"고 하였으니 일종의 생회이면서 말린 편포를 말한다.

 육포, 칠보편포 · 대추편포

돼지고기 음식

육⑪

값싸고 좋은 영양 공급원

　돼지고기는 기름이 많지만 연하고 고소하며 값이 싸 서민이 즐겨 먹는다. 돼지머리는 지금도 고사를 지낼 때 빼놓지 않고 올리며 잔칫상에는 돼지고기편육이 빠지지 않고, 외식할 때는 돼지삼겹살구이를 즐겨 찾는다.

　예부터 돼지는 사람과 밀접한 관계에 있었다. 한자에서 '집'을 의미하는 '家'는 갓머리 아래에 돼지가 놓여 있다는 뜻으로 볼 수 있다. '갓머리'는 문(門) 자에서 생긴 것이니, 문을 열고 들어서면 돼지가 있다고 해서 집 가(家) 자가 되었다고 한다. 우리 나라에서는 돼지를 풍요와 다복의 상징으로 여겼다. 또 보통 지저분한 동물로 알고 있지만 원래 습성은 깨끗하다고 한다.

　돼지는 고기 찬이 귀했던 예전에 소와 함께 소중한 가축이었다. 쇠고기만큼 부위가 세분화되어 있지는 않지만 대략 등심, 안심, 삼겹살, 볼깃살, 어깨살, 방아살, 머리, 족 등으로 나누어 볼 수 있다. 부위에 따라 독특한 맛이 있지만, 지방과 살코기가 세 겹으로 층을 이룬 삼겹살은 그 맛이 일품이다. 그냥 비계에 살코기만 붙은 것은 퍽퍽하지만 살이 이중으로 붙어 있는 삼겹살은 훨씬 고소하다. 어떤 사료를 먹이느냐에 따라 삼겹살의 맛이 달라진다. 섬유질이 많은 사료와 섬유질은 적고 영양가가 많은 사료를 번갈아 먹이면 살과 지방이 층층이 생긴다고 한다.

1800년대 초의 『규합총서』에는 돼지고기 요리가 많이 나오는데 "돼지고기는 본래 힘줄이 없으니 몹시 차고 풍을 일으키며 회충에 해로우니 풍병이 있는 사람과 어린애는 많이 먹으면 못쓴다. 쇠고기와 같이 먹으면 뱃속에 벌레가 생기고, 생강을 넣으면 안 되며 붕어나 양 간(羊肝)도 같이 먹어서는 안 된다"고 하였다. 그러나 곧이곧대로 믿을 필요는 없다.

돼지고기에는 콜레스테롤이 많아 고혈압 등 성인병에 치명적인 영향을 미친다고 생각하는 사람이 많은데 단백질, 지방, 비타민 A, 비타민 B, 칼슘, 인 등이 풍부한 영양식이다. 섬유가 가늘고 연해서 단백질, 지방질의 소화율이 모두 95% 이상에 이른다. 지방이 많고, 특유의 냄새 때문에 싫어하는 사람도 있지만 조리법만 잘 개발하면 값도 싸면서 좋은 영양공급원이 될 수 있다. 돼지고기를 가장 잘 먹기로는 중국인을 꼽을 수 있는데, 이들은 심장병이나 고혈압, 비만으로 시달리기는커녕 오히려 몸이 단단하고 건강한 이가 많다.

돼지새끼집 음식과 제육불고기

옛 음식책에는 돼지고기만이 아니라 돼지새끼집 음식이 몇 군데 나온다. 전라도 광주 지방의 향토 음식으로 '애저(兒猪)'가 있었는데 새끼집에 든 돼지새끼를 삶아서 먹는 음식이었다고 한다. 『규합총서』에도 '돼지찜'이 나오는데, "술안주를 하려면 돼지머리 속의 고기를 두드려 반죽하여 속에 넣고 돼지머리에 맛난 젓국을 두루 발라 쪄 내어 썰어 후춧가루를 뿌린다"고 하였다. '돼지새끼집' 음식에 대해서는 "어미 돼지가 새끼를 배면 새끼집 속에 든 것을 깨끗이 씻어, 그 뱃속에 양념하여 넣어 그대로 찜을 하면 맛이 매우 좋으나 얻기가 쉽지 않다. 그저 연한 돼지를 통째로 뛰한다"고 하였다.

요즘에는 삼겹살이나 목등심은 소금, 후추만 뿌려서 구워 상추나 깻잎에 싸서 먹는 법이 가장 보편적이지만 예전에는 고추장 양념으로 주물렀다가 석쇠에 굽는 제육불고기를 더 즐겨 먹었다. 옛 음식책에는 고추장으로 굽는 법은 거의 나오지 않는다. 1939의 조자호가 지은 『조선요리법』의 '저육구이'에 처음으로 고추장으로 양념한 돼지고기 음식을 소개하였다. "저육을 날것으로 준비하여 비계 없는 것은 얄팍하게 잔칼질을 해 놓고 파·마늘을 곱게 다져 갖은 양념을 해서 굽는다. 고추장을 넣지 않고 간장에만 갖은 양념을 해서 구워도 좋다."

 제육구이, 돼지갈비찜

닭고기 음식

육⑫

성인병 예방에 좋은 단백질 식품

닭고기는 쇠고기나 돼지고기에 비해 지방이 적고 소화도 잘 되는 단백질 식품이지만 우리 나라에서는 조리법이 다양하지 않다. 단백질의 질도 우수하고 지방산 중에 리놀레산을 많이 함유하고 있어 성인병 예방에 좋으며 노인식·환자식에 적합하고 비타민 A·B_1·B_2, 니아신도 많이 함유하고 있다.

교외로 나가 보면 토종닭을 파는 집이 많은데 실제로 진짜 토종닭은 흔하지 않다. 양계닭과는 달리 닭장에 가두어 키우지 않고 누런 닭을 뜰에 내놓고 키워서 그냥 토종닭이라고 하는 실정이다. 양계장에서 키운 닭은 가둬 두고 배합 사료를 먹여 단기간 사육하므로 연하고 기름기가 많은 편이다.

토종닭은 체구가 작아서 다 자란 것이 왕병아리만하다. 1년에 두 번 정도 부화하고 한 번에 보통 15~20마리의 병아리를 깐다고 한다. 뜰에 내놓고 키우므로 먹이도 다르고 운동량이 많아서 살이 검붉고 단단하며 고소하고 쫄깃쫄깃하다. 토종닭 방목장에 가 보면 닭이 20m 이상 날아다니는 모습을 볼 수 있다.

요즘은 한방 약재를 넣고 만드는 음식이 인기가 많은데 닭을 삶을 때 황기나 옻나무를 넣거나 갖은 한약재를 뱃속에 채워 넣고 삶기도 한다. 닭에 배합 사료가 아닌, 풀을 발효시킨 유기 사료나 쑥, 해초나 특수 성분을 강화한 사료를 먹여서 품질을 차별화시킨 상품이 나오기 시작하였다.

닭은 열대 지방이 원산지이며 우리 나라에는 삼국 시대 이전에 남방에서 들어온 것 같다. 『삼국유사』에는 신라의 시조 박혁거세가 알에서 나온 설화가 전해지며, 가야 시대 유물 중에 달걀 껍질이 담긴 토기가 발견된 것으로 보아 일찍부터 식용하였던 것 같다. 중국 명나라 때의 『본초강목』에서는 조선산으로 꼬리가 긴 장미계(長尾鷄)가 닭 중 가장 맛이 좋다고 하였다.

문헌에 나오는 닭고기 음식

옛 음식책에도 닭으로 만든 음식이 대체로 많이 실렸는데 닭찜, 닭적, 탕 등이 많이 나온다. 『음식디미방』에서는 어린 닭을 찜한 '연계증(軟鷄蒸)' 만드는 법이 나온다. "연계를 저녁에 잡아 거꾸로 매달아 두었다가 이튿날 아침에 잔털을 뽑아 내장을 빼고 핏기 없이 씻어 놓는다. 아주 단 된장을 체에 걸러 기름을 많이 넣고 차조기·파·부추를 잘게 썰어 생강·후추·천초 등 갖은 양념을 하고, 밀가루로 개면 즙이 된다. 간장으로 간을 해서 다시 개어 닭 뱃속에 넣고 밥보로 싸서 사기 그릇에 담아 솥에 물을 붓고 중탕한다. 뼈가 빠지게 익으면 꺼낸다." 또다른 방법은 즙을 눅게 하는 것인데 "된장과 갖은 양념을 넣고 밀가루즙을 눅게 하여 즙 속에 닭을 넣고 찐다"고 하였다. 두 가지 모두 된장과 밀가루즙을 사용하는 것이 이채롭다.

『증보산림경제』에서는 "연계의 뱃속에 여러 가지 고명과 향신료를 채우고 백숙한 후 유장(油醬)을 넣고 다시 삶아 낸다"고 하였다.

『음식방문』의 '닭찜'은 "닭 속에 양념을 넣고 간장물에 밀가루즙·파를 넣고 그릇째 담가 즙국에 중탕하여 찌면 좋다"고 하였고,『주방문』의 '연계찜'은 "연계 속에 양념을 넣고 솥에 나무다리를 질러 올려놓고 간장물로 쪄 내면 간장물에 즙이 떨어져 맛이 난다. 그러면 나물과 함께 단지에 넣어 중탕하여 국을 끓인다"고 하였는데 탕인지 찜인지 분명치가 않다.

　『규합총서』등 옛 음식책에는 '칠향계(七香鷄)'라는 중탕한 닭찜이 빠지지 않고 나온다. "살찌고 묵은 암탉을 깨끗이 튀하여 아래로 구멍을 내고 내장을 빼어 속을 깨끗이 씻는다. 삶은 도라지 한 사발, 생강 네댓 쪽, 파 한 줌, 천초 한 줌, 간장 한 종지, 기름 한 종지, 초 반 종지의 일곱 가지를 닭 속에 넣고 남은 양념을 한데 섞어 오지항아리에 넣는다. 유지로 부리를 동이고 사기 접시를 덮어 솥에 넣고 중탕한다"고 하였으니 한방 닭찜의 원조라 하겠다.

　우리 음식 중 이름조차 희미하게 사라져 버린 것도 있다. 그 중 하나가 '승가기(勝佳妓, 勝歌妓)'인데 궁중의 잔치 기록에서는 '승기아탕(勝只雅湯)'이라 하였고,『규합총서』에서는 '승기악탕(勝妓樂湯)'이라 하였다. '노래나 기생보다 좋은 탕'이라는 뜻이니 맛이 유별났을 듯하다.

　순조 때 선비 이학규(李學逵)는 신유년(1801년) 천주교 박해 때 경상도 김해로 귀양살이 가서 그곳에서 풍토잡사를 적은『금관죽지사(金官竹枝詞)』를 남겼는데, 이 책에서는 "신선로로 끓여 먹는 승가기(勝歌妓)라는 고깃국은 원래 일본에서 전래된 것이다"고 하였다.『규합총서』에 나오는 '승기악탕(勝妓樂湯)'은 "묵은 닭을 두 발을 잘라 버리고 내장을 꺼낸 다음 그 속에 술 한 잔, 기름 한 잔, 좋은 초 한 잔을 쳐서 대꼬챙이에 꿰어 박오가리, 표고버섯, 파, 돼지고기 기름을 많이 썰어 넣고, 수란을 까 넣어 국을 만든다. 왜관(倭館) 음식으로 기생이나 음악보다 낫다는 뜻이다." 하였는데 닭찜에 대한 설명이다. 그런데 홍선표의『조선요리학』

에서는 승기악탕을 도미찜이라고 하였다.

요즘에는 '닭도리탕'이라 하여 토막친 닭을 감자나 다른 채소를 넣고 맵게 찜을 한 것으로 젊은이들이 특히 좋아한다. 『해동죽지』에 나오는 '도리탕(桃李湯)'은 평양 성내의 명물로 닭을 반을 갈라 향신료를 넣고 반나절 동안 삶아 익힌 닭곰국이다. 지금의 닭도리탕과는 전혀 다르다. 일본말로 닭을 '도리(とり)'라고 하니 일본에서 들어온 음식인지도 모르겠다.

닭도리탕과 비슷한 닭볶음이 『조선무쌍신식요리제법』에 나오는데 맵게 하지 않고 새우젓국으로 간을 맞춘 것이 특이하다. "고기는 연계가 좋으니 살과 뼈째 자잘하게 토막 쳐서 내장과 함께 썰어 넣고 물을 자질자질하게 붓고 새우젓국을 조금 간간하게 치면 고기에 슴슴하게 간이 드니 장을 따로 넣지 않는다. 파의 흰 부분을 많이 채쳐 넣고 깨소금과 후춧가루를 넉넉히 치고 뭉근한 불로 볶으면 국물이 줄어서 자작자작해진다. 살이 뼈에서 떨어지도록 볶으며 젓국은 국보다 간간해야 비리지 않고 술안주에 적당하다. 묵은 닭이면 맹물에 넣고 앵두나무 가지를 꺾어 넣고 끓여 무르면 나뭇가지를 꺼내고 그 국물에 젓국을 쳐 끓인다. 송도(松都)에서는 이것을 '도리탕'이라 하여 파, 후춧가루, 기름, 깨소금, 마늘을 넣고 만드나 음식에 양념이 많이 들어가면 도리어 맛을 분별할 수 없으므로 기름과 마늘은 넣지 않는 것이 좋으며 새우젓국이 맛 내는 데 제일이다. 또 닭과 날제육을 반씩 나눠 굵직하게 썰고 젓국에 위와 같이 양념하여 물을 붓고 끓이되 풋고추를 많이 썰어 넣으면 술안주에 아주 좋다."

『산림경제』에 '연계적(닭구이)'은 "닭을 잡아서 공중에 거꾸로 매달아 피를 뺀 다음 하룻밤 지나서 먹으면 연하고 맛있다. 닭은 익혀 두었던 것이라도 다음날 반드시 구워 먹어야 한다. 적을 차게 해서 먹어서는 안 된다. 연한 닭에 유장(油醬)을 발라 구워 먹으면 찌는 것보다 더 맛있다"

고 하였다.

예전에는 살림이 넉넉지 않아 닭 한 마리로 온 가족이 배불리 먹기 위해 솥에 물을 가득 넣고 삶으면 국물을 모두 먹을 수 있어 백숙을 자주 한 것 같다. 추석 무렵에는 봄철에 깐 병아리가 모두 커서 살도 오르고 추수하여 살림도 넉넉한지라 이 때는 닭찜을 해먹기도 했다.

제사에는 '봉적(鳳炙)'이라 하여 통닭을 쪼개어 펴서 구워 올렸고, 폐백 음식으로 닭을 통으로 쪄서 사지(絲紙)로 장식하여 시부모에게 올리는 첫 음식으로 삼기도 했다.

『시의전서』에서는 제사에 쓰는 적으로 "생치나 닭적은 거두절미(去頭切尾)하고 배를 갈라 통째 재웠다가 굽되, 사지 둘을 다리 마디에 감는다"고 하였고, 『조선무쌍신식요리제법』에서는 "닭의 대가리와 발을 자르고 장에 기름, 깨소금, 후춧가루를 치고 파를 다져 넣고 발갯깃(꿩 날개)으로 발라가며 대강 굽는다. 제사나 큰 잔칫상에 올린다"고 하였다.

 궁중닭찜, 닭북어찜, 닭적

꿩고기 음식

육❶❸

예부터 맛난 고기로 꼽은 꿩고기

얼마전 오리고기가 콜레스테롤이 없다는 보도가 나오자 여기저기 오리고기 전문점이 늘어나고 찾는 사람도 많아졌다. 요즘에는 그 외에 다른 조류는 거의 먹지 않는데 예전에는 꿩이나 참새, 메추리 음식도 흔했던 것 같다.

옛날에는 야생 꿩이 많아 옛 음식책에도 꿩으로 만든 음식이 많이 나온다. 지금은 제한된 시기에 일부 지역에서만 꿩을 잡을 수 있고, 대개는 사육하고 있어 꿩 음식을 먹기가 쉽지는 않다. 수컷인 장끼는 외모가 화려하며, 암컷인 까투리는 몸통이 작다. "꿩 구워 먹은 소식", "꿩 대신 닭"이라는 속담이 예부터 있었으니 맛난 고기로 꼽았음을 알 수 있다.

꿩으로는 만두부터 구이, 찜, 장조림, 포, 김치를 만드는 등 다양한 조리법이 발달했는데 요즘에는 겨울철에 다진 꿩을 넣어 빚은 꿩만두, 일본식으로 꿩 살을 얇게 저며서 끓는 장국에 흔들어서 익혀 먹는 샤브샤브가 있는 정도이다.

꿩은 사냥하기에 좋아 음식에 가장 많이 쓰는 조류(鳥類)이다. 『규합총서』에서는 "꿩(生雉)은 한(漢) 여후(女后)의 이름이 치(雉)이기 때문에 그 때부터 야계(野鷄)라 하였다. 8월부터 2월까지 먹을 수 있고, 나머지 달은 유독하고 맛이 없다. 어린 꿩(兒雉)은 7월에 먹되 뼈가 목에 걸리면 고칠 약이 없다"고 하였다.

꿩 음식 중에서는 구이가 가장 맛있는데『규합총서』에 꿩구이에 대한 설명이 나온다. "깨끗한 백지에 물을 적셔 틈 없게 고기를 싸서 구워 반 정도 익으면 종이를 벗기고 기름장을 바른다"고 하였다.

『규합총서』와『시의전서』에서는 '봉총찜(鳳葱蒸)'에 대해 자세히 설명하였다. "꿩의 털을 뽑을 때는 껍질이 상하지 않도록 곱게 뜯어 사각을 떠 다리 껍질을 자루처럼 잘 벗긴다. 다리뼈는 아랫마디는 두고 윗마디는 찍어 살을 긁어 내고 꿩의 다른 부위의 살에 쇠고기를 조금 섞어 곱게 다져 힘줄을 없앤다. 파 흰 뿌리, 생강을 곱게 두드리고 후춧가루를 섞어 고기와 합한 다음 간을 맞춘 기름장으로 주무른다. 소반 위에 펴 놓고 큰 꿩다리 모양을 만든 후, 벗겨 놓은 껍질을 도로 씌워 모양을 마음대로 만든다. 이렇게 여럿을 하여 나물과 온갖 양념을 넣고 밀가루를 풀어 찜하고, 구울 때에는 종이 위에 놓아 반만 익혀 기름장을 발라 굽는다"고 하였으니 공을 많이 들인 꿩다리찜이다.

『음식디미방』에는 꿩김치가 나오는데 '생치침채(沈菜)'라 하여 "간이 든 오이김치의 껍질을 벗기고 속은 도려 내어 가늘게 한 치 길이만큼 도독도독하게 썰어 물에 우려 둔다. 꿩은 삶아 오이지와 같이 썰어 따뜻한 물에 소금을 알맞게 넣어 나박김치같이 담가 삭혀서 먹는다"고 하였으니 일종의 물김치이다.『음식디미방』과『주찬』에는 '침채' 또는 '지히'라는 꿩 음식이 나오는데 오이를 볶아서 만든 짠지 같은 것이다.

『술 만드는 법』에서는 '석류탕법'이라 하여 "생치나 닭을 잘게 다지고 여러 채소, 양념과 섞어 밀가루나 메밀가루를 넣고 작은 단자를 만들어 잣을 박아 넣는데 꼭 석류알 같다. 이것을 끓는 물에 데쳐 내어 초장에 양념하여 먹는다"고 하였다. 탕이라고 하였으나 일종의 꿩만두라고 할 수 있다. 꿩만두는 삶아서 살로 완자를 빚고 가루를 묻혀서 장국에 끓이거나 다진 꿩고기를 껍질에 싸서 빚기도 한다.

『요록』에는 '진주탕'이 나오는데 꿩고기를 콩알만하게 저며서 밀가루를 씌워 양념 섞은 장즙에 삶아 내는 일종의 맑은장국이다. 작은 꿩고기 단자가 마치 진주알처럼 보인다고 해서 붙은 이름이다. 조선 시대 말의 음식책에는 '진주', '석류' 등 풍류가 어린 음식 이름이 가끔 눈에 띈다.

『시의전서』에 소개된 '생치구이'를 보면, "생치를 불에 그을려 털을 뽑고 각을 떠서 가슴 쪽의 가는 살은 두세 쪽으로 저미고, 다리는 껍질만 벗겨 자른다. 다진 마늘, 깨소금, 기름, 후춧가루, 꿀을 섞어 소금으로 간을 맞추고 주물러서 물을 적신 백지에 싸서 굽는다. 별법으로는 양념에 주무르기 전에 맨살 껍질에 물을 발라 가며 구워 반숙이 되면 껍질을 벗기고 유장을 발라서 굽는다"고 하였다.

궁중에 지방의 특산물을 올릴 때 경기, 전라, 경상, 강원, 함경 지방에서는 날꿩(生雉)이나 어린 꿩(兒雉)을 정초와 동지, 탄일에 올리는데 따로 말린 건치를 올리기도 한다. 꿩 말린 것을 건치라 하고, 포를 떠서 말린 것을 치포·치육포라 한다. 궁중 음식 중 '생치다식'이 있는데 꿩고기를 다져서 양념한 것을 다식판에 박아 내어 말린 마른 찬이다.

시월부터 정월까지 먹는 참새고기

조선 시대 풍속으로는 섣달 납일(臘日)에 참새를 잡아 어린아이에게 먹이면 마마가 깨끗이 없어진다고 하여 항간에서는 이 날 그물을 쳐서 참새를 잡기도 하고 활을 쏘아 잡기도 했다고 한다.

『규합총서』에서는 "참새는 시월부터 정월까지 먹을 수 있고 나머지는 먹지 못한다. 새고기는 장으로 조리하면 맛이 좋지 않으므로 굽거나 전을 지질 때에도 소금 기름으로 한다"고 하였다.

『음식디미방』에서는 참새 저장법에 대해 설명하였다. "참새 털을 깨끗이 뜯어 눈과 주둥이, 발, 창자를 내버리고 칼등으로 두드려서 편편하게 한 다음 두꺼운 종이로 검은 피를 짜 버리고 술로 깨끗이 씻어 말린다. 참새 한 근에 볶은 소금 한 냥, 익은 기름(한 번 끓인 기름) 한 냥, 좋은 술 한 잔으로 버무려 두 마리씩 서로 거꾸로 되게 합하여 그 속에 천초 다섯 알과 파를 둘씩 넣어 단지에 차곡차곡 넣었다 쓴다. 대체로 고기를 저장할 때 단지의 입을 봉하고 석회(石灰)를 바르면 반 년은 둘 수 있다"고 하였다. 장기 저장법에 대한 선조들의 지혜를 엿볼 수 있다.

그 밖의 새고기

메추라기로는 찜 또는 구이를 하거나 전유어를 부쳤다. 1700년대 정조 때 궁중의 수라상 찬으로 '순조전(鶉鳥煎)'이 나오는 것으로 보아 메추라기로 전유어를 만들었음을 알 수 있고, 『시의전서』에는 참새전유어가 나오는데 "참새를 털을 뜯어 황육(쇠고기)을 넣고 곱게 다져 양념을 하여 화전같이 얇게 만든 다음 가루를 약간 묻혀 달걀을 씌워 지져서 초장을 곁들인다"고 하였으니 메추라기도 마찬가지 방법으로 만들었을 것이다.

『규합총서』에서는 메추라기찜에 대한 설명이 나오는데, "메추라기찜을 하려면 껍질이 상하지 않게 뜯어 두족과 내장을 없애고 씻어서 쇠고기를 곱게 다지고 갖은 양념을 하여 뱃속에 소로 넣는다. 나물은 엄파(움파)와 미나리 약간, 표고·석이·죽순 붙이 말린 것을 기름장·후추만 넣고 주물러 밀가루즙을 조금 쓰되, 너무 바특하게 하지 말고 다 익은 후에는 젖을 만해야 좋다. '본초'에 이르기를 메추라기는 찰머구리가 변하여 된 것이라 하였다. 돼지 간과 같이 먹으면 얼굴에 사마귀가 난다"고 하였다.

거위나 오리는 우리 나라에는 흔하지 않았는지 기록이 많지 않다. 『산림경제』에는 거위·오리를 털째 굽는 법, 오리구이, 메추리구이 등이 중국책을 인용하여 나온다.『증보산림경제』에는 거위·오리의 효능과 조리법이 간단히 적혀 있고,『임원십육지』에는 거위·오리·기러기 삶는 법이 나온다.『홍길동전』을 지은 허균이 말년에 유배 가서 사방의 진미와 팔도의 명물을 기록한『도문대작』에서는 "거위는 의주(義州) 사람이 잘 구우며, 천조지미(天朝之味)와 비슷하다"고 하였다.

 꿩만두, 생치적

쇠고기 밑반찬

육⑭

 밑반찬이란 만들어서 오래 두고 언제든 꺼내 먹을 수 있는 반찬을 말한다. 대표적인 것으로 젓갈, 자반, 장아찌 등이 있다. 예전에는 냉장 시설이 없었으므로 고기나 생선 또는 채소를 절이거나 말려서 찬으로 만들어 두고 끼니 때 꺼내 먹을 수 있는 조리법이 발달하였다. 채소 찬도 많지만 고기 찬이 하나쯤 있어야 영양의 균형을 이루므로 고기로 만든 밑반찬도 발달하였다.

 자반이라고 하면 고등어자반처럼 절인 생선을 연상하지만, 자반이란 한자로 '좌반(佐飯)'이라 하여 '밥을 먹을 때 도움이 되는 찬'의 뜻이다. 자반에는 첫째, 물고기를 소금에 절인 반찬감으로 굴비, 암치, 어란 등과 자반갈치, 자반고등어 등이 있다. 둘째는 나물이나 해산물을 간장이나 찹쌀풀을 발라서 말렸다가 굽거나 기름에 튀긴 찬으로 미역자반, 김자반 등이 있다. 셋째는 짭짤하게 조리거나 무친 반찬으로 콩자반, 장조림, 장똑도기 등이 있다.

 고기로 만든 밑반찬은 밥 반찬에 알맞게 짭짤하게 간을 하고, 먹기 좋게 잘게 썰거나 다진다. 다진 고기로 만든 찬으로는 고기를 구운 섭산적 또는 약산적이 있는데, 오래 두고 먹지는 못한다. 장산적은 썰어서 간장에 조린 것이고, 천리찬은 다진 고기를 볶은 찬이며, 장똑도기는 채 썬 쇠고기를 거무스름하게 조린 찬이다. 그 밖에 만나지, 쇠고기장조림 등이 있다.

섭산적, 장산적

요즘 사람들은 햄버거를 모르는 이는 없어도 우리 음식인 섭산적은 모르는 이가 많다. 섭산적은 쇠고기 살을 곱게 다진 데다 두부를 으깨어 넣어 고루 섞고 양념하여 얇게 반대기를 만들어 구운 것으로 약산적이라고도 한다. 이것을 구워 간장에 조린 것이 장산적이다. 두 가지 다 다진 쇠고기에 다른 재료를 섞어서 반대기를 만들어서 지진 음식이다.

섭산적을 만들려면 기름기 없는 우둔살을 곱게 다져서 다진 파와 마늘·후춧가루·참기름·설탕 등으로 양념하고, 간장과 소금으로 간을 맞춘다. 이 때 고기 양의 반 정도 되는 두부를 행주에 싸서 눌러 물기를 빼고 곱게 으깨어 섞으면 더 부드럽다. 간장만으로 간을 맞추면 질어지므로 소금과 섞어 쓰는 것이 좋다.

장산적을 할 때는 소금만으로 약하게 간을 맞춘다. 양념한 고기 덩어리를 끈기가 나도록 치대어 손바닥만하게 반대기를 만들어 도마 위에 놓고 윗면을 가로 세로로 자근자근 칼집을 넣으면서 고르게 펼쳐서 0.7cm 두께로 고르게 하여 쓴다.

예전에는 구울 때 미리 석쇠를 달구고 두꺼운 한지를 반대기보다 크게 오려서 물에 적셔서 깔고 구웠다. 한지는 고기에서 나오는 물과 기름이 숯불에 떨어지는 것을 막아 연기가 나거나 고기가 타는 것을 막아 준다. 숯불의 세기는 불꽃이 올랐다가 가라앉아 발갛게 달구어진 정도가 좋다. 섭산적의 한 쪽이 노릇노릇 구워지면 뒤집어 뒤쪽도 마저 굽는다. 다 익은 섭산적은 약간 식은 후 먹기 좋게 잘라 잣가루를 뿌려 상에 올린다. 숯불에 한지를 깔고 굽는 것이 번거로워서 프라이팬에 굽기도 하지만 고기 즙이 많이 나와서 제 맛이 안 나므로 가스렌지에 달린 그릴이나 오븐에 굽는 것이 더 낫다.

장산적을 하려면 구운 섭산적을 잘라서 냄비에 담고 간장에 물과 설탕을 타서 자작하게 잠길 정도로 부어 거무스름하고 윤기나게 서서히 조린다. 밑반찬으로 두고 먹어도 좋은데 옛날에는 먼 길 갈 때 찬으로 삼았다.

『시의전서』에는 '뭉치구이'라는 음식이 나오는데 섭산적처럼 양념한 다진 고기를 다식만큼씩 떼어 작게 뭉쳐서 구워 잣가루를 뿌린 음식이다.

그 밖의 쇠고기 밑반찬

똑도기자반이라고도 하는 장똑도기는 가늘게 썬 고기를 조린 찬이다. 『부인필지』에 나오는 '장똑또기'는, "우둔을 얇게 저며 가늘게 썰고 또 가로로 썰어 번철에 볶는다. 누른 즙이 다 빠지면 이것에 좋은 장을 치고 기름과 꿀을 넣어 다시 볶아 검정깨, 후춧가루, 계핏가루를 넣는데 맛이 희한하다"고 하였는데, 『규합총서』에 이와 거의 비슷한 음식으로 이름도 예쁜 '진주좌반'이 나온다. "쇠볼기를 얇게 저며 가늘게 썰어 또 가로로 진주같이 썰어 번철에 볶으면 고기가 반만 익어 누런 즙이 다 빠진다. 이 때 특별히 맛 좋은 간장을 넣고 기름을 많이 치고 꿀을 조금 넣어 다시 볶아 검정깨를 넣고 다 볶은 후 후춧가루를 넣는다"고 하였다.

천리찬은 천리(千里)를 갈 때 갖고 간다 하여 붙여진 이름인데 다진 쇠고기를 조려서 다시 곱게 다진 찬으로 『시의전서』에서 만드는 법을 설명하고 있다. "정육을 다져서 재웠다가 물을 조금 붓고 볶아서 도마에 놓고 곱게 다지고, 그 물에 파·마늘·기름·꿀·깨소금·후춧가루를 넣고 진장을 합하여 물기 없이 볶는다"고 하였다.

'만나지'는 고기를 썰어서 삶은 다음 다져서 양념한 밑반찬이다.

장조림은 기름이 없는 살코기를 간장에 조린 찬으로 돼지고기로도 만든다. 1700년대까지는 '조림'이란 말이 나오지 않다가 1800년대 말 『시의전서』에 '장조림법'이라 하여 처음 나온다. 장조림에 적합한 쇠고기 부위는 홍두깨살, 우둔살, 사태 등 비교적 질긴 부위이다. 고기를 덩어리째 부드럽게 삶은 다음 간장을 넣고 조린다.

 쇠고기장조림, 장똑도기, 섭산적, 장산적

제6부 어류 찬

민어, 농어, 숭어 어❶

암치포무침

민어를 통째로 소금을 뿌려 말린 것을 암치라 하는데 이를 곱게 부풀려 참기름에 무친 것이다.

재료(4인분)

암치포 반 마리(300g), 참기름 2큰술

만드는 법

1. 암치는 희고 너무 바싹 마르지 않은 것으로 골라서 소금기가 많은 부분은 솔로 털어 내고 가시와 뼈를 발라내고 젖은 행주로 싸 둔다.
2. 암치가 부드러워지면 껍질을 벗기고 살을 가늘게 쪽쪽 가르거나 칼로 얇게 저미서 썰어 참기름을 넣고 고루 무치거나, 참기름을 따로 담아 내면 먹을 때 찍어서 먹는다.

*암치보푸라기는 암치포를 가늘게 뜯어서 마른 행주에 싸 골고루 비벼서 솜처럼 곱게 부풀려서 참기름을 넣어 무쳐서 마른 찬으로 한다.

민어포 (민어살을 얇게 떠서 말린 어포)

민어전

민어는 기름이 많이 오르는 6월에 맛이 가장 좋다. 이 때 만든 민어전의 맛은 일품이다.

재료(4인분)

민어살 300g, 소금 적량, 후춧가루 약간, 밀가루 적량, 달걀 2개, 지짐기름 적량
(가) 간장 2큰술, 물 1큰술, 식초 1큰술, 잣가루 ½작은술

만드는 법

1. 신선한 흰살을 골라 비늘을 긁고 깨끗이 씻어 물기를 거둔 다음 머리를 떼고 3장 포 뜨기로 살만 떠내고 머리와 뼈, 내장 등은 찌개거리로 쓴다.
2. ①의 생선 살을 한 입에 먹기 좋게 크기로 포를 뜬다.
3. ②의 생선 살에 소금과 후춧가루를 뿌리고, 밀가루를 얇게 묻혀서 풀어 놓은 달걀에 담갔다가 뜨겁게 달군 번철에 기름을 두르고 양면을 노릇하게 지진다.
4. (가)의 양념으로 초장을 만들어 곁들여 낸다. 달걀을 흰자와 노른자로 나누고 고명으로 실고추, 석이, 다진 파 등을 얹기도 한다.

*진유어 : 물고기나 쇠고기를 얇게 저며 밀가루를 묻히고 계란을 씌워서 번철에 지진 음식. 어느 생선으로나 만들 수 있으나 예전에는 민어와 숭어를 가장 많이 썼다. 우리 나라 음식에는 기름에 튀기는 음식이 거의 없어 전유어가 기름을 가장 많이 섭취할 수 있는 찬물이었다.

농어회

농어는 클수록 맛있는 생선으로 6~8월에 제맛이 난다. 싱싱한 것은 회로 뜨지만 전을 부치기도 한다.

재료(4인분)

농어 1마리, 참기름 1큰술, 쑥갓 40g, 풋고추 2개, 다홍고추 1개, 마늘 4쪽
(가)고추장 4큰술, 간장 ½큰술, 식초 2큰술, 설탕 2작은술, 마늘즙 2작은술, 생강즙 1작은술, 잣가루 2작은술, 깻잎 8장, 참기름·깨소금 약간

만드는 법

1. 농어는 싱싱한 것으로 잡아서 피를 빼고 비늘은 꼬리에서 머리 방향으로 긁고, 턱밑의 삼각진 부분을 떼고 배쪽에 칼을 얕게 항문 쪽까지 넣어 벌려서 내장을 모두 꺼낸다. 이어서 흐르는 물에서 농어를 깨끗이 씻고, 겉과 배 속의 물기를 젖은 행주로 말끔히 닦아 낸다.
2. 농어를 도마 위에 놓고 머리를 잘라내고 살을 아래 위 두 토막으로 떠낸다. 이를 껍질 쪽이 도마에 붙게 하고 꼬리 쪽에 칼을 뉘여서 넣어 껍질을 조금 벗겨 내어 왼손으로 잡은 채 오른손의 칼을 밀어내면 껍질이 잘 벗겨진다.
3. 껍질 벗긴 살토막의 가운데 부분에 있는 가는 가시는 V자형으로 잘라 내어 전부 갸름한 생선 토막이 네 개가 된다. 칼을 뉘여서 생선 토막을 납작납작하게 썬 다음 다시 굵게 채 썬다.
4. 채 썬 생선살을 참기름과 깨소금을 조금 넣어 무친다. (가)의 재료를 합하여 초고추장을 만든다.
5. 쑥갓을 씻어서 물기를 뺀다. 마늘은 납작하게 썰고 풋고추와 다홍고추는 어슷하게 채 썰어 물에 헹구어 건진다.
6. 접시에 깻잎을 깔고 생선살을 놓고 옆에 쑥갓과 고추, 마늘을 곁들여 담고, 초고추장은 작은 그릇에 따로 담아 낸다.

숭어찜

10월에서 이듬해 2월의 추운 겨울에 제맛이 나는데, 특히 얼음을 깨뜨리고 잡은 것은 동수어(凍秀魚)라 하며 맛이 좋다고 한다.

재료(4인분)

숭어(대) 1마리(1kg), 소금 적량, 흰 후춧가루 적량, 녹말 2큰술, 쇠고기(우둔) 150g, 마른 표고 3개, 목이 3장, 다홍고추 ½개, 달걀 2개
(가) 간장 1½큰술, 설탕 2작은술, 다진 파 2작은술, 다진 마늘 1작은술, 깨소금·참기름 각 1작은술, 후춧가루 약간
(나) 간장 1큰술, 설탕 ½큰술, 다진 파 2작은술, 다진 마늘 ½큰술, 깨소금·참기름 각 ½작은술, 후춧가루 약간
(다) 육수 1½컵, 마른 고추 1개, 소금 1½작은술, 식초 2큰술, 설탕 2큰술, 녹말가루 2큰술

만드는 법

1. 숭어의 비늘을 긁고 지느러미는 그대로 두고 아가미에서 내장을 꺼내고 씻어서 물기를 거두고 눕혀서 앞뒤에 4cm 간격으로 칼집을 어슷어슷하게 낸다. 숭어에 소금을 뿌려서 잠깐 절였다가 물이 나오면 마른 행주로 닦아 내고 후춧가루를 고루 뿌리고 녹말가루를 넉넉하게 고루 묻힌다.
2. 쇠고기는 곱게 다져서 (가)의 양념장으로 무쳐서 아가미 속으로 뺀 내장 자리에 밀어 넣어 꼭 채운다.
3. 달걀은 황백으로 나누어 지단을 부쳐서 가늘게 채 썬다. 다홍고추는 어슷하게 썬다.
4. 표고는 불려서 가늘게 채 썰고, 목이도 불려서 곱게 채 썰어 합하여 (나)로 양념하여 번철에 볶아 퍼서 식힌다.
5. 채고명을 숭어의 칼집 낸 사이에 밀어 넣어 꽂고 긴 접시에 담아서 찜통에 얹어서 찐다.
6. (다)의 육수에 마른 고추를 넣고 끓여 매운맛을 내고 건져내어 (다)의 소금과 설탕, 식초로 간을 맞추고 물에 푼 녹말을 넣어 걸쭉하게 익힌다.
7. 쪄 낸 숭어의 위에 더운 국물을 부어서 상에 낸다.

어만두(위), 어선(아래)

어선

어채와 같은 재료로 만드는데 생선살을 대발에 넓게 펴고 가운데 채소와 고기를 넣고 말아서 쪄 낸 음식이다.

재료(4인분)

생선 흰살 300g, 소금, 후춧가루 약간,
쇠고기(우둔) 50g, 마른 표고(중) 2개,
달걀 2개, 마른 석이 4장(5g),
오이(소) 1개, 당근 4cm 토막(50g),
소금·후춧가루 적량,
녹말가루 약 3큰술
(가) 간장 1큰술, 설탕 ½큰술,
다진 파 2작은술, 다진 마늘 1작은술,
참기름 1작은술, 깨소금 1작은술,
후춧가루 약간
(나) 간장 3큰술, 물 1큰술,
식초 1큰술, 잣가루 ½작은술,
겨자(갠 것) ½큰술

만드는 법

1. 생선살은 넓게 포를 떠서 두들기고 두께를 고르게 하여 소금, 흰 후춧가루를 뿌린다.
2. 쇠고기는 살로 곱게 채 썰고, 표고는 불려서 곱게 채 썰어 합하여 (가)의 양념장으로 무쳐서 번철에 볶아 펴서 식히고, 달걀은 잘 풀어서 얇은 지단을 부친다.
3. 석이는 더운물에 불려 비벼서 검은 막을 깨끗이 긁어내고 채 썬다. 끓는 물에 잠깐 넣었다가 건져 내어 소금, 참기름으로 고루 무친다.
4. 오이와 당근은 4cm로 토막을 내어 돌려 깎아서 가늘게 채 썬다. 소금에 잠깐 절였다가 뜨거운 번철에 기름을 두르고 볶아 바로 넓은 그릇에 펴서 식힌다.
5. 도마에 대발을 놓고 위에 젖은 행주를 펴고 지단을 펴서 위에 생선 포를 네모지게 펴 놓고 녹말가루를 고루 뿌린다. 채 썬 재료를 김밥을 싸듯이 생선살 위에 나란히 놓고 말아 끝부분과 양쪽은 녹말을 되직하게 풀어서 바르고 김밥 싸듯이 대발로 겉을 말아서 김이 오른 찜통에 10분 정도 찐다.
6. 생선이 익으면 꺼내어 식힌 다음 3cm 정도의 폭으로 썰어 접시에 담아서 (나)의 초간장과 겨자즙을 곁들인다.

어선 만들기

① 생선살을 포를 떠서 두들겨 고루 편다.

② 대발에 생선포를 놓고 녹말가루를 뿌린다.

③ 생선포에 채 썬 재료를 놓고 만다.

어만두

민어, 숭어 등 흰살 생선의 살을 넓게 포를 떠서 소를 넣고 싸서 찌는 음식이다. 담백하여 여름철에 교자상이나 주안상의 찬품으로 적합하다.

재료(4인분)

생선 흰살 300g, 소금 적량,
흰 후춧가루 적량,
쇠고기(우둔) 100g, 마른 표고 3개,
목이 3장, 숙주 150g, 오이 1개,
소금·녹말가루 적량, 다홍고추 1개,
오이 ½개, 석이 3장, 쑥갓 50g
(가) 간장 1½큰술, 설탕 2작은술,
다진 파 2작은술, 다진 마늘 ½큰술,
깨소금·참기름 각 ½큰술,
후춧가루 약간
· 초간장·겨자즙 적량

만드는 법

1. 생선 살을 칼을 눕혀서 폭과 길이가 7cm 정도 되게 포를 떠서 소금과 흰 후춧가루를 조금씩 뿌린다.
2. 쇠고기는 살로 곱게 다지고, 마른 표고와 목이는 불려서 손질하여 곱게 채 썰어 합하여 (가)로 양념하여 번철에 볶아 펴서 식힌다.
3. 숙주는 끓는 물에 소금을 약간 넣고 데쳐서 물기를 짜서 송송 썬다. 오이는 소를 남기고 돌려 깎아서 채 썬 다음 소금을 뿌려서 절였다가 살짝 볶아서 바로 펴서 식힌다.
쇠고기, 숙주, 오이를 합하여 고루 섞어 만두 소를 준비한다.
4. ①의 생선 조각을 물기를 없애고 도마 위에 녹말을 고루 뿌리고 소를 한 큰술씩 떠 놓고 둥그렇게 싸서 겉에 녹말을 묻혀서 찜통에 젖은 행주를 깔고 찐다.
5. 곁들일 오이, 다홍고추, 표고, 석이는 폭 2cm, 길이 4cm 정도의 골패형으로 썰어 녹말을 묻혀 끓는 물에 데쳐 내어 바로 찬물에 헹구어서 물기를 없앤다.
6. 접시에 어만두와 채소를 함께 담고 따로 초간장과 겨자즙을 곁들인다.

어채

생선을 데쳐서 다른 오색 채소와 곁들여 먹는 음식이다.

재료(4인분)

생선 흰살 300g,
녹말가루·소금 적량,
잣가루 2작은술, 오이 ½개,
다홍고추 1개, 마른 표고 3개,
석이 3장, 달걀 2개
(가) 고추장 4큰술, 간장 ½큰술,
식초 2큰술, 설탕 2작은술,
마늘즙 2작은술, 생강즙 1작은술

만드는 법

1. 민어는 물이 좋은 것으로 골라서 비늘을 긁고 내장을 뺀다. 살만 두 장으로 넓게 떠서 껍질을 벗기고 납작납작하게 저민다.
2. 마늘과 생강을 갈아서 즙을 내어 (가)의 다른 조미료와 합하여 초고추장을 만든다.
3. 달걀은 황백으로 나누어 풀고 얇은 지단을 부쳐서 2×3cm로 썬다.
4. 오이와 다홍고추는 2×3cm로 썰고, 표고와 석이는 불려서 손질하여 오이와 비슷한 크기로 썬다.
5. 냄비에 물을 넉넉히 끓여서 소금을 약간 넣고 준비한 재료들에 녹말가루를 묻혀서 넣어 바로바로 데쳐서 찬물에 헹구어 건져 낸다.
6. 접시에 채소와 생선살을 색스럽게 돌려 담고, 초고추장은 따로 작은 그릇에 담아 잣가루를 뿌려 낸다.

도미, 도루묵 어❷

도미면

도미로 만드는 음식 가운데 가장 공들여 만드는 음식이 바로 이 도미국수이다.

재료(4인분)

쇠고기(사태, 양지머리) 300g, 도미 1마리, 쇠고기 50g, 두부 50g 달걀 5개, 석이 5장, 마른 표고 3개, 다홍고추 1개 당면 30g, 호두 3개, 잣 1작은술, 밀가루 · 지짐가루 · 소금 · 후춧가루 · 청장 적량 쑥갓 40g

(가) 소금 1작은술, 다진 파 2작은술, 다진 마늘 1작은술, 참기름 1작은술, 후춧가루 약간

만드는 법

1. 사태나 양지머리는 덩어리째 물에 씻어서 물 10컵을 끓이다가 넣어 연해질 때까지 삶아서 납작납작하게 썰어 양념하고 육수는 소금과 청장으로 간을 맞춘다.
2. 곱게 다진 쇠고기와 으깬 두부를 합하고 (가)의 양념으로 고루 주물러서 지름 1.2cm의 완자를 빚는다.
3. 도미는 비늘을 긁고 내장을 빼서 머리와 꼬리는 남긴 채로 살을 크게 포를 뜬다. 포는 폭을 4cm 정도로 어슷하게 썰어 소금, 후춧가루를 뿌린다.
4. 석이는 더운물에 불려 손으로 비벼 안쪽의 이끼를 깨끗이 손질하여 곱게 다진다. 달걀 3개를 흰자와 노른자로 나누어 소금을 조금 넣어 잘 푼다. 흰자는 반으로 나누어 흰색 지단과 다진 석이를 넣은 석이 지단으로 하고, 황색 지단도 부친다.
5. 미나리는 잎을 떼고 다듬어서 길이를 맞추어 가는 대꼬치를 꿰어 네모지게 한 장으로 만들어 밀가루를 묻히고 푼 달걀에 담가서 번철에 양면을 지져 낸다. 생선살도 전유어로 지지고 고기 완자도 옷을 입혀서 번철에 굴리면서 지진다.
6. 표고는 큰 것으로 물에 불려 기둥을 떼고, 다홍고추는 갈라서 씨를 뺀다.
7. 호두는 더운물에 불려서 속껍질을 벗기고, 잣은 고깔을 떼어 놓고 지단, 미나리 초대, 표고, 다홍고추는 2.5×4cm 정도의 골패형으로 썬다.
8. 운두가 낮고 넓은 냄비나 전골틀에 삶은 고기를 담고, 위에 도미를 원래의 모양대로 모아 담는다. 주위에 지단과 완자 등을 돌려 담고 육수를 부어 끓인다.
9. 당면은 더운물에 불렸다가 짧게 끊어 ⑧이 끓으면 쑥갓과 함께 넣어 잠깐 익힌다.

도미찜

잘생기고 맛도 으뜸인 도미는 예부터 귀한 손님 대접이나 사돈집에 보내는 이바지 음식으로 많이 썼다. 이 때는 도미의 자태를 그대로 살려 구이나 찜을 해 보냈다.

재료(4인분)

도미 1마리(600g),
쇠고기(우둔) 100g,
마른 표고 3개, 석이 4장,
달걀 2개, 쑥갓 40g, 당근 60g,
실고추 약간, 식용유·소금 각 적량
(가) 소금 1큰술,
흰 후춧가루 약간, 청주 2큰술
(나) 간장 1큰술, 설탕 ½큰술,
다진 파 2작은술, 다진 마늘 1작은술,
참기름 1작은술, 깨소금 1작은술,
후춧가루 약간

만드는 법

1. 도미는 비늘을 긁고 내장을 깨끗이 꺼내어 손질한 다음 양면에 칼집을 2cm 정도의 간격으로 어슷하게 넣고 (가)의 소금, 후춧가루, 술을 고루 뿌려 놓는다.
2. 쇠고기는 곱게 다져서 반 분량을 (나)의 양념장을 만들어 고루 주물러서 도미의 칼집 사이에 고루 채워 넣는다.
3. 달걀은 황백을 나누어 지단을 부쳐서 폭 1.5×3cm 정도의 골패형으로 썬다.
4. 표고는 불려서 기둥을 떼고 석이는 더운물에 불려서 안쪽의 이끼를 깨끗이 문질러 씻고 골패형으로 썰어 소금, 후춧가루, 참기름으로 고루 무친다.
5. 쑥갓은 다듬어서 4cm 길이로 자르고, 당근은 골패형으로 썰어 소금물에 데친다.
6. 접시에 머리가 왼쪽, 배가 앞쪽으로 오게 담고 실고추를 얹어 쇠고기로 완자를 만들어서 김이 오르는 찜통에 넣어 속이 익을 때까지 찐다.
7. 한김 식힌 후에 새 접시에 도미찜과 준비한 고명을 색색이 얹는다.

도루묵백숙

도루묵이라는 이름은, 조선 시대 선조가 전쟁 중에 '묵'이라는 생선 맛이 너무도 좋아 '은어'라 불렀는데 나중에 환궁하여 다시 먹어 보니 옛날의 그 맛이 아니어서 도로 '묵'이라 했다는 데서 유래한 이름이라고 한다.

재료(4인분)

도루묵 8마리, 소금 1½큰술, 물 2컵, 참기름 1작은술
(가) 간장 4큰술, 다진 파 1큰술, 다진 마늘 ½큰술, 깨소금 ½큰술, 고춧가루 ½작은술

만드는 법

1. 싱싱한 도루묵을 내장을 빼고 소금을 뿌려서 2시간쯤 두어 충분히 절여지면 건져서 물기를 뺀다.
2. 냄비에 물을 붓고 끓으면 참기름을 넣어 팔팔 끓이다가 도루묵을 차곡차곡 넣어 끓인다.
3. 도루묵이 뽀얗게 익으면 큰 그릇에 국물째 담는다.
4. 덜어 먹는 접시를 각각 준비하여 한 마리씩 덜어서 (가)의 양념장에 찍어 먹는다.

도루묵

홍어, 가오리 어❸

홍어회

무, 오이 등의 채소를 넣고 맵게 무친 회로, 결혼 피로연 음식으로 많이 내놓는 음식이다.

재료(4인분)

홍어(중) ½마리(300g), 식초 ½컵,
무(소) 1개, 오이 1개, 소금 적량,
미나리 100g, 배 ½개,
다홍고추 1개
(가) 고춧가루 1½큰술, 간장 1큰술,
고추장 2큰술, 다진 파 2큰술,
다진 마늘 1큰술, 다진 생강 ½작은술,
설탕 3큰술, 참기름 2큰술,
깨소금 2큰술

만드는 법

1. 홍어는 껍질을 벗겨서 길이 5cm, 폭 1cm, 정도로 썰어서 식초에 버무려서 약 30분 정도 재워 둔다.
2. 무는 껍질을 벗겨서 굵게 채 썰고, 오이는 반을 갈라서 어슷하고 약간 도톰하게 썰어 소금을 뿌려서 절여 숨이 죽으면 냉수에 헹구어 물기를 꼭 짠다.
3. 미나리는 다듬어서 연한 줄기를 5cm 길이로 자르고, 다홍고추는 어슷하게 썬다.
4. 초에 절인 홍어를 행주에 싸서 물기를 꼭 짜고 무와 오이를 함께 그릇에 담아 먼저 고춧가루를 넣어 고루 버무린다. 색이 고루 들면 이어서 (가)의 나머지 양념을 모두 넣어 고루 버무리고 나중에 미나리와 배를 한데 넣어 무친다.

홍어찜

싱싱한 홍어는 비린내가 없어 달고 꼬들꼬들한데 삭힐수록 톡 쏘는 매콤한 맛이 강해지고 살이 부드러워진다. 충청도에서는 홍어어시욱이라고 한다.

재료(4인분)

홍어 1마리 (600g), 실파 1뿌리, 실고추 약간
(가) 간장 4큰술, 다진 파 2큰술, 다진 마늘 1큰술, 참기름 1큰술, 깨소금 1큰술, 생강즙 ½큰술

만드는 법

1. 홍어는 깨끗이 씻어 토막을 내어 채반에 놓고 바람이 통하는 곳에 널어서 꾸득꾸득 반쯤 말린다.
2. 실파는 어슷하게 썰고 실고추는 짧게 잘라 놓는다.
3. 마른 홍어에 실파와 실고추를 얹어 찜통에 넣어 찐다.
4. 먹기 좋게 대강 뜯어서 접시에 담고 (가)의 양념 간장을 곁들인다.

홍어

가오리숙회

가오리를 도톰하게 썰어 삶아 초고추장을 곁들여 먹는다. 홍어에 비해 살이 질긴 편이다.

재료(4인분)

가오리 600g
(가)고추장 3큰술, 간장 1큰술,
식초 2큰술, 생강즙 1작은술,
설탕 2작은술, 다진 파 2작은술,
다진 마늘 1작은술, 깨소금 2작은술

만드는 법

1. 가오리는 신선한 것으로 껍질이 벗겨지지 않도록 조심하면서 미끈미끈한 것을 칼로 살살 긁어서 깨끗이 하여 한입에 먹기 좋게 자른다.
2. 냄비에 물을 넉넉히 부어 소금을 약간 넣고 끓여서 홍어 토막을 넣어 살짝 익을 정도로 데쳐 낸다.
3. (가)의 재료로 초고추장을 만든다.
4. 데친 가오리를 뜨거울 때 접시에 담고, 초고추장을 따로 담아 낸다.

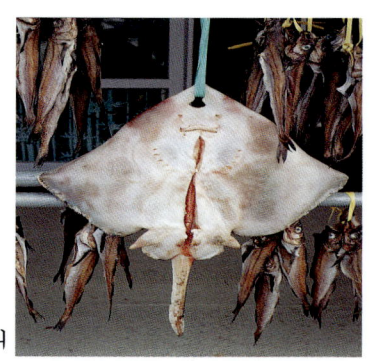

말린 가오리

넙치, 가자미, 병어, 서대 어④

광어전

예전에는 넙치 말린 것을 광어라 하였는데 지금은 날것도 광어라고 한다.
육질이 단단하고 부드러우며 맛이 담백하다. 싱싱한 것은 횟감으로도 많이 쓴다.

재료(4인분)

광어살 300g, 소금 2작은술,
흰후춧가루 약간,
밀가루 적량
계란 2개, 지짐기름 적량
(가) 간장 2큰술, 물 1큰술,
식초 1큰술, 잣가루 ½작은술

만드는 법

1. 광어 살은 두께 0.7cm, 폭 4cm 정도로 한 입에 먹기 좋게 도톰하게 저민다.
2. 전감을 넓은 그릇에 펴고 소금과 흰 후춧가루를 고루 뿌린다.
3. 전감을 한 개씩 들어 밀가루를 고루 묻히고, 잘 푼 계란에 담갔다가 달군 번철에 지진다.
4. 지진 면이 노릇하게 익으면 뒤집어서 뒷면도 지져서 채반에 놓는다.
5. 뜨거울 때 접시에 담고, (가)의 재료로 양념 간장을 만들어 잣가루를 뿌려서 함께 낸다.

가자미양념구이

몸체가 넙치처럼 편평한 가자미는 살이 희고 맛이 좋아 주로 굽거나 기름에 지진다.

재료(4인분)

가자미(중) 4마리, 소금 1큰술
(가) 간장 3큰술, 설탕 2작은술,
다진 마늘 ½큰술, 다진 파 1큰술,
다진 생강 1작은술, 고춧가루 2작은술,
참기름 2작은술, 깨소금 2작은술,
실고추 약간

만드는 법

1. 가자미는 싱싱한 것으로 골라 비늘을 긁고 내장을 빼서 통째로 소금을 뿌려 냉장고나 서늘한 곳에 하루쯤 둔다.
2. 파, 마늘, 생강은 곱게 다지고 실고추는 짧게 끊어서 (가)의 양념 간장을 만든다.
3. 절인 가자미를 두세 토막 내어 석쇠에 얹어 그대로 살짝 구운 후 ②의 양념장을 바르면서 앞뒤를 고루 굽는다.

가자미

병어고추장구이

재료(4인분)

병어 600g(2마리)
(가) 참기름 1큰술, 간장 2큰술
(나) 고추장 2큰술, 다진 파 2큰술, 다진 마늘 1큰술, 다진 생강 ½큰술, 참기름 1큰술, 깨소금 1큰술

만드는 법

1. 병어는 비늘을 긁어 씻어서 머리가 왼편으로 가도록 도마에 얹고 배에 칼집을 넣어 내장을 뺀다. 통째로 구이를 하므로 지느러미와 머리는 그대로 두고, 양면에 1cm 간격으로 칼집을 넣어 (가)의 기름장에 절인다.
2. (나)의 조미료로 양념 고추장을 만든다.
3. 석쇠를 달구어서 접시에 담을 때 윗면이 되는 쪽부터 기름장에 절인 병어를 굽는다.
4. 병어가 반쯤 익었으면 불을 줄여서 타지 않도록 조심하면서 ②의 양념 고추장을 발라 속까지 잘 익도록 굽는다.

마른서대조림

서대는 '서대기' 라고도 하며 몸이 마른 나뭇잎처럼 납작하고 신발 바닥처럼 생겼다.

재료(4인분)

서대 4마리, 물 1컵,
(가)간장 3큰술, 설탕 2작은술,
다진 파 2작은술, 다진 마늘 1작은술,
다진 생강 ½작은술, 깨소금 1작은술,
참기름 1작은술, 고춧가루 2작은술

만드는 법

1. 서대는 도톰하고 싱싱하게 마른 것을 골라서 물에 씻어서 3cm 폭으로 썬다.
2. (가)의 조미료로 양념장을 만들어 서대 토막을 버무려 놓는다.
3. 양념한 냄비에 서대를 펴고 물을 자작하게 부어서 센불에 올려서 끓어오르면 불을 줄이고 조린다.

마른 서대

붕어, 잉어, 쏘가리, 가물치 어⑤

붕어찜

붕어를 '부어', '즉어'라고도 했는데 옛 문헌에서는 뭇 생선이 화(火)에 속하나 이 '즉어' 만은 토(土)에 속하여 비위를 고르고 장위(腸胃)를 실하게 한다고 하였다.

재료(4인분)

붕어(중) 4마리, 쇠고기 200g, 두부 200g, 마른 표고 3개
(가) 청장 1큰술, 소금 1작은술, 다진 파 2큰술, 다진 마늘 1큰술, 다진 생강 1작은술, 깨소금 1큰술 참기름 1큰술, 후춧가루 약간
(나) 식초 2큰술, 백반 1조각
(다) 물 2컵, 청장 2큰술, 참기름 2큰술
(라) 밀가루 1큰술, 계란 1개

만드는 법 (『규합총서』 제법)

1. 붕어를 통째로 비늘을 잘 긁어서 씻어 물기를 없애 도마에 놓고 몸통의 등지느러미 부분에 칼집을 깊게 넣어 갈라서 내장을 발라낸다.
2. 쇠고기는 곱게 다지고, 두부는 눌러서 으깨고, 표고는 불려서 곱게 채 썰어 모두 합하여 (가)로 양념한다.
3. 붕어 뱃속에 (나)의 식초 두 술을 고루 뿌리고 녹말을 묻히고 ②를 가득 채워 실로 동여매고 입에 작은 백반 조각을 넣는다.
4. 붕어가 넉넉히 들어갈 만한 냄비에 붕어를 겹치지 않게 놓고 (다)의 물, 간장, 기름을 섞어서 붓고 뭉근한 불로 끓인다.
5. 붕어가 충분히 익으면 국물에 밀가루즙을 넣어 걸쭉하게 익히고, 계란도 풀어서 반숙 정도로 익힌다.

잉어된장국

잉어에 된장을 풀어 넣어 푹 끓인 국으로 보신 음식이다.

재료(4인분)

잉어(소) 1마리(1kg),
청주 3큰술, 물 5컵,
된장 4큰술, 쑥갓 40g

만드는 법

1. 잉어는 비늘 없이 깨끗이 긁어서 내장 중에 쓸개만 빼내고 물기를 거두어 내장째 여러 토막으로 자른다.
2. 잉어 토막을 채반에 담고 펄펄 끓는 물에 부어 슬쩍 익혀서 잉어 특유의 냄새를 없앤다. 바로 찬물을 고루 부어서 씻어 내고 물기와 피가 빠지고 미끈거림이 없어지면 술을 고루 뿌린다.
3. 물에 된장을 풀어서 그 중 반 분량을 냄비에 담아 펄펄 끓으면 잉어 토막을 넣어 약한 불에서 서서히 끓여서 된장 맛이 고루 배도록 조린다.
4. 잉어에 된장 맛이 들면 남은 된장 물을 부어서 팔팔 끓여서 뜨거울 때 그릇에 담고 쑥갓을 얹어 낸다.

가물치탕

가물치는 보혈 식품으로 질 좋은 단백질이 많고 소화도 잘 된다.
임산부에 좋다고 하여 '가모치(加母致)'라고 한 데서 유래한 이름이다.

재료(4인분)

가물치(대) 1마리(2kg), 참기름 1컵,
물 20컵(4ℓ), 황률 10개,
대추 10개, 마늘 60g, 생강 30g,
수삼 2뿌리

만드는 법

1. 살아 있는 큰 가물치를 골라서 물동이에 하룻밤 두어서 해감을 토하게 한다. 다음날 비늘이 벗겨지지 않도록 물 속에서 손으로 겉이 미끌미끌거리는 것만을 닦는다.
2. 두꺼운 쇠솥을 달구어 참기름을 부어서 더워지면 산 가물치를 통째로 넣고 뚜껑을 덮어둔다.
3. 밤, 대추, 마늘, 수삼은 씻어 건지고 생강은 납작하게 썬다.
4. 그대로 잠시 두면 솥 안의 가물치가 지져지면서 익어서 잠잠해진다. 솥뚜껑을 열고 물을 붓고 밤, 대추, 마늘, 생강, 수삼 1뿌리를 한데 넣어 센불에 끓이다가 끓어오르면 불을 약하게 줄이고 뭉근하게 6시간쯤 푹 끓인다.
5. 가물치와 함께 넣은 재료를 모두 건져내고, 가물치는 뼈를 추려 내고 살을 베보에 싸서 꼭 짠다. 국물은 고운 체에 걸러 도로 솥에 붓고, 새 수삼 1뿌리를 넣어서 다시 끓인다.
6. 뜨거울 때 대접에 담고 소금을 따로 낸다. 보양식으로 오래 먹으려면 국물을 식혀서 냉장고에 넣어 두고 아침, 점심, 저녁 공복에 한 대접씩 복용한다.

쏘가리매운탕

쏘가리는 민물고기로는 드물게 다른 물고기를 잡아먹는 육식 어류이다.

재료(4인분)

쏘가리 500g, 쇠고기 100g,
물 5컵, 고추장 4큰술, 무 200g,
파 1뿌리, 다홍고추 1개,
다진 마늘 1큰술,
미나리(또는 쑥갓) 100g, 소금 약간
(가) 소금 1작은술,
다진 마늘 1작은술, 후춧가루 약간,
참기름 1작은술

만드는 법

1. 쏘가리는 비늘을 긁지 말고 내장 중 쓸개만 빼고 큼직하게 토막을 낸다.
2. 쇠고기를 잘게 썰어 (가)로 양념하여 냄비에 볶다가 물을 부어 장국을 끓인다.
3. 장국이 맛이 들면 고추장을 풀고 쏘가리 토막을 넣고 끓인다.
4. 무를 도톰하게 썰어서 한데 넣고, 어슷하게 썬 파와 다홍고추, 다진 마늘을 한데 넣어 뼈가 무르도록 오래 끓인다.
5. 충분히 익으면 간을 보아 부족하면 소금으로 맞추고 미나리나 쑥갓을 넣고 바로 불을 끄고 대접에 담아 낸다.

쏘가리매운탕 만들기

① 쇠고기 장국 만들기 ② 고추장을 풀어 쏘가리 넣기

③ 무, 파 썰기 ④ 간 맞추기

⑤ 쑥갓 넣기

청어, 고등어, 삼치, 전갱이 어⑥

청어조림

고등어, 꽁치와 함께 등푸른 생선으로 유명하다. 노화를 방지해 주는 핵산과 콜레스테롤 수치를 낮춰 주는 불포화지방산이 많아 건강 식품으로 손색이 없다.

재료

청어(중) 2마리, 소금 1큰술, 무 300g, 다홍고추 1개, 파 1뿌리
(가) 간장 4큰술, 고추장 1큰술, 물 ½컵, 설탕 2작은술, 다진 파 2큰술, 다진 마늘 1큰술, 다진 생강 1작은술, 깨소금 1작은술, 참기름 1작은술, 실고추 약간

만드는 법

1. 청어는 비늘을 긁고 손질하여 두 토막을 내어 칼집을 어슷하게 내고 소금을 뿌려서 절인다.
2. 무는 가로, 세로 4cm 정도로 납작하게 썰고 파와 다홍고추는 어슷하게 썬다.
3. (가)의 재료를 모두 합하여 양념 간장을 만든다.
4. 냄비에 무를 고루 펴서 위에 절인 청어를 고르게 한 켜 담고 양념장을 고루 뿌리고, 다시 청어를 고루 펴 얹고 양념장을 고루 뿌려서 중불에 올려 끓인다.
5. 끓어오르기 시작하면 뚜껑을 열어 청어에 간이 고루 들도록 양념장을 순가락으로 떠서 위를 끼얹으면서 거무스름하고 붉은빛이 나도록 조리다가 다홍고추와 파를 넣어 잠시 더 조린다.
6. 접시에 조린 청어와 무를 옆옆이 담는다.

고등어소금구이

옛날부터 고등어를 잡으면 배에서 바로 절였기 때문에 '뱃자반'이라고도 했다. 함경도에서는 궁중 진상품으로 고등어내장젓을 올리기도 했다.

재료(4인분)

고등어 2마리, 소금 2큰술

만드는 법

1. 고등어는 싱싱한 것으로 골라서 비늘을 긁고 내장을 빼서 깨끗이 씻는다. 머리는 떼어 내고 뼈를 중심으로 살을 두 장 넓게 떠서 절반으로 토막 내어 껍질 쪽에 서너 번 칼집을 넣는다.
2. 채반에 생선을 놓고 소금을 뿌려 간이 고루 배게 하여 꾸덕꾸덕하게 말린다.
3. 석쇠를 잘 달구어서 고등어 토막을 얹어 껍질 쪽을 먼저 굽고 뒤집어서 마저 굽는다.

삼치국

삼치는 살이 희고 영양가가 높은 생선이다.
다른 생선에 비해 살이 연해 부서지기 쉬우므로 조심해서 다루어야 한다.

재료(4인분)

삼치 1마리(600g), 소금 1큰술,
후춧가루 약간, 다홍고추 1개,
녹말 3큰술, 파 1뿌리, 풋고추 2개
(가) 삼치 뼈와 머리 1마리분, 물 6컵
생강 채 1작은술, 다진 마늘 2작은술,
파 1뿌리, 소금 1큰술

만드는 법

1. 삼치는 신선한 것으로 골라 깨끗이 씻어서 머리를 떼고 배를 갈라서 내장을 빼내고 몸통의 살을 아래위의 두 장으로 떠내어 한입에 먹기 좋게 저며 썰어서 소금, 후추를 뿌려 놓는다.
2. 삼치의 살을 바르고 남은 뼈, 머리와 꼬리는 물을 붓고, (가)의 생강과 마늘을 넣어서 한소끔 끓여서 체에 걸러 소금으로 간을 맞춘다.
3. 다홍고추는 곱게 다지고, 풋고추는 씨를 빼고 곱게 채 썰고, 파도 흰 부분을 가늘게 채 썬다.
4. 절여진 삼치 살에 곱게 다진 다홍고추를 고루 섞어서 고추물이 들면 마른 녹말에 굴려서 펄펄 끓는 장국에 넣는다.
5. 삼치가 익어서 동동 떠오르면 풋고추 채와 파 채를 넣고 불에서 내려 대접에 담아 낸다.

전갱이조림

신선한 것이 맛이 좋은데 고등어와 마찬가지로 선도가 급속히 떨어지기 때문에 주로 소금을 뿌려 굽거나 조린다.

재료(4인분)

전갱이(중) 2마리, 소금 1큰술, 무 200g
파 1뿌리, 실고추 약간
(가) 간장 3큰술, 고춧가루 1작은술, 설탕 1큰술, 다진 파 2큰술, 다진 마늘 1큰술, 물 ½큰술

만드는 법

1. 전갱이는 단단한 줄 비늘을 꼬리 쪽부터 얇게 떠내고 나머지 비늘을 긁어서 씻고 내장을 빼내어 몸통을 어슷하게 두세 토막으로 잘라서 소금을 뿌린다.
2. 무는 2cm 두께의 반달 모양으로 썬다.
3. (가)의 재료로 양념 간장을 만든다.
4. 냄비에 무를 고루 펴고 위에 절인 전갱이 토막과 어슷하게 썬 파와 실고추를 얹는다. 양념 간장을 고루 뿌리고 물을 가장자리로 돌려 부어서 중불에 올려서 끓인다.
5. 국물이 거의 없어질 때까지 바짝 조린다.

명태, 대구 어 ⑦

북어조림

명태를 덕장에 걸어 놓고 겨우내 말려서 북어를 만든다. 쓰임새가 많아 국이나 밑반찬으로 아주 좋다.

재료(4인분)

북어(중) 2마리, 풋고추 2개, 실고추 약간
(가) 간장 4큰술, 물 4큰술, 설탕 1큰술, 마늘 2쪽, 생강 1톨, 흰파 1뿌리, 통깨 ½큰술, 고춧가루 ½큰술

만드는 법

1. 북어는 물에 충분히 불려서 부드러워지면 건져서 물기를 거둔다. 가운데 뼈를 발라내고 지느러미를 떼어 내어 4cm 정도로 토막을 낸다.
2. (가)의 조미료로 합하여 양념장을 만든다.
3. 냄비에 북어를 한 켜 고르게 펴서 담고 위에 양념장을 끼얹고 실고추를 놓는다. 다시 북어를 가지런히 넣고 양념장을 고루 얹어서 불에 올려 조린다.
4. 끓어 오르면 불을 약하게 줄이고 장물을 떠서 위에 끼얹어 고루 간이 들도록 한다.
5. 국물이 거의 졸아들고 북어가 부드러워질 때까지 조린다.

북어전

북어를 두드려 물에 불렸다가 양념하여 밀가루와 계란을 씌워 지진다.

재료(4인분)

북어(중) 2마리, 밀가루 4큰술, 달걀 2개, 지짐기름 적량
(가) 간장 2큰술, 설탕 1큰술, 다진 파 4작은술, 다진 마늘 2작은술, 다진 생강 1작은술, 깨소금 ½큰술, 참기름 ½큰술, 후춧가루 약간

만드는 법

1. 북어는 방망이로 두드려 머리를 떼고 물에 불렸다가 뼈를 발라낸 다음 펴서 껍질 쪽에 칼집을 어슷하게 넣고, 5cm 길이로 토막 낸다.
2. (가)의 조미료로 양념장을 만든다.
3. 북어 토막에 양념장을 고루 발라 겹쳐 놓고 30분쯤 재운다.
4. 양념한 북어에 마른 밀가루를 발라 촉촉해지면 달걀 푼 것에 담갔다가 팬에 기름을 두르고 누르면서 지진다.

대구매운탕

대구는 지방이 적어서 비린 생선을 좋아하지 않는 이도 잘 먹는 생선이다.
해물탕 중에는 담백하고 맑게 끓인 대구백숙과 매운탕의 인기가 높다.

재료(4인분)

대구(소) 1마리(1kg), 생굴 200g,
배춧잎 2장, 파 2뿌리,
물 6컵
(가) 소금 1큰술, 청장 2작은술,
다진 마늘 2큰술, 다진 생강 1큰술,
고춧가루 1큰술

만드는 법

1. 대구는 깨끗이 손질하여 내장을 빼고 5cm 정도로 토막을 낸다.
생굴은 씻어 체에 건진다.
2. 배춧잎 줄기는 4cm 길이로 썰고, 파는 다듬어 어슷하게 썬다.
3. 냄비에 대구 머리와 꼬리를 담고 물을 부어서 끓이다가 맛이 들면 건지를 건져 낸다.
4. 대구 삶은 국물에 대구 토막과 배추를 넣고 (가)의 양념을 넣어 끓여서 익으면
생굴과 파를 넣어 끓인다.
5. 굴이 익어서 맛이 어우러지면 바로 불에서 내린다.

조기 어❽

우리 나라 사람이 가장 좋아하는 생선이다. 예부터 잔칫상이나 제사상에도 빠지지 않고 올렸다. 조기를 소금에 절여 만든 것을 굴비라 하는데 영광 굴비는 그중 유명하다.

조기국

조기를 쇠고기 장국에 넣어 끓인 맑은 국이다.

재료(4인분)
쇠고기(장국용) 100g,
조기(중) 2마리, 물 8컵, 청장 적량,
쑥갓 40g, 다진 마늘 1작은술,
생강즙 1작은술
(가) 소금 1작은술, 참기름 1작은술,
후춧가루 약간, 다진 마늘 1작은술

만드는 법

1. 장국용 쇠고기는 납작납작하게 썰어서 (가)로 양념하여 물을 붓고 맑은장국을 끓여서 청장으로 간을 맞춘다.
2. 조기는 비늘을 잘 긁어서 머리를 잘라내고 내장을 빼서 5cm 정도로 토막을 낸다.
3. 쑥갓은 씻어서 손으로 한 가지씩 떼어 놓는다.
4. 장국을 팔팔 끓여서 조기 토막과 다진 마늘, 생강즙을 넣는다. 조기가 익으면 쑥갓을 넣고 바로 대접에 담는다.

조기양념장구이

조기를 양념 간장에 재워서 구우면 소금에 절인 것보다 감칠맛이 난다.

재료(4인분)

조기(소) 4마리, 소금 1큰술
(가) 간장 4큰술, 다진 파 1큰술, 다진 마늘 ½큰술, 생강즙 ½큰술, 후춧가루 약간, 깨소금 1큰술, 참기름 1큰술, 실고추 약간

만드는 법

1. 조기는 싱싱한 것으로 골라서 비늘을 긁고 입을 열어서 내장을 빼 내어 깨끗이 씻는다. 2cm 간격으로 칼집을 넣어 소금을 고루 뿌려서 절인다.
2. (가)의 조미료를 고루 합하여 양념장을 만든다.
3. 절인 조기를 물기를 없애고 양념장을 고루 발라서 20분 정도 재워 둔다.
4. 잘 달군 석쇠에 조기를 얹고 남은 양념장을 가끔 바르면서 앞뒤를 고루 굽는다.

굴비구이

예전에는 바싹 마른 굴비를 새끼에 꿰어 한 두름씩 팔았으나 지금은 덜 말려서 냉동한 상태로 파는 경우가 많다.

재료(4인분)

굴비(중) 2마리

만드는 법

1. 바싹 마른 굴비는 물에 한 시간쯤 담가 두었다가 건지고, 덜 마른 것이면 그대로 씻어서 배, 가슴, 등지느러미를 바싹 잘라낸다. 한 손으로 꼬리를 잡고 칼끝으로 비늘을 꼬리에서 머리 쪽으로 거슬러 벗겨 내고 물에 얼른 헹구어서 건져 겉에 흐르는 물기를 닦는다.
2. 가스 불에서 직화로 구우려면 석쇠에 굴비를 얹고 중불보다 약간 약한 불로 서서히 굽는다. 굴비 위쪽에 알루미늄 호일을 덮고 구우면 속까지 쉽게 익는다. 구운 빛이 적당히 나고 60% 정도 구워졌을 때 뒤집어서 마저 굽는다. 그릴러에 굽거나 오븐에 넣어 구우면 편리하다.
3. 잘 구운 굴비를 상에 낼 때는 통째로 내기도 하지만 미리 살만 뜯어서 접시에 담아 내기도 한다.

준치, 갈치 어⑨

준치만두

옛 음식책에는 준치로 만든 음식이 많이 나오나 지금은 그리 흔치 않은 생선이다.
준치로는 국, 자반, 조치, 만두 등 별난 음식을 만들어 먹었다.

재료(4인분)

준치 1마리(500g),
쇠고기(우둔) 100g, 녹말가루 3큰술,
생강즙 1작은술, 잣 1큰술, 쑥갓 50g
파 1뿌리, 마늘 4쪽,
생강 1톨, 물 4컵
(가) 간장 1큰술, 설탕 ½큰술,
다진 파 2작은술, 다진 마늘 1작은술,
깨소금·참기름 각 1작은술,
후춧가루 약간

만드는 법

1. 준치를 깨끗이 씻어 내장을 꺼내고 머리를 잘라내서 증기가 오르는 찜통에 넣어 찐다. 살이 완전히 익으면 뼈와 가시를 전부 발라내고 살만 모아서 곱게 부순다.
2. 냄비에 남은 뼈와 파, 마늘, 생강 조각을 넣고 물을 부어 끓인 다음 체에 걸러서 소금으로 간을 한다.
3. 쇠고기는 곱게 다져서 (가)의 양념으로 무쳐서 번철에 볶아 식힌다.
4. 준치 살과 볶은 쇠고기를 합하여 녹말가루와 생강즙, 소금, 후춧가루를 넣고 직경 2~3cm의 동그란 완자 모양으로 실백을 두 알씩 넣어 빚는다.
5. 완자로 빚은 만두를 녹말가루에 고루 묻혀서 찜통에 젖은 행주를 깔고 잠시 찐다.
6. 접시에 쑥갓을 깔고 쪄 낸 만두를 국물 없이 담아 초장을 곁들여 내기도 하며, 대접에 담고 ②의 장국을 끓여 부어서 쑥갓을 띄우기도 한다.

갈치조림

갈치는 필수 아미노산, 무기질, 비타민 등을 고루 갖춘 생선이다. 구이나 조림을 많이 한다.

재료(4인분)

갈치(중) 1마리(400g),
무(중) ½개(200g), 다홍고추 1개,
생강 1톨, 마늘 2쪽
(가) 간장 4큰술, 물 4큰술,
설탕 1큰술, 통깨 ½큰술,
고춧가루 ½큰술

만드는 법

1. 갈치는 은빛의 비늘이 벗겨지지 않은 싱싱한 것으로 골라서 지느러미를 떼고 내장을 꺼내고 깨끗이 씻어 6cm로 토막 낸다.
2. 파와 다홍고추는 어슷하게 썰고, 생강은 납작하게 썬다.
3. (가)의 조미료를 합하여 양념장을 만든다.
4. 무는 폭 3cm, 길이 4cm, 두께 1cm 정도로 네모지게 썰어 냄비 바닥에 고르게 펴 담는다.
5. 무 위에 갈치를 가지런히 놓고 양념장과 ②의 양념을 고루 얹어 불에 올려 조린다.
6. 끓어오르면 불을 줄이고 가끔 장물을 떠서 위에 끼얹어 무와 갈치에 고루 간이 배도록 한다.

장어, 메기 어⑩

장어구이

우리 나라뿐만 아니라 여러 나라에서 보신 음식으로 즐겨 먹는 장어는 영양가가 높은 건강 식품이지만 소화가 잘 안 되므로 한꺼번에 많이 먹으면 오히려 역효과가 날 수 있다.

재료(4인분)

장어 (중) 2마리(500g)
(가) 고추장 2큰술, 간장 2큰술,
청주 2큰술, 설탕 2큰술,
다진 파 3큰술, 다진 마늘 1½큰술,
다진 생강 2작은술, 참기름 1큰술,
깨소금 1큰술, 후춧가루 약간

만드는 법

1. 장어는 싱싱한 것으로 등쪽에 칼을 넣어 한 장으로 펴고 내장을 빼고 뼈를 발라낸다.
2. (가)의 조미료로 양념 고추장을 만든다.
3. 석쇠나 철판을 달구어서 손질한 장어를 양념하지 말고 앞뒤로 굽는다.
4. 구운 장어에 양념 고추장을 고루 바르면서 구워서 폭 3cm 정도로 썰어 그릇에 담는다.

말린 갯장어

메기매운탕

메기는 부기를 가라앉히고 이뇨 작용을 도와 준다. 구이나 지짐, 매운탕 등을 해 먹는다.

재료(4인분)

메기(소) 3마리, 무 200g, 애호박 ½개, 풋고추 3개, 파 2뿌리, 쑥갓(또는 미나리) 50g, 물 3컵
(가)고추장 2큰술, 고춧가루 1큰술, 다진 파 2큰술, 다진 마늘 1큰술, 다진 생강 1작은술, 참기름 1작은술, 소금 적량

만드는 법

1. 메기는 내장을 빼고 깨끗이 씻어서 머리와 꼬리지느러미는 잘라내고 큼직하게 토막 낸다.
2. 무는 나박나박 얇게 썰고, 애호박은 반달 모양으로 도톰하게 썰고, 풋고추는 어슷하게 채 썰어 씨를 털어내고, 파도 굵게 채 썬다.
3. 냄비에 참기름을 두르고 무를 넣어 잠시 볶다가 물을 부어 끓인 다음 (가)의 고추장과 양념을 넣어 끓인다.
4. 펄펄 끓는 장국에 쏘가리 토막과 애호박, 채 썬 풋고추, 파를 넣어 한소끔 더 끓이다가 간을 보아 부족하면 소금으로 맞춘다.
5. 쑥갓을 넣고 바로 불에서 내린다.

아귀, 복어 어⑪

아귀찜

아귀는 생김새와는 달리 맛이 담백하다. 국이나 찌개를 끓이면 아주 시원하고 콩나물을 듬뿍 넣어 맵게 찜을 하기도 한다.

재료(4인분)

아구 1kg, 콩나물 300g, 미나리 100g, 파 50g, 소금 1작은술, 된장 3큰술, 물 1컵
(가) 물 ½컵, 찹쌀가루 2큰술, 들깨 2큰술, 고춧가루 2큰술, 다진 파 1큰술, 다진 마늘 1큰술, 소금 1작은술, 참기름 1큰술

만드는 법

1. 아구를 적당한 크기로 토막 내어 소금을 뿌려 놓는다.
2. 콩나물은 머리와 뿌리를 따고, 미나리는 잎을 대강 떼고 다듬어서 5cm 길이로 썰고, 파는 어슷하게 썬다.
3. 냄비에 절인 아귀를 편 다음 그 위에 콩나물, 파를 얹고 물에 된장을 풀어서 넣은 다음 뚜껑을 덮고 5분 정도 중불에서 끓인다.
4. (가)의 물 ½컵에 찹쌀가루를 고루 풀고 나머지 양념을 모두 넣어 고루 섞는다.
5. 아귀와 콩나물이 익으면 ④를 넣어 더 끓인다. 위에 미나리를 얹고 살짝 익혀서 불에서 내린다.

복매운탕

복어는 맹독이 있어 아무나 취급하지 못하고 특수 조리사 자격증을 가진 사람만 조리할 수 있다. 늦가을부터 이른봄에 잡히는 복어가 가장 맛있다.

재료(4인분)

복어(중) 2마리(800g), 두부 1모, 파 2뿌리, 마른 표고 4개, 배춧잎 4장, 무 200g, 육수 3컵
(가) 고추장 2큰술, 육수 2큰술, 고춧가루 1큰술, 소금 1작은술, 다진 마늘 1½큰술, 다진 생강 2작은술, 후춧가루 · 간장 약간

만드는 법

1. 복어는 식용 가능한 부분만을 손질하여 한입에 먹기 알맞은 크기로 토막 낸다. (전문가가 손질해야 한다)
2. 두부는 반으로 갈라서 납작하게 썰고, 파는 어슷하게 4cm 길이로 썰고, 표고는 기둥을 떼고 어슷하게 저며 썬다.
3. 배춧잎은 반으로 갈라서 4cm 길이로 썰고, 무는 반달 모양으로 납작하게 썰어 끓는 물에 살짝 데친다.
4. 냄비에 배추와 데친 무를 깔고 복어 토막과 두부를 얹고 파와 표고를 옆쪽에 함께 담는다.
5. (가)의 매운탕용 고추장 양념을 만들어서 육수 3컵에 풀어서 끓인다.
6. 복어와 채소가 익으면 위에 뜨는 거품을 말끔히 걷어내고 간장으로 간을 맞추고 불에서 내린다.

오징어, 낙지, 문어 어⑫

오징어구이

산 것이나 싱싱한 것은 회를 하거나 데쳐서 숙회를 하고 찌개나 구이, 조림 등 다양하게 조리한다. 비타민과 무기질이 많고 칼슘은 쇠고기의 여덟 배나 된다.

재료(4인분)
물오징어 2마리
(가) 고추장 3큰술, 고춧가루 1작은술,
간장 1큰술, 설탕 1큰술, 물 2큰술,
다진 파 2큰술, 다진 마늘 1큰술,
다진 생강 1작은술, 참기름 1큰술,
깨소금 1큰술

만드는 법

1. 오징어는 반을 갈라 내장을 빼고 먹통도 떼고 몸통 안쪽에 칼집을 사선으로 넣는다.
2. (가)의 고추장에 간장과 물을 넣고 묽게 푼 후 나머지 양념을 모두 넣어 고루 섞는다.
3. 오징어를 양념장에 20분쯤 재웠다가 붙은 양념을 대강 훑어서 달군 석쇠에 올려 굽는다.
4. 익어서 오그라들면 뒤집어서 남은 양념을 바르고 구워서 먹기 좋은 크기로 썰어 그릇에 담는다.

낙지전골

낙지를 고추기름으로 맵게 양념하여 즉석에서 바로 볶아야 제맛이 난다.

재료(4인분)

낙지 4마리(500g), 양파(소) 1개, 다홍고추 2개, 실파 50g, 쇠고기 100g, 쑥갓 50g
(가) 간장 1큰술, 설탕 ½큰술, 다진 파 2작은술, 다진 마늘 1작은술, 참기름 1작은술, 깨소금 1작은술, 후춧가루 약간
(나) 참기름 2큰술, 고춧가루 1큰술, 간장 2큰술, 설탕 1큰술, 다진 파 4작은술, 다진 마늘 4작은술, 다진 생강 2작은술, 깨소금 1큰술

만드는 법

1. 낙지는 굵은 소금을 뿌려서 주물러 씻어서 4~5cm 길이로 썬다.
2. 양파는 길이대로 채 썰고, 다홍고추는 갈라서 씨를 빼고 채 썰고, 실파와 쑥갓은 5cm 길이로 썬다.
3. 쇠고기는 채 썰어 (가)의 고기 양념으로 고루 무쳐 놓는다.
4. (나)의 전골 양념 중에 먼저 참기름에 고춧가루를 넣어 고루 으깬 다음 나머지 양념을 모두 섞어서 썰어 놓은 낙지를 넣어 고루 무친다.
5. 두꺼운 전골 냄비를 잘 달구어서 기름을 두르고 먼저 양파를 넣어 잠시 볶다가 쇠고기와 낙지를 넣어 고루 볶는다. 낙지가 거의 익으면 쑥갓을 넣어 살짝 익힌다.

낙지

통문어찜

문어를 통째로 삶아 초고추장을 곁들여 먹는 담백한 찬이다.

재료(4인분)

문어(소) 1마리, 무 200g
(가) 고추장 2큰술, 간장 ½큰술,
식초 1큰술, 물 1큰술, 설탕 2작은술,
마늘즙 1작은술, 생강즙 ½작은술,
통깨 1작은술

만드는 법

1. 문어를 소금으로 주물러 씻어 내고 머리를 뒤집어 먹통이 터지지 않게 잘라내어 깨끗이 씻어서 다시 머리를 원래대로 뒤집는다.
2. 무 토막으로 표면을 문지른다.
3. 넉넉히 물을 끓이면서 무 간 것을 넣고 문어를 통째로 삶는다.
4. (가)의 조미료로 양념 고추장을 만든다.
5. 20분 정도 끓이고 건져 사이사이 칼집을 넣어 식히고 초고추장은 따로 담아 낸다.

말린 피문어

꽃게 어⑬

게는 산란기를 바로 앞둔 것이 알이 꽉 차서 맛있다. 배딱지가 둥근 것은 암놈이고 삼각형으로 뾰족한 것은 수놈이다. 삶아서 발라 먹거나 찌개를 끓여 먹는다.

꽃게감정

꽃게

꽃게감정 만들기

① 게살을 발라낸다.

② 게살, 쇠고기, 두부, 숙주를 합해 양념한다.

③ 게딱지 안에 소를 채운다.

④ 소를 채운 게딱지에 밀가루, 달걀을 씌운다.

꽃게감정

재료(4인분)

꽃게(소) 4마리, 쇠고기 100g, 두부 100g, 숙주 100g, 무 200g, 파 1뿌리, 물 3컵, 밀가루 2큰술, 달걀 1개, 식용유 2큰술
고추장 3큰술, 된장 1큰술, 다진 마늘 1큰술, 다진 생강 1작은술
(가) 소금 2작은술, 다진 파 1큰술, 다진 마늘 2작은술, 깨소금 2작은술, 참기름 2작은술, 후춧가루 약간

만드는 법

1. 게는 솔로 깨끗이 닦은 후 삼각진 딱지와 등딱지를 떼서 등딱지의 안에 있는 것을 긁어 모은다. 몸통은 갈라서 살을 발라내고, 다리는 칼로 뚝뚝 끊는다.
2. 쇠고기는 곱게 다지고 두부는 으깨어 물기를 꼭 짠다. 숙주는 데쳐 물기를 짜고 송송 썬다.
3. 게살, 고기, 두부, 숙주를 합해 (가)의 양념을 넣어 고루 섞어 소를 만들어서 게딱지 안쪽의 물기를 닦고 기름을 살짝 칠해 평평하게 채운다.
4. 게딱지의 소 위에 밀가루와 달걀을 묻혀서 기름을 두른 번철에 전을 지지듯이 지져 낸다.
5. 무는 3×3.5cm 크기로 납작하게 썰고, 파는 어슷 썬다.
6. 게다리와 게살을 발라낸 자투리에 물을 붓고 끓여 국물이 우러나면 걸러서 고추장과 된장을 푼다.
7. 게 국물에 무를 넣어 끓이다가 말갛게 익으면 지져 낸 게와 다진 마늘과 생강을 넣고 잠깐 더 끓이다가 마지막에 파를 얹고 불에서 내린다.

꽃게찜

재료(4인분)

꽃게 (중) 1마리, 두부 1모(150g), 쇠고기(우둔) 100g, 마른 표고 2개, 달걀 1개, 실파 2뿌리, 실고추 약간 (가) 소금 1작은술, 청장 1큰술, 다진 파 2큰술, 다진 마늘 1큰술, 참기름 1큰술, 깨소금 1큰술, 후춧가루 약간

만드는 법

1. 꽃게는 솔로 깨끗이 씻어서 게딱지를 연다. 아가미는 떼어 내고 껍질 안에 들어 있는 것을 발라내어 그릇에 모으고 껍질을 깨끗이 씻는다. 게의 몸통과 다리에 들어 있는 살을 발라내어 게 알이나 장에 합한다.
2. 쇠고기는 살로 곱게 다지고, 두부는 눌러서 물기를 빼고 으깨어 놓고, 표고는 불려서 기둥을 떼고 채 썬다.
3. 게살, 쇠고기, 두부, 표고를 합하고 달걀 한 개를 풀어 (가)의 양념을 넣어 섞는다. 게 딱지에 ③의 소를 채워서 윗면을 고르게 하고 채 썬 파와 실고추를 얹어서 김이 오른 찜통에 넣어 찐다.
4. 속까지 익었으면 뜨거울 때에 접시에 담아 낸다.

새우 어⑭

새우의 담백한 맛을 살리려면 양념을 적게 하는 것이 좋으며 신선도가 무엇보다 중요하다.
큰 새우(大蝦)로 구이를 하거나 마른 새우를 볶는 등 다양하게 조리한다.

대하찜

재료(4인분)

대하 4마리, 석이 2장, 달걀 2개, 미나리 40g, 다홍고추 1개, 소금·후춧가루·참기름 적량
(가) 소금 1작은술, 흰 후춧가루 약간, 청주 1큰술

만드는 법

1. 대하는 싱싱한 것으로 껍질째 깨끗이 씻어서 한 마리씩 손으로 들고 등을 휘게 하여 관절 사이에 대꼬치를 넣고 내장을 빼낸다. 등에 칼집을 깊숙이 넣고 배 쪽은 1cm 간격으로 칼집을 고루 넣어 (가)의 양념을 고루 뿌려 놓는다.
2. 석이는 더운물에 불려서 안쪽의 이끼를 깨끗이 문질러 씻어서 가늘게 채 썬다. 끓는 물에 잠깐 데쳐 내어 물기를 꼭 짜고 소금, 후춧가루, 참기름으로 고루 무친다.
3. 달걀은 황백을 나누어 지단을 부쳐서 가늘게 채 썬다.
4. 미나리는 끓는 물에 데쳐 3cm 길이로 자르고, 다홍고추는 갈라서 씨를 빼고 3cm 길이로 가늘게 채 썰어 번철에 볶아서 소금을 약간 뿌린다.
5. 김이 잘 오른 찜통에 ①의 대하를 접시에 똑바로 펴서 5분 정도 찐 후에 준비한 고명을 골고루 얹어 잠시 더 쪄 낸다.

대하잣즙무침

재료(4인분)

대하 5마리, 소금 약간, 쇠고기(사태) 200g, 오이 1개, 삶은 죽순 100g, 소금 적량, 흰후추 적량, 식용유 적량
(가) 잣가루 6큰술, 육수 4큰술, 소금 1작은술, 흰후추 약간, 참기름 1작은술

만드는 법

1. 큰 새우는 껍질째 깨끗이 씻어 등쪽의 내장을 꼬치로 빼고 소금을 뿌려 찜통에 7~8분 정도 찐다.
2. 새우가 익으면 머리를 떼고 껍질을 벗겨 어슷하게 3cm 폭으로 저며 썬다.
3. 사태는 삶아서 식혀 편육을 만들어 납작납작하게 썬다.
4. 오이는 길이로 반을 갈라 어슷하게 얇게 썰어서 소금에 절였다가 물기를 꼭 짠다.
5. 삶은 죽순은 반으로 갈라 빗살 모양으로 얇게 썰어서 소금과 흰 후추로 간을 하면서 기름에 볶아 넓은 그릇에 펴서 식힌다.
6. (가)의 재료로 잣즙을 만든다.
7. 준비한 재료를 한데 담고 소금과 흰 후추를 살짝 뿌린 다음 잣즙을 넣어 가볍게 무친다.

① 새우 내장 빼기

② 잣즙 만들기

마른새우볶음

재료(4인분)

마른 보리새우 100g,
(가) 간장 1½큰술, 설탕 1큰술,
물 1큰술, 물엿 1작은술,
참기름 1작은술, 통깨 1작은술

만드는 법

1. 팬에 기름을 두르지 말고 마른 새우를 넣고 볶아 마른 행주에 싸서 비비다가 망에 넣어 턴다. 수염이나 가시가 떨어져서 깔끔하다.
2. 팬에 (가)의 간장, 물, 설탕, 물엿을 넣고 끓인다. 거품이 나면서 끓으면 재빨리 볶은 새우를 고루 섞은 후 통깨를 뿌린다.

멸치, 뱅어 어⑮

잔멸치볶음

멸치는 물 밖으로 나오자마자 죽어 버려 쉽게 부패한다. 그래서 산지에서 바로 쪄서 말린다.

재료(4인분)

잔멸치 200g, 풋고추 1개, 당근 40g, 통깨 1큰술
(가) 간장 2큰술, 물 4큰술, 설탕 4큰술

만드는 법

1. 멸치를 체에 담아 흔들어 털어 잔 부스러기를 털어 내고 잡물을 없이한다.
2. 당근은 가늘게 채 썰고, 풋고추는 갈라서 씨를 빼고 채 썬다.
3. 팬에 기름을 두르고 뜨거워지면 멸치를 넣고 약한 불에서 저으면서 볶다가 채 썬 당근과 풋고추를 넣어 한데 볶아 일단 접시에 꺼낸다.
4. 팬에 (가)의 간장, 물, 설탕을 붓고 한데 담아 불에 끓여서 약간 걸쭉하게 조린다.
5. ④의 엿장에 볶은 멸치를 넣어 고루 섞고 통깨를 뿌린다.

멸치장산적

멸치를 가루 내어 다진 고추와 함께 만든 장산적으로 칼슘이 듬뿍 든 찬이다.

재료(4인분)

멸칫가루 100g, 풋고추 2개, 밀가루 3큰술, 지짐기름 3큰술
(가) 간장 1큰술, 물 1큰술, 설탕 1큰술, 다진 파 2큰술, 다진 마늘 1큰술, 참기름 1큰술
(나) 간장 1½큰술, 설탕 1큰술, 청주 2작은술, 참기름 2작은술, 통깨 1작은술

만드는 법

1. 멸치는 머리를 떼고 내장을 발라내고 마른 번철에 기름을 두르지 말고 볶아서 절구나 블렌더에 담아 가루로 빻는다.
2. 매운 맛이 나는 풋고추를 갈라서 씨를 빼고 곱게 다진다.
3. 멸칫가루와 다진 풋고추를 합하고 (가)의 양념을 넣어 고루 섞어서 반죽하여 직경이 3cm 정도로 납작하게 둥근 모양으로 빚는다.
4. 번철을 달구어 지짐기름을 두르고 멸치 완자에 밀가루를 묻혀서 앞뒤를 지져 낸다.
5. (나)의 재료를 합하여 냄비에 담고 끓어오르면 지진 멸치 완자를 넣어 윤기 나게 조려서 통깨를 뿌린다.

뱅어포구이

뱅어포는 뱅어와 비슷한 새끼 괴도라치를 붙여 만든 포이다. 간장, 기름, 고추장을 발라 굽거나 김을 굽듯 기름을 넉넉히 발라서 소금만 뿌려서 굽기도 한다.

재료(4인분)
뱅어포 6장
(가)고추장 3큰술, 간장 1큰술,
설탕 2큰술, 다진 파 1큰술,
다진 마늘 ½큰술, 참기름 1 ½큰술,
깨소금 1 ½큰술

만드는 법

1. 뱅어포는 빛이 희고 잘 마른 것으로 골라 짚이나 티를 골라낸다.
2. (가)의 조미료로 양념 고추장을 만든다.
3. 뱅어포를 도마나 쟁반 위에 한 장씩 펴서 양념 고추장을 솔로 고루 발라 여러 장을 겹쳐서 잠시 둔다.
4. 석쇠나 번철을 달구어서 양념한 뱅어포를 앞뒤로 고루 구워서 먹기 좋게 네모지게 썬다.

대합, 홍합, 꼬막 어⑯

패주전

조개의 기둥인 패주는 달착지근하고 맛이 아주 좋다. 세로로 결이 나 있으므로 조리할 때는 칼을 옆으로 저며 썰어 회를 하거나 전이나 구이를 한다.

재료(4인분)

패주(대) 4개,
소금·밀가루·지짐기름 적량
후춧가루 약간, 달걀 2개
(가) 간장 2큰술, 식초 1큰술,
물 1큰술, 잣가루 ½작은술

만드는 법

1. 패주에 붙어 있는 얇은 막과 내장을 떼어 내고 소금물에 깨끗이 씻어서 결과 반대로 0.7cm 정도의 두께로 떠서 잔칼집을 넣는다.
2. 패주를 늘어놓고 소금과 후춧가루를 약간씩 뿌린다.
3. 패주에 밀가루를 고루 묻혀서 풀어 놓은 달걀에 담갔다가 달군 번철에 기름을 두르고 양면을 노릇하게 지진다.
4. (가)의 양념으로 초장을 만들어 곁들인다.

대합구이

껍질이 매끄럽고 윤이 나며 무늬가 아름다운 조개이다.
탕, 찌개, 전골을 하기도 하고 찜이나 구이를 하기도 한다.

재료(4인분)

대합(중) 6개, 쇠고기(우둔) 100g,
두부 50g, 밀가루 3큰술, 달걀 2개
(가) 소금 1큰술, 설탕 1작은술,
다진 파 4작은술, 다진 마늘 2작은술,
깨소금 2작은술, 참기름 1작은술,
후춧가루 약간

만드는 법

1. 대합을 씻어서 소금물에 담가 모래를 뱉게 하고 냄비에 담아 물을 약간 붓고 끓여서, 입이 벌어지면 바로 불을 끄고 조갯살을 발라내고 껍질은 깨끗이 씻어 놓는다.
2. 조갯살은 곱게 다지고, 쇠고기는 살코기로 곱게 다지고, 두부는 눌러서 물기를 빼 곱게 으깨어 세 가지를 합하여 (가)의 조미료로 양념한다.
3. 대합 껍질의 안쪽에 기름을 얇게 바른 후 밀가루를 살짝 뿌려서 ②를 채우고 윗면을 고르게 한다.
4. 소를 채운 면에 밀가루를 얇게 묻힌 후 풀어 놓은 달걀을 묻혀서 전유어처럼 번철에 지진다. 다홍고추와 쑥갓을 붙여 지지면 보기 좋다.
5. 지진 대합을 석쇠에 얹어 구워서 속까지 익으면 껍질을 깨끗이 하여 접시에 담는다. 기호에 따라 초간장을 조금씩 위에 얹어 먹기도 한다.

대합구이 만들기

① 대합을 소금물에 담가 모래를 뱉게 한다.

② 대합 살을 다진다.

③ 대합 껍질에 소를 채운다.

④ 밀가루, 달걀을 씌워 지진다.

홍합초

홍합초 만들기

① 홍합 데치기

② 녹말 넣기

홍합초

홍합은 생것이나 말린 것을 두루 많이 쓰는데 말린 것은 불려서 죽을 쑤거나 미역국을 끓일 때 넣고 쇠고기와 함께 간장에 조려 홍합초를 만든다.

재료(4인분)

생홍합 300g, 쇠고기 50g,
마늘 1쪽, 생강 1톨, 파 1뿌리,
참기름 1작은술, 잣가루 1작은술
(가) 간장 2큰술, 설탕 1큰술, 물 ½컵,
(나) 녹말가루 1큰술, 물 1큰술

만드는 법

1. 생홍합은 큰 것으로 골라서 붙어 있는 털과 얇은 막을 떼어 내고 다듬어서 끓는 물에 살짝 데쳐서 건진다.
2. 쇠고기는 납작납작하게 저미서 썰고, 마늘과 생강은 납작하게 저미고, 파 흰 부분은 3cm로 자른다.
3. 냄비에 (가)의 간장, 설탕, 물을 합하여 담고 마늘과 생강, 파와 쇠고기를 한데 넣고 끓인다.
4. 장물이 끓어오르면 홍합을 넣어 약한 불에서 서서히 조린다. 조리는 도중에 장물을 끼얹어서 간이 고루 들도록 한다.
5. 국물이 자작해지면 (나)의 물에 푼 녹말을 넣어 고루 뒤섞고 참기름을 넣어 윤기를 낸다.
6. 그릇에 담고 잣가루를 뿌린다.

꼬막무침

껍질이나 골 사이에 모래나 흙이 많이 묻어 있으므로 여러 차례 비벼서 씻고 물에 담가 해감을 토하게 해서 조리한다.

재료(4인분)

꼬막 300g
(가)간장 2큰술, 설탕 2작은술, 고춧가루 1작은술, 다진 파 1큰술, 다진 마늘 ½큰술, 생강즙 1작은술, 깨소금 1작은술, 참기름 1작은술, 실고추 약간

만드는 법

1. 꼬막을 비벼서 깨끗하게 씻어 건진다.
2. 끓는 물에 소금을 넣고 꼬막을 넣어 익어서 벌어지면 바로 꺼내어 식힌 후 껍질 한 쪽을 떼어 낸다.
3. (가)의 양념을 모두 합하여 양념 간장을 만든다. 실고추는 짧게 끊어 넣는다.
4. 큰 꼬막이면 접시에 나란히 놓고 조갯살 위에 양념장을 조금씩 끼얹고, 작은 꼬막이면 양념장과 함께 고루 버무린다.

굴, 전복, 소라 어⑰

굴회

재료(4인분)
생굴 300g, 쑥갓 100g
(가) 간장 4큰술, 식초 2큰술,
설탕 ½큰술, 마늘즙 2작은술,
생강즙 1작은술, 다진 파 2작은술,
고춧가루 2작은술

굴은 "바다에서 나는 우유"라고 할 정도로 영양가가 높다. 고혈압, 동맥경화, 심장병 등에도 좋다.

만드는 법
1. 껍질 깐 굴은 신선한 것으로 골라서 껍질이나 잡티를 없애고 소금물에 살살 흔들어 씻어 소쿠리에 건져서 물을 뺀다.
2. (가)의 다른 조미료로 초간장을 만든다.
3. 접시에 쑥갓을 깔고 굴을 담고, 초간장은 따로 작은 그릇에 담아 낸다.

굴전

재료(4인분)

굴(대) 20개, 소금 적량, 후춧가루 약간, 밀가루 적량, 달걀 2개, 지짐기름 적량
(가) 간장 2큰술, 식초 1큰술, 물 1큰술, 잣가루 ½작은술

만드는 법

1. 굴은 싱싱한 것으로 골라서 껍질이나 잡티를 없애고 소금물에 깨끗이 씻어서 건져 놓는다.
2. 채반에 굴을 늘어놓고 소금과 후춧가루를 약간씩 뿌린다.
3. 굴에 밀가루를 고루 묻혀서 풀어 놓은 달걀에 담갔다 건져서 달군 번철에 기름을 두르고 양면을 노릇하게 지진다. 굴이 작으면 굴, 밀가루, 달걀 푼 것을 합하여 숟가락으로 한 수저씩 떠서 동그랗게 지져 내도 된다.
4. (가)의 조미료로 초장을 만들어 곁들여 낸다.

전복찜

전복으로는 주로 죽이나 찜을 해 먹는데, 값이 무척 비싸다. 전복 껍질은 색깔이 찬란하여 칠기의 자개를 만드는 데 쓴다.

재료(4인분)

전복(소) 8개, 쇠고기 육수 1컵,
파 1뿌리, 마늘 2쪽, 실고추 약간,
잣가루 1큰술
(가)청장 2큰술, 설탕 ½작은술,
참기름 1큰술, 후춧가루 약간

만드는 법

1. 전복은 껍질째 솔로 문질러 씻어서 살을 떼어 내고 깨끗한 수세미로 검은색 막을 문질러서 씻어 내고 윗면에 1cm 간격으로 격자로 칼집을 넣는다.
2. 파는 흰 부분을 3cm 길이로 토막을 내고 마늘은 납작하게 저민다. 실고추는 짧게 끊어 놓는다.
3. 육수를 냄비에 담고 (가)로 양념하여 끓어오르면 전복을 넣고 다시 끓기 시작하면 불을 약하게 줄여서 익힌다.
4. 전복 살이 맛이 들면 꺼내어 전복 껍질에 전복을 하나씩 놓고 위에 파와 실고추를 얹고 잣가루를 뿌린다.

*전복에 쇠고기, 표고, 은행 등을 한데 넣어 찜을 하기도 한다.

전복

삼합장과

전복, 해삼, 홍합을 쇠고기와 함께 달게 조린 음식으로 재료가 호화로운 만큼 맛도 좋다.

재료(4인분)

생홍합(대) 200g, 생전복 1개(200g),
불린 해삼 2개(200g),
쇠고기(우둔) 100g,
파 1뿌리,
마늘 2쪽(10g), 생강 1톨(10g),
다홍고추 1개
참기름 1큰술, 잣가루 1작은술
(가) 간장 1큰술, 설탕 ½큰술,
후춧가루 약간
(나) 간장 4큰술, 물 4큰술

만드는 법

1. 쇠고기는 연하고 기름기가 없는 우둔살로 납작납작하게 저며 썰어 (가)의 조미료로 양념한다.
2. 홍합은 크고 신선한 것을 골라 털과 얇은 막을 없애고 끓는 물에 삶아 내어 너무 크면 2~3등분 한다.
3. 전복은 껍질째 솔로 깨끗이 씻고 살의 검은 막은 소금으로 문질러 씻어 찜통에 살짝 쪄서 내장을 떼어 내고 얇게 저민다.
4. 불린 해삼은 내장을 빼고 씻어 어슷하고 도톰하게 썬다.
5. 흰 파는 다듬어서 3cm로 토막 내고 마늘과 생강은 얇게 저며 썬다.
6. 냄비에 (나)의 간장, 설탕, 물을 섞어서 불에 올려 끓어오르면 먼저 양념한 쇠고기를 넣어 조린다.
7. 쇠고기가 익으면 준비한 해물을 넣어 고루 간이 배도록 가끔 뒤섞으면서 서서히 조린다.
8. 국물이 거의 졸아들면 참기름을 넣어 고루 섞고 그릇에 담아 잣가루를 뿌린다.

소라초

소라는 육질이 단단해서 씹으면 꼬들꼬들하다. 살을 데쳐 숙회로 고추장을 찍어 먹거나 얇게 저며 소라초를 만든다.

재료(4인분)

소라 살 300g, 파 1뿌리, 마늘 2쪽, 생강 1톨, 참기름 1작은술, 잣가루 1작은술
(가) 간장 3큰술, 물 3큰술, 설탕 1½큰술, 후춧가루 약간
(나) 녹말가루 1큰술, 물 1큰술

만드는 법

1. 소라는 씻어서 끓는 물에 살짝 삶아서 건져 살을 꺼내고 납작하게 썬다.
2. 마늘과 생강은 저며 썰고 파는 3cm로 토막 낸다.
3. 냄비에 (가)를 넣고 ②의 마늘, 생강, 파를 넣고 끓인다.
4. 장물이 끓어오르면 소라를 넣고 약한 불에서 조린다.
5. 국물이 자작해지면 (나)의 녹말가루를 물에 풀어 넣어 고루 뒤섞고, 나중에 참기름을 넣어 윤기를 낸다.
6. 접시에 담고 잣가루를 뿌린다.

해삼, 멍게, 성게 어⑱

해삼 · 멍게회

멍게의 원래 이름은 우렁쉥이이다. 깊은 바다에서 자란 5~7월 것이 맛있다.

재료(4인분)

생해삼 3개(200g), 멍게 3개(500g),
(가) 고추장 4큰술, 간장 ½큰술,
청주 ½큰술, 식초 2큰술,
설탕 2작은술, 마늘즙 2작은술,
생강즙 1작은술

만드는 법

1. 해삼은 단단한 것으로 골라서 배를 갈라 내장을 빼고 얇게 저민다.
2. 멍게는 우둘투둘한 꼭지 부분을 도려내고 갈라서 살만 꺼내어 내장을 떼어내고 서너 조각을 낸다.
3. (가)의 다른 조미료로 합하여 초고추장을 만든다.
4. 접시에 쑥갓을 깔고 멍게와 해삼을 담고 초고추장은 따로 작은 그릇에 담아 낸다.

해삼전

마른 해삼을 연하게 불려서 소를 채워서 노릇하게 지진 전이다.

재료(4인분)

불린 해삼(소) 12개,
쇠고기(우둔) 100g, 두부 100g,
밀가루 적량, 달걀 2개, 지짐기름 적량
(가) 간장 1큰술, 설탕 ½큰술,
다진 파 2작은술, 다진 마늘 1작은술,
참기름 1작은술, 깨소금 1작은술,
후춧가루 약간
(나) 간장 2큰술, 물 1큰술, 식초 1큰술,
잣가루 ½작은술

만드는 법

1. 불린 해삼은 배를 갈라서 내장을 꺼내고 깨끗이 씻는다. 마른 해삼일 경우에는 되도록 작은 것으로 골라 냄비에 담고 물을 넉넉히 부어 약한 불에 올려놓는다. 끓어오르면 불을 끄고 그대로 두어서 완전히 식으면 다시 불에 올려 데웠다가 다시 식힌다. 이렇게 여러 번 반복하여 원래 크기의 5배 이상 되게 불린다.
2. 쇠고기는 살로 곱게 다지고, 두부는 깨끗한 행주로 싸서 도마 등 무거운 것으로 눌러 물기를 빼고 곱게 으깬다.
3. 다진 쇠고기와 으깬 두부를 합하여 (가)로 양념하여 소를 만든다. 해삼의 안쪽에 밀가루를 고루 묻힌 다음에 소를 꼭꼭 눌러 펴서 채운다.
4. ③의 해삼의 소를 넣은 면에만 밀가루를 얇게 묻히고 달걀에 푼 것에 담갔다가 뜨겁게 달군 번철에 노릇하게 지진다.
5. (나)의 양념을 합하여 초장을 만들어 곁들여 낸다.

홍해삼

홍합과 해삼 불린 것을 쇠고기, 두부와 함께 쪄으로 만든 개성의 향토 음식이다.

재료(4인분)

불린 해삼 200g, 불린 홍합 200g, 쇠고기(우둔) 300g, 두부 ½모(200g), 밀가루 ½컵, 달걀 3개, 지짐기름 2큰술
(가) 간장 1큰술, 소금 1작은술, 설탕 1큰술, 다진 파 2큰술, 다진 마늘 1큰술, 참기름 1작은술, 깨소금 1작은술, 후춧가루 약간
(나) 간장 2큰술, 물 1큰술, 식초 1큰술, 잣가루 ½작은술

만드는 법

1. 쇠고기는 곱게 다지고 두부는 으깨어 합하여 (가)로 양념하여 고루 치댄다.
2. ①을 반으로 나눠 불린 홍합과 해삼을 각각 넣고 주먹만하게 타원형으로 뭉쳐서 밀가루를 고루 묻혀 찜통에 쪄 낸다.
3. 쪄 낸 것을 밀가루와 달걀을 입혀서 지지는데, 홍합이 들어간 것에는 노른자, 해삼이 들어간 것에는 흰자를 입혀서 지진다.
4. 식으면 도톰하게 썰어서 그릇에 담고 (나)로 초장을 만들어 곁들인다.

민어, 농어, 숭어   어❶

우리 나라는 삼면이 바다이고 특히 한류와 난류가 교차하는 동해는 좋은 어장을 이뤄 철마다 어류가 다양하다. 우리 나라에서 많이 나는 어패류를 계절별로 살펴보면 다음과 같다.

봄철에 많이 나는 어패류는 가자미, 가오리, 넙치, 뱅어, 병어, 숭어, 조기, 준치, 잉어, 삼치, 대게, 대합조개, 피조개, 해삼, 여름철에는 갈치, 꽁치, 고등어, 민어, 뱀장어, 꽃게, 소라, 전복, 홍합, 백합, 바지락, 성게, 가을철에는 갈치, 삼치, 방어, 연어, 도루묵, 농어, 꼬막, 오징어, 소라, 전복, 겨울철에는 명태, 대구, 다랑어, 농어, 정어리, 참돔, 양미리, 문어, 낙지, 굴, 꼬막 등이 있다.

어류의 생김새는 종류에 따라 다르나 대개 머리, 몸통, 꼬리의 세 부분으로 나눌 수 있으며 체형은 방추형이다. 지느러미로 헤엄치면서 아가미로 호흡을 한다.

생선으로 만드는 우리 나라 음식에는 탕, 전, 구이, 조림 등이 있다. 평상시 찬감으로는 값이 비교적 싼 동태, 가자미, 갈치, 고등어, 전갱이 등을 쓰고 특별한 때에는 민어, 대구, 도미, 광어 등을 마련한다. 요즘에는 회를 전문으로 떠서 팔고 있어 편리하다.

유월에 가장 맛있는 민어

민어는 기름이 많이 오르는 유월에 가장 맛이 좋다. 애호박도 이 때가 단맛이 드므로 이것을 넣고 고추장을 풀어서 끓인 민어국을 상추쌈이나 취쌈에 곁들여 먹으면 아주 맛있다. 싱싱한 민어는 회나 어채, 어만두를 만들고 전유어로도 좋으며 조림, 구이, 찜도 만들 수 있어 생선 중 첫째로 꼽는다.

민어 알은 숭어 알 다음으로 좋은 어란이며, 민어에 소금을 뿌려 말린 것을 암치라 하는데 이것을 곱게 부풀려서 참기름에 무친 암치자반은 빛깔도 곱고 맛이 좋아서 마른 찬으로 구색을 맞출 때 아주 좋다. 민어의 부레는 꽤 비싼 편인데 맑은 구름무늬가 부풀부풀하고 무거울수록 좋다. 이것을 잘게 썰어서 볶으면 진주 같은 구슬이 되는데 이것을 아교구(阿膠球)라 하여 보약의 재료로 썼다. 생선 부레에 소를 채워 찜을 한 '어교(魚膠)순대'도 있다.

『산림경제』에서는 민어를 회어(鮰魚)라 하여 탕이나 구이, 적이 다 맛있으며 살로는 회를 하거나 소금 간을 해서 말리면 좋으며, 알도 소금을 뿌려 먹으면 좋다고 하였다.

전유어는 물고기나 쇠고기를 얇게 저며 밀가루를 묻히고 달걀을 씌워서 번철에 지진 음식으로 어느 생선으로나 만들 수 있으나 예전에는 민어와 숭어를 가장 많이 썼다. 우리 음식에는 기름에 튀기는 음식이 거의 없고 기름을 가장 많이 섭취할 수 있는 찬물은 전유어였다.

클수록 맛있는 농어

강과 바다에서 사는 농어는 10~4월이 산란기인데 민물과 바닷물이 합쳐지는 강 하구에서 알을 낳고, 그 알에서 깬 어린 고기가 강을 거슬러 올라가 봄과 여름을 보내고 가을이 깊어지면 다시 바다로 간다. 큰 농어는 겨울에도 강으로 가지 않고 깊은 바다에 있으며, 봄에서 여름에는 낮은 곳으로 이동한다. 우리 나라에서는 거의가 황해에서만 잡으며 양식도 한다. 큰 것은 1m가 넘기도 하지만 보통 30~40cm 정도이다. 조기와 비슷하게 생겼고 등쪽은 회청색이고, 배쪽은 은백색이다. 어릴 때는 등에 작은 흑반점이 있다.

6~8월에 가장 맛있고 클수록 맛이 있는데 값이 아주 비싸다. 싱싱한 것은 회로 뜨지만 살을 얇게 떠서 전을 부치기도 한다. 살을 뜨고 남은 머리와 뼈로는 매운탕을 끓인다.

동해의 진미, 숭어

숭어는 길이 80cm, 몸은 원통형으로 등쪽이 평평하며 회청색이고 배쪽은 은백색이다. 어릴 때는 바닷물과 강물이 섞이는 강 하구에서 살고, 성장하면 육지 가까운 바다에 살다가 산란기에는 남쪽 먼 바다로 나간다. 10월에서 11월이 산란기이며 숭어 알 말린 것은 어란 중에 제일로 꼽는다.

우리 나라에서는 바닷가 전역과 강 하구에 분포하는데 특히 전남 영산강, 평북 청천강 부근에 많이 분포한다. 영산강과 나주, 목포 사이의 강에서 나는 영남 것이 특히 좋다고 하나 요즘은 아주 귀하고, 남해안에서 양식을 많이 한다.

10월에서 2월의 추운 겨울에 제맛이 나는데 특히 얼음을 깨뜨리고 잡은 것은 '동수어(凍秀魚)'라 하며 맛이 유별나다고 한다. 신선한 것은 회로도 먹지만 진흙 내가 나기도 한다. 살이 쫀득쫀득하여 어만두나 어선, 어채 등을 만들기에 적합하다.

예부터 숭어는 "동해의 진미"라 하였다. 진흙을 먹어 토기(土氣)가 있으므로 비위(脾胃)에 유익하고, 온갖 약에 다 꺼리지 않아 모든 생선 가운데 빼어나다 하여 '수어(秀魚)'라고도 하였으며, 궁중의 찬품단자를 보아도 궁중 음식에 가장 많이 쓰였다.

『재물보』에서는 숭어를 '치(鯔)'라 하였고,『임원십육지』에서는 "물고기의 몸이 치흑색이어서 '치'라고 명명하고 오(吳)나라 사람들은 그 새끼가 맛있고 예뻐서 '자어(子魚)'라고 부르며, 우리 나라에서는 그 모양이 장수(長秀)하므로 '수어(秀魚)'라고 부른다"고 하였다.

흰살 생선은 무슨 음식이든 만들기가 쉽다. 지금은 거의 잊혀져 가는 음식이지만 살짝 익힌 숙회인 어채와 생선 살을 껍질 삼아 소를 넣고 찐 어만두, 살을 얇게 저며서 말린 어포 등이 있다. 어선은 어채와 같은 재료로 하는데 생선살을 대발에 넓게 펴고 가운데 채소와 고기를 넣고 말아서 쪄 낸 음식이다.

오색 채소와 어우러진 어채

생선을 데쳐서 다른 오색 채소와 어울려 먹는 음식이 바로 '어채'이다. 비린 맛이 없고 살이 단단한 대구, 민어, 숭어, 광어 등을 얇게 저며서 마른 녹말을 고루 묻혀 끓는 물에 데친다. 오이, 다홍고추, 표고, 석이 등을 데쳐 곁들이고, 달걀 지단 고명으로 오색을 맞추어 담는다. 생선은 지나치게 익히지 말고 녹말이 익어 투명해질 정도면 된다.

『주방문』의 '숭어채'는 "수어를 한 치만큼 베어 회 치듯 하여 녹둣가루로 버무려 삶고 초간장에 찍어 먹는다"고 하였다. 그런데『산림경제』의 '어숙회(魚熟膾)'를 보면, "잉어를 사기 동이 안에 넣고 비벼서 비늘을 없애고 깨끗이 씻어서 약간의 물을 붓고 파, 후추, 진피(오래 묵은 귤껍질)를 넣고 묽고 끈적끈적해질 때까지 고아 면으로 깨끗이 거른다. 여기에 약간의 부레(鰾)를 넣고 고아 다시 걸러 엉기면 실같이 가늘게 썰어 회를 만든다. 부추 뿌리의 노란 부분, 생채와 물푸레나무, 압자, 죽순채를 쟁반에 모아 놓고 겨자, 고추, 초를 뿌린다"고 하였으니 그냥 회가 아니고 족편처럼 굳혀서 썬 음식이다.

담백한 어만두

어만두는 민어, 숭어 등 흰살 생선의 살을 넓게 포를 떠서 소를 넣고 싸서 찐다. 생선찜에 속하는 음식인데 담백하여 여름철에 교자상이나 주안상의 찬품으로 적합하다.

『음식방문』의 '어만두'는 "성한 수어를 얇게 저며 만두 소같이 속에 넣고 녹말을 묻혀 달걀에 지진다"고 하였고,『음식디미방』에서는 "생선을 아주 얇게 저미고 소로는 석이, 표고, 송이, 꿩고기, 백자(잣) 등을 한데 짓두드려 간장과 기름에 볶아 생선 저민 것에 싸서 아물리고 녹말가루를 묻혀 만두같이 삶는다"고 하였으니 어채처럼 익힌 숙회인데 소가 들어 있는 셈이다.

 암치포무침, 민어전, 농어회, 숭어찜, 어선, 어만두, 어채

도미, 도루묵

어❷

잘생기고 맛도 으뜸인 도미

　초봄이 제철인 생선으로는 도미, 조기, 준치, 가자미, 밴댕이 등이 있는데 그 중에서도 첫째로 꼽는 생선이 도미이다. 늦가을부터 이른 봄까지 겨울잠을 자다가 얼음이 녹고 물이 따뜻해지면 깨어나 알을 낳는다. 알을 낳기 위해 새우, 문어, 낙지, 섭조개, 해모충, 성게 등을 닥치는 대로 잡아먹기 때문에 삼사월에 잡히는 도미가 살도 많고 지방질이 올라 가장 맛이 좋다. 아귀가 못생긴 생선의 대명사라면, 도미는 잘생긴 생선을 대표하는데 생김새 못지않게 맛도 으뜸이다.
　홍선표는 『조선요리학』에서 "도미는 원래 사람에게 길들이기 쉬운 고기이며 유연한 것이면 무엇이든 잘 먹는다. 물이 너무 차면 힘을 못 쓰고 먹는 것도 싫어하고 만사를 귀찮아한다. 그래서 겨울잠에서 깨어나 무엇이든 탐식하므로 가장 맛있고 영양이 많은 시기는 봄철에서 알을 낳는 여름철 사이"라고 하였다.
　도미는 예부터 귀한 손님을 대접할 때나 사돈집에 보내는 이바지 음식으로 많이 썼는데, 이 때는 도미의 모양을 그대로 살려서 구이나 찜을 한다. 살이 희고 단단하며 담백해서 어떻게 조리하든 맛이 좋으며, 싱싱한 것으로 회를 뜨면 쫄깃쫄깃하여 광어회와 더불어 별미로 꼽는다. 소금구이나 전골, 탕도 맛있다. 얼큰한 매운탕보다는 미나리나 쑥갓 등 향기로운 채소를 넣어 맑게 끓여야 제맛을 즐길 수 있다.

도미로 찜을 하려면 통째로 2~3cm 간격으로 어슷하게 칼집을 내어 절였다가 다진 고기를 채워서 쪄 내어 지단이나 버섯 고명으로 장식한다. 『술 만드는 법』에서는 "도미를 깨끗이 다루어 파와 미나리를 넣어 쓴다"고 하였고, 『이씨음식법』에서는 "도미를 잘게 칼집을 내어 초고추장을 개서 바르고 석쇠에 기름을 발라 구운 후 달걀을 끼얹어 다시 구워 큰 냄비에 담아 끓인다. 장국에 국수를 토렴하고 채소를 섞어 갖은 양념을 한다"고 하였다. 특이하게 고추장 간을 하여 국수를 말았다.

도미로 만든 우리 음식 중에 가장 공이 많이 드는 것이 도미국수(도미면)이다. 살을 떠내어 크게 토막을 내서 전을 부치고 전골틀에 고기, 버섯과 함께 담아 신선로처럼 고명을 얹어서 끓이고 나중에 국수를 넣어 끓여 먹는다.

『조선요리학』에는 다음과 같은 이야기가 전해진다. 옛날 성종 때 오랑캐가 함경도 일원을 때때로 침입하여 무고한 양민을 못 살게 굴어 그곳 백성은 물론 조정에서도 큰 근심이었다. 여러 궁리 끝에 허종(許琮)에게 의주에 진영을 두고 국경을 수비하게 하였다. 허종이 군사를 거느리고 의주에 도착하자 그곳 백성들이 환영하며 그를 위해 특별히 음식을 만들었는데 도미에 갖은 양념을 한 음식이었다. 허종이 먹어 보니 서울에서도 맛보지 못한 희한한 맛이어서 음식 이름을 물으니 백성들이 말하기를 "이 음식은 장군을 위해 처음 만들었으므로 아직 이름이 없습니다." 하였다. 허종은 술과 기녀를 좋아하기로 이름이 난 사람이다. 그 말을 들더니 "이 도미 음식의 맛이 과연 훌륭하니 술과 기녀보다 몇 배 낫다." 하였다. 여기서 기생보다 더한 즐거움을 준다 하여 '승기악탕(勝妓樂湯)'이란 이름이 붙었다고 한다. 그런데 『규합총서』에 소개된 '승기악탕'은 닭찜을 말하고, 고종 때 잔칫상에 올라간 '승기아탕'은 숭어와 여러 가지 고기로 만든 탕이다. 『조선무쌍신식요리제법』과 『조선요리제법』의 '선기야탕'은 도미가 아니라 숭어로 만들었는데 재료는 다르지만 만드는 법은 도미국수와 거의 같다.

일본의 『요리물어(料理物語)』(1647년)나 『조선의 국명에 따른 물명고(物明考)』에 보면 우리의 도미찜이 도쿠가와 시대에 조선 통신사가 데리고 간 조선의 요리사가 일본에 전해 주었을 가능성이 있다고 한다.

도미는 참돔, 황돔, 흑돔(먹돔), 옥돔, 자리돔, 감성돔 등 종류가 다양한데, 봄철 붉은빛을 띠는 참돔을 제일로 친다. 황돔은 참돔보다 맛은 덜하지만 값이 싸다.

옥돔은 큰 것은 40cm 이상 되는데 클수록 맛있다. 흰색, 붉은색, 노란색이 있으며 맛은 흰색이 가장 좋다. 남해와 제주도 연안에서 잡히며 바다 속 모래 바닥에 구덩이를 파고 생식한다고 한다. 살에 수분이 많아 부드럽고 달며 지방이 적어 담백하다. 대개는 소금에 절였다가 말려 구이를 하지만 현지에서는 싱싱한 것으로 미역이나 호박을 넣고 국을 끓이며 별미이다.

자리돔은 다 커도 길이가 15cm밖에 되지 않는 작은 생선이며 타원형으로 납작하게 생겼다. 제주도에서는 물에 된장을 풀고 살을 잘게 저며서 풋고추, 미나리, 부추, 깻잎 등을 썰어 한데 섞어서 말아먹는다. 이를 '자리물회'라 하는데 원래는 먹을 것이 마땅치 않은 무더운 여름에 자리 썬 것을 푸성귀와 함께 된장물에 말아서 먹던 구황식인데 지금은 별미 향토 음식으로 꼽힌다. 가시가 많아서 잘 긁어서 회를 해야 하고, 소금에 절여 젓을 만들기도 한다.

은어에서 강등된 도루묵

도루묵은 급한 강 물결을 거슬러 올라와 알을 낳는다. 그런데 그렇게 날쌔고 힘찬 물고기의 살이 맛없는 것은 이상한 일이다. 함경도에서 도루묵을 은어라고 부르게 된 유래를 보면 흥미롭다. 옛날에 '묵'이라는 물고기가 있었는데 비린내가 별로 없어 먹을 만하였으나 감칠맛이 적어 별 인기가 없었다. 조선 때 선조가 함경도로 피난을 가서 이 묵을 먹게 되었는데 천하일미라 하면서 묵이라는 이름은 당치 않으니 앞으로는 은어라 부르라고 명하였다. 그런데 전쟁이 끝나고 궁중에 돌아와 이 고기를 먹어 보니 옛 맛이 아닌지라 도로 '묵'이라 하라고 하여 '도로묵' 또는 '도루묵'이 되었다는 것이다. "시장이 반찬"이라는 말이 실감나는 이야기이다. 그러나 정사(正史)에는 선조가 함경도 피난 간 적이 없으니, 근거는 없는 얘기인지도 모르겠다. 지금도 함경도 사람 가운데는 도루묵을 은어라고 부르는 사람이 많다.

도루묵은 길이가 15~25cm 정도이며, 등쪽이 황갈색에 흑갈색의 반점이 있고 배쪽은 은백색이다. 입이 크며 비늘이 없고 알은 담황색이나 녹색으로 난막이 유난히 두꺼워서 씹으면 뽀득뽀득 소리가 난다. 동해에서 주로 잡히며, 감칠맛은 없지만 절였다가 기름에 바싹 지지거나 조림을 하면 맛있다. 구워서 따끈할 때 머리를 떼면 뼈도 함께 빠져 먹기도 좋다.

도루묵조림을 하려면 신선한 도루묵을 내장과 머리를 떼고 무를 나박나박 썰어 냄비에 깔고 도루묵을 한 켜 펴고 다진 풋고추와 파, 마늘, 생강을 넣은 양념장을 고루 끼얹어서 물을 약간 붓고 조린다.

 도미면, 도미찜, 도루묵백숙

홍어, 가오리

어❸

달고 꼬들꼬들한 홍어

　홍어와 가오리는 생김새는 많이 닮았지만, 홍어는 맛이 달고 살이 꼬들꼬들하면서 부드럽게 씹히는 반면 가오리는 얼핏보면 살이 두툼해 부드러울 것 같으나 아주 질기다. 홍어 값이 워낙 비싸서 값싼 가오리가 홍어로 둔갑하여 시장에 나오는 경우도 종종 있다.

　가오리는 마름모꼴로 넙죽하게 생겼고 긴 꼬리가 달렸다. 눈은 머리 위쪽에 붙어 있고 가슴지느러미가 커서 좌우 가장자리를 이루며 등지느러미와 꼬리지느러미는 없다.

　가오리로는 채 썰어 회를 하거나 토막내어 녹말을 묻히고 데쳐 어채를 만들고, 꾸덕꾸덕 말려서 굽거나 찐다. 장국이나 고추장물에 넣어서 가오리국을 끓이기도 한다.

　홍어는 등쪽이 갈색이고 배쪽은 희다. 여름철에 특히 맛이 좋고 '고종무치' 또는 '공어(鮔魚)'라고도 한다.

　홍어로는, 찌거나 맹물에 삶아 '홍어백숙'을 만들거나 국을 끓인다. 요즘에는 주로 홍어를 식초에 담갔다가 채소와 버무린 홍어회를 즐겨 먹지만 예전에는 토막내어 녹말을 묻히고 끓는 물에 데쳐서 초고추장을 찍어 먹는 '홍어어채'를 많이 만들어 먹었다.

홍어는 '트리메틸아민옥시사이드'라는 성분이 다량 포함되어 있어서 죽으면 암모니아와 트리메틸아민으로 분해되기 때문에 퀴퀴한 냄새가 난다. 우리 나라에서는 서남부해에 분포하고 여름철에 비교적 맛이 좋다. 신선한 것은 회로 무쳐 먹거나 아구찜처럼 콩나물을 듬뿍 넣어 찜을 하기도 한다.

꼬리가 채찍처럼 생겼는데 꼬리 윗부분에 유독성 가시가 있는 것도 있다. 이익의 『성호사설』에서는 홍어 꼬리를 나무에 꽂아 두면 그 나무가 시든다고 하였다. 어부들이 홍어잡이를 피하는 것은 이 꼬리 때문이며 찔리면 상처에 오줌을 바르고 수달 가죽으로 싸매면 해독이 된다고 『본초강목』에 적혀 있다.

홍어는 삭힐 때에라도 신선하지 않으면 제맛이 안 난다. 싱싱한 것은 비린내가 없어 달고 꼬들꼬들한데 삭힐수록 톡 쏘는 매콤한 맛이 강해지고 살이 부드러워진다. 살에 끈적끈적한 액체가 많이 묻어 있는 것이 신선한 것이다. 항아리에 넣고 삭힐 때에도 이 점액을 물로 씻어 내지 말고 그대로 두어야 한다. 이 점액 때문에 발효가 잘 되는 것은 아닌가 생각한다.

삭혀서 찜을 하려면 겨울에는 일 주일, 봄·가을에는 3~4일 정도 삭힌 후 꺼내 마른 수건으로 잘 닦아서 찐다. 조선 시대 정약전의 『자산어보』에는 홍어의 쓰임새가 다음과 같이 적혀 있다. "회, 구이, 국, 포에 모두 적합하다. 나주 가까운 고을에 사는 사람들은 썩힌 홍어를 즐겨 먹는데 지방에 따라 기호가 다르다. 복결(腹結)병이 있는 사람이 썩은 홍어로 국을 끓여 먹으면 더러운 것이 제거된다. 주기(酒氣)를 없애 주는 데도 효과가 있다"고 한 것으로 보아 예전에도 홍어를 삭혀서 조리하는 법이 있었음을 알 수 있다.

혼인 잔칫집에서 전과 함께 빠지지 않고 오르는 음식이 홍어회이다.

불고기, 갈비찜, 전유어 등 기름진 음식을 먹고 난 뒤 고추장 양념에 꼬들꼬들한 홍어 살을 넣고 맛깔스럽게 무친 홍어회는 속까지 얼큰하고 개운해서 좋아하는 사람이 많다. 홍어회를 하려면 싱싱한 것으로 껍질을 벗기고 결과 반대로 살을 저미서 식초에 절였다가 물기를 짜고 무채와 함께 맵게 무친다.

전라도 지방의 홍어 음식

전라도에서는 '홍어어시욱'이라 하여 삭혀서 찜을 한다. 이 지방에서는 예부터 경조사에 반드시 홍어를 준비하는 풍습이 있어 아무리 다른 음식을 잘 차렸어도 홍어가 오르지 않으면 잔치에 먹을 것이 없다는 뒷말을 듣는다고 한다.

홍어는 흑산도 연해에서 잡은 것이 가장 맛이 좋은데, 목포 사람들은 그 맛의 차이를 가장 잘 구별해 낸다. 그래서 값이 월등히 비싼데도 불구하고 흑산도 홍어의 대부분이 목포에서 소비된다. 흑산도 홍어가 비싼 것은 어획량 감소 때문이다. 바다 오염과 간척 사업으로 생태계가 파괴되면서 홍어의 어획량이 점점 줄어들고 있다. 더구나 다른 지역의 저인망 홍어잡이와는 달리, 주낙(낚싯줄에 여러 개의 낚시 바늘을 띄엄띄엄 달아 빨랫줄처럼 수표에 드리워 놓았다가 거둬들이는 낚시)으로 잡기 때문에 대량 어획을 기대하기가 어렵다. 흑산도 홍어잡이는 겨울이 제철인데, 바다 밑에 사는 홍어가 파도가 세고 궂은 날 뒤집히는 물에 쓸려 몸뚱이의 일부분이 낚싯바늘에 걸려 잡히는 것이다. 또 육질이 차지면서 내장에 먹이의 찌꺼기가 남아 있지 않는데, 이는 주낙에 잡힌 홍어가 낚시에 걸린 채로 하룻밤을 지내기 때문이라고 한다.

목포나 흑산도의 홍어 음식을 말할 때 빼놓을 수 없는 것이 '홍탁삼합'이다. 잘 삭은 홍어를 쪄서 돼지고기편육과 함께 배추김치에 싸서, 걸쭉한 막걸리 한 잔을 곁들여 먹는데 술꾼들이 특히 좋아하는 음식이다.

원래는 홍어가 흔하고 돼지고기가 귀하던 시절에 별미 홍어와 비싼 돼지고기를 합한 것이라 즐겨 먹었으나 요즘 들어서는 홍어가 워낙 귀해서 쉽게 먹을 수 있는 음식은 아니다.

그 밖에 목포 지방에서는 양념을 하지 않은 홍어회와 홍어찜, 홍어탕 등을 즐겨 먹는다. 홍어탕이란 '홍어앳국'을 말하는데 홍어의 내장으로 만든다. 재래식 된장을 풀어 넣고 다홍고추, 마늘, 생강, 양파 등으로 양념한 후 막 움터 오른 보리 싹을 넣으면 국물 맛이 시원하다. 보리순을 넣는다고 하여 '보리국'이라고도 한다.

흔히 겨울이 제철인 것으로 알려져 있는데, 맛으로 치면 맞는 말이지만 한방에서는 홍어를 더운 음식으로 분류하고 있으므로 '이열치열'의 의미에서 더운 여름에 먹어도 좋을 듯싶다.

 홍어회, 홍어찜, 가오리숙회

넙치, 가자미, 병어, 서대 어❹

생선 중 넓적한 모양을 한 것으로는 앞서 설명한 홍어, 가오리 외에 넙치(광어), 가자미, 병어, 서대기 등이 있다. 모두 흰살 생선으로 비슷한 듯하지만 각각 생김새도 별나고 맛도 달라서 해 먹는 방법도 다르다.

부드럽고 담백한 넙치

북태평양에서 동지나해에 주로 분포하는 넙치는 육질이 단단하고 부드러우며 담백하면서 맛이 좋다. 비교적 지방이 적은 어종이며 횟감으로 많이 쓴다. 등지느러미 및 배지느러미의 뼈와 껍질 사이의 가늘고 긴 띠 모양의 살이 특히 맛있다. 회를 치거나 전유어, 구이를 하며 살이 담백하여 맑은 국을 끓여도 맛있고 토장국을 끓이기도 한다. 밑반찬으로는 말린 넙치를 두드려 잘게 찢어 양념해서 무친 광어무침이 있다.

예전에는 넙치 말린 것을 광어라 하였는데 지금은 날것도 광어라고 한다.

『조선무쌍신식요리제법』에서는 "광어는 넙치 말린 것인데, 찰넙치 말린 것은 먹을 수 없고 메넙치라야 먹기에 좋다. 넙치 적에는 우습게 알다가도 말려 놓으면 상등 가는 마른 안주가 되니 소금을 쳐서 말렸다가 물에 담가 소금기를 빼고 다시 말린다"고 하였다.

근해의 모래밭에 사는 가자미

가자미도 지구 곳곳에 분포하며 100여 종이 넘는다고 한다. 우리 나라에도 가자미과에 속한 것으로 돌가자미, 호수가자미, 감성가자미, 각시가자미, 층거리가자미, 점가자미, 참가자미, 기름가자미, 까치가자미, 슬봉가자미, 눈가자미, 문치가자미, 줄가자미, 갈가자미, 홍가자미, 노랑가자미 등 20여 종이 분포한다. 몸체는 넙치처럼 편평하고, 눈이 있는 쪽은 대개 갈색, 반대쪽은 흰색인데 바다에서는 흰 쪽을 아래로 해서 떠다니며 근해의 모래밭에서 산다. 한자로는 가어(加魚) 또는 접어(鰈魚)라고 한다.

말려서도 많이 쓰는데 살이 희고 맛이 좋아서 굽거나 기름에 지져 먹는다. 바닷가에서는 잡아서 바로 회를 쳐서 먹기도 한다. 함경도에는 절인 가자미에 조밥을 섞어 김치처럼 고춧가루, 다진 양념을 넣어 식혀서 만든 가자미식해가 있다.

자반가자미를 하려면 손바닥만하고 싱싱한 것으로 골라 비늘을 말끔히 긁고 내장을 빼서 가자미 무게의 5~10% 비율로 소금을 고루 뿌려서 시원한 곳에 이틀간 절인다. 수분이 빠지면 채반에 널거나 철사에 꿰어 바람이 잘 통하는 곳에 매달아 말린다. 꾸덕뚜덕해지면 바구니에 담아 두거나 한 마리씩 냉동하여 두고 먹는다. 자반가자미로는 굽거나 기름에 지지고, 찜을 하려면 씻어서 밀가루를 듬뿍 묻혀 찜통에 찐다. 백숙을 할 때에는 가자미가 잠길 정도로 물을 붓고 끓여서 뜨거울 때 고춧가루 넣은 양념 간장이나 겨자 초장을 찍어 먹는다.

가자미와 비슷한 생선으로 도다리가 있는데 가자미보다 크고 맛도 더 좋으며, 4~10월에 잡히는 것이 특히 맛 좋다.

입도 작고 눈도 작은 병어

병어는 생선 중에 가장 입이 작고 눈도 동그랗고 작다. 살은 흰색으로 적당히 기름져서 고소하면서 부드럽고 맛있다. 다 자라면 30~60cm 정도 되며, 등쪽이 푸른빛을 띤 은백색이고 배쪽은 희다. 몸 전체에 벗겨지기 쉬운 잔 비늘이 있다. 몸체는 마름모꼴로 배지느러미는 없고 꼬리지느러미가 두 가닥으로 갈라져 있다. 난해성 어종으로 산란기에 육지 가까이 온다.

병어로는 회를 뜨거나 조림, 지짐이를 하며 젓갈도 담근다. 고추장을 풀어서 끓인 찌개를 감정이라고 하는데 웅어감정과 병어감정을 제일로 친다. 병어를 살만 떠서 갸름하게 썰어 국물에 고추장을 풀고 파, 마늘, 생강 등의 양념을 넣어 바특하게 끓인다. 상추쌈의 찬으로 밥에 얹어 싸 먹으면 별미이다.

젓을 담그려면 싱싱하고 작은 것으로 골라 비늘을 긁고 내장을 꺼낸 다음 씻어서 건져 놓는다. 소금물을 진하게 타서 펄펄 끓여 체에 걸러 식힌다. 항아리에다 병어 한 켜, 소금 한 켜씩을 뿌려 포개고 위를 돌로 눌러 놓은 다음 식힌 소금물을 붓고 꼭 봉해서 서늘한 곳에서 삭힌다. 잘 삭으면 잘게 썰어 갖은 양념으로 무쳐 찬으로 먹는다.

나뭇잎처럼 납작한 서대

서대는 '서대기'라고도 하며 양서대과와 참서대과에 딸린 물고기를 통틀어 말한다. 몸이 나뭇잎처럼 납작하고 신발 바닥처럼 생겼는데 두 눈이 전부 왼쪽에 달렸다. 몸빛은 어두운 갈색으로 얼룩점이 흩어져 있으며, 눈 있는 쪽의 입술에 수염이 많이 나 있다. 각시서대·개서대·참서대 등 종류가 많으며, 해저어(海底魚)·화저어(靴底魚)라고도 하고, 충청도에서는 박대라고 한다.

살이 담백하여 음식에 다양하게 쓰인다. 소금에 절여 가자미처럼 꾸덕꾸덕 말렸다가 굽거나 지짐이를 많이 한다. 유럽에서는 대서양 연안에서 많이 잡히는데 영불 해협인 도버산(產)이 가장 유명하다.

시중에는 생것은 드물고 대개 말린 것인데, 말린 서대는 되도록 도톰하면서 싱싱한 것으로 고르되 너무 바싹 마른 것은 좋지 않다. 마른 서대를 뜨물에 잠깐 담갔다가 건져서 기름을 발라 석쇠에 구우면 담백하며, 기름을 두른 번철에 지져도 맛있다. 다진 파, 마늘, 고춧가루 등을 넣은 양념 간장을 고루 발라 구워도 별미이다.

 광어전, 가자미양념구이, 병어고추장구이, 마른서대조림

붕어, 잉어, 쏘가리, 가물치   어❺

냇가나 강에 가장 흔한 붕어

천렵이 한창인 늦봄에서 초여름에 냇가나 강에서 가장 흔히 잡히는 것이 붕어이며 부어(鮒魚) 또는 즉어(鯽魚)라고도 한다. 『산해경(山海經)』에 이르기를, "붕어는 물에서 헤엄쳐 다닐 때 하나는 앞세우고 둘은 뒤세우며 다녀 비첩(婢妾) 또는 첩어(妾魚)라 한다." 하였다. 『동의보감』에서는 '청의어(靑衣魚)'라 하였고, 『본초강목』에서는 "뭇 생선이 다 화(火)에 속하되 오직 '즉어'는 토(土)에 속하여 비위(脾胃)를 고르게 하고 장(腸)을 실하게 한다. 마늘, 겨자, 돼지 간, 꿩, 닭, 사탕, 맥문동과는 함께 먹지 못한다"고 하였다. 홍선표의 『조선요리학』에서는 "전남 순천 지방에서는 작은 것은 싸리붕어, 큰 것은 왕붕어라 하고, 함북 경원 두만강 부근과 수원 서호산(産)이 진상품으로 유명하였고, 전주 덕진 붕어도 이름나 있다"고 하였다.

옛 음식책에는 붕어구이와 붕어찜 조리법이 많이 나오는데 그 중 『규합총서』에 나오는 붕어구이는 "숯불을 많이 피워 위에 재를 얇게 덮는다. 붕어를 깨끗이 씻어 비늘을 긁지 말고 불 위에 얹으면 비늘이 말라 일어난다. 냉수를 바르면 말라 일어났던 비늘이 다시 붙는다. 계속 물을 바르면 비늘이 일어났다 붙었다 하는데 그러기를 대여섯 번 한 후, 거꾸로 잡고 발갯깃으로 쑤셔 가며 기름장을 발라 무르게 구우면 비늘이 스스로 떨어지고 맛이 유난히 좋다"고 하였으니 숯불에서 태우지 않으면서 굽는 방법이 특이하다.

붕어찜은 만드는 법이 다양한데 『시의전서』에 나오는 방법을 살펴보면, "큰 붕어를 비늘을 긁고 칼로 등마루를 째서 속을 내 버리고 어만두 소처럼 만들어 뱃속에 넣고 좋은 초 두 술을 붓는다. 고기 입 가운데 조그만 백반 조각을 넣는다. 생선을 잘라 구멍난 데에 녹말을 묻히고 실로 동여매어 노구에 물을 조금 붓고 기름장에 뭉근한 불로 끓이되 밀가루와 달걀을 풀라"고 하였다. 식초를 넣었고 백반을 입 속에 물려서 찜을 한 음식이다.

산모의 보양 식품 잉어

'이위어왕(鯉爲魚王)'이라 하여 생선 중 으뜸으로 꼽는다. 잉어는 번식력이 강하고 아무것이나 잘 먹으며 폭포를 기어오를 만큼 힘이 좋고, 왕성한 생명력을 가지고 있다. 중국에서는 복스럽고 경사스러운 생선이라 하여 연말 연시에 먹으며 3,000년 전에 이미 스태미나 식품으로 애용했다고 한다.

『산림경제』에 "잉어는 겨울에 먹기 좋다. 얼음이 얼기 시작한 이후가 좋으며 봄에는 먹지 못한다. 또 너무 큰 것은 먹지 말아야 한다"고 씌어 있듯 잉어는 겨울에 얼음이 언 후에 먹는 것이 좋고, 봄에 먹으면 풍병을 일으킨다. 당나라 때에는 잉어를 먹으면 곤장 예순 대를 맞았다고 한다. 나라 성과 음이 비슷했기 때문이다.

질 좋은 단백질과 불포화 지방산, 칼슘, 비타민 B_1이 많이 들어 있으며 소화 흡수가 잘 되어 보양식으로 아주 좋다. 몸이 허약한 사람, 특히 임산부나 산모의 부종과 허약 증세, 젖을 잘 나게 하는 데도 효과가 있다.

『본초강목』에서는 잉어의 효능에 대해 다음과 같이 설명하였다. "잉어를 삶아 먹으면 부종을 내리고 이뇨를 도와 준다. 태워서 가루를 내어 먹으면 땀이 나고 천식과 기침이 멎으며, 젖이 잘 나오고 종기가 없어진다. 미음을 쑤어 먹으면 심한 설사를 멎게 한다. 잉어의 비늘을 태워 만든 재는 대하증에 좋고 피를 토하거나 자궁에서 피가 나는 것도 다스린다"고 하였다.

임신 중의 부종은 특히 위험한데, 이 때 잉어기자탕(鯉魚杞子湯)이 좋으나 염분 섭취에 주의해야 한다. 간을 하지 말고 구기자 대신 팥, 귤 껍질, 생강 등을 넣어도 부기에 효과가 있다. 잉어의 내장을 꺼낼 때는 쓸개를 터뜨리지 말아야 하며 쓸개는 잉어담(膽)이라 하여 약재로 쓴다. 잉어 피를 받아서 바로 마시면 간디스토마에 걸릴 수 있으므로 주의하여야 한다. 잉어로는 오래 고거나 죽을 끓여서 먹고, 홍화(紅花)를 합한 이어화탕(鯉魚花湯)이나 백숙도 만들어 먹을 수 있다.

잉어탕은 보약으로 많이 먹는다. 산 잉어를 큰 것으로 골라 물에 서너 시간 담가 두면 부걱부걱하면서 해금을 말끔히 토해 낸다. 무쇠 솥이나 두꺼운 냄비에 참기름 두 컵을 붓고 달구어 산 잉어를 넣고 뚜껑을 덮는다. 펄떡펄떡 뛰던 잉어가 조용해질 때까지 기다렸다가 잉어 한 마리에 물 한 말 정도를 붓고 서너 시간 푹 곤다. 불린 찹쌀 반 컵과 수삼 큰 것 한 뿌리, 껍질 벗긴 밤 열 개를 넣고 푹 고아서 베보에 거른다. 뽀얀 국물을 식혀서 냉장고에 넣고 아침 저녁으로 한 공기씩 데워 먹는다. 잉어의 비린 맛을 없애려면 산 잉어를 매달아 놓고 꼬리를 잘라 내면 된다고 『산림경제』와 『규합총서』에 씌어 있다.

은사(隱士)에 비유하는 쏘가리

쏘가리는 한강, 대동강, 금강 등 서쪽으로 흐르는 강물에서만 산다 하여 사대의례(事大儀禮)를 지키는 고기라고 했다. 또 한겨울에 노부모를 공양하기 위하여 얼음을 깨고 기도하면 감동하여 반드시 나타났다고 한다.

쏘가리는 민물고기로는 희귀하게 다른 물고기를 잡아먹는 육식 어류이다. 그런데 꼭 쓸개 없는 고기는 먹지 않는다. 쏘가리를 잡으면 쓸개만 모아 응달에서 말려 양심제(養心劑)로 복용한 것도 그 때문이다. 또 지느러미가 열두 개여서 일 년 열두 달의 부시(夫時)를 터득하고 몸에 난 점박이 무늬가 북두칠성 모양이어서 천심(天心)을 대행한다고도 했다. 세 마리씩 열을 지어 움직이는데 그 간격이나 위치가 변하는 법이 없다. 또 맑은 물과 괴석이 어우러진 깊은 여울에서 주로 살기 때문에 청정(淸淨), 무사(無邪), 은둔(隱遁)을 상징한다. 중국의 선인 유빙(劉憑)이 쏘가리만을 먹고 신선이 되었으며, '쏘가리를 먹고 산다'고 하면 산야에 숨어 사는 은사(隱士)를 뜻하였다. 중국 문헌인『전가잡점(田家雜占)』에 보면 어망에 죽은 쏘가리가 걸려 나오면 세상에 사악한 기운이 도는데, 죽은 쏘가리가 그 기운을 물을 통해 감지하여 살신 경세(警世)하기 때문이라고 하였다.

『산림경제』에서는 "궐어(鱖魚)는 즉 금린어(錦鱗魚)와 같은 것으로 쏘가리라고도 한다. 회나 구잇감으로 상품이고, 국을 끓여도 좋다"고 하였다. 춘천호, 의암호, 소양호 등의 호반에서 많이 볼 수 있는 쏘가리매운탕은 주로 잉어, 붕어, 메기 등의 잡어를 섞어 끓이기도 하며 무, 풋고추, 파, 호박 등 제철에 흔한 채소를 같이 넣어 끓이면 훨씬 맛있다.

보혈 식품 가물치

가물치는 가모치(加母致)라고도 하는데 임산부에게 좋다고 하여 이런 이름이 붙었다. 보기에도 튼튼하고 용맹스럽게 생겼으며 동물성 먹이를 즐기고 매우 공격적이다. 워낙 식성이 좋아 다른 고기의 새끼들을 마구 잡아먹는다.

가물치는 보혈 식품으로 질 좋은 단백질이 많이 들어 있고 소화도 잘 된다. 다른 생선과는 달리 인보다 칼슘 함량이 월등히 많으며, 그 외 비타민 $B_1 \cdot B_2$가 고루 함유되어 있어 성장기 어린이에게도 좋은 식품이다. 특히 산후에 젖이 부족하거나 빈혈이 있을 때, 몸에 냉기가 있거나 대하증에도 가물치를 푹 고아 먹으면 효과가 있으며, 태아의 두뇌 발육에도 매우 좋다. 이 밖에 치질, 부종, 급성 및 만성 간염, 각기 등에도 좋다. 주로 고아서 즙이나 살을 먹지만 회와 구이를 하기도 한다.

『규합총서』에서는 "『본초강목』에 온갖 짐승과 고기 쓸개가 모두 쓰지만 가물치 쓸개만은 달다고 하기에 시험해 보니 과연 그렇다. 반찬으로는 적당하지 않으나 물 위에 떠서 머리 위 일곱 구멍으로 칠성 정기를 들이마셔 여자 보혈에 신기한 약이다." 하였다.

기름에 튀겨 먹는 피라미

한강과 금강 상류를 끼고 있는 충북 지방에서는 오래전부터 냇가에서 잡은 피라미를 기름에 튀겨 먹었다. 얼마 전부터는 '도리뱅뱅이'라고 하여 명물 음식이 나왔는데 산 피라미를 배를 따고 내장을 빼서 납작한 냄비에 돌려 담고 기름을 넉넉히 부어 튀겨서 찹쌀고추장을 고루 바르고 마늘, 깻잎, 미나리, 풋고추 등을 썰어서 얹어 다시 한 번 기름에 살짝 지져 낸 것이다. 바싹 튀겨서 비린내가 없고 고소하여 간식이나 술안주로 적당하다.

 붕어찜, 잉어된장국, 가물치탕, 쏘가리매운탕

청어, 고등어, 삼치, 전갱이

종묘에 천신했던 청어

청어는 기름진 겨울철 생선으로 조선 시대에 민가에서 2월에 가묘에 천신(薦新 : 그 해에 새로 나는 물건을 먼저 신에게 올리는 일)하고 나라에서도 종묘에 천신하는 품목이었다. 『예기』에 "계동(季冬)의 달에 천자께서 물고기를 맛보시고 먼저 종묘에 천신한다"고 하였다.

서울과 경기 지방에서는 청어를 '비웃'이라고도 하는데, 옛 우리말 사전인 『명물기략』에 "청어가 값싸고 맛있어 서울의 가난한 선비들이 잘 먹는 고기라서 비유어(肥儒魚)라 하였는데 이것이 변하여 비웃이 되었다"고 한다.

우리 나라 삼면의 바다에서 모두 잡혀 서민이 즐겨 먹는 생선이다. 청어에 대한 기록은 『자산어보』, 『징비록』, 『지봉유설』, 『성호사설』, 『도문대작』 등에 많이 나온다. 『오주연문장전산고(五洲衍文長箋散稿)』에는 "명나라 말(17세기 중엽)에 요동 지방에 갑자기 나타나 신어(新魚)라 하였는데, 우리 나라에서는 백여 년 전에 많이 나왔다가 다시 드물어졌고, 정조 무오·을묘년(1798~1799년)에 다시 나타나서 약간 천해졌다"고 씌어 있다.

지금도 많이 잡혀서 값이 싼 생선에 속하지만 이색의 『목은집』에 보면 "쌀 한 되에 청어 마흔 마리를 주니 세상이 어지럽고, 흉년이 들어 모든 물건이 귀해지자 청어마저 드물구나." 하였다.

『규합총서』에서는 "비웃 말린 것을 흔히 관목(貫目)이라 하나 잘못 부르는 것이다. 관목이란 비웃을 들고 비추어 보아 두 눈이 서로 통하여 말갛게 마주 비치는 것을 말린 것으로 그 맛이 기이하니 비웃 한 동에 관목 하나 얻기가 어렵다"고 하였다.

청어 말리는 법은 지방마다 다르다. 경주 지방에서는 배도 따지 않고 절이지도 않고 통째로 동결 건조시키며, 경상도에서는 약간 간을 하여 부엌에 매달아 놓고 솔잎을 땔 때 나오는 향연으로 훈제를 하여 말리는데 경상도에서는 이를 '가매기'라고 한다.

청어는 고등어, 꽁치와 함께 등푸른 생선으로 유명하다. 등푸른 생선에는 노화를 방지해 주는 핵산과, 콜레스테롤 수치를 낮추는 불포화지방산이 많이 들어 있어 젊음을 지켜 주는 건강 식품으로 손색이 없다. 영남 해안 지방에서는 부녀자들이 날을 받아 청어 알을 먹으면서 청어 알 만큼이나 풍성한 다산을 기원하는 행사가 있었다고 한다. 청어 알은 유난히 크고 노란데 우리 나라에서는 별로 귀하게 여기지 않지만 일본에서는 '가츠노코(數の子)'라 하여 정월 요리에 빠뜨리지 않으며 값도 아주 비싸다.

청어는 날것으로는 오래 보관하기가 어렵고, 젓을 담그면 뽀득뽀득하고 기름져 일품이며 쭉쭉 찢어 놓은 비웃젓은 감칠맛이 그만이다.

신선한 청어는 기름이 많고 고소해서 구이를 하거나 조림을 하여 찬물로 삼는다. 말린 것으로는 이른 봄에 쑥을 넣고 국을 끓이면 아주 맛이 좋으며, 빨간 속살을 찢어 술 안주로 하여도 좋고, 냉이나 쑥·콩나물 등을 넣고 죽을 쑤어도 일품이다.

뱃자반으로 유명한 고등어

고등어는 몸체가 장추형으로 등쪽은 청록색에 청흑색의 점 무늬가 있으며 배쪽은 은백색이다. 큰 것은 50cm 정도 되며, 아미노산의 일종인 히스티딘이 많은데 죽으면 이것이 분해되어 유해 물질로 변화하기 때문에 선도가 급속히 떨어진다. 9~10월에 기름이 올라 가장 맛있다. 난류 어종으로 우리 나라에서는 제주도 남부에서 많이 잡힌다.

옛날부터 잡으면 배에서 바로 절였기 때문에 뱃자반이라 하며, 두 마리를 묶어 한 손이라고 한다. 주로 굽거나 조리는데 갈치와 마찬가지로 기름지기 때문에 맵게 조려야 맛있다. 궁중 진상품 중에 함경도에서 고등어내장젓을 올린 기록이 있는 것으로 미루어 함경도에서 고등어가 많이 났음을 알 수 있다.

고등어로 쌈장을 만들면 아주 별미이다. 싱싱한 고등어의 머리와 내장을 떼고 꼬리를 잘라 잠기도록 물을 붓고 푹 삶아 뼈와 가시를 모두 발라낸다. 살을 냄비에 담고 강된장 끓이듯이 된장을 생선과 비슷한 양만큼 넣고 물을 약간 넣어서 다진 마늘과 송송 썬 풋고추를 넣어 바특하게 한소끔 끓이고 마지막으로 참기름을 두른다. 상추쌈이나 다시마쌈에 잘 어울린다.

날씬한 삼치

삼치는 몸체가 날씬하고 머리가 적은 편이며 입은 일자형으로 수평을 이룬다. 날카로운 이빨이 양턱에 창 모양으로 굽어 있다. 등쪽은 광택이 나는 옅은 청회색이고 배쪽은 은백색이다. 양면에 회색 반점이 있으며 꼬리지느러미는 끝이 깊게 갈라져 있다. 보통 때는 수면 5m 지점에서 떼를 지어 다니지만 추워지면 깊이 들어가서 10월부터 겨울 동안 기름이 올라 맛있다. 우리 나라에서는 거문도 근해와 제주도 근해에서 많이 잡힌다.

삼치는 살이 흰 편이지만 다른 등푸른 생선과 마찬가지로 영양가가 높다. 예전에는 우리 나라에서 많이 잡히지 않았는지 문헌에는 전혀 남아 있지 않으나 지금은 우리에게 익숙한 찬거리이다. 주로 구이나 조림을 한다. 산지에서는 낚시로 잡아서 바로 회를 쳐서 먹기도 하는데 맛이 뛰어나다. 다른 생선에 비해 살이 연해서 부서지기 쉬우므로 조심해서 다루어야 한다.

전갱이

흔히 '아지'라고 하는데 이는 일본 말이다. 종류에는 민전갱이, 술전갱이, 줄전갱이, 유전갱이, 갈고등어, 가라지, 청전갱이, 실전갱이, 세자라지전갱이 등이 있다.

몸이 방추형이며, 등쪽은 암청색이고 배쪽은 은백색인 온대성 어류이다. 신선한 것은 맛이 좋으나 고등어와 마찬가지로 죽은 뒤에는 선도가 급속히 떨어진다. 주로 소금을 뿌려 굽거나 조린다. 예전에는 즐겨 먹지 않았는지, 아니면 너무 흔해서였는지 문헌에는 기록이 없다.

 청어조림, 고등어소금구이, 삼치국, 전갱이조림

명태, 대구

소비량이 가장 많은 명태

명태와 북어(명태 말린 것)는 우리 나라 사람이 가장 즐겨 먹는 어류이다. 명태가 문헌에 나오기 시작한 것은 조선조 중종 때(1530년)이지만 그 전부터 먹었으리라고 생각된다. 『신증동국여지승람』에 경성과 명천 지방의 토산물로 '무태어(無泰魚)'가 있다고 하였는데 명태를 가리키는 듯하다.

약 600년 전 고려 시대에 강원도에서는 명태를 북방 바다에서 온 고기란 뜻에서 북어(北魚)라 불렀다. 그 당시 강원도 연안에서 많이 잡혔으나 이름이 없는 고기는 먹으면 안 된다는 미신 때문에 외면당하다가 함경도에서 잡히기 시작하면서 명태란 이름이 붙고 널리 먹게 되었다고 한다.

『송남잡식』에서는 "우리 나라 원산도에서 나고 명천에서는 잡히지 않다가 명천 사람 태(太) 모씨가 비로소 북해에서 낚시로 잡았다. 크고 살찌고 맛이 좋았으며 명태라 이름지었다"고 하였다. 곧 명천의 '명(明)'과 태씨의 '태(太)' 자를 따서 '명태'가 된 것이다. 명태의 명명 시기는 태조 때라고도 하고 조선 개국 250년경에 당시 함경도 관찰사인 민 모씨에게 이것을 올렸더니 명태라 하였다는 설이 있다. 이외에도 함경도 삼수갑산 (三水甲山)에 사는 사람들은 눈이 어두운 사람이 많은데 겨울 동안 연안 어촌에 나와 한 달여 동안 명태를 먹으면 눈이 맑아진다 하여 명태라 했다는 설도 있다. 명태보다는 북어란 이름이 먼저인 듯하다.

명태는 여러 이름으로 불리는데, 정문기의 『어류 박물지』에는 무려 열아홉 개의 별칭이 나온다. 신선한 명태를 선태라 하고, 말린 명태는 건태 혹은 북어라 하며, 얼린 것은 동태, 새끼는 노가리라 한다. 잡는 시기에 따라 일태, 이태, 산태, 사태, 오태, 섣달 바지, 춘태라 하며 크기에 따라 대태, 중태, 소태, 왜태, 애기태 등으로 나뉜다.

대구와 비슷하나 더 홀쭉하고 길다. 놀라운 다산성을 과시하는데 한 마리가 보통 25만 개의 알을 낳는다. 알을 깔 때는 전혀 먹지 않으며, 주로 자정부터 새벽까지 부화한다. 열흘이 지나면 알에서 나와 반 년쯤 지나면 10cm 가량 자라는데 이 때까지는 산란지 주위를 맴돌다가 수온이 오르면 깊은 바다로 향한다.

우리 나라에서 가장 큰 명태 어장은 함경남도 해안을 중심으로 한 동해 북부 일대이다. 요즘은 북태평양에서 잡아 영하 30℃ 이하에서 꽁꽁 얼린, 큼직한 '북양태'가 시중에 많이 나온다. 우리 나라 근해에서 잡히는 자그마한 것에 비하면 감칠맛, 담백한 맛이 훨씬 덜하다. 우리 나라 동해 연안에서 잡은 토종 명태를 '지방태'라고 하는데 몸집은 작지만 짭짤하고 양념도 잘 흡수해 시세가 좋다. 그러나 많이 잡히지 않아 말리지는 못하고 대부분 생태로 팔려 나간다.

북어를 만들려면 해물을 걸어서 말리는 덕을 시렁처럼 만들어 놓은 덕장에 명태를 걸어 놓고 겨우내 말린다. 요즘에는 주로 베링 해협이나 알래스카에서 잡은 큰 것으로 입이 지방태보다 큰 원양태가 많다. 말리면서 기온이 너무 떨어져 껍질이 하얗게 바래면 백태, 기온이 높아 수분이 한꺼번에 빠지면 깡태, 검은 빛이 나면 북태가 되고, 얕은 데서 말리면 바닥태라 부른다. 명태 중 제일로 치는 것은 결이 부드럽고 노르스름한 황태이다. 겨울 추위가 매서울수록 황태의 진미가 살아나는데, 해방 전에는 원산에서 말린 것을 제일로 꼽았으나, 요즘에는 횡계의 것이 가장 좋다고 한다. 보통 11월 말쯤 횡계와 인제 산골에 덕장이 생기고 본격적으로 추워지는 12월 중순경부터 명태를 걸어 말리기 시작한다. 추위가 매서울 때 덕에다 걸어 놓으면 밤에는 얼고 낮에는 햇볕에 녹으면서 수분이 증발한다. 이처럼 얼었다 녹았다 하면 살이 졸아들었다 부풀었다 하기 때문에 결이 부드러워진다. 결빙, 기화, 건조의 과정을 거듭 거쳐 얻은 북어를 '더덕북어'라고도 하는데, 이는 말린 더덕처럼 살이 부슬부슬하기 때문이다. 황태를 말리기에 적당한 날씨는, 영하 20℃쯤으로 떨어졌다가 때로 적당히 따뜻해지는 삼한사온의 기후이다. 이렇게 추운 날씨에 덕장에 매달려 겨울을 지내고 날이 풀리는 3월쯤 되면 황금빛의 황태가 되는 것이다. 3월 중순이면 제대로 마른 황태를 골라서 싸리나무에 한 두름인 20마리씩 꿰는 작업을 하는데 이를 '관태'라 한다.

명태는 어느 한 군데 버릴 데가 없는 생선이다. 살로는 국이나 찌개를 끓이고, 내장으로는 창란젓을, 대가리는 귀세미젓을, 알은 명란젓을 담가 먹고, 눈알은 구워 술안주로 한다. 명태 눈에는 비타민 A와 젤라틴이 많아 시력을 보호해 주고 피부에도 좋다. 명태 창자 속의 간유도 시력 보호에 효과적이라 한다. 명태는 고단백 식품으로 간 질환자나 당뇨병 환자의 식이요법에 유용하게 이용된다. 뿐만 아니라 북어에는 간에 활력을 불어넣어 주고, 알코올 성분을 분해하는 작용을 하는 메치오닌, 타우린 등의 성분이 많이 들어 있어 숙취에 좋다. 그래서 술꾼들은 술 마신 다음날 아침에 북어국으로 해장을 한다. 북어국은 통북어를 두들겨 뜯어 물에 재빨리 씻어서 물기를 꼭 짜서 끓이는데 쇠고기 육수에 넣거나 콩나물이나 무를 함께 끓이면 더욱 시원하다. 한소끔 끓으면 파를 넣고 달걀을 풀어 넣어 바로 불에서 내린다. 북어 껍질로 끓인 탕은 어글탕이라고 한다.

싱싱한 생태나 동태로는 매운탕을 많이 끓이고, 이외에도 전유어, 찜, 양념구이를 한다. 예전에 유난히 추운 함경도에서는 동태의 내장을 입으로 빼내고 그 자리에 두부나 고기, 채소를 섞은 소를 채워 넣어 한 데에 널어 꽁꽁 얼려 두고 겨우내 쪄서 먹는 동태순대를 즐겨 해 먹었다. 요즘은 명태를 반쯤 말린 코다리를 많이 이용하는데 찜이나 조림, 양념구이 등을 한다.

말린 북어는 쓰임새가 훨씬 많아서 국이나 밑반찬 거리로 아주 좋다. 제사나 굿, 고사를 지낼 때 빠지지 않는 제숫거리이다.

입이 큰 대구(大口)

대구는 입이 커서 대구(大口)라는 이름이 붙었고, 머리가 커서 대두어(大頭魚)라고도 한다. 몸 빛깔은 옅은 회갈색이고 배쪽은 희며 등지느러미와 옆구리에 무늬가 있고 아래턱에 수염이 하나 있다. 동해와 서해에 분포하는 한대성의 심해어로 겨울철 산란기에는 연안 내만으로 옮겨 오는데 경남 진해만이 산란장이다.

『산림경제』에서는 "대구어의 알에 간을 해두면 맛있고 담백하여 먹기 좋다. 동월(冬月)에 반건(半乾)한 것이 아주 좋다"고 하였으며, 『규합총서』에서는 "대구는 동해에서만 나고 중국에는 없기 때문에 그 이름이 문헌에는 나오지 않으나 중국 사람들이 진미라 하였다. 북도 명천의 건대구가 유명하다"고 하였다. 『임원십육지』와 『재물보』에서는 대구의 구자를 '구(䲹)'라고 표기하였다.

대구는 지방이 적어서 비린 생선을 좋아하지 않는 이도 잘 먹는 생선이다. 해물탕 중에는 담백하고 맑게 끓인 대구백숙과 얼큰한 대구매운탕이 가장 인기가 좋다. 명태나 마찬가지로 버리는 부분 없이 아가미, 알, 눈, 껍질까지 모든 음식에 활용된다. 부산 지방의 명물 음식으로 뽈국과

뽈찜이 있는데 대구 머리로 만든 음식이다. 머리가 커서 살이 꽤 붙어 있어 먹을 만하고, 뼈와 함께 끓여서 국물이 아주 시원하고 깔끔하다. 알과 아가미, 창자로는 젓갈을 담근다. 대구모젓은 아가미와 알을 소금에 절였다가 고춧가루, 마늘, 파, 생강 등의 양념과 함께 버무리고 때로는 무채를 절여서 섞어 삭혀서 먹는 것이다. 대구 내장과 명태 내장을 절여서 양념을 넣고 버무려서 담근 창란젓도 있다.

　대구를 말린 대구포는 오래전부터 만들어 온 가공 식품으로 소금에 절였다가 등을 갈라서 한 장으로 펴서 말린 것으로 잔칫상이나 제사상에 고인다. 예전에는 산후에 젖이 부족한 산모들이 영양 보충을 겸하여 먹곤 하였다.『음식디미방』에서는 대구 껍질을 삶아서 가늘게 썰어서 무친 것을 '대구껍질채'라 하였고, 또 대구 껍질로 파를 만 '대구껍질강회'가 나와 있는데 밀가루즙을 섞은 초간장에 찍어 먹는다.

 북어조림, 북어전, 대구매운탕

조기   어 ⑧

우리 나라 사람이 가장 좋아하는 생선

나라마다 좋아하는 생선이 다른데, 중국 사람은 잉어, 일본 사람은 도미, 미국 사람은 연어, 프랑스 사람은 넙치, 덴마크 사람은 대구, 아프리카 사람은 메기를 가장 좋아한다고 한다. 우리 나라 사람이 가장 좋아하는 생선은 조기이다.

조기는 예부터 잔칫상이나 제사상에 빠지지 않고 오른다. 전세계에 약 162종, 우리 나라 연해에는 11종이 분포한다. 참조기, 보구치, 부세, 흑구어, 물강다리, 강다리, 세레니 등이 있는데 이 중에서 황색을 띠어 황조기라고도 하는 참조기는 맛이 매우 독특하다. 조기의 본명은 석수어(石首魚)로 머릿속에 돌 같은 이석(耳石)이 두 개 들어 있다고 해서 붙여진 이름이며 기운을 북돋워 주는 효험이 있어 '조기(助氣)'라고도 한다. 중국에서는 황화어(黃花魚) 또는 석두어(石頭魚)라고 한다.

조기는 역사가 아주 깊은 생선으로 중국의 고대 문헌인 『설문해자(說文解字)』에는 낙랑에서 조기가 난다고 씌어 있다. 『임원십육지』에서는 석수어라 하여 식용으로보다 설사나 소화제 또는 해독제로 좋다고 하였다.

전하는 애기로는 연평도에서 맨 처음으로 조기잡이를 한 사람은 임경업 장군이라고 한다. 명나라가 청나라의 침략을 당할 위기에 있을 때 청이 먼저 조선을 탄압했다. 그러나 임경업은 명나라와 친의와 의리 때문에 독보 스님을 명나라에 밀사로 파견했다가 발각되어 명으로 도망을 가게 되었다. 식수와 식량을 구하기 위하여 연평도에 잠시 머무르게 되었는데, 연평도에서 많이 나는 엄나무로 발을 만들어 조기를 잡아 배에 싣고 길을 떠났다. 지금도 연평도 어부들은 임경업 장군 사당에 제물을 올리고 풍어를 기원한다고 한다.

우리 나라에서는 조기 무리가 서남 연안 일대와 동해 일부까지 회유하는데 중요한 어장은 칠산 바다와 황해도의 연평도, 평북 대화도 근해 등이다. 남쪽에서 월동한 조기 떼는 2월경에 북상하여 추자도 근해를 지나 3월경에 흑산도 연해에 도달하고, 4월에 영광 근해에서 산란한 후 점차 북상하여 연평도에 이른다. 조기가 산란할 때는 여름철 개구리 소리 같은 소리를 내고, 알을 낳은 후에는 맛이 아주 떨어져 음력 4월 8일을 '조기의 환갑'이라고 한다. 특히 곡우(4월 20일)를 전후하여 연평도와 칠산 어장에서 잡은 알배기 참조기를 해풍에 말린 굴비는 최상품으로 꼽는다. 매년 이 때면 영광 법성포항은 굴비를 찾는 이로 성시를 이룬다.

시중에 많이 나오는 참조기와 수조기와 부세 중에서 참조기를 구별하기란 쉽지 않다. 참조기는 몸통이 통통하고 머리가 반원 모양이며 몸 빛은 회색을 띤 황금색이고 무엇보다 입술이 붉고 아가미 안쪽이 까맣다. 큰 것이 30cm 정도여서 셋 중에 가장 작은 편이다. 수조기는 아가미 뚜껑이 붉고 위턱이 아래턱보다 길어서 아래턱을 약간 덮는다. 비늘은 다소 붉은색을 띠며 옆줄 위쪽에 검은색 띠가 있다. 다 자란 것이 40cm 정도이다. 부세는 참조기보다 훨씬 커서 50cm 정도이다. 머리 모양이 삼각형이며 아가미 뚜껑이 까맣고 비늘이 촘촘히 나 있어서 매끄럽다. 참조기처럼 배쪽이 황금색을 띤다.

조기의 우수한 단백질은 아이의 발육이나 노인의 원기 회복에 좋으며, 소화도 잘 되고, 머릿속에 있는 이석을 갈아서 결석증을 치료하기도 한다. 회로는 많이 먹지 않는데『조선무쌍신식요리제법』에서도 "조기는 봄에 나는 것이라 회를 치면 빛은 희고 좋으나 맛은 슴슴하여 신통할 것이 없다"고 하였다. 싱싱한 조기는 토막 내어 고기 장국에 넣어 맑은장국을 끓여도 시원하고, 고추장이나 고춧가루를 풀어서 얼큰한 매운탕을 끓여도 좋다.『조선요리제법』에서는 "자반 조기는 참기름을 발라서 구우면 매우 좋으며 혹 물을 부어 파와 고추와 버섯을 넣고 쪄 먹기도 한다"고 하였다.

기네스북에 오를 만큼 비싼 영광굴비

조기를 소금에 절여 말린 것을 굴비라고 한다. 전통적인 영광 굴비 만드는 법을 보면, 소나무 장대 수십 개로 밑은 넓고 위는 좁은 원형의 건조장을 만든다. 건조장의 맨 꼭대기는 뚫려 있는데 주위를 짚발로 둘러싸고 절인 조기를 가득 걸어 놓은 후 건조장 밑바닥에 숯불을 피워 놓고 바닷바람에 서서히 말린다. 말린 굴비는 통보리 속에 저장해 두는데, 이때 쓰는 소금은 1년 이상 보관하여 간수가 다 빠진 것으로 조기에 바로 뿌리고 하루쯤 두었다가 염도가 낮은 깨끗한 소금물로 다섯 번 이상 헹구고 걸대에 걸어 2~3일 정도 말린다. 다른 곳은 조기를 절일 때 소금물에 절이는 '물간'인 데 비하여 이곳에서는 소금을 조기에 바로 뿌린다고 한다. 영광 굴비는 워낙 비싸서 기네스북에 오를 정도인데 참조기 굴비 상품이 한 두름(열 마리)에 30만원 이상을 호가하니 서민의 찬물 거리는 아니다.

굴비에 얽힌 유명한 일화도 있다. 고려 인종 때 나라 안에 "十八子(李)가 임금으로 등극한다"는 소문이 나돌았다. 당시 이자겸은 누이동생이 순종비가 되면서 권세를 잡기 시작해 둘째딸을 예종비로, 셋째딸을 인종

비로 세워 척신(戚臣) 정치를 하면서 권세를 잡았다. 1126년 임금을 모해하는 사건이 일어났는데 척준경 등의 배신으로 정권 싸움에서 밀려나 전라도 정주(현재 영광)에 유배되는 신세가 되었다. 그곳에서 맛좋은 영광 굴비를 먹어 본 이자겸은 이렇게 좋은 굴비 맛도 모르고 정권을 잡으려고 헐뜯고 싸우는 것이 한심하게 생각되었다. 그래서 이곳에서 진공하는 조기에 '정주굴비(靜州屈非)'라는 네 글자를 써서 인종에게 올렸다. 무고하게 벌을 받았지만 대자연 속에서 자연의 맛을 즐기며, 비굴(非屈)하지 않게 살고 있다는 것을 그를 모함한 이들에게 알리고 싶었던 것이다. 이 때부터 조기 말린 것을 '굴비'라 하게 되었고 정주가 '영광'으로 이름이 바뀌면서 '영광 굴비'가 되었다고 한다.

 굴비는 구이를 가장 많이 하지만 말라서 단단해진 것은 물에 불렸다가 쪄서 먹거나 쌀뜨물을 자작하게 붓고 고추장을 풀어 찌개를 해도 맛있다. 굴비가 흔하던 시절에는 굴비장아찌를 하여 밑반찬으로 삼았다. 비늘을 말끔히 긁고 지느러미는 떼고 통째로 고추장에 박아서 반 년 이상 두었다가 충분히 간이 배면 꺼내어 살을 찢어서 먹는다. 지금은 워낙 비싸서 만들 엄두를 내지 못하나 예전에는 서울 사람들이 많이 만들던 장아찌이다.

 조기국, 조기양념장구이, 굴비구이

준치, 갈치

어**9**

유난히 가시가 많은 준치

"썩어도 준치"라는 속담이 있을 만큼 준치는 맛이 좋기로 유명하다. 한자로는 진어(眞魚) 또는 시어(鰣魚)라고 한다. 예부터 새가 물에 빠져 조개가 된다는 말이 있는데 준치도 새가 변하여 준치가 되었다는 전설이 있으며 준치 대가리 뼈를 모아 맞추면 새의 모양이 된다고 한다. 준치를 먹은 다음에 대가리 뼈를 모아 새의 형상을 만들고 앵두를 주둥이에 물려 처마 끝에 매다는 풍습이 몇십 년 전까지 전해 내려오기도 했다.

준치는 유난히 가시가 많은데 이에 얽힌 재미있는 이야기가 전해진다. 먼 옛날에 준치가 맛이 좋고 가시가 적어 사람들이 준치만 즐겨 먹어 멸족 위기에 처했다고 한다. 그러자 용왕이 물고기들과 의논을 한 결과 "준치가 가시가 없어 사람들이 준치만 찾는 것이니 가시를 많이 만들어 주자"는 결론에 이르렀다. 용왕은 모든 물고기에게 가시를 한 개씩 준치 몸에 꽂아 주라고 명령을 내렸다. 모든 물고기가 제각기 자기 가시를 한 개씩 뽑아서 준치 몸에 꽂으니 아픔을 견디다 못하여 달아나는데 달아나는 준치를 뒤쫓아가서 꽂느라 꽁지 부분에 가시가 유난히 많다고 한다.

큰 것은 50cm 정도 되며 몸체는 약간 푸른빛이 도는 은백색으로 몸이 납작하고 비늘은 정어리나 청어와 비슷하다.

옛 음식책에는 준치로 만든 음식이 아주 많이 나온다. 지금은 흔치 않은 생선이지만 전에는 국, 자반, 조치, 만두 등 별난 음식을 많이 만들어 먹었다.

『자산어보』에서는 준치에 대해 다음과 같이 설명하였다. "크기는 두세 자 정도로 몸은 좁고 높으며 비늘이 굵고 가시가 많으며 등은 푸르다. 맛이 좋고 시원하다. 곡우가 지난 뒤 비로소 우이도(전남 신안군)에서 잡힌다. 이 때부터 북으로 이동하여 6월이 되면 서해에서 잡힌다."

『규합총서』에서는 유난히 많은 준치 가시를 없애는 법에 대해 설명하였다. "준치를 토막 내어 그 조각을 도마 위에 세우고 허리를 꺾어 베나 모시 수건으로 두 끝을 누르면 가는 뼈가 수건 밖으로 삐져 나올 것이니 낱낱이 뽑으면 된다"고 하였다.

우리 나라 사람 입맛에 잘 맞는 갈치

예부터 "잔 갈치 사 먹어라", "값싸고 맛 좋은 갈치자반"이라는 말이 있듯이 갈치는 서민의 찬물로 인기 있는 찬거리였다. "값싼 갈치자반 맛만 좋다"는 속담도 있는데, 싸면서도 맛있다는 말이다.

칼같이 생겼다 하여 '칼치'라고도 하는데, 조선 시대 문헌에는 보이지 않으나 『자산어보』에 "군대어(裙帶魚) 속칭 갈치어(葛峙魚)"라 하였고, 『난호어목지(蘭湖漁牧志)』에는 '갈어(葛魚)'로 나온다. 내륙 지방에서는 '대도어(大刀魚)'라 하고, 전라도 사람은 '풀치', 충무 지방에서는 '빈쟁이', 그 밖에 '붓장어'라고도 한다.

홍선표의 『조선요리학』에서는 "언어학자에 따르면 신라 시대에 칼을 갈이라고 칭하였다 하니 갈치란 말은 신라 시대에 생긴 것인지도 모르겠다. 갈치의 산지로 유명한 곳은 경남 기장 연안이다. 염장품으로 만들어 오랫동안 보관할 수 있고 운반이 쉽다는 점에서 예부터 귀천을 막론하고 널리 먹는 어족이다." 하였다.

고운 은백색에 몸이 날씬하고 길쭉하며 길이는 보통 1m에서 1.5m에 달한다. 다른 물고기와는 달리 배지느러미와 꼬리지느러미가 없고, 등지느러미가 머리에서 꼬리까지 길게 붙어 있으며, 비늘이 없는 것이 특징이다. 신선한 갈치의 표면은 은빛으로 고루 반짝이는데, 이는 분말로 된 구아닌이라는 유기염기 성분이 체표면에 깔려 있기 때문이다. 껍질의 구아닌은 색조 화장품의 펄로 쓰이기도 하고, 인조 진주의 재료로도 쓰인다. 주둥이가 크고 이빨이 발달한 꽤 사나운 물고기인데, 실제로 자기들끼리 꼬리를 잘라 먹기도 한다. 그래서인지 "갈치가 갈치 꼬리를 문다"는 옛말이 있다. 친한 사이에 서로 모함할 때를 비유하는 속담이다. 동틀 무렵이나 어슴푸레할 때 바다 표면에 떠올라 머리를 위로 하고 헤엄치기를 좋아하며, 산란은 주로 여름에 하는데 산란기 이전, 6월에서 8월경이 제철이다. '가을갈치'란 여름철 산란을 끝내고 늦가을까지 먹이를 충분히 먹고 남쪽으로 이동하는 시기에 잡히는 갈치를 말한다.

예부터 거문도산이 유명한데 근처의 초도, 순죽도 근해와 백도에서 서귀포 사이 해역이 주된 어장이다. 이곳에서는 모두 채낚시로 잡는데, 한 마리씩 걸려 올라오므로 그물로 잡는 것보다 품질이 좋다. 매일매일 잡는다고 하여 '당일바리'라 하는데 그만큼 선도가 뛰어나다. 채낚시는 한 틀에 보통 13~17개의 바늘을 달며 미끼로 갈치, 고등어, 오징어, 꽁치 등을 쓴다.

사람이 건강을 유지하기 위해서는 필수아미노산, 무기질, 비타민 등이 반드시 필요한데 갈치는 이러한 영양소를 골고루 갖추고 있다. 특히 단백질이 많고 지방이 적당히 들어 있어 맛이 좋으며, 소량의 당질이 있어 고유한 풍미가 있다. 하지만 다른 생선과 마찬가지로 칼슘에 비해 인산의 함량이 많은 산성 식품이므로 채소를 곁들여 먹는 것이 좋다. 대부분의 생선이 그러하듯 갈치도 불포화지방산이 많아 건강에 좋다. 특히 불포화지방산 중에 함유되어 있는 EHA와 DHA가 혈전 생성을 막고 머리가 좋아지게 한다고 알려져 찾는 이가 더욱 많아졌다.

갈치는 살이 희고 부드러우며 감칠맛이 있는데 너무 큰 것보다는 중간 크기로 새벽과 아침녘에 잡힌 것이 더 맛있다. 우리 나라 사람의 입맛에 잘 맞아 식욕을 돋우며 구이나 조림을 많이 한다. 신선도가 떨어지면 비린내가 많이 나고 살이 물러 쉽게 상한다. 갓 잡아서는 회를 치기도 하지만 산지가 아니면 어려운 일이다. 소금에 절여 구워 먹는 것이 가장 맛이 좋고, 무와 함께 고춧가루를 넣어 조려도 맛있다. 예전에는 싼 게 갈치였다는데 요즘엔 꽤 비싼 편이다.

 준치만두, 갈치조림

장어, 메기

어⑩

여름철 스태미나 식품, 장어

장어구이는 남성들이 특히 좋아하는 음식으로 여름철 복날 즈음에 많이 먹는다. 예전에는 장어로 국을 끓이거나 백숙을 하여 보신 음식으로 먹곤 하였다. 우리 나라만이 아니라 중국, 일본, 유럽에서도 보신 음식으로 즐겨 먹는데 1,200여 년 전의 일본 고전인 『만엽집(萬葉集)』에는 "여름 더위에 지친 몸에 장어가 좋다"고 하였고, 중국의 『계신록(稽神錄)』에는 신약(神藥)인 장어에 대한 일화가 나온다. "과촌(瓜村)이란 곳에서 한 어부의 아내가 돌림병을 얻었는데 무섭게 전염되어 많은 사람이 죽어갔다. 그래서 병자가 생기면 죽기 전에 관에 담아 강물에 떠내려 보냈는데 하류에서 어부들의 그물에 걸리니 어부들이 병자를 어막에 뉘어 두고 장어 고기를 먹였더니 병이 나았다"고 한다.

일본에서는 여름철 복날 음식으로 즐겨 먹는다. 중국에서는 장어를 '만(鰻)' 또는 '만려(鰻鱺)'라고 하는데 오색이 나는 '오색만'이 약으로 제일 좋다고 했고, 이에 버금가는 것이 몸에 노란 줄이 있는 '금사만'이다. 유럽에서도 인기가 높아 독일 사람들은 여름에 별식으로 '아르스페'라는 것을 먹는데 장어국 비슷한 음식이며, 영국 노동자들도 여름철 스태

미나 음식으로 냉동 장어 젤리를 즐겨 찾고, 프랑스와 덴마크에서는 샌드위치 속에 장어를 넣어 먹는다. 미국에서는 잘 먹지 않는다.

우리 나라는 건강 식품으로 가치를 인정받고 있는데 일본에서 많이 사 가는 바람에 자연산 장어의 공급이 부족해져 값이 많이 올랐다. 자연산 장어와 양식 장어는 빛깔이 비슷해 생김새로 구분한다. 양식 장어는 몸통에 비해 대가리가 적고 살이 단단한 반면, 자연산 장어는 아가미 부분이 대가리보다 더 커서 조금 불거져 있고 살은 적지만 훨씬 쫄깃쫄깃하다.

양식 장어는 정어리, 고등어 등을 먹는데 이 생선들의 지질이 장어의 체유(體油)로 축적하여 고도의 불포화지방산이 되므로 맛이 약간 느끼하다. 지용성 비타민과 여름철에 특히 부족하기 쉬운 비타민 A가 풍부하다. 쇠고기의 200배나 된다고 하니 조상들이 건강 식품으로 또는 약재로 이용한 것은 당연한 일이다. 또 단백질 함량이 높고 칼로리도 높으면서 지방은 불포화지방산이므로 고혈압 등의 성인병 예방이나 허약 체질의 원기 회복에 이를 능가할 식품이 없다.

장어구이를 하려면 산 장어를 도마에 놓고 송곳으로 아가미 밑을 찔러서 고정시킨 다음 등쪽을 머리에서 꼬리 방향으로 갈라서 한 장으로 펴고 등뼈를 발라낸다. 통째로 굽거나 토막 내서 굽는데 처음에는 아무것도 바르지 말고 그대로 참숯에 굽는 것이 좋다. 양쪽을 다 구운 후에 엿장이나 고추장 양념을 발라서 굽는다. 엿장은 발라낸 장어 뼈를 오래 끓여 뽀얀 국물을 내고 여기에 간장과 물엿, 술, 생강을 넣고 한소끔 끓여서 식힌다. 맵게 하려면 간장을 조금만 넣고 고추장과 고춧가루를 넣는다. 구울 때는 붓으로 양념장을 발라 가면서 정성 들여 구워야 간이 속까지 잘 밴다.

장어는 영양가가 높은 건강 식품이지만 성질이 차고 소화가 잘 안 되므로 한꺼번에 많이 먹으면 오히려 역효과가 난다. 살충제로도 쓰이는데 살이나 뼈를 태워 그 냄새가 배어 있는 동안에는 벌레나 모기가 모이지 않고, 뼈를 옷장에 넣어 두면 좀이 슬지 않는다고 한다.

장어에는 참장어, 붕장어, 갯장어, 꼼장어 등 여러 가지가 있는데 사는 물이 민물이냐 바다냐에 따라, 또는 지방에 따라 명칭이 다르다. 참장어과에 속하는 민물고기인 뱀장어는 몸통이 짙은 청록색에 가까운 암갈색이며 배쪽은 은백색으로 제일 클 때가 60cm 정도이다. 원통형인데 길어서 얼른 보면 뱀과 비슷하다. 몸에 점액이 많아 몹시 미끄럽고 피부는 겉으로 보기에는 비늘이 없는 것 같으나 살갗에 작은 비늘이 묻혀 있다. 민물에 살지만 깊은 바다에 가서 알을 낳으며, 어린 뱀장어는 1~2년을 바다에서 살다가 봄철에 강을 거슬러 올라와 자란다. 만리(鰻鱺), 만리어, 백선(白鱓), 민물장어, 배암장어, 뱀당구 등으로도 불린다.

제주도 서귀포 천지연에 산다는 무태장어는 천연기념물로 지정되었는데, 길이가 무려 150cm에 달한다고 한다. 장어는 호남의 내금강이라 불리는 선운산 기슭의 선운사 근처에도 많은데 특히 풍천 장어가 유명하다. 풍천은 바닷물과 강물이 만나는 곳인데 이곳에서 잡은 장어가 유난히 맛이 좋다고 한다. 6월 하순에서 10월 초까지 나온다.

붕장어는 먹붕장어과에 딸린 바닷물고기로 흔히 '아나고'라고 한다. 뱀장어와 비슷하나 몸 길이는 약 90cm이며 입이 크고 이가 날카롭다. 등은 회갈색, 배는 회백색이고 옆줄의 작은 구멍이 흰 점 모양으로 되어 있다. 우리 나라와 일본에 분포하며 참바닷장어, 해장풍어(海長風魚)라고도 한다. 가을에서 겨울에 걸쳐 산란하며 야행성이어서 낚시로 잡을 때는 밤낚시로 잡는다. 겨울에는 바닷속 100m 정도로 옮겨 살고 여름이 제철이다. 살색은 흰색이고 비타민 A가 특히 많다. 뱀장어나 붕장어는 혈액 중에 약한 단백 독을 지니고 있어 회로 먹으면 안 되는데 우리 나라에서는 먹고 있다. 등을 갈라 한 장으로 펴서 굽거나 탕을 끓인다. 붕장어는 동중국해와 소흑산도, 대흑산도 근해가 어장이며 통발로 잡는다.

갯장어는 갯장어과에 딸린 바닷물고기로 몸 길이가 2m에 이르며, 한자로 해만(海鰻)이라 한다. 뱀장어처럼 생겼으며 주둥이는 길고 입이 몹시 크며 앞쪽에 날카로운 송곳니가 달렸다. 등지느러미는 아가미 구멍의 바로 위쪽에서 시작하여 뒷지느러미, 꼬리지느러미까지 이어진다. 몸은 미끄럽고 비늘이 없으며, 등은 회갈색, 배는 은갈색이 난다. 낮에는 바위 틈이나 진흙 속에 숨어 살며, 밤에 나와 물고기를 잡아먹는다. 여름이 제철이며 산란기는 6~7월이고 자라면서 탈바꿈을 한다. 우리 나라 남서부 연해, 일본 중부 이남, 동인도제도, 홍해에 이르는 온대 및 열대 해역에 널리 분포한다. 우리 나라 주요 어종의 하나로 일본에 수출한다. 비타민 A가 특히 많으며, 흰 살은 연하고 지방이 많다.

부기와 이뇨 작용에 좋은 메기

메기는 메깃과에 속한 민물고기로 몸 길이가 50cm 정도이고 큰 것은 1m나 된다. 머리는 넓적하여 입이 몹시 크고 아래턱이 위턱보다 길다. 등지느러미는 아주 작고 뒷지느러미가 잘 발달하여 꼬리지느러미까지 이어져 있으며, 몸에 비늘이 없고 끈끈하다. 등과 옆쪽에 붉은 갈색 또는 짙은 황갈색의 불규칙한 구름 모양의 무늬가 있고 머리와 배쪽은 엷은 담황색 또는 엷은 회색이다. 5~7월에 알을 낳고, 수명은 60년 가량이다. 입은 크고 눈이 작은데 입 아귀에 한 쌍의 수염이 달려 있다.

질 좋은 단백질과 지방, 회분, 칼슘, 인, 철을 함유하고 있으며, 특히 메기국은 부기를 가라앉히고 이뇨 작용을 도와 준다. 종류에 따라 쏘는 독침이 달린 것도 있는데 조갈증이 났을 때 이 독침을 달여 먹으면 좋다고 한다. 메기로는 주로 구이, 지짐이, 매운탕 등을 해 먹는다.

메기매운탕은 산 메기를 잡아서 바로 내장을 빼고 다듬어 파, 양파 등 채소를 넣어 끓이는데, 최근에는 인삼메기매운탕이라 하여 인삼, 대추, 산초, 감초 등의 한약재를 넣고 끓여 민물고기 특유의 냄새가 나지 않는다. 보양 음식으로 인기가 높다. 메기매운탕에는 자연산 메기가 좋지만 양식 메기로 할 때에는 지나치게 크지 않은 것이 오히려 감칠맛이 있다.

『산림경제』에서는 메기를 '점어(鮎魚)'라 하여 "몸 전체가 누렇고 살이 쪘으며 미끄러운데 맛이 퍽 좋다"고 하였다. 낙동강 같은 큰 강에서 간혹 1.5~2m 되는 큰 것이 잡히는데 이를 여메기라 한다. 『조선무쌍신식요리제법』에서는 메기보다 이것이 훨씬 맛있다고 하였다. 『규합총서』에서는 "메기를 물을 끓여 튀하면 검고 미끄러운 것이 없어진다. 좋은 고추장에 꿀을 조금 섞어 끓이면 좋다"고 하였다.

 장어구이, 메기매운탕

아귀, 복어

어⓫

낚시꾼 물고기, 아귀

아귀는 못생긴데다 입이 크고 비늘도 없는 생선이라 하여 예전에는 거들떠보지도 않고 거름이나 사료로 이용했으나, 지금은 전국적으로 퍼진 아귀찜 덕분에 값이 아주 비싸져서 고급 생선이 되어 버렸다. 술꾼들은 살보다도 내장을 더 즐겨 먹는다. 못생겼지만 이빨밖에는 버릴 것이 없는 생선이다. 지방에 따라 물곰, 물돔, 배기라고도 부른다. 대부분의 사람이 표준어인 아귀보다는 '아구탕'이니 '아구찜'이니 하여 '아구'라고 많이 부른다. 더구나 잡히는 곳이 주로 남해안이어서 '아쿠'나 '아꾸'로 세게 발음하는 경향이 있다.

아귀는 오래전부터 알려진 생선은 아니다. 『신증동국여지승람(新增東國輿地勝覽)』에도 나와 있지 않으며 다만 정약전이 흑산도에 유배되어 16년간 살면서 기록한 『자산어보(玆山魚譜)』에 나온다. 그 기록에 '조사어(釣絲魚)'라는 물고기가 있는데 그 속명이 '아구어'라고 하였으니 당시 흑산도에서 '아구'라고 불렸음을 알 수 있다.

아귀는 깊은 바다 생선으로 보통 어두운 흑갈색을 띠며 넓고 평평하고 길이가 1~1.5m에 달한다. 머리가 커서 헤엄을 잘 치지 못하므로 가슴지느러미나 배지느러미로 바다 밑에서 이동한다. 입 바로 위쪽에 '낚싯대'라고 하는 가는 안테나 같은 것이 달려 있는데 이는 등지느러미의 가시가 변태된 것으로 끝부분에 하얀 피막이 실처럼 붙어 있어 이를 흔들면서 작은 물고기를 유인하여 잡아먹는다. 모래 위에 꼼짝하지 않고 있으면서 머리에 달린 유인 장치로 다른 생선을 유인하여 가까이 다가오면 그대로 잡아먹는다. 작은 고기뿐 아니라 자기보다 더 큰 상어류까지도 잡아먹는데 입이 아주 크고 이빨이 날카롭다.

바다 밑바닥에 살면서 별로 움직이지 않기 때문에 저인어망으로 잡는데 12~3월이 제철이다. 『자산어보』의 설명을 보면, "입술 끝에 두 개의 낚싯대 모양의 등지느러미가 있는데 의사가 쓰는 침과 같다. 이 낚싯대의 길이는 4~5치쯤 되며 낚싯대 끝에 낚싯줄이 있는데 말꼬리만하다. 실 끝에 밥알과 같은 하얀 미끼가 있다. 이것을 다른 물고기가 따 먹으려고 와서 물면 잡아먹는다"고 하였는데 상당히 정확한 관찰 기록이라고 할 수 있다. 영어에서도 아귀를 'Angler Fish(낚시꾼 물고기)'라고 한다. 아귀의 주 어장은 연안에서 떨어진 먼 바다나 중국해여서 한 번 출항하면 열흘 이상 걸린다고 한다.

생김새와는 달리 담백하여 맛에서 복어와 쌍벽을 겨룬다. 몸체가 유연하고 끈끈해서 다루기가 어려운데 턱에 고리를 끼어 달아매고 껍질을 벗기면 된다. 아귀의 부위는 고기, 간, 위, 납소, 아가미, 지느러미, 껍질의 일곱 가지로 나눈다. 특히 간은 서양에서 진미로 꼽히는 포아그라(foir gras)에 필적할 만큼 별미이다.

아귀는 토막 쳐서 맑은 국이나 찌개를 끓이면 아주 시원하고, 경상도 식으로 콩나물을 듬뿍 넣어 맵게 찜을 하거나 매운탕을 끓여 먹으면 얼큰한 맛이 일품이다.

아귀찜은 마산의 명물로 알려져 있는데 처음에는 마산 선창가 주변에서 상인들이 아귀로 아침 식사를 할 수 있게 아귀국밥을 만들어 팔았는데 아귀찜이나 아귀수육으로 발전한 듯하다. 아귀찜을 만들려면 우선 갯가에 덕장을 만들어서 꾸덕꾸덕 말려야 한다. 보통 12월 맑은 날에 널었다가 콩나물을 넣고 매운 고춧가루를 풀고 미더덕을 한데 넣어 끓이다가 쌀가루를 풀어서 걸쭉하게 익힌다. 워낙 매워서 땀이 날 정도이다. 담백한 맛으로 즐기는 아귀탕이나 아귀수육도 별미이다.

독은 있지만 맛있는 복어

복어는 유난히 철을 타는 생선이다. 바다에서 잡은 복어는 보통 늦가을에서 2월까지가 맛있지만, 강에서 잡은 황복은 음력 3월경이 제철이다. 우리 나라, 일본, 중국, 동남아시아, 아프리카에서 즐겨 먹는다.

복 또는 복쟁이라고도 하고, 큰 강에서 잡히는 살찐 고기이므로 하돈(河豚), 강에서 잡히는 것은 강돈(江豚), 성을 잘 내는 고기라 하여 진어(嗔魚), 배가 부풀어 있어 기포어(氣胞魚) 또는 폐어(肺魚), 공처럼 둥글어 구어(毬魚), 기름진 복어의 등 무늬가 곱다 하여 대모어(玳瑁魚)라고도 하고, 이북에서는 복아지라 한다.

『동국세시기』에서는 3월의 시식으로 "복사꽃 떨어지기 전 하돈(복)에 파란 미나리와 기름과 간장을 섞어 국을 끓이면 그 맛이 진기하다. 노호(露湖 : 지금의 노량진 부근)에서 나오는 복이 제일 먼저 시장에 들어온다. 복을 꺼리는 사람은 숭어로 대신 끓인다. 숭어 역시 시절 생선으로 훌륭하다"고 하였고, 『경도잡지』에서도 "복숭아꽃 떨어지기 전에 복국을 먹는다"고 하였다. 여기서의 복어는 강에서 잡은 것으로 다 자라도 30cm 밖에 안 되며 등쪽은 녹색이 나고, 배쪽은 흰색으로 광채가 난다.

중국에서는 복어를 천하 일미로 여겨 왔으며 재미있는 일화도 많이 남아 있다. 시인 소동파는 "사람이 한 번 죽는 것과 맞먹는 맛"이라고 극찬하였으며, 양주 지방관으로 있을 때는 복어철이 되면 이를 찾아다니며 먹느라고 정사를 게을리하였다고 한다. 또 복어의 제일 맛있는 부분을 '서시유(西施乳)'라고 하는데 수컷에 들어 있는 흰색의 이리(魚白)를 말한다. 중국의 절세미인 서시(西施)에 비유해 복어 이리를 '서시의 젖'이라 극찬한 것이다.

전세계에 약 100종류가 있다고 하며, 우리 나라에는 18종이 서식하고 있는데 이 중 자지복, 검복, 밀복 등이 널리 알려져 있다. 검복, 매리복, 졸복, 황복, 복섬의 다섯 종은 특히 맹독이 있고 자지복, 바실복, 까칠복, 청복, 눈불개복 등 일곱 종은 독이 약간 있고 밀복, 꺼끌복, 까치복, 불룩복, 거북복, 육각복은 독이 없다. 복어의 독은 주로 난소, 간장, 내장, 껍질, 혈액 등에 들어 있고 살과 이리에는 거의 없다. 10월부터 이른 봄 3월 초에 잡히는 복어가 가장 맛있는데, 겨울철이 되면 생식소가 충만해지고 가장 살이 찌며 독기도 제일 없을 때이기 때문이다. 복어의 독은 '테트로도톡신'이라고 하는데 청산가리보다 13배나 강하고 동물성 자연독 중 독성이 가장 강력해서 0.5mg만 먹어도 목숨을 잃을 수 있다고 한다. 열을 가해도 없어지지 않고, 중독이 되면 동물의 중추와 말초 신경에 작용하여 지각 이상, 운동 장애, 호흡 장애, 혈류 장애가 일어나 6~7시간 만에 죽는다.

영양 성분을 살펴보면 단백질 20%, 지방 0.1%, 무기질 1.2%, 비타민 등으로 구성되었다. 고단백질에 저지방이므로 담백하고 스태미나 증진에 좋으며, 간이나 당뇨병에도 좋다고 한다. 음식을 만들려면 우선 소금으로 문질러 씻은 후 껍질을 벗기고 머리를 자르고 내장이 터지지 않게 조심해서 꺼낸 후에 먹을 수 있는 것과 먹지 못하는 것을 구분해 놓는다. 복어는 맹독이 있어 법률적으로 아무나 취급하지 못하며 반드시 복어 전문의 특수 조리사 자격증이 있는 사람만 조리할 수 있다.

『규합총서』에 복어 독의 위험성에 대해 설명하고 있다. "하돈(河独)이란 복어를 말하니, 피와 알에 독이 많아서 잘못 먹으면 죽을 수도 있는데 알면서도 먹고서 해를 입는 이가 있다. 이 생선은 독기가 배에 가득 차면 배가 땡땡하고 이를 가니 독물인 줄 알 수 있다. 살만 토막 내어 기름에 지져서 끓이면 맛이 매우 좋고 해독하기 때문에 전혀 염려할 필요가 없다"고 하였다.『본초강목』에서는 "독 있는 생선을 보면 비늘이 없는 것, 배가 땡땡한 것, 이를 갈고 눈 감은 것, 소리가 나는 생선이 다 지독하다 하였는데, 복어는 이 다섯 가지를 모두 갖추었으니 그 독함은 묻지 않아도 알 만하다. 그러나 옛날부터 맛 좋기로 이름이 나 안 먹을 수 없지만 부엌에 그을음이 생기므로 뜰에서 끓이고, 먹은 후 숭늉 마시기를 또한 크게 꺼린다. 곤쟁이젓이 복어 독을 푼다. 그 알 하나를 물에 담가 하룻밤 재우면 크기가 마름(마름과의 한해살이풀)만해진다"고 하였다.

선조들은 독이 있어 잡고기라 하였으며, 어부들도 그물에 복어가 걸리면 재수없다고 하였다. 그런데 복어 먹을 때 된장이나 두부를 한데 끓이면 독이 없어진다거나, 복 중독은 가지를 먹거나 녹번이라는 돌가루를 먹으면 괜찮다는 등의 속방이 있었다. 우리 나라에서는 숙취에 좋다 하여 보통 해장국으로 먹거나 매운탕으로 즐겨 먹고, 회를 뜨거나 말려서 구워 먹기도 한다. 복어탕을 끓일 때 미나리를 곁들이면 맛도 좋아지고 해독 작용도 한다.

복어 음식은 일본에서 특히 발달하여 조리법이 다양하다. 얇게 저며서 국화꽃 모양으로 펼쳐서 돌려 담은 복어회는 회 중에 으뜸으로 치고, 맑게 끓이는 복지리는 담백한 맛을 제대로 즐길 수 있으며, 꼬들꼬들한 껍질을 데쳐서 초맛을 내어 무치고 지느러미를 구워서 청주에 넣어 마시는 '히레자게(鰭酒)'도 진미이다.

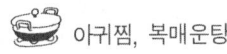 아귀찜, 복매운탕

오징어, 낙지, 문어

어⓬

영양 많고 소화도 잘되는 오징어

오징어와 한치는, 미각 중에 쫄깃쫄깃하게 씹는 것을 유난히 좋아하는 우리 나라 사람이 무척 즐겨 먹는 어류이다. 서양에서는 지중해를 면한 이탈리아, 남프랑스, 스페인 사람들은 즐겨 먹지만 북미에서는 싫어하는 경향이 있다.

오징어는 7월부터 11월까지 많이 잡히는데 그 중에서도 여름이 제철이다. 우리 나라에서는 울릉도와 속초 근해에서 가장 많이 잡힌다. '오징어'란 말은 '까마귀 잡아먹는 도적'이란 뜻의 '오적어(烏賊魚)'에서 유래했는데, 오징어가 바다 위에 먹물을 뿜어 대며 떠 있는데 까마귀가 물 위에 쉬러 왔다가 쪼아 대자 재빠르게 긴 두 팔로 까마귀를 안고 물 속으로 들어가 버렸다는 얘기에서 나온 이름이라고 한다. 한치(寒治)는, 뱃사람들이 다리 길이가 한치(一寸)밖에 되지 않는다고 하여 붙였다는 설이 있다. 믿지 못하거나 지켜지지 않는 약속을 '오적어 묵계(墨契)'라 하는데, 오징어 먹으로 글씨를 쓰면 1년 만에 글씨가 증발해 버리기 때문이다.

오징어는 크게 보통오징어, 갑오징어, 꼴뚜기의 셋으로 나눌 수 있는데 전세계적으로 약 460종에 이른다. 한치는 오징어에 비하여 몸통이 길고 다리가 짧으며, 달고 껍질이 잘 벗겨진다.

오징어류는 머리, 몸통, 다리의 세 부분으로 나뉘며, 두 개의 눈이 달려 있는데 갑오징어만 등쪽에 석회질의 두껍고 단단한 뼈가 들어 있다. 연체동물의 특징으로 몸에 뼈가 없고 근육이 많으며 머리와 다리가 붙었다고 해서 두족류라고 한다. 오징어는 다리가 있는 쪽이 앞쪽이고, 지느러미가 있는 쪽이 뒤쪽이다. 보통 머리라고 생각하는 세모난 부분은 실은 지느러미로, 헤엄치고 다닐 때 방향을 잡는 역할을 한다. 그 밑에 살이 많은 부분과 빨판(흡반)이 있는 다리 사이에 머리가 붙어 있다. 오징어를 '십초어(十稍魚)'라고도 하므로 발이 열 개라고 생각하는 사람이 많지만 실은 여덟 개이고, 양쪽으로 길게 달린 것은 발이 아니라 팔이다. 먹이를 잡아먹을 때 그 긴 팔을 쓰고 또 사랑할 때 암컷을 힘껏 끌어안는 팔이라 하여 교미완(交尾腕)이라고도 부른다. 발에는, 끝은 가늘고 안쪽에 짧은 자루가 달린 빨판이 있는데 이것을 이용해서 물고기나 새우 등을 잡아먹고, 바위에 붙을 때도 이것을 사용한다.

오징어는 육식성 동물로 좌우의 눈은 시력이 아주 좋고 동공, 홍채, 수정체를 갖추고 있어 사람의 눈과 구조가 비슷하다. 오징어의 근육 속에는 발광 역할을 하는 여러 빛깔의 색소 세포가 들어 있어 근육의 신축 작용에 따라 여러 색으로 변한다. 오징어가 색소 세포에 의해 발광을 하는 것은 캄캄한 바다 속에서 자신의 위치를 알릴 때, 먹이를 유인할 때, 교미 기간 중 상대방을 유인할 때이다. 외부로부터 위험을 느낄 때는 먹물을 내뿜어 주위의 시각과 후각을 잃게 하고, 근육에 있는 발광 박테리아를 활동시켜 자기 몸 색을 바꾸고서 달아난다.

오징어의 살 조직을 살펴보면 몸통에는 근육 조직을 싸고 있는 결합 조직이 없고, 가늘고 긴 섬유가 옆으로 길게 병렬하고 있어 세로로는 쪼개기 힘들지만 옆으로는 쉽게 쪼갤 수 있다. 또 살에는 콜라겐 섬유가 체축 방향으로 붙어 있어 가열을 하면 이 섬유가 가장 먼저 수축하게 된다. 그래서 오징어를 굽거나 조리할 때 세로로 동그랗게 말리는 것이다.

오징어는 불빛을 좋아하는 주광성이 있어 낮에는 수심 20cm 이하의 깊은 곳에 있다가 밤에 불빛만 보이면 수면으로 올라온다. 이러한 습성을 이용하여 집어등(集魚燈)을 켜 놓고 잡는다. 전진, 후진을 하며 날치 못지않게 물 위로 무려 2~3m씩 치솟기도 하는데, 불빛에 속아 잡힌 후에 배에 올라오면 먹물을 마구 뿜어 댄다.

갑오징어는 전라도 변산 반도 근방에서 많이 잡는데 5~6월이 제철이다. 격포항에서 출어하여 통발로 잡는데 미리 통발을 설치해 놓고 안에 들어온 갑오징어를 꺼낸 다음 다시 그 통발을 바다에 넣는 작업을 계속한다. 특히 전북 부안에서 잡히는 갑오징어는 동중국해에서 잡히는 것에 비하여 육질도 좋고 맛있다. 갑오징어는 참오징어와 미륵의 두 종류로 나뉘는데 참오징어는 살이 연하고 감칠맛이 있으며 겉으로 보아 호랑이 껍질 같은 무늬가 있고 뼈 한가운데가 움푹 들어가 있어 쉽게 알 수 있다. 미륵은 미끄럽고 질기며 뼈가 볼록하게 나와 있으며, 참오징어보다 맛이 덜하다. 갑오징어는 피를 맑게 하고 위에 부담이 적어 민간에서 널리 애용한다. 특히 산모가 마른 갑오징어를 푹 삶아 먹으면 부기가 가라앉으며, 뼈는 가루를 내어 지혈제로 이용했다.

건조 상태에 따라 산 오징어, 물 오징어, 냉동 오징어, 바싹 마른 오징어, 반건조 오징어 등으로 나뉜다. 산 것이나 싱싱한 것은 회를 하거나 데쳐서 숙회를 하고, 찌개나 구이, 조림 등 다양하게 반찬을 만들며 마른 오징어는 구워서 술안주나 간식거리로 먹는다. 오징어는 성분 중 단백질이 17%를 차지하는 고단백 식품으로 영양가가 높고 익히면 소화도 잘 된다. 다른 생선에 비해 버리는 부분이 적으며 특유한 맛은 타우린, 펜탄 등의 성분 때문이다. 타우린은 피로 회복이나 스태미나 증강에 좋다고 하여 약품으로 사용하기도 한다. 비타민과 무기질이 많아서 칼슘은 쇠고기의 여덟 배이고 구리도 많이 들어 있다. 말린 오징어의 표면에 있는 하얀 분말은 주로 타우린 성분인데 마른 오징어를 구울 때 나는 특유의 냄새는 타우린과 질소 화합물이 타면서 생긴다. 생선의 피는 보통 빨간색인데 오징어의 피는 헤모시아닌으로 이루어져 있어 청색을 나타내므로 혈청소라고 한다.

날것을 고를 때는 탄력이 없거나 몸이 흰색으로 퍼져 있는 것은 오래된 것이므로 피하고, 투명하고 윤기 나며 약간 검은색이 나야 신선하다. 마른 오징어는 꼬리꼬리한 냄새가 나지 않고 되도록 살이 두껍고 노란색을 띠면서 흰 가루가 전체적으로 고루 덮인 것이 좋다. 옛날에는 오징어를 말릴 때 몸통을 가르고 내장을 빼고 펴서 다리에 가는 싸리를 가로지르고 지느러미를 뚫어서 대나무나 싸리에 쭉 꿰어서 햇빛에 널어 말렸다. 요즈음은 화력을 이용하는 건조법을 이용하기도 한다.

오징어를 먹으면 피가 마른다는 속설도 있으나 근거 없는 이야기이다. 강원도의 향토 음식으로 오징어불고기, 오징어순대가 유명한데 오징어순대는 오징어 다리를 다져서 두부와 양념을 섞어서 오징어 몸통에 채워 찐 음식이다. 또 절여서 젓갈을 담그기도 한다.

불과 30년 전만 해도 잘 알려지지 않았던 한치는 동해안의 뱃사람들이 국수처럼 썰어서 술 마신 다음 날 해장을 할 때 먹었다고 한다. 한치는 응혈진 혈을 풀고 정신을 맑게 해준다. 오징어에 비하여 연하고 물렁거려 제대로 대접을 못 받았지만 요즘은 살아 있는 한치가 널리 보급되어 한치회를 즐겨 먹는 사람이 많아졌다.

낙지, 문어, 주꾸미

"봄 주꾸미, 가을 낙지"라는 말이 있다. 주꾸미는 봄에 맛있고 낙지는 가을에 제맛이 난다는 말이다. 낙지는 9~10월이면 배 안에 밥풀과 같은 알이 있고, 겨울에는 구멍 속에 틀어박혀 새끼를 낳는다. 『규합총서』에

"문어는 일명 팔조어니 북도에서 난다. 돈같이 썰어 볶으면 맛이 깨끗하고 담담하며 알은 머리, 배 보혈에 귀한 약으로 토하고 설사하는 데 좋다. 낙지는 소팔조어라고 한다." 하였다. 『자산어보』에서는 "말라빠진 소에게 낙지 서너 마리를 먹이면 금방 힘을 얻는다"고 했다.

낙지 중 '세발낙지'는 발이 셋인 낙지가 아니고 '발이 가는(細) 낙지'를 말한다. 낙지는 서해 뻘밭 어디서나 잡히지만 달고 맛있는 세발낙지는 미암과 현경해제와 해남 산이상공(山二相公)의 것을 첫째로 친다. 세발낙지는 전라도 영암에서 나고 고흥에서는 대발낙지가 잡힌다. 이 지방 음식으로는 낙지죽, 낙지에 인삼을 넣고 끓인 낙삼탕 등이 있다. 낙지 음식은 담백하고 개운한 맛을 살려 양념을 많이 하지 않는 것이 비결이다. 예전에는 미암에서 나는 낙지가 유명했으나 지금은 미암에서 해남 산이면을 잇는 방조제가 생겨 자취가 없어지고 해남과 무안에서 나는 낙지로 대신하는데 맛이 덜하다. 60~70년대에 서울 무교동 낙지 골목에는 낙지볶음을 전문으로 파는 식당이 즐비했다.

전라도에는 낙지나 문어로 만든 특이한 향토 음식이 많다. 그 중 낙지 호롱은 낙지를 짚에 말아서 구운 특이한 음식이다. 오징어와 마찬가지로 너무 익히면 질기고 딱딱해지므로 살짝 익혀서 바로 먹어야 연하고 맛있다. 말린 피문어로는 죽을 끓여서 보신식으로 삼았다.

주꾸미는 낙지와 비슷하게 생겼으나 몸이 더 짧아 24cm 정도이고 둥글며 맛도 낙지만 못하다. 발이 짧고 굵은 편이다. 내만의 얕은 모래땅에서 살고, 난소가 성숙할 때 마치 밥알처럼 되어 '반초(飯稍)'라는 별명이 있다. 대개는 삶아서 초고추장을 찍어 먹고, 볶음이나 조림도 한다.

 오징어구이, 낙지전골, 통문어찜

꽃게

어⑬

지방이 적어 담백한 게살

 절족 동물인 게는 납작하고 두흉부가 크고 복부는 하면에 굽어 붙어 있으며 등과 배는 단단한 딱지에 싸여 있다. 발은 모두 다섯 쌍인데 끝이 모두 뾰족하여 걷거나 헤엄치는 데 편리하게 쓰인다. 그 중 첫째 한 쌍은 집게발이며 옆으로 기어다니면서 거품을 내뱉는다. 사는 곳에 따라 바닷게와 민물게로 나뉘는데 바닷게로는 꽃게, 꽃밤게, 농게, 도적게, 달랑게, 바닷참게, 털게, 대게 등이 있고 민물게로는 참게, 방게 등이 있다.

 식용하는 부분은 주로 다리 살인데 가열하면 근육 조직이 연해져 발라먹기가 쉽고 맛도 좋아진다. 살의 15~20%가 단백질인데 종류에 따라 다르다. 지방 함량이 낮아 담백하고 달착지근하며 부드럽다. 삶거나 구우면 껍질이 빨갛게 변하는데 이는 새우와 마찬가지로 카로티노이드 색소인 아스타크잔틴을 함유하고 있기 때문이다. 시중에 많이 나와 있는 게살 어묵은 꼬치에 꿰어 안주로 많이 먹으며 찐 게살을 발라서 말린 게살포는 맛이 아주 좋아 안주나 마른찬으로 먹는데 값이 비싸다.

 게는 어느 나라에서나 즐겨 먹는데 특히 중국과 일본에서 좋아한다. 중국의 옛 문헌에도 게 음식이 많이 나오는데 술안주로 좋아했다고 한다. 『세설신어(世說新語)』에 진나라의 필탁(畢卓)은 술안주로 게발을 항상 즐겼다고 하였고, 시인 이태백도 「월하독작사수시(月下獨酌四首詩)」에서 "한 손에는 게발을 들고 한 손에는 술잔을 들고 주지(酒池) 속을 헤엄치고 있으면 일생 살아가는 데 무엇을 더 바라리요." 하고 읊었다.

게의 종류

우리 나라에서 가장 많이 잡히고 흔한 꽃게는 껍질이 암적색이나 황갈색의 마름모꼴로 생겼으며 다섯째 다리가 납작한 것이 특징이다. 산란기는 6~9월이고, 1~4월이 제철이다. 껍질 안쪽과 몸체에 살이 많은 편으로 쪄서 먹거나 찌개도 하며 게장도 담근다. 전에는 민물게로 게장을 많이 담갔으나 디스토마에 감염될 우려가 있어 지금은 꽃게를 많이 이용한다.

꽃게는 산란기를 바로 앞둔 것이 알이 꽉 차서 맛이 가장 좋다. 껍질이 둥근 것이 암놈이고, 삼각형으로 뾰족한 것이 수놈이다. 꽃게를 고르는 요령은 첫째 들어 보아 묵직한 것이 살과 알이 차서 맛이 좋은데 산란기가 지난 암놈은 살이 빠져서 먹을 것이 없으므로 이 때에는 수놈이 더 맛있다. 게는 종류에 따라 산란기가 다른데, 바다참게와 꽃게는 4~6월까지 알을 낳는다.

털게는 껍질이 갸름한 원형이고 진한 적갈색을 띤다. 몸 전체에 털 같은 돌기가 촘촘히 나 있다. 알래스카에서 우리 나라 동해에 이르는 한류에서 잡힌다. 삶아서 그대로 발라먹기도 하고 살만 모아 샐러드에 넣거나 초생채를 만든다.

왕게는 이를 그대로 몸체가 몹시 커서 다리를 벌리면 1m 이상 되는 것도 있다. 껍질은 갈색이다. 북해에 많고, 알래스카, 베링해에서 잡힌다. 워낙 몸체가 커서 살이 많은데 통조림으로 가공하기도 하고, 우리 나라에서는 쪄서 급속 냉동한 것을 수입한다.

대게는 둥그스름한 삼각형 모양으로 생겼고 다리가 유난히 길어 펼치면 **50cm**가 넘는 것도 있다. 암놈은 수놈 크기의 반 정도이나 난소가 특히 맛있다. 수심 **200m** 정도의 깊은 바다 밑에서 살다가 산란을 위하여 낮은 곳으로 올라올 무렵 어망으로 잡는다. 알래스카에서 우리 나라 동해안에 걸친 한류에서 사는 희귀종으로 죽변, 평해, 강구 등에서 주로 잡히는데 대개는 영덕을 거쳐서 팔려 나가므로 '영덕게'라고 불린다. 대통처럼 비어 있어서 대게라는 이름이 붙었다. 소금물에 삶거나 쪄서 먹는 것이 맛있는데 영덕에서는 대게만이 아니라 털게, 왕게도 많이 잡혀 대게보다 비싼 값에 팔렸었는데 지금은 멸종이 되었고 영덕 대게만 남아 있다. 영덕 대게도 점차 수확량이 줄고 있으며 대신 붉은대게가 많다. 영덕 대게는 얇은 껍질에 살이 꽉 차 있고 쫄깃하면서 담백하고 향이 좋은 데 비하여 붉은대게는 껍질이 단단하고 살이 적고 짠맛이 나며 영덕 대게보다 붉다. 영덕의 식당이나 도시의 포장마차 등에서 파는 것은 거의가 붉은대게이다.

　민물게는 논이나 강 어귀, 강 모래 속에 많이 산다. 가을 생식기에 암놈의 등딱지 속에 단맛이 나는 장이 드는데 이 때가 맛이 가장 좋다. 그러나 디스토마에 감염될 위험이 크므로 날것이나 게장으로 먹는 것은 삼가야 한다.

다양한 게 조리법

　예전에는 게를 꿀이나 감과 함께 먹으면 죽는다고 하여 금하였는데, 이는 게가 빨리 상하여 세균성 식중독을 일으키기 쉽기 때문에 나온 말인 듯하다. 특히 요즘 식당에서 나오는 게장은 위생적인 곳이 아니면 먹지 말아야 한다. 식당에서 먹은 게장 때문에 식중독이나 배탈이 나는 일이 비일비재하다. 가정에서도 산 것이나 아주 싱싱할 때가 아니면 조심해야 한다.

꽃게는 그대로 쪄서 먹거나 끓는 물에 삶아서 살을 발라먹는 것이 가장 맛있다. 죽었거나 냉동된 것은 고추장이나 된장을 풀고 무나 채소를 넣어 찌개를 끓이는 것이 낫다. 또 게살을 발라 전유어를 부쳐 먹기도 한다. 요즘은 게를 툭툭 토막쳐서 끓는 장국에 고추장을 풀어 찌개를 끓이지만 옛날 양반집이나 궁중에서는 정성이 많이 들어가는 게감정을 끓여 먹었다. 껍질을 떼고 게살을 일일이 발라서 두부, 데친 숙주를 넣고 등딱지에 가득 채운 다음 채운 면을 밀가루와 달걀을 씌워서 잠깐 지져 낸다. 미리 쇠고기장국에 게발을 넣고 끓이다가 된장과 고추장을 풀어서 맛이 들면 지진 게를 넣고 잠시 더 끓여서 퍼 담는다. 보기에도 좋고 먹기도 편하나 손이 많이 가는 음식이다.

민물 참게로 담근 게장은 별미 중의 별미로 꼽는데 간장이나 소금으로 염장을 하는 것이다. 간장으로 담그려면 참게를 항아리 속에 넣고 물을 부은 다음 뚜껑을 덮어 하룻밤 둔다. 밤새 참게가 찌꺼기를 토해 내면 솔로 씻어서 도로 항아리에 담는다. 쇠고기 날것을 잘게 썰어 넣으면 게가 고기를 순식간에 먹어 버리는데 이렇게 고기 먹은 게로 게장을 담그면 맛이 훨씬 좋다. 게 항아리에 청장을 끓여서 식힌 것을 부었다가 이틀 후에 따라서 다시 끓여서 식힌 후 붓는다. 이를 여러 차례 하여 두 달 쯤 두면 삭아서 맛이 든다. 옛 음식책에 따르면 생게를 그릇에 담아 닭을 생으로 튀하여 같이 넣어 두면 게가 닭을 먹어 게장이 많아진다고 하며, 닭이 없으면 두부나 정육, 수수를 먹인 후에 담가도 좋다고 하였다.

『규합총서』에는 '게 굽는 법'이 소개되어 있다. "생게의 장을 많이 긁어 그릇에 담고 딱지와 발을 칼로 두드려 체에 걸러 즙을 낸다. 게장에 섞고 생강, 다진 파, 후춧가루, 달걀, 녹말가루나 밀가루를 조금 넣어 합한다. 밑 마디를 뚫지 않아 막힌 대통의 가운데를 갈라 다시 맞추고 노끈으로 꽁꽁 동여매어 게즙을 붓고 단단히 막아 삶는다. 동여맨 것을 풀고 통을 갈라 빼 내어 둥글거나 길게 마음대로 저며 꼬치에 꿰어 기름장을 발라 구우면 맛이 좋다"고 하였다.

『우리 나라 음식 만드는법』에는 '게전' 만드는 법에 대해 설명하였다. "게딱지에 게 장과 살을 꼭 짜서 한데 담고 쇠고기와 두부를 넣어 양념한다. 밀가루와 달걀을 넣고 잘 섞어서 수저로 하나씩 떠서 동글납작하게 지진다"고 하였다.

 꽃게감정, 꽃게찜

새우

어⑭

양기를 돋우는 식품

수산물 가운데 새우만큼 여러 나라에서 사랑받는 것도 드물다. 나라마다 새우의 맛과 모양을 잘 살린 음식이 다양하게 발달하였다. 큰 것으로는 찌거나 구이를 하고 중간 크기로는 튀김을 하면 알맞다. 작은 새우는 껍질을 까서 전을 부치거나 중국식 볶음을 하기에 적당하다. 큰 새우는 값이 비싸지만 작은 새우나 마른 새우는 서민의 식탁에도 자주 오르며, 특히 새우젓은 우리 식생활에서 없어서는 안 될 만큼 중요한 젓갈이다. 우리 나라 근해에서는 많이 잡히는 편은 아니다.

새우는 크기나 모양에 따라 수십 종에 이른다. 길이가 20cm가 넘는 대하에서 너무 작아서 새우 모양도 또렷하지 않은 곤쟁이(紫蝦)에 이르기까지 모양, 색, 크기가 다양한데 지역마다 부르는 명칭도 달라서 혼란스럽다. 시장에서 흔히 볼 수 있는 것은 대하, 중하, 차새우, 분홍새우 정도이고, 산지나 해안에 나가 보면 근해에서만 잡히는 유별난 새우가 눈에 띈다.

우리 나라 옛 음식책에는 새우에 대한 기록이 그리 많이 남아 있지는 않다. 서유구의 『난호어목지(蘭湖漁牧志)』(1820년)에서는 "우리 나라 동해에는 새우가 없다. 서해에서 강하(糠蝦)가 나오는데, 이것으로 젓갈을 담가 전국적으로 널리 이용한다. 강하를 세하(細蝦)라고도 하고, 건조한 것은 백하(白蝦)라고 한다. 대하(大蝦)는 빛깔이 붉고 길이가 한 자 남짓한데『본초강목』에서는 해하(海蝦)라 한다. 회에 좋고 그대로 말려서 안주로도 한다"고 하였다. 『군학회등(郡學會騰)』에서는 "대하는 쪄서 볕에 말려 먹고, 중하는 살을 가루 내어 주머니에 넣어서 장독에 담아 이용하며, 세하는 젓갈을 담그는 데 쓴다"고 하였다.

새우는 한문으로 '하(蝦)'라 하고, 일본에서는 '해로(海老)'라 하는데 허리가 굽어 '바다의 노인'이라고 한 것 같다. 새우와 관련된 속담도 꽤 많은 편으로 "고래 싸움에 새우 등 터진다", "새우로 잉어를 낚는다", "새우잠 잔다." 등이 있다.

갑각류로 머리와 가슴이 합해진 두흉부와 배, 꼬리의 세 부분으로 나뉜다. 두흉부는 딱딱한 껍질로 덮여 있고 눈, 촉각, 다리가 있는데 촉각은 수염처럼 아주 길다. 근육이 발달한 복부는 일곱 마디로 되어 있고, 다리가 다섯 쌍 붙어 있는데, 바로 이 복부가 먹는 부위이다. 360도 회전이 되는 눈이 툭 불거져 나와 있다.

『본초강목』에서는 새우가 양기를 왕성하게 하는 식품으로 일급에 속한다고 하였다. 신장을 좋게 하는데, 혈액 순환이 잘 되어 기력이 충실해지므로 양기를 돋워 준다는 것이다. 그래서 총각은 새우를 먹지 말라는 말까지 생겼다고 한다. 번식력이 강해 한 번에 십만 개 이상의 알을 산란한다. 몸이 피곤할 때 먹으면 효과가 있다고 하며, 종기가 났을 때 새우를 찧어 붙이면 좋다는 민간 요법도 있다.

우리 나라에서는 대하찜, 대하구이, 새우전, 새우산적 등을 많이 만들고 일본에서는 튀김 음식인 덴뿌라(天婦羅)를, 중국에서는 튀기거나 매운 토마토소스로 버무린 깐쇼밍하(干燒明蝦)를, 서양에서는 빵가루를 묻힌 새우튀김을 즐겨 먹는다.

새우는 머리가 워낙 크고 모양이 좋아서 떼어 버리면 볼품이 없다. 호화롭게 보이려면 머리를 붙인 채 찜이나 구이를 하는 것이 좋다. 담백한 맛을 살리려면 양념을 적게 넣는 것이 좋으며, 무엇보다도 신선도가 중요하다. 신선한 새우일 경우에는 머리 속에 들어 있는 내장도 먹지만 선도가 떨어지면 냄새가 나서 먹을 수 없다.

새우로 음식을 만들려면 기본 손질을 잘해야 한다. 껍질째 물에 씻어서 건져 새우를 한 손에 들고 자연스럽게 등을 구부려서 두 번째 관절 사이에 대꼬치를 집어 넣어서 검은 줄 모양의 내장을 잡아당기면 한 줄로 쑥 빠진다. 싱싱한 것은 한 번에 빠지는데 상한 것은 끊어진다. 껍질이 없는 새우 살이라도 반드시 내장을 골라내고 음식을 만들어야 보기에도 깨끗하고 맛도 깔끔하다.

새우는 가열을 하면 배쪽의 근육이 수축되어 구부러지므로 가열하기 전에 배쪽에 칼집을 넣어 주고, 휘지 않게 찜이나 구이를 하려면 등쪽에서 꼬리까지 대꼬치를 똑바로 관통하게 끼운 다음에 굽거나 찐다. 튀김을 할 때에는 기름이 튈 수 있으므로 꼬리 끝을 어슷하게 잘라 주거나 삼각진 부분을 반드시 떼어 내야 한다. 삶을 때는 끓는 물에 소금과 식초를 약간 넣으면 색도 선명하고 비린내도 덜하다. 새우 음식을 맛있게 하려면 다른 어패류도 마찬가지이지만 신선한 것으로 지나치게 익히지 않는 것이 가장 중요하다.

대하

대하(大蝦)는 큰 새우라는 뜻이지 특정한 종류를 가리키는 말은 아니다. 우리 나라에서 나는 대하에는 검은새우와 고려새우, 차새우의 세 종류가 있다. 검은새우가 가장 많은데 몸빛이 회색이고 세로로 흑색의 줄무늬가 있다. 삼면 근해에서 잡히지만 지금은 양식을 많이 한다. 고려새우는 껍질에 세로 줄이 없고 몸빛이 연한 붉은빛이 도는 회색으로 부드러운 편이다. 서해안에서 가장 많이 잡히며 25cm나 되는 큰 것도 있다. 겨울철에 서해안의 김포 대명리나 서산 남당리 등의 새우 양식지에 가 보면 살아 있는 대하를 무게로 달아서 팔고 있다. 보통 왕새우라고도 부른다. 두 종류 모두 서해에서 많이 잡힌다. 같은 종류로 10cm 정도 되는 것은 중하(中蝦)라고 한다.

차새우는 껍질이 유난히 단단하고 세로로 마디마다 진한 색의 띠 모양이 있고, 검은 띠가 마치 마차 바퀴처럼 생겨 차(車)새우라고 한다. 새우 중 가장 맛이 좋고 값도 비싸다. 큰 것은 20cm쯤 되고, 작은 것은 10cm 정도인데 일식이나 중식에서 구이, 튀김, 찜 등 최고의 요리에 쓰인다. 일본식 식당이나 회 전문점에서는 '오도리'라고 하는데 대개는 살아서 펄펄 움직이는 차새우를 보여 주고 나서 이를 회로 내 준다. '오도리(踊り)'란 일본말로 춤춘다는 뜻이니 살아 있는 새우회만을 의미한다.

대하구이는 소금이나 술을 뿌려서 굽고, 대하찜은 등을 갈라서 넓게 펴서 쪄 내어 위에 지단 채와 실고추 등 오색으로 고명을 얹어서 꾸민다. 옛날 궁중에서는 큰 새우를 쪄서 살을 저며 편육, 채소와 함께 잣즙에 버무렸는데 맛이 아주 좋아 꼭 만들어 보기를 권하고 싶은 음식이다.

분홍새우

분홍새우는 동해안에서만 잡히는데 홍도새우라고도 하고, 학명은 '북쪽분홍새우'이다. 냉수성 어종으로 살이 단단한 편이며 맛이 좋다. 전체가 선명한 분홍색이고, 머리가 큰 편이며 머리 위쪽에 몸 길이의 약 1.5배 되는 뿔이 뻗어 있다. 몸은 가늘고 마른 편이고, 배에 녹색 알이 들어 있는 경우가 많으며, 꼬리는 짧다. 시장에서 껍질째 또는 껍질을 까서 새우살만을 팔기도 한다. 암수 한 몸이어서 1~2년은 수컷이었다가 5년이 되면 전부 암컷으로 변하는 특이한 생태를 갖고 있다. 4~5년 자란 것은 15cm 정도 되지만 대개는 10cm 미만이다.

우리 연안에서는 경북 감포 이북의 동해 지방에서 잡힌다. 북양에는 워낙 자원이 많아서 베링해나 알래스카에서 잡히는 새우의 80~90%를 차지할 정도이다. 단맛이 많은 분홍새우는 산지에서 갓 잡은 것이나 아주 신선한 것은 회로 쓰지만 시장에 나와 있는 것은 튀김을 하거나 데쳐서 먹어야 한다.

꽃새우

꽃새우는 대부분 생것보다는 건멸치처럼 산지에서 데쳐서 말려 유통된다. 시중에 나오는 말린 새우 중 큰 편에 속하며 머리를 떼어 냈다. 산란기는 5~9월 중순이지만 초기에 산란한 꽃새우는 특성상 그 해 죽어 버리고, 또 후기에 산란한 것은 그 이듬해 산란하고 죽어 버리는 1년생 어종이다.

주어장은 남해와 서해 연안인데 특히 군산 앞바다인 고군산 군도를 비롯해 개야도 열도와 원산도이며 전북 군산의 특산물이다. 주로 여름철인 6~8월에 잡아서 말린다. 생것일 때는 몸 길이가 보통 5~6cm 되며, 껍질은 약간 두껍고 살이 통통하며 몸빛은 맑은 갈색 또는 회갈색이다. 잘 보면 작은 가시와 짧은 털이 총총히 나 있어 거칠거칠하고 수컷이 암컷보다 작은 편이다.

낮에는 모래나 진흙에 묻혀 있다가 밤에 나와서 움직이므로 해가 진 후부터 먼동이 트기 전까지 밤을 꼬박 새워서 잡는다. 잡은 새우는 항구에서 이물질을 선별하는 작업을 거쳐 삶아서 건조시켜 출하한다.

마른 꽃새우는 완전히 마르고 진홍색으로 윤기가 있는 것이 상품이다. 큰 것은 마른 안주로도 쓰고, 볶거나 조림을 하여 반찬으로 많이 이용한다. 마른 새우 중 크기가 작고 색이 허옇고 머리쪽이 갈색이 나는 것은 보리새우이다. 볶아서 마른 찬을 만들고, 아욱이나 냉이 등의 푸성귀 된장국에 넣으면 구수하다. 마른 새우는 단백질이나 다른 영양 성분도 고루 들어 있지만 특히 칼슘 함량이 멸치보다도 많아서 성장기 어린이나 골다공증에 걸리기 쉬운 중년 여성에게 좋은 식품이다.

참새우

참새우는 크기는 분홍새우만한데 몸빛이 청색 또는 회색을 띠며 작고 검은 반점이 많다. 일반적으로 '시바새우(芝蝦)'라 하여 일본 이름으로 더 많이 알려져 있다. 가을에서 겨울까지 많이 잡히며 시장에서는 거의 껍질을 벗겨서 살만 팔고 있다. 저렴하여 부담은 없지만 맛은 떨어지는 편이다.

 대하찜, 대하잣즙무침, 마른새우볶음

멸치, 뱅어

어⑮

산지에서 바로 말리는 멸치

멸치는 우리 나라에서 명태에 이어 두번째로 어획량이 많은 어류이지만 옛날에는 먹지 않았다고 한다.『신증동국여지승람』에 제주산물로 '행어(行魚)'에 대한 설명이 나오는데 멸치를 가리키는 듯하고, 1850년경에 이규경이 지은『오주연문장전산고』에서 비로소 자세히 소개하였다. 이 책에서는 "동북 해수족 가운데 추(鰍 : 미꾸라지)와 같은 작은 생선인 '천어'(賤魚)가 있는데 '며어(旀魚)'라고도 한다. 한 번에 많이 잡히며 미처 말리지 못하면 썩으므로 거름으로 쓰기도 하고 말린 것으로는 반찬을 만든다"고 하였다.

4~6월에 수심 200m 이내의 대륙붕 해역에서 알을 낳는다. 갓 부화한 새끼 멸치의 몸 길이는 2.1~2.6mm 정도이고 다 자라면 13cm에 달한다. 몸 빛은 등쪽이 암청색, 배쪽이 은백색이며 옆구리에 은백색 세로 줄이나 있다.

멸치의 주식은 플랑크톤이다. 주둥이가 플랑크톤을 잡아먹기 알맞게 뾰족하게 돌출되어 있으며 위턱이 길고 아래턱이 짧다. 세계적으로 널리 분포하며 우리 나라에서는 통영과 추자도 연안에 특히 많고 서해는 평안북도까지, 동해는 통천 근처 바다까지 산다.

멸치잡이는 산란기인 4~6월을 지나 7~8월이 성수기이다. 멸치는 떼를 지어 다니는데 많게는 수억 마리가 함께 움직인다고 한다. 멸치잡이에는 최소한 배 여섯 척과 선원 일흔 명 정도가 필요하다. 그물을 끄는 본선 두 척과 어군을 탐지하는 어탐선, 이들 사이를 오가며 그때그때 필요한 일을 맡는 보조선, 어획한 멸치를 삶는 가공선, 삶은 멸치를 어장막까지 나르는 운반선까지 여섯 척을 합하여 '한 통'이라고 한다. 하루에 서너 차례 그물을 끌어올려서 바로 가공선에서 잡은 멸치를 대나무 가지로 엮은 발에 담고 열 장 단위로 묶어서 끓는 물에 넣고 삶아 내어 그대로 식혀서 어장막으로 운반한 다음 그 날 안에 건조시킨다. 남해의 충무 앞바다에서 잡은 멸치를 근처의 한산도, 사량도, 진해, 어창, 삼천포 등지에 있는 어장막까지 운반한다.

멸치는 물 밖으로 나오자마자 죽어 버리기 때문에 쉽게 부패한다. 그래서 산지에서 바로 쪄서 말린 상태로 유통되는데 시중에 있는 생멸치는 산지에서 일단 냉동시킨 것이어서 선도는 떨어진다.

멸치는 크기나 지방에 따라 여러 이름으로 불리는데, 제주도에서는 행어라 하고, 전라도에서는 멜, 멸어치, 며루치라고도 한다. 큰 멸치는 앵메리, 순동이, 작은 멸치는 잔사리, 지리맨, 가이리라고 하고, 그 외에 노르멕이, 드붕다리멸치, 중다리, 눈퉁이, 국수멸 등 다양하다. 상품으로 나오는 것은 크기에 따라 대멸, 중멸, 소멸, 자멸, 세멸로 나뉜다. 상인들 사이에서는 '죽방'이라고 불리는 중간 크기의 흰 멸치를 상품으로 치며, 빛이 뽀얗고 모양이 반듯하며 크기가 고른 것이 좋다. 검붉은 빛이 도는 것은 기름이 산화하여 찌든 것이다. 가정에서 두루 쓰기에는 5~7cm 정도의 중간 크기가 국물을 내기에도 좋고 볶음이나 조림에도 적당하다. 흰색의 아주 작은 멸치는 멸치만을 조리지만 중간 크기나 큰 멸치는 감자나 풋고추를 섞어서 조린다.

멸치는 영양적으로 아주 우수한 식품으로 단백질이 20% 정도이고 지방이 6%, 그 밖에 비타민 A와 무기질, 그 중에서도 칼슘이 특히 많이 들어 있다. 멸치의 단백질은 글리신, 알리닌, 폴린 등의 유리아미노산과 이노신산 등의 핵산계 성분으로 구성되어 있어 멸치의 주된 맛을 이룬다. 특히 이노신산은 감칠맛과 시원한 맛을 낸다. 시판되는 마른 멸치는 핵산 관련 물질을 50%나 함유하고 있다. 멸치의 지방을 구성하는 지방산 중에는 성인병 예방과 두뇌 발달에 좋다고 알려진 DHA와 EPA 등의 다가불포화지방산이 많이 함유되어 있다.

멸치젓을 담그려면 생멸치를 씻어서 건져 물기가 완전히 빠지면 항아리에 멸치와 소금을 켜켜로 뿌리면서 넣고 맨 위에 소금을 넉넉히 뿌려서 서늘한 곳에 둔다. 소금은 멸치 무게의 약 20%를 미리 달아 놓고 넣어야 염도가 적당하다.

가정에서는 6월경에 담아서 12월에 김장할 때 쓰면 가장 알맞다. 잘 익은 멸치젓은 토막쳐서 양념을 해서 반찬으로 먹거나 다져서 김치에 넣기도 하지만 김치의 빛깔이 검어지므로 맑은 액체 젓을 넣거나 멸치젓을 달여서 넣는다. 멸치젓을 오래 두면 위에 맑은 국물이 생기는데 이를 멸치액젓이라 하여 겉절이나 생채를 무칠 때도 쓴다. 멸치젓을 달일 때는 멸치젓과 그의 반 정도의 물을 솥이나 냄비에 담고 팔팔 끓여서 소창 행주를 깐 체에 밭아 밑에 모인 액젓을 쓴다.

예전에는 경상도와 전라도의 남쪽 지방에서만 김치에 멸치젓을 많이 쓰고, 충청도와 경기도, 서울 지방에서는 조기젓을 썼으나 지금은 전국적으로 멸치젓을 더 많이 쓴다. 백령도 근처에서 많이 잡히는 까나리로 담근 까나리젓도 인기가 있다.

멸치젓을 살 때는 잘 삭아서 멸치 살빛이 밝은 붉은색이 나고 젓국은 깨끗한 회색이 나면서 맑은 것을 고른다. 멸치 살이 검거나 젓국이 탁하며 쾌쾌한 냄새가 나는 것은 삼간다.

싱싱한 생멸치는 머리를 따 내고 내장을 훑은 후에 초고추장에 찍어 회로 먹고, 마른 멸치는 국이나 찌개의 국물 맛을 내는데 쓰고, 볶거나 조려 반찬을 만든다. 마른 멸치를 그냥 고추장에 찍어서 술안주로 삼아도 짭짤하여 맛있다.

멸치 산지에서는 바로 회를 쳐서 초고추장에 찍어 먹는다. 생멸치를 갈라서 양념 간장에 하루쯤 재웠다가 먹는 생멸치절임도 맛있다. 부산에서는 멸치쌈장을 만들어서 미역쌈에 싸 먹기도 한다.

서양에서는 '안초비(anchovy)'라 하여 멸치를 주로 소금에 절여서 살만 발라 통조림이나 병조림으로 가공한다. 특히 이탈리아와 남프랑스 음식에서 드레싱을 하거나 샐러드, 피자, 스파게티 등을 만들 때 많이 넣는다. 이보다 좀 큰 정어리 새끼는 '샤딘(sardine)'이라 하여 기름에 재운 통조림 형태로 많이 나와 있다.

제철에 잠깐 나는 귀한 생선, 뱅어

뱅어는 몸 길이 10cm 정도의 생선으로 2~4월에 산란을 위하여 내만에서 하천, 호수로 올라간다. 몸 빛깔은 거의 무색 투명하다. 죽으면 흰색으로 불투명해지지만 맛은 크게 변하지 않는다. 눈은 작고 입은 크며, 배쪽에 두 줄로 검은색 점이 나 있다. 날것은 제철에 잠깐 나기 때문에 아주 귀하고, 대개는 말린 뱅어포로 가공된 상태로 유통된다. 맛이 담백하고 생김새가 수려하여 귀하게 여긴다. 『규합총서』에서는 "이 생선은 왕기(王氣)가 있는 데 많으며, 얼음이 언 후에 살이 쪄서 다른 고기와는 달리 맛이 아주 좋다"고 하였다.

숙회를 할 때는 신선한 뱅어를 씻어서 머리를 자르고 소금, 후춧가루를 약간 뿌렸다가 녹말을 묻혀서 끓는 물에 넣고 살짝 데쳐서 바로 찬물에 헹구어 차게 식힌다. 접시에 상추나 쑥갓을 깔고 숙회를 담고 초장이나 초고추장에 찍어 먹는다.

뱅어로 만든 음식에는 뱅어전과 뱅어탕이 있는데, 뱅어전은 뱅어를 손질하여 밀가루를 묻히고 달걀을 씌워 한 수저씩 떠서 기름에 지진 음식이며, 뱅어탕은 뱅어를 달걀에 넣어서 한 수저씩 떠서 잠깐 끓인 음식이다. 싱싱한 것으로는 소금을 뿌려 젓을 담그기도 한다.

우리가 흔히 알고 있는 뱅어포는 실은 뱅어와 비슷한 괴도라치의 잔새끼를 여러 마리 붙여서 만든 포이다. 뱅어포에 간장, 기름, 고추장 같은 것을 발라서 굽거나 김을 굽듯이 기름을 넉넉히 바르고 소금만 뿌려서 굽기도 한다.

 잔멸치볶음, 멸치장산적, 뱅어포구이

대합, 홍합, 꼬막

"봄 조개, 가을 낙지"라는 말이 있듯이 조개는 겨울을 지난 봄이라야 제맛이 난다. 나른하고 식욕이 없는 봄철에 모시조개를 넣어 끓인 냉이 된장국은 일품이다.

우리 나라에서는 오래전부터 조개류를 먹어 왔다. 경남 김해의 조개 무지에서 철기 시대 초기의 살조개, 새고막, 가막조개, 전복, 무명조개, 홍합, 굴조개, 다슬기, 우렁이 등 30여 가지의 조개 껍질이 출토되었다. 중국의 『본초습유(本草拾遺)』에서는 신라 사람들이 조개를 많이 먹는다고 하였으며, 일본의 『연희식』에서도 탐라(제주도)의 전복이 특산이라고 하였다. 『고려도경』에는 전복, 진주조개, 주모(珠母), 문합, 굴 등이 나오고, 『고려사』에는 탐라에서 소라를 공납하였다는 기록이 있다. 『청산별곡』에도 "살어리 살어리 살어리랏다. 바다에 살어리랏다. 나마자기(해초), 구조개(굴, 조개)랑 먹고 바다에 살어리랏다"라는 대목이 있다.

조개는 쫄깃쫄깃하고 달착지근한 감칠맛이 특징이다. 약간씩 차이는 있지만 단백질이 8~15%를 차지하는데 그 중 히스티딘, 라이신 등의 필수아미노산이 고루 들어 있고 글리코겐이 풍부하며, 특히 감칠맛을 내주는 호박산과 글루타민산이 들어 있다. 조갯국의 시원한 맛은 단백질 외에 타우린, 베타인, 호박산, 글루타민이 어우러져 나는 맛이다. 이 중 타우린과 베타인은 강장 효과가 있다고 알려진 성분이고 호박산은 조개만의 고유한 성분이다. 특히 조갯국은 간장을 보호하는 효과가 있어 술국이나 해장국으로 좋다. 비타민과 무기질, 특히 철분이나 코발트 등 조혈 성분이 있어 빈혈 치료에도 좋다.

조개류는 수십 종에 달하지만 먹을 수 있는 것은 10여 종이다. 껍질이 두 장인 대합, 홍합, 바지락, 피조개, 꼬막, 재첩, 가리맛, 키조개, 새조개, 개조개 등이 있고, 나사형 조개로 소라, 우렁, 고동이 있으며, 껍질이 한 쪽만 있는 전복이 있다. 굴은 두 장이지만 대칭형은 아니다. 대부분 봄부터 가을에 걸쳐서 알을 낳고 바다에 방출된 알이 수정 후 일정 시기가 지나면 몸에 융모가 생기고 수중을 자유롭게 다니다가 껍질이 형성되어 수중에 가라앉고 어떤 것은 바닥의 모래나 펄에서 자란다.

조개류는 거의 모래 속에 살면서 호흡을 하기 때문에 자연히 모래를 머금는다. 이 때문에 조리하기 전에 미리 소금물에 담가 두어야 하는데, 바닷조개는 맹물에 해수 정도로 3%의 소금을 넣고, 재첩은 맹물에 담가서 어둡고 시원한 곳에 하룻밤 정도 두면 모래를 모두 토해 낸다. 또 국이나 찌개를 할 때 지나치게 익히면 살이 줄어들고 단단해져 맛이 없으니 껍질이 벌어지면 바로 불에서 내린다.

깔끔한 맛의 대합

껍질이 매끄럽고 윤이 나며 무늬가 아름다운 대합은 맛도 어느 조개보다 깔끔하다. 모양도 예쁘고 껍질이 꼭 맞게 맞물려 있어 '부부 화합'을 상징하여 일본에서는 혼례 음식으로 반드시 장만한다고 한다. 살아 있는 대합은 아물려 있어도 가끔씩 숨소리가 쉬쉬 나고 두 개를 맞대고 두들기면 맑은 소리가 난다.

옛 음식책에 나오는 대합 음식을 살펴보면, 『음식디미방』에서는 대합을 많이 씻어 초장에 찍어서 회로 먹어도 좋다고 하였고, 『임원십육지』의 '조개회'는 "큰 조개의 살만 꺼내어 씻어서 얇게 저며 파, 마늘, 고추를 가늘게 썰어서 얹고 초장이나 겨자장에 찍어 먹는다"고 하였다. 『산림경제』에서는 "대합으로는 회를 뜨거나 국을 끓이고, 말린 조갯살을 밥 위에 놓고 쪄 먹어도 좋다. 생합으로 젓도 담근다"고 하였고, 『시의전서』에서는 "조개회를 찍어 먹는 초장은 고춧가루, 파, 생강을 다져 넣어 만들고 혹 겨자도 쓴다"고 하였다. 지금은 초고추장이 흔하지만 전에는 초간장이나 겨자장에 찍어 먹었다.

대합은 주로 탕, 찌개, 전골에 많이 넣으며 살을 발라서 전을 부치거나 껍질에 도로 채워서 찜이나 구이를 한다. 제 살만으로는 부족하므로 바지락 조갯살과 두부, 쇠고기 등을 섞어서 채우고 밀가루와 달걀을 씌워서 지지거나 굽는다.

암초에 붙어 사는 홍합

정약전의 『자산어보』에는 "홍합은, 앞은 둥글고 뒤쪽이 날카로우며, 큰 놈은 한 자나 되고 폭은 그 반쯤 된다. 예봉(銳峯) 밑에 털이 있어 수백 마리씩 무리지어 암초에 달라붙어 있다가 조수가 밀려오면 입을 열고 밀려가면 입을 다물며 성장한다. 껍질은 검고 안쪽은 흑자색으로 광택이 나며, 살은 붉은 것과 흰 것이 있다"고 기록되어 있다. 『본초강목』에서는 홍합을 '각채', '해폐', '동해부인(東海夫人)' 등으로 적었으며, '담채(淡菜)'라고도 하였다. 우리 나라에서는 서민적이지만 프랑스에서는 해물 요리에 많이 쓰며 비싼 편이다.

예전에는 자연산 홍합을 채취하여 먹었지만 지금은 주로 양식에 의존하고 있다. 남해안 지방에서 많이 양식하는데, 마산 내포 지역이 유명하다.

흔히 물을 붓고 끓여 먹는데 포장마차에서 흔히 먹을 수 있다. 날것이나 말린 것을 두루 쓰는데 말린 것은 불려서 죽도 쑤고 미역국 끓일 때 넣거나 쇠고기와 함께 간장에 조려서 홍합초를 만들기도 한다. 날것은 소금을 뿌려 젓갈을 담근다.

쫄깃쫄깃한 꼬막

꼬막은 육질이 쫄깃쫄깃하여 맛있고 값도 싸 즐겨 먹는 조개류이다. 맹물에 백숙으로 삶아 먹기도 하고, 삶은 꼬막의 한쪽 껍질을 떼내고 양념장을 끼얹어 먹기도 한다.

최대 산지는 전남 보성군 벌교읍 대포리 해안이다. 참꼬막과 새꼬막 두 종이 있는데 자연산 일년생을 4년 정도 키워서 8~9월에 많이 채취한다. 한겨울에 잡은 것이 훨씬 고소하다. 5년생은 3cm 정도 된다. 참꼬막과 새꼬막을 식별하기는 그리 쉽지는 않으나 참꼬막은 모양이 둥근 편이며 10년이 지나도 5cm 정도밖에 안 되고, 껍질에 부챗살 모양으로 13~30개의 줄이 나 있는데 골이 깊은 편이다. 새꼬막은 참꼬막보다 약간 길쭉하고 납작하며 껍질에 난 골이 깊지 않고 까만 털이 나 있다. 껍질의 골 사이에 모래나 펄이 많이 묻어 있으므로 여러 차례 비벼서 씻고 물에 담가 해감을 토하게 한다.

그 밖의 조개류

꼬막과 비슷하게 생긴 피조개는 살이 붉고 향과 맛이 독특하다. 껍질이 아주 단단한데 열어 보면 안에 피가 가득 들어 있어 약간 섬뜩하다. 조갯살을 빼서 물에 잘 헹구어 살을 갈라서 내장을 버리고 잔칼집을 넣는다. 살이 붉은 것은 헤모글로빈이 많이 들어 있기 때문이며, 주로 날로 회나 초밥에 쓰는 고가 식품으로 구이나 국을 하여도 맛있다.

맛살은 길이 7~8cm에 폭 2cm 정도의 가늘고 긴 조개이다. 조갯살의 맛이 그리 좋지는 않으나 구워 먹거나 조림을 한다.

새조개는 둥근 조개로 껍질이 연한 편이다. 대개 사각형의 다리 부분을 먹는데 모양과 맛이 새고기와 비슷해 붙여진 이름이다. 손질하여 냉동한 것을 구할 수 있는데 초생채를 하거나 초밥에 쓴다.

바지락은 강물이 바다로 흘러나오는 하구와, 모래나 흙이 많은 얕은 바다에 야트막하게 묻혀 있는데 큰 것은 3cm 정도 된다. 보통 1년에 두 차례 봄과 가을에 산란을 하는데 산란 후에는 맛이 떨어진다. 바닷가에 놀러 가서도 썰물로 물이 나간 펄에서 쉽게 잡을 수 있다. 국이나 찌개에 넣어 먹거나 살만 발라내어 데쳐서 채소와 함께 무치기도 하고, 젓갈을 담그기도 한다.

재첩은 한강, 금강, 낙동강 하류에 나는 작고 까만 조개이다. 낙동강 하류에서 특히 많이 잡히는데 예전에는 이른 새벽에 재첩국을 끓여서 항아리에 담아 이고 다니면서 팔기도 했다. 작지만 국을 끓이면 뽀얀 국물이 아주 맛이 좋은데 아미노산, 호박산 외에 타우린과 비타민 $B_2 \cdot B_{12}$ 등이 들어 있어 간 기능을 향상시키는 데 효과가 있다.

키조개는 길이 20cm 정도의 삼각형 조개로 기둥이 특히 발달했다. 이 기둥을 패주라고 하는데 달착지근하며 맛이 아주 좋다. 세로로 결이 나 있으므로 조리할 때는 칼을 옆으로 저며 썰어서 회를 하거나 전, 구이를 한다.

부채 모양의 가리비도 키조개와 마찬가지로 기둥이 발달했다. 껍질째 구이를 하거나 떼어서 기름에 지지거나 전유어를 부치고, 탕이나 찌개에 넣어도 좋다. 중국에서는 작은 것을 말려서 많이 쓰는데 이것을 불린 국물로 탕을 하거나 볶음 요리에도 많이 쓴다.

개조개는 어물전의 조개 중 가장 크며 껍질이 흰색, 황갈색, 검은 회색 등이 있는데 유난히 두껍고 크기가 주먹만하다. 여수, 남해, 마산 등의 근해에서 수심 20~40m의 깊은 바다에 잠수하고 있어 하나씩 일일이 잡는다. 살이 많아 한 개만 먹어도 든든하다. 살을 떼어서 잘게 썰어도로 껍질에 담아서 구이나 찜을 하고, 포장마차나 음식점에서는 껍질째 양념장을 넣어 굽는다. 찌개나 국에 넣기도 하고 데쳐서 숙회도 한다. 경남 지방에서는 제사상에 반드시 올리는 집도 많다. 전라도 여수의 향토 음식 '유곽'은 개조개 살을 다져 된장으로 양념하여 도로 껍질에 채워서 굽는다.

 패주전, 대합구이, 홍합초, 꼬막무침

굴, 전복, 소라

어⑰

'바다에서 나는 우유' 굴

굴은 10월에서 3월까지가 먹기에 좋으며 추울수록 맛있다. 서양에서는 영어로 스펠링에 R자가 들어가지 않는 달인 5월(May), 6월(June), 7월(July), 8월(August)에는 굴을 먹지 않는 풍습이 있다. 이 시기가 바로 굴의 산란기여서 아린 맛이 나며 쉽게 상해서 중독되거나 배탈이 나기 쉽기 때문이다.

우리 나라에서는 아주 오래전부터 굴을 식용해 온 듯하다. 철기 시대 초기의 경남 김해 조개무지에서 살조개, 새고막, 가막조개, 전복, 무명조개, 홍합, 굴조개, 다슬기, 우렁이 등 30여 가지의 조개 껍질이 나왔다. 서양에서는 기원전 1세기부터 나폴리에서 굴 양식을 했다는 기록이 있다.

고대 로마의 황제들이 굴을 즐겨 먹었고, 나폴레옹은 전쟁터에서도 굴을 계속 먹었으며, 독일의 재상 비스마르크는 하루에 175개나 되는 굴을 먹었다고 한다. 중국에서도 강장 식품으로 여겨 왔는데 의서『명의별록(名醫別錄)』에서는 굴의 효능에 대해 허열(虛熱)을 내리고 기결(氣結)을 풀며, 땀을 멎게 하고 갈증을 덜어 주며 노혈(老血)을 없애고 설정(泄精)을 치료한다고 하였다.

굴은 세계 곳곳에서 많이 나며 종류가 80여 종에 이른다. 나라나 민족마다 먹는 방법이 조금씩 다르지만 어디서나 신선한 것은 날로 먹는다. 우리는 초간장이나 초고추장을 찍어서 먹지만, 유럽에서는 레몬즙만 뿌려 먹는 것을 좋아하는데 특히 프랑스 사람들이 겨울에 즐겨 먹는다. 중국에서는 날로 먹기보다는 거의 볶거나 끓여 먹는다.

굴은 바닷가 암초에 붙어 산다. 큰 것은 10cm 정도이고 폭이 3~4cm 되는 기다란 삼각형 모양으로 표면이 아주 단단하고 울퉁불퉁하다. 5월에서 8월 사이에 산란을 하여 유충이 살 곳을 찾아서 바다를 떠돌다가 바위에 붙어서 자란다. 다른 조개류와는 달리 자리를 옮기지 않고 그 자리에서 성장하여 큰 굴이 된다.

한 곳에서 자라기 때문에 양식하기가 쉬운데 우리 나라에는 한려수도의 청정 해역에 굴 양식장이 많다. "남양 원님 굴회 마시듯 한다"는 속담이 있는데 예전에 남양만에서 굴이 많이 났음을 알 수 있다.

회로 먹을 때는 큰 것보다 작은 굴이 맛있다. 천연 굴은 알이 작고 양식 굴은 대개 크지만 야무진 맛이 없다. 강굴은 굴을 깐 다음에 물을 타지 않아서 또렷또렷한 굴 알을 말하는데 굴을 맹물에 마구 흔들어서 씻으면 수용성 영양분과 단맛이 빠져 나가 맹숭한 맛이 난다. 소쿠리나 망에 굴을 담고 소금물에 담아서 굴 깍지나 잡티를 골라내고 손으로 휘저어 씻는다. 날로 먹을 때는 무를 강판에 갈아 섞어서 저으면 잡티나 껍질이 묻어 나가 깨끗해진다.

싱싱한 굴은 살이 오돌오돌하고 통통하며 유백색이고 광택이 나며, 눌러 보면 탄력이 있다. 살 가장자리에 검은 테가 또렷하게 나 있는 것이 껍질을 깐 지 얼마 되지 않은 것이다. 전체가 불은 것처럼 희끄무레하고 살이 퍼진 것은 싱싱하지 않다. 천연 굴이 잘고 맛있지만 요즘은 양식 굴이 많다. 비닐 봉지나 통에 바닷물과 함께 포장하여 파는 것은 거의가 양식 굴인데 위생적으로 처리되어 있으므로 안심하고 먹을 수 있다. 깐 굴은 선도가 급격히 떨어지므로 선도에 자신이 없을 때는 전을 지지거나 찌개에 넣어 먹는 것이 좋다.

굴은 "바다에서 나는 우유"라는 말이 있듯 영양적으로 완전 식품에 가깝다. 단백질을 구성하는 아미노산 중에 라이신과 히스티딘이 많아 곡류에 부족한 아미노산을 보충할 수 있고, 당질은 글리코겐 형태로 많이 들어 있어 소화 흡수가 잘 되므로 회복기 환자나 노인, 아이들에게도 두루 좋다. 특히 '비타민과 무기질의 보고'라고 할 수 있는데 철분, 아연, 칼슘, 인 등이 고루 들어 있어 빈혈 치료에도 아주 좋다. 또 타우린, 셀레늄, EPA가 함유되어 있어 고혈압, 동맥경화, 심장병 등의 성인병 예방에 좋다. 한방에서는 간장 및 장 질환, 두통에 효과가 있고, 땀이 많거나 불면증에 시달리는 사람에게도 좋다고 한다.

굴로 만드는 우리 음식으로는 날로 먹는 굴회와 달걀을 씌워서 지지는 굴전유어가 있으며, 찌개나 국에도 넣고, 별미로 굴밥이나 굴죽도 만든다. 배추김치나 깍두기에 넣기도 하며 산지에서는 젓갈을 많이 담근다. 김치에 굴을 넣으면 김치 맛이 훨씬 좋아지고 영양 보충도 된다. 충남 서산의 붉은색 어리굴젓은 오래전부터 유명하다. 전라도에서는 이와는 달리 소금에만 절이는 석화젓이 유명하다.

『산림경제』에서는 "석화(石花 : 굴조개)는 이른 봄과 가을, 겨울에 먹는다. 회로 초장을 찍어 먹으면 좋다. 굴은 성질이 냉한데 밥 위에 쪄서 소금을 쳐 먹어도 좋다. 큰 굴을 떼어서 꼬챙이에 꿰어 기름장을 발라 구우면 절미"라고 하였다.

굴은 수분이 70%를 차지하므로 너무 많이 가열하면 수분이 다 빠져 버려 쪼그라들면서 단단해져 맛이 없다. 어떤 음식을 만들든지 다른 재료가 다 익고 나서 마지막에 넣어 재빨리 잠깐만 익히는 것이 좋다. 서양에서는 굴프라이와 차우더(Chowder)를 많이 만든다.

말려서 많이 썼던 전복

전복은 권패(卷貝)류로 껍질은 평평하고 둥글게 테를 두른 귀처럼 생겼으며, 표면에는 일렬로 수공(水孔)이라고 하는 구멍이 네댓 개 나 있다. 수심 20m의 암초에 붙어 있고 식용을 하려면 4~5년 걸린다. 산란기는 11월경이므로 8~10월에 가장 맛있고 겨울에는 살이 말라서 맛이 없다.

날것은 꼬들꼬들하여 회로 먹을 때 씹히는 맛이 좋다. 대개 죽이나 찜을 하는데 워낙 비싸서 서민은 해 먹을 엄두를 못 낸다. 제주도에는 전복과 비슷하지만 그보다 약간 작은 오분재기가 있다. 찌개에 넣거나 조림을 하고, 젓갈을 담근다.

예전에 냉장고가 없던 시절에는 말린 전복이 유통되었기 때문에 궁중의 잔치 음식이나 옛날 음식책을 보면 거의가 말린 전복을 썼다. 껍질은 색깔이 찬란해서 가구나 칠기의 장식으로 박는 자개를 만드는 데 유용하게 쓰인다.

조선 시대 궁중의 진상품 품목이 적힌 『공선정례(貢膳定例)』(1776년)와 『만기요람(萬機要覽)』(1808년)을 보면 충청 지방에서 정월과 8월에 생복(生鰒)을 300개씩 올렸고, 제주에서는 멀리서 오기 때문에 말린 것으로 전복(全鰒), 추복(搥鰒), 인복(引鰒), 조복(條鰒) 등을 올렸다고 한다. 생복은 신선한 날것이고, 전복은 요즘에 볼 수 있는 통째로 말린 것이고, 추복은 말리면서 두들겨 편 것으로 보이며, 인복 또는 장인복(長引鰒)은 호박이나 박을 돌려 깎아 고지를 만들 때처럼 전복 살을 띠처럼 길게 저며서 말린 것이며, 조복은 어떻게 말린 것인지 확인하기가 어렵다.

『이조궁정요리통고』에서는 '생복찜'을 만드는 두 가지 방법이 있다고 하였다. 첫째는 "생복과 쇠고기를 푹 삶아서 큼직큼직하게 썰고, 송이는 물에 씻어 납작납작하게 썰어 양념해 살짝 볶는다. 이를 합하여 달콤하게 양념을 하고 간을 맞춰 국물을 붓고 한소끔 끓인다. 합에 담고 쑥갓을 데쳐 보기 좋게 얹는다"고 하였다.

다른 방법으로는 "잘고 연한 생복을 골라 고기 비늘 모양으로 칼로 저민 다음 쇠고기, 표고, 석이를 함께 다져 양념하여 속을 만들어 전복 저민 틈에 채워 넣는다. 이것을 끓인 고기장국에 넣어 속이 나오지 않도록 주의해서 끓인 다음 통째로 그릇에 담아 알지단 채를 뿌린다"고 하였다.

고임상에는 마른 어물과 포를 함께 높이 고이는데 가장 화려하게 쓰는 것이 전복이다.『조선무쌍신식요리제법』에는 "말린 전복으로는 무엇을 하든지 안 좋은 것이 없고 큰 어물 접시에 봉을 새겨 맨 꼭대기에 얹는다. 소주 안주로는 좋지 못하다"고 씌어 있다.

『윤씨음식법』과 옛날 음식책 몇 군데에는 '전복만두'가 나오는데 마른 전복을 불려서 얇게 망치로 두들겨서 편 다음 잣을 소로 넣고 작게 만두처럼 만들어 가장자리를 두드려서 아물린 것으로 정성이 많이 들어간 마른 찬이다.

전복, 해삼, 홍합을 쇠고기와 함께 달게 조린 '삼합장과'라는 궁중 음식이 있는데 재료가 호화로운 만큼 맛도 뛰어나다.

육질이 단단하고 꼬들꼬들한 소라

소라는 주먹만한 크기의 권패류로 원추형으로 생겼다. 껍질에 돌기가 난 것도 있다. 껍질은 검은색이지만 안의 살은 희고 광택이 나며 다리 안쪽은 적등색이다.

단백질 함량은 다른 어류와 다르지 않으나 육질이 단단해서 씹으면 꼬들꼬들하다. 살아 있을 때에는 살을 빼기가 어려우므로 냄비에 물을 약간 담고 소라를 넣어 잠깐 불에 올려 살짝 쪄 낸 다음 젓가락이나 꼬치로 잡아 빼면 쭉 빠져 나온다. 녹색이나 갈색의 내장은, 신선한 것은 먹어도 되지만 오래된 것은 먹지 않도록 한다.

삶은 소라 살을 구입했을 때는 번거롭기는 하지만 살을 잘게 썰어 껍질에 도로 채워서 양념 간장을 넣고 불에 직접 구워 먹으면 맛있다. 소라 살은 데쳐서 초고추장을 찍어 먹거나, 얇게 저며서 소라초를 해도 좋고 조려도 맛있다.

옛 음식책에는 소라로 만든 음식이 거의 나오지 않으나 『산림경제』에서는 "소라(海螺) 살을 떼어서 조리하면 생복과 거의 같고 맛도 좋다"고 하였다. 궁중 잔치에 소라초를 올린 기록이 나오는데 재료로 보아 생소라를 생복초처럼 데쳐서 얇게 저며 간장 등의 조미료를 넣고 조린 음식인 듯하다.

 굴회, 굴전, 전복찜, 삼합장과, 소라초

해삼, 멍게, 성게

꼬득꼬득한 맛이 일품인 해삼

해삼은 극피동물로 몸은 원통형이며 껍질에 석회질이 많다. 전방에는 10~20개의 촉수로 둘러싸인 입이 있고, 후방에 항문이 있다. 길이 20~30cm, 폭 5~8cm로 몸빛은 흑색에 가까운 암록색이고, 갈색 무늬가 있는 것도 있다. 수분이 90%이고, 단백질은 2%에 불과한데 거의 콜라겐이어서 소화가 잘 안 된다. 단백질의 급원이기보다는 기호식품에 가깝다.

동해안에서 많이 나고 서해나 남해의 얕은 바다에서도 산다. 초겨울이 제철이고 산란기는 늦은 봄에서 여름철이다. 이 때 떨어지는 껍질을 문질러 보면 골편이 미끈거리는데 수분이 빠져서 몸이 줄어들기 때문이며 맛이 꼬득꼬득해진다. 해삼을 좋아하는 이는 이 맛을 즐기는 것으로 날로 썰어서 초간장이나 초고추장을 찍어 먹는다.

『규합총서』에서는 『설부』에 이르기를 '남해에 벌레가 있는데 뼈가 없고 물에 있으면 살고 물이 없으면 죽는다'고 하였으니 해삼을 가리키는 듯하다. 북해 것이 으뜸이요, 동해 것은 그 다음"이라고 하였다. 이 책에서는 거의 말린 해삼으로 만든 음식을 소개하였다.

『음식디미방』에서는 '해삼 다루는 법'으로 "마른 해삼을 노고에 넣고 삶아서 뱃속을 모두 칼로 긁어내고 씻어서 무르게 삶는다. 꿩고기, 밀가루, 석이, 표고, 참버섯, 송이를 짓두드려 후춧가루 등으로 양념하여 해삼 뱃속에 가득 넣고 실로 동여맨 다음 노고에 넣을 수 있는 그릇에 담는다. 노고에 물을 붓고 닭 찌듯 쪄 내어 실을 풀어 버리고 썬다"고 하였는데 '해삼찜'인 듯하다.

또 '해삼 말리는 법'에 대한 설명도 나온다. "해삼을 칼로 따고 긁어서 깨끗하게 씻어 무르게 고아, 반은 그대로 말리고 나머지는 썰어서 말려 둔다. 급하게 음식을 만들어야 할 때에는 물에 담가 불렸다가 양념하는데 꿩 잘게 다진 것에 후추, 천초, 밀가루를 섞어 해삼 속에 넣고 실로 동여매어 닭 찌듯 쪄서 실을 풀고 썰어서 쓴다"고 하였다.

『조선무쌍신식요리제법』에서는 "해삼은 배를 갈라 대가리에 있는 하얀 모래 같은 것을 꺼내 버리고 물에 불려서 여러 번 씻는데, 마른 것은 불려서 쪼개어 모래를 꺼낸다. 큰 것이 쓰기에 좋으나 북해삼은 예부터 자양에 좋다"고 하였다.

말린 해삼으로 만든 음식에는 소를 채워 지진 전인 해삼쌈과 미쌈이 있다. 『역주방문』의 '해삼증'은 "마른 해삼을 볏짚과 함께 푹 무르게 삶는데 볏짚으로 찔러서 들어갈 때까지 삶는다. 연한 생더덕이나 생무를 찧어서 푹 삶고 거기에 후춧가루 등 갖은 양념을 섞어서 해삼 가운데에 넣고 찹쌀가루나 밀가루 즙을 그 위에 붓는다. 후춧가루와 익혀서 썬 달걀, 거피한 잣을 즙 위에 뿌린다"고 하였다.

조선조 궁중의 잔치에서도 해삼찜을 자주 차렸다. 해삼이 주재료이고, 꿩, 어린 닭, 대장, 소 안심, 곤자소니, 등골 등의 육류와 전복, 석이, 표고, 미나리, 무, 달걀, 밀가루 등과 양념이 들어간다. 궁중의 해삼찜은 닭과 꿩 또는 내장류를 무르게 삶고, 따로 불린 해삼에 고기 소를 채워서 지지고, 등골은 전으로 지지고, 미나리는 초대를 부쳐서 채소와 함께 장국에 넣어 한소끔 끓여서 밀가루즙을 풀어 넣어 익힌 후, 달걀 지단과 잣을 고명으로 얹었다.

옛날에는 해삼을 '미'라 하였는데, '미쌈'은 해삼 안에 소를 채워서 지진 음식을 말한다. 『시의전서』의 '해삼쌈'은 "좋은 해삼을 물에 담가 불으면 푹 삶아 내어 갈라서 속의 모래와 해감을 꺼내고 깨끗이 씻는다. 황육(쇠고기)과 숙주, 미나리를 다져서 두부와 섞어 갖은 양념을 해서 주물러 해삼 뱃속에 가득 넣고 밀가루를 묻히고 달걀을 씌워 부친다"고 하였다. 『우리음식』의 '미쌈(해삼전)' 만드는 법을 보면, "생해삼이면 모래를 털고 잘 씻어 잠깐 물에 데쳐서 가운데를 가르고 두부와 고기를 다져 양념한 것을 넣는다. 겉에다 밀가루를 바르고 달걀을 묻혀 기름에 부친다"고 하였다.

『조선무쌍신식요리제법』에서는 '알쌈' 또는 '못소'라 하여 "자잘한 해삼을 하룻밤 불려서 배를 갈라 속의 모래를 빼고 잠깐 삶은 다음 통통하게 소를 넣고 소 부분에다 밀가루를 묻히고 달걀을 씌워서 번철에 기름을 두르고 익혀서 초장에 먹는다. 제사 때에는 큰 해삼으로 만들고 소에다가 실백 서너 개를 넣어 먹는다. 해삼은 데치면 도리어 단단해지므로 데치지 말고 맑은 물에 여러 번 담가 두어 저절로 물러지게 한다. 물을 자주 갈아 주지 않으면 썩는다. 바싹 마르지 않은 것은 쪼개어 흰 오장을 빼 버리고 물에 담가야 만들기가 쉽다"고 하였는데, 앞의 해삼쌈과 같은 음식인 듯하다.

궁중에서는 마른 해삼과 마른 전복을 오랫동안 고는 잡탕이나 곰탕에 넣어 무르게 삶아서 많이 썼다. 해삼으로 만든 찬은 별로 많지 않은데 『조선무쌍신식요리제법』에 해삼초 만드는 법이 나온다. "해삼을 두어 날 불렸다가 쪼개어 속에 있는 모래를 다 빼고 또 한참 불려 전복초처럼 만든다. 해삼을 삶으면 오래 불리지 않아도 쓸 수 있다"고 하여 간장에 거무스름하게 조린 찬이다.

개성의 향토 음식 중에 홍해삼이 있다. 다진 고기와 두부를 양념하여 마른 홍합과 해삼 불린 것을 주먹만하게 뭉쳐서 쪄 내어 겉에 밀가루와 달걀을 입혀서 지져 낸 진기한 음식으로 홍합과 해삼이 각각 남녀를 상징한다고 한다. 제사 때에는 꼬치에 꿰어서 고인다.

바위에 붙어 사는 멍게

멍게의 원래 이름은 우렁쉥이이다. 원색동물의 일종으로 지름이 10cm 정도이고 길이가 15~20cm로 주먹만하다. 겉면은 두꺼우며 가죽같이 생겼는데 젖꼭지같이 생긴 돌기가 촘촘히 나 있다. 어릴 때는 바다에서 헤엄을 치지만 크면서 바위에 붙어서 사는데 아래쪽에 해초 뿌리 같은 것이 많이 달려 있어 바위에 붙어 있을 수 있다. 껍질을 갈라서 안에 들어 있는 누런 색의 살을 먹는다. 5~7월 깊은 바다에서 3년 정도 자란 것이 가장 맛있다.

진한 붉은색이 나는 것도 있고 더 밝은색도 있으나 맛에는 큰 차이가 없다. 손으로 잡았을 때 바로 팽팽하게 되살아나는 것이 신선한 것으로 향이 독특하고 씹히는 감이 아주 좋다. 싱싱한 것은 회로 먹는데 대개는 살을 먹기 좋게 썰어서 배추 채나 상춧잎 위에 얹고 멍게 꼭지도 곁들여 담는다. 초고추장이나 겨자초장, 고추냉이(와사비) 간장에 찍어 먹는다.

멍게의 사촌 미더덕

서울을 비롯한 내륙에 사는 사람은 미더덕이 무엇인지조차 모르는 경우가 많다. 필자가 몸담고 있는 대학에서 실습을 하려고 미더덕을 주문하였더니 산에서 나는 더덕을 갖다 준 적도 있었다. 미더덕은 멍게의 사촌쯤 되는 해물인데 아기 고추처럼 생겼고 황갈색이며 껍질이 단단하다.

그나마 전국적으로 알려진 음식으로 마산의 미더덕찜이 있는데 맛이 원래와는 많이 달라졌다. 본고장의 미더덕찜에는 조갯살과 고추, 방앗잎이 꼭 들어가는데 요즘에는 콩나물만 잔뜩 넣고 맵게 만든다. 미더덕찜에 넣는 채소로는 도라지, 고사리, 원추리, 취, 두릅, 미나리, 콩나물, 표고버섯, 풋마늘, 풋고추, 다홍고추 등이 있는데 대여섯 가지만 넣으면 된다. 방앗잎과 들깻가루는 꼭 들어가야 맛있다. 미더덕을 깨끗이 씻고 조갯살은 다지고 나물은 다듬어서 데쳐 놓는다. 물에 된장을 슴슴하게 풀고 들깻가루와 녹말을 넣어 고루 저어서 국물을 만든다. 커다란 냄비에 조갯살과 채소를 섞어서 불에 올리고 앞의 국물을 부어서 익으면 굵은 고춧가루를 뿌리고 청장으로 간을 맞춘다. 마지막으로 미더덕과 방앗잎을 넣고 고루 섞어서 익힌다. 미더덕과 방앗잎은 나중에 넣어 잠깐만 익혀야 독특한 향과 맛이 살아난다.

찌개나 전골에 미더덕을 몇 개씩 넣어서 끓이면 짭조름하면서 시원하다. 양식한 것은 껍질이 연하고 자잘하여 껍질째 먹지만 자연산은 껍질이 울퉁불퉁하고 단단하여 살만 발라서 먹는다.

'바다의 호르몬' 성게

성게는 공처럼 생겼으며 껍질에 싸여 있다. 보통 알이라고 부르는 진한 보라색이나 적갈색 생식소는 담백하고 달며 향기도 아주 좋다. 주성분은 단백질과 지방질이며 비타민 $A \cdot B_1 \cdot B_2$와 철이 풍부하다.

우리 나라에 서식하는 것으로는 남방계에 속하는 말똥성게, 분홍성게, 보라성게 등이고 북방계로는 북쪽말똥성게가 있다. 제주도 및 삼면의 얕은 해안에서 산다. 경북 영일군 구만리에서 많이 잡힌다. 이곳에서는 잠수하여 잡아 올리는데 색깔이 샛노랗고 단맛이 많아 일본에 많이 수출한다.

간 성게를 구입할 때에는 알이 풀어지지 않고 윤기가 나는 것으로 고른다. 성게는 날로 간장을 찍어 먹어야 맛을 제대로 느낄 수 있다. 염장품으로 병조림을 하거나 고루 으깨어서 절인 것도 있다.

먹는 부분이 생식소여서 "바다의 호르몬"이라 하여 강장제로도 인기가 좋으며, 효소 성분이 알코올을 해독하는 역할을 하여 술안주로도 즐긴다. 예전에 흔할 때는 제주도 어촌에서 미역국 끓일 때 별미로 성게를 넣어 먹었다고 한다.

 해삼·멍게회, 해삼전, 홍해삼

제7부 채소 찬

콩나물, 숙주 채 ①

콩나물무침

콩은 "밭에서 나는 쇠고기"라는 말처럼 단백질과 지방이 많은 영양 식품이지만 비타민 C는 없다. 그런데 콩나물로 자라면 뿌리에 특히 이 영양소가 많이 생겨난다.

재료(4인분)

콩나물 300g, 소금 1작은술, 물 ½컵
(가) 청장 1작은술, 다진파 2큰술, 다진 마늘 1큰술, 참기름 2큰술, 깨소금 1큰술, 실고추 약간

만드는 법

1. 콩나물은 뿌리를 떼고 씻어서 냄비에 담고 물 반 컵과 소금을 넣고 뚜껑을 꼭 덮어 15분 정도 삶는다.
2. 콩나물이 익으면 소쿠리에 건져서 물기를 뺀다.
3. 실고추는 3cm 길이로 자른다.
4. 삶은 콩나물에 (가)의 조미료를 넣고 고루 무친다.

콩나물겨자채

우리 나라 가정에서 흔히 먹는 콩나물에 겨자를 넣어 매콤한 맛을 낸, 독특한 음식이다.

재료(4인분)

콩나물 300g, 쇠고기편육 100g, 실파 200g, 밤 4개, 대추 4개, 생강 채 1큰술, 마늘 채 2큰술, 실고추 약간, 소금·후춧가루 적량
(가) 겨자 1½큰술, 물 2큰술, 식초 1½큰술, 설탕 1½큰술, 소금 1큰술, 참기름 1큰술

만드는 법

1. 콩나물은 연하고 통통한 것으로 머리와 꼬리를 따고 씻어서 소금물에 삶아 건진다.
2. 쇠고기편육은 가늘게 채 썰어 소금과 후춧가루를 약간 뿌린다.
3. 실파는 끓는 물에 소금을 넣고 데쳐 콩나물 길이에 맞춰 썬다.
4. 밤은 껍질을 벗겨 얇게 썰고 대추는 씨를 빼고 돌려 깎아 채로 썬다.
5. 생강과 마늘은 아주 가늘게 채 썰고, 실고추는 3cm 길이로 끊는다.
6. 겨잣가루는 물로 개어 두어 매운맛이 나면 (가)의 양념을 모두 합하여 고루 섞어 겨자장을 만든다.
7. 콩나물, 실파, 편육, 밤, 대추와 생강 채, 마늘 채, 실고추를 고루 섞어서 겨자장을 넣고 가볍게 버무린다.

숙주나물

숙주는 녹두의 싹을 낸 것인데 녹두나물보다는 숙주나물로 알려져 있다. 식초를 넣어 초나물을 많이 무친다.

재료(4인분)

숙주 300g,
실고추 약간, 파잎 약간
(가) 청장 ½큰술, 소금 ½큰술,
식초 1큰술, 설탕 1큰술, 다진 파 1큰술,
다진 마늘 ½큰술, 참기름 1큰술,
깨소금 1큰술

만드는 법

1. 숙주는 뿌리를 떼고 깨끗이 씻어서 끓는 물에 소금을 약간 넣고 뚜껑을 꼭 덮어 10분 정도 삶아서 소쿠리에 쏟아 그대로 식혀서 물기를 뺀다.
2. 실고추는 3cm 길이로 끊고, 파잎은 어슷하게 채 썬다.
3. 삶은 숙주에 (가)의 조미료를 넣고 고루 무친다.

무, 배추 채 ❷

무나물

예부터 무를 많이 먹으면 속병이 없다고 할 정도로 무는 위장이 약한 사람에게 권장할 만한 식품이다. 양질의 수분과 다량의 비타민 C와 A, 여러 효소가 들어 있다.

재료(4인분)

무 300g, 물 2큰술
(가) 참기름 1큰술, 소금 ½큰술, 다진 파 1큰술, 다진 마늘 ½큰술, 다진 생강 1작은술
(나) 깨소금·참기름 각 ½큰술

만드는 법

1. 무는 껍질을 벗기고 5cm 길이로 채 썬다.
2. 냄비를 데워서 먼저 참기름을 두르고 무채를 넣어 볶아 약간 익어서 숨이 죽으면 (가)의 조미료를 넣어 고루 섞고, 물 2큰술을 넣어 뚜껑을 덮고 약한 불로 익힌다.
3. 국물이 조금 남을 정도로 익혀서 (나)의 깨소금과 참기름을 넣어 고루 섞어 그릇에 담는다.

무갑장과

날무로 짭짤한 장아찌를 담그는데 급히 만든다 하여 갑장과 또는 숙장과라 한다.

재료(4인분)

무 300g, 간장 4큰술, 쇠고기 50g, 미나리 30g, 석이 2장, 지짐기름 1큰술
(가) 간장 ½작은술, 설탕 ½큰술, 다진 파 1작은술, 다진 마늘 ½작은술, 깨소금 1작은술, 참기름 ½큰술, 후춧가루 약간
(나) 참기름 ½큰술, 깨소금 ½큰술, 실고추 약간

만드는 법

1. 무는 폭 4cm로 토막을 내어 0.7cm 굵기의 막대 모양으로 썰어서 간장을 부어 가끔 위아래를 뒤섞으면서 두 시간 이상 절인다.
2. 쇠고기는 연한 살코기로 결대로 곱게 채 썰고, 석이는 불려서 손질하여 가늘게 채 썬다. 미나리는 다듬어 4cm 길이로 자르고, 실고추는 짧게 끊어 놓는다.
3. (가)의 조미료로 양념장을 만들어 쇠고기를 고루 무친다.
4. 무가 검게 절여졌으면 건져 내어 행주로 물기를 꼭 짜고 절였던 간장은 ½컵만 남긴다.
5. 번철이나 냄비에 기름을 두르고 먼저 양념한 쇠고기를 넣어 볶다가 무를 넣어 한데 볶는다. 전체에 기름이 고루 돌면 남겨 놓았던 간장물을 넣어 조린다.
6. 장물이 거의 없어지면 미나리와 (나)의 참기름, 깨소금, 실고추를 넣어 잠시 더 볶다가 불에서 내리고 식으면 그릇에 담는다.

배추속대장과

말린 배추속대와 무를 간장물에 조려서 만든 장아찌의 일종이다.

재료(4인분)

배추속대 500g, 소금 1큰술,
무 300g, 간장 ½컵,
쇠고기 50g, 미나리 30g
(가) 간장 ½큰술, 설탕 1작은술,
참기름 1작은술, 후춧가루 약간
(나) 마른 고추 2개, 생강 5g,
물 3큰술, 설탕 1큰술
(다) 깨소금 1큰술, 참기름 1큰술

만드는 법

1. 배추속대는 김치를 담글 때 연한 속대만을 떼서 소금을 뿌려서 절였다가 채반에 널어 꾸덕꾸덕하게 말린다.
2. 무는 4cm로 토막 내어 막대 모양으로 썰어서 반쯤 말린다.
3. 덜 마른 배추에 간장을 부어서 절인 다음 간장물을 따라서 무말랭이를 절인다.
4. 쇠고기는 살로 곱게 다져서 (가)로 양념하여 냄비에 볶다가 무 절인 간장을 붓고 (나)의 고추와 생강을 채 썰어 넣고 설탕, 물을 넣어 팔팔 끓인다.
5. 끓는 장물에다 간장에 절였던 배추속대와 무를 넣고 위아래를 가끔 섞으면서 조린다.
6. 미나리는 잎을 떼고 다듬어서 4cm 길이로 썬다.
7. 장물이 거의 졸아들면 (다)의 깨소금, 참기름으로 고루 버무리고 미나리를 넣어 섞고 불에서 내려 식힌다.
8. 식힌 후 뚜껑 있는 용기에 담아 두면 밑반찬으로 여러 날 두고 먹을 수 있다.

시금치, 근대, 쑥갓 채❸

시금치나물

시금치는 '비타민의 보고'로 불릴 만큼 여러 비타민이 고루 들어 있어 성장기의 어린이와 임산부에게 아주 좋은 식품이다.

재료(4인분)

시금치 300g
(가) 청장 ½큰술, 소금 1작은술, 다진 파 1큰술, 다진 마늘 ½큰술, 참기름 ½큰술, 깨소금 ½큰술, 실고추 약간

만드는 법

1. 시금치는 뿌리를 잘라 내고 시든 잎은 떼어 내어 끓는 물에 소금을 약간 넣고 파랗게 데쳐 바로 찬물에 헹구어 물기를 짠다.
2. 시금치의 뿌리쪽을 모아 가지런히 하여 끝을 잘라 내고 4cm 길이로 썬다.
3. 실고추는 3cm로 끊어 놓는다.
4. 시금치 썬 것에 (가)의 양념을 넣고 고루 무쳐서 그릇에 담고 위에 깨소금을 조금 뿌린다.

근대죽

근대는 당질이 많고 아미노산 조성이 우수한 식품으로 칼슘은 시금치의 두 배나 된다.

재료(4인분)

근대 300g, 두부 ½모, 물 8컵, 고추장 1큰술, 된장 1큰술, 파 1뿌리, 다진 마늘 2작은술, 청장 적량
(가) 쌀 1컵, 멸칫가루 1큰술, 다진 마늘 1큰술, 참기름 2큰술

만드는 법

1. 근대는 깨끗이 씻어 끓는 물에 파랗게 데쳐서 찬물에 헹구어 물기를 꼭 짜고 잘게 썬다.
2. 쌀은 깨끗이 씻어서 물에 2시간 이상 불렸다가 건지고, 두부는 사방 1cm 크기로 썰고, 파는 잘게 썬다.
3. 냄비를 달구어 (가)의 참기름을 두르고 쌀과 멸칫가루, 다진 마늘을 넣고 볶아 쌀에 고루 기름이 배면 물을 붓고 끓인다.
4. 쌀알이 퍼지면 고추장과 된장을 풀고 파, 마늘을 넣어 잠시 더 끓이다가 데친 근대와 두부를 넣고 한소끔 끓이고 청장으로 간을 맞춘다. 근대된장국이 남았을 때 쌀을 넣어 끓여도 된다.

근대죽 만들기

① 데친 근대와 두부 썰기

② 불린 쌀을 참기름에 볶기

③ 볶은 쌀에 물을 붓고 끓이기

④ 된장, 고추장 풀기

⑤ 근대와 두부 넣기

쑥갓나물

쑥갓은 향이 독특하고, 보기에도 좋아 국이나 찌개에 넣으면 산뜻하고 음식의 맛과 품위를 더해 주기도 한다.

재료(4인분)

쑥갓 300g
(가) 청장 ½큰술, 소금 1작은술,
설탕 1작은술, 다진 파 2작은술,
다진 마늘 1작은술, 참기름 ½큰술,
깨소금 ½큰술

만드는 법

1. 쑥갓은 뿌리를 잘라 내고 끓는 물에 소금을 약간 넣어 뚜껑을 연 채로 파랗게 데쳐 바로 찬물에 헹구어 물기를 짠다.
2. 데친 쑥갓은 끝을 자르고 4cm 길이로 썰고, 실고추는 3cm로 끊어 놓는다.
3. 데친 쑥갓에 (가)의 조미료를 넣고 고루 무쳐서 그릇에 담는다.

봄나물 채 ④

냉이무침

봄철의 대표적인 나물로, 다른 나물에 비해 단백질과 칼슘이 많다.

재료(4인분)

냉이 400g
(가) 된장 2큰술, 고추장 3큰술,
다진 파 2작은술,
다진 마늘 1작은술, 깨소금 2작은술,
참기름 2작은술

만드는 법

1. 냉이는 다듬어서 뿌리와 누런 잎은 떼고 굵은 것은 반으로 쪼개서 끓는 물에 뿌리를 먼저 데치고 잎은 따로 데쳐서 물기를 꼭 짠다.
2. (가)의 양념을 넣어 고루 섞은 후에 데친 냉이를 넣어 고루 주물러서 무친다. 된장만 넣고 무치기도 한다.

달래생채

달래는 빈혈을 없애 주고 간장 기능을 개선해 주며 동맥경화를 예방하는 효과가 있다.

재료(4인분)

달래 200g
(가) 간장 2큰술, 식초 1작은술, 고춧가루 2작은술, 깨소금 1작은술, 설탕 1작은술, 참기름 1작은술

만드는 법

1. 달래는 수염뿌리를 자르고 깨끗이 다듬어 씻어서 물기를 없애고 3cm 길이로 끊는다. 알뿌리가 굵은 것은 두들기거나 얇게 저민다.
2. (가)의 양념을 고루 섞어서 양념장을 만든다.
3. 그릇에 달래와 양념장을 함께 담고 고루 무친다.

달래

돌나물생채(아래), 돌나물김치(위)

돌나물생채

돌나물은 도톰하고 잎이 작은, 향기로운 봄나물이다. 생채로 하려면 양념장에 살짝 무친다.

재료(4인분)
돌나물 200g
(가) 간장 2큰술, 고춧가루 2작은술,
식초 1큰술, 설탕 2작은술,
다진 파 2작은술, 다진 마늘 1작은술,
깨소금 1작은술, 참기름 1작은술

만드는 법
1. 돌나물은 깨끗이 다듬어 큰 잎송아리를 떼어서 물에 씻어서 건져 물기를 뺀다.
2. (가)의 양념을 고루 섞어서 양념장을 만든다.
3. 그릇에 돌나물과 양념장을 함께 담아 키질하듯이 그릇째 까불러서 고루 무친다.

돌나물김치

돌나물로 담근 물김치로 보기에도 아름답고 국물이 시원하다.

재료(4인분)
돌나물 300g, 소금 1큰술
파 1뿌리, 마늘 2쪽, 생강 1톨,
다홍고추 1개, 풋고추 1개
(가) 밀가루 2큰술, 물 1컵, 소금 1큰술
(나) 물 4컵, 고운 고춧가루 1큰술
소금 1큰술

만드는 법
1. 돌나물은 깨끗이 다듬어 씻어서 소금을 고루 뿌려 절였다가 물에 씻어 건져 물기를 뺀다.
2. (가)의 밀가루를 물에 풀어서 불에 올려 풀을 쑤어서 소금 간을 맞추고 식힌다.
3. (나)의 고춧가루를 거즈에 싸서 물에 흔들어 붉은색이 우러나게 하고, ②의 밀가루풀을 합하여 소금 간을 하여 김치국물을 만든다.
4. 파는 2cm 길이로 가늘게 채 썰고, 마늘과 생강도 다듬어서 가늘게 채 썰고, 다홍고추와 풋고추는 어슷하게 채 썰어 물에 헹구어서 씨를 빼고 건진다.
5. 항아리에 돌나물을 한 켜 깔고 채고명을 뿌리고, 다시 돌나물을 놓고 채고명을 얹어서 ③의 김치국물을 붓고 뚜껑을 덮어서 하루쯤 익혀서 차게 보관한다.

두릅회

쌉쌀한 맛과 독특한 향의 나물로 봄철의 별미이다.

재료(4인분)

두릅 200g
(가)소금 1작은술,
깨소금 1작은술, 참기름 1작은술
(나)고추장 2큰술, 간장 ½큰술,
식초 1큰술, 물 1큰술, 설탕 2작은술,
마늘즙 1작은술, 생강즙 ½작은술,
통깨 1작은술

만드는 법

1. 두릅은 짧고 통통한 것으로 골라서 겉껍질을 벗기고 줄기의 딱딱한 부분은 떼고 밑동에 열십자로 칼집을 넣어 끓는 물에 소금을 넣어서 파릇하게 데쳐 찬물에 헹구어서 건진다.
2. 데쳐 낸 두릅이 크면 길이로 반을 가르고, 작으면 그대로 (가)의 조미료로 고루 무친다.
3. 마늘과 생강을 갈아서 즙을 내어 (나)의 다른 조미료와 합해 양념 초고추장을 만든다.
4. 두릅을 접시에 가지런히 담고 초고추장은 따로 작은 그릇에 담아 낸다.

씀바귀나물

냉이와 비슷하게 생겼다. 뿌리가 실한 것을 골라 삶아 몇 번 물을 갈아 주면서 쓴 물을 빼고 조리한다.

재료(4인분)
씀바귀 300g
(가) 된장 1큰술, 고추장 3큰술,
다진 파 1큰술, 다진 마늘 ½큰술
참기름 ½큰술, 깨소금 ½큰술

만드는 법
1. 고들빼기는 잔 뿌리를 떼고 잘 다듬어 끓는 물에 데쳐서 물기를 꼭 짜 4cm 길이로 자른다. 굵은 뿌리는 어슷하게 저며 썬다.
2. (가)의 된장과 고추장을 고루 섞고 나머지 양념을 고루 섞어 양념장을 만든다.
3. 데친 씀바귀를 그릇에 헤쳐서 담고 ②의 양념장을 넣어 고루 주물러서 무친다.

*고들빼기나물도 같은 방법으로 만든다.

원추리나물

원추리 뿌리는 아들을 낳는 영험이 있다고 하여 옛날에 아들이 없는 부인들이 몸에 지니고 다녀 '의남초(宜男草)'라 불렀다.

재료(4인분)

원추리 300g
(가) 된장 2큰술, 고추장 2큰술, 다진 파 1큰술, 다진 마늘 ½큰술
참기름 ½큰술, 깨소금 ½큰술

만드는 법

1. 원추리를 깨끗이 다듬어 끓는 물에 소금을 약간 넣고 살짝 데친 다음 찬물에 헹구어 물기를 꼭 짜고 길면 길이를 반으로 자른다.
2. (가)의 된장과 고추장을 고루 섞고 나머지 양념을 고루 섞는다.
3. 데친 원추리를 그릇에 헤쳐서 담고 ②의 양념장을 넣어 고루 주물러서 무친다.

원추리

산채 채 ⑤

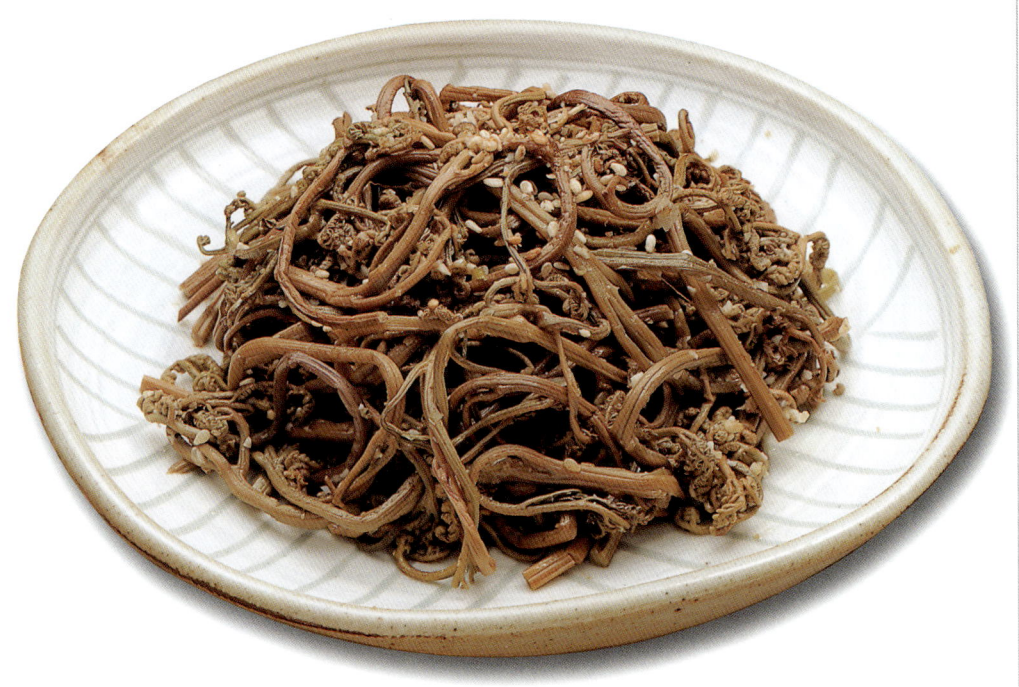

고사리나물

잔칫상이나 제사상에 반드시 올리는 나물이다. 지짐적이나 녹두빈대떡을 부칠 때도 쓴다.

재료(4인분)

말린 고사리 300g,
참기름 1큰술, 물 4큰술
깨소금 ½큰술, 참기름 ½큰술,
실고추 약간
(가) 간장 3큰술, 설탕 ½큰술,
다진 파 2큰술,
다진 마늘 1큰술, 깨소금 1큰술,
참기름 1큰술, 후춧가루 약간

만드는 법

1. 말린 고사리는 하룻밤 물에 불렸다가 연해질 때까지 충분히 삶아서 그대로 식힌다.
2. 억세고 단단한 줄기는 잘라 내고 5cm 길이로 잘라 놓는다. 실고추는 3cm 길이로 끊는다.
3. (가)의 조미료로 양념장을 만들어 고사리를 무친다.
4. 냄비를 데워서 참기름을 두르고 고사리를 볶다가 뚜껑을 덮어 약한 불로 익힌다.
5. 국물이 조금 남을 정도가 되면 실고추와 깨소금, 참기름을 넣고 고루 섞는다.

*고비나물도 같은 방법으로 만든다.

취나물

참취의 어린잎으로 조리한다. 칼륨, 칼슘, 인, 철분이 들어 있는데 칼륨이 빠져 나올 우려가 있으므로 지나치게 우려 내지 않아야 한다.

재료(4인분)

생취 300g
(가)청장 1큰술, 다진 파 1큰술,
다진 마늘 ½큰술, 참기름 1큰술
깨소금 ½큰술, 실고추 약간

만드는 법

1. 취는 잎이 깨끗한 것으로 골라, 너무 큰 것은 알맞게 잘라 끓는 물에 데쳐 헹군 다음 물기를 꼭 짠다.
2. 그릇에 (가)의 양념을 한데 담아 고루 섞은 후에 데친 취를 넣어 무친다.

도라지나물

알칼리성 식품으로 식용이나 약용은 대개 2~4년 자란 뿌리를 이용한다. 도라지의 사포닌 성분은 기관지에 좋다.

재료(4인분)

도라지 300g, 소금 1큰술, 물3큰술
깨소금 ½큰술, 참기름 ½큰술
(가) 참기름 1큰술, 다진 파 1큰술,
다진 마늘 ½큰술, 다진 생강 ⅓작은술

만드는 법

1. 통도라지를 씻어서 먹기 쉽게 길이대로 가늘게 갈라서 소금을 넣어 박박 주물러서 쓴맛을 빼고 부드럽게 하여 물에 헹구어 물기를 짠다.
2. 파, 마늘은 곱게 다지고 (가)의 양념을 섞은 후 도라지를 넣어 고루 무친다.
3. 팬이나 냄비를 달구어 기름을 두르고 양념한 도라지를 넣어 볶다가 물 3큰술을 넣고 고루 섞어 뚜껑을 덮고 약한 불로 익힌다.
4. 국물이 조금 남으면 참기름, 깨소금을 넣고 고루 섞어 그릇에 담는다.

더덕구이

더덕으로 조리할 때는 껍질을 말끔히 벗겨 내고 물에 잠시 담가 두었다가 쓴맛을 우려내야 한다.

재료(4인분)

더덕 200g
(가) 간장 1큰술, 참기름 2큰술
(나) 고추장 2큰술, 설탕 1큰술,
다진 파 2큰술,
다진 마늘 ½큰술, 깨소금 1큰술

만드는 법

1. 더덕을 물에 담가 껍질을 벗기고 물에 우려 쓴맛을 뺀 후 길이로 반을 갈라서 방망이로 자근자근 두드려서 넓게 편다.
2. (가)의 간장과 참기름을 합하여 유장을 만들어 얇게 편 더덕에 발라 석쇠에 은박지를 깔고 앞뒤로 고루 굽는다.
3. (나)의 조미료로 양념 고추장을 만들어 일단 유장을 발라 구운 더덕에 다시 발라서 굽는다. 불이 세면 양념이 타서 쓴맛이 나기 쉬우므로 약한 불에서 서서히 굽는다.
4. 구운 더덕을 먹기 좋게 썰어 접시에 담는다.

파, 부추, 미나리 채 ❻

안동파산적

움파나 굵은 실파를 양념한 쇠고기와 번갈아 가며 끼워 굽는 산적이다.

재료(4인분)

실파 1단(400g), 소금 1큰술,
쇠고기 200g, 밀가루 4큰술,
통깨 1큰술, 실고추 약간, 설탕 1큰술,
지짐기름 적량
(가) 간장 2큰술, 설탕 1큰술,
다진 파 4작은술, 다진 마늘 2작은술,
참기름 2작은술, 깨소금 2 작은술,
후춧가루 약간
(나) 물 1½컵, 밀가루 4큰술,
간장 1큰술

만드는 법

1. 실파를 깨끗이 씻어서 그릇에 나란히 놓고 소금을 고루 뿌려서 절여 물기를 짠다. 6cm 길이로 파강회처럼 말아서 가운데를 묶는다.
2. 쇠고기는 파 묶은 것과 같은 크기로 굵게 막대 모양으로 썰어서 (가)의 양념 간장으로 고루 주물러 양념한다.
3. 대꼬치에 파와 쇠고기를 번갈아 꽂는다.
4. (나)의 밀가루를 묽게 풀어서 간을 하여 가루즙을 만든다.
5. 파산적에 마른 밀가루를 고루 묻히고 여분의 가루는 털어내고 가루즙에 담갔다가 번철을 달구어 기름을 두르고 지진다.
6. 뒤집어서도 노릇하게 지져 뜨거울 때 통깨, 실고추, 설탕을 조금씩 뿌린다.

부추부치개

부추는 연하고 가는 것이 맛있다. 생채로 무쳐 먹거나 김치를 담그고 잘게 썰어 밀적을 부치기도 한다.

재료(4인분)

부추 200g, 풋고추 4개, 밀가루 1½컵, 물 1컵, 소금 2작은술, 지짐기름 3큰술 (가) 간장 4큰술, 식초 2큰술, 설탕 ½작은술, 다진 마늘 1작은술, 깨소금 1작은술, 고추가루 1작은술

만드는 법

1. 부추는 다듬어서 씻어 건져 길이를 3cm로 끊어 놓는다.
2. 풋고추는 매운 것으로 반을 갈라서 씨를 빼고 가늘게 채 썬다.
3. 밀가루는 물에 풀어서 체에 걸러 멍울 없이 하여 소금으로 간을 하고 부추를 넣어 고루 섞는다.
4. 번철을 달구어서 기름을 두르고 부추 넣은 반죽을 한 국자 떠서 얇게 펴서 지진다.
5. 먹기 좋게 썰어서 접시에 담고 (가)의 초간장을 곁들인다.

*밀가루 반죽에 고추장을 풀어 넣고 부치기도 한다.

미나리강회

미나리장과

미나리강회

궁중에서는 미나리강회를 쪽두리 모양으로 만들고, 민가에서는 미나리를 둘둘 말아 가운데를 묶는 상투 모양으로 만든다.

재료(4인분)

미나리 300g, 달걀 2개, 다홍고추 1개, 양지머리편육 100g
(가) 고추장 4큰술, 물 1큰술, 식초 2큰술, 설탕 1½큰술, 마늘즙 1작은술, 생강즙 ½큰술

만드는 법

1. 미나리는 뿌리와 잎을 떼고 깨끗이 씻어서 끓는 물에 소금을 약간 넣고 파릇하게 데쳐 찬물에 헹구어 건진다.
2. 양지머리는 덩어리째 삶아 길이 4cm, 폭 0.5cm의 막대 모양으로 썬다.
3. 달걀은 황백으로 나누어 두껍게 지단을 부치고, 다홍고추도 갈라서 씨를 빼고 편육과 같은 크기로 썬다.
4. 마늘과 생강을 갈아 즙을 내어 (가)의 다른 조미료와 합하여 양념 초고추장을 만든다.
5. 데친 미나리 서너 가닥을 잡고 편육, 지단, 고추를 끝에 함께 잡아 손가락 두 개에 말고 빼서 가운데를 묶는다.
6. 접시에 미나리강회를 가지런히 돌려 담고 초고추장은 따로 작은 그릇에 담아 낸다.

미나리장과

미나리에 채 썬 고기를 볶아 넣고 무친 찬이다.

재료(4인분)

미나리 300g, 다홍고추 1개, 쇠고기(우둔) 100g, 지짐기름 1큰술
(가) 간장 1큰술, 설탕 ½큰술, 다진 파 2작은술, 다진 마늘 1작은술, 참기름 1작은술, 깨소금 1작은술, 후춧가루 약간
(나) 참기름 1큰술, 깨소금 ½큰술, 간장 1큰술

만드는 법

1. 미나리는 뿌리와 잎을 떼고 다듬어서 끓는 물에 소금을 약간 넣고 데쳐 바로 찬물에 헹구어 5cm 길이로 끊어 놓는다.
2. 쇠고기는 연한 살코기로 결대로 곱게 채 썰고, 다홍고추는 갈라서 씨를 빼고 가늘게 채 썬다.
3. (가)의 파, 마늘을 곱게 다지고 나머지 양념을 합하여 채 썬 쇠고기를 고루 무친다.
4. 번철이나 냄비에 기름을 두르고 먼저 양념한 쇠고기를 넣어 볶다가 익으면 채 썬 고추를 넣고 잠시 더 볶아서 접시에 담아 식힌다.
5. 고기가 식으면 데친 미나리와 합하여 (나)의 양념으로 고루 무쳐서 그릇에 담는다.

채소쌈 채 ⑦

상추상 차림 상추쌈에 먹는 찬품으로는 병어감정, 장똑도기, 보리새우볶음 등이 있다.
참기름 종지도 따로 놓는다.

약고추장

상추쌈을 먹을 때 마련하는 쌈장이다.

재료(4인분)
고추장 ½컵, 쇠고기 30g,
참기름 ½큰술, 설탕 2큰술, 꿀 2큰술

만드는 법
1. 쇠고기를 다져서 양념을 하여 국물 없이 볶은 다음 도마에 놓고 다시 곱게 다진다.
2. 냄비에 고추장, 물, 볶은 고기를 넣고 섞어 저으면서 볶는다.
3. 걸쭉해지면 꿀, 참기름, 잣을 넣고 조금 더 볶는다.

병어감정

재료(4인분)
병어 1마리(400g), 파 30g,
마늘 2쪽(10g), 생강 5g,
(가)고추장 3큰술, 간장 1큰술,
물 ½컵, 참기름 ½큰술

만드는 법
1. 병어는 싱싱한 것으로 골라 비늘을 잘 긁고 내장을 빼내고 씻는다. 5장 뜨기를 하여 살만 떠서 2cm 폭으로 갸름하게 썬다.
2. 파, 마늘, 생강은 가늘게 채 썬다.
3. 냄비에 (가)의 고추장을 담고 간장과 물을 넣어 고루 풀어서 끓인다.
4. 고추장이 끓어오르면 병어 살과 채 썬 파, 마늘, 생강을 넣고 불을 줄여서 익힌다. 병어가 익으면 참기름을 고루 두르고 살이 부서지지 않게 조심해서 그릇에 옮겨 담는다.

장똑도기

재료(4인분)
쇠고기(우둔) 300g
깨소금 1큰술, 참깨 1큰술
(가) 간장 1큰술, 참기름 ½큰술,
후춧가루 약간
(나) 간장 2큰술, 설탕 2큰술,
물 2큰술, 흰파 10cm,
마늘 2쪽(10g), 생강 5g

만드는 법
1. 쇠고기는 연하고 기름기가 없는 우둔살이나 홍두깨살을 골라서 얇게 저민 후 가늘게 채 썬다.
2. 파는 3cm로 토막 내어 채 썰고 마늘과 생강도 깨끗이 껍질을 벗겨서 곱게 채 썬다.
3. 채 썬 쇠고기를 (가)의 조미료로 고루 무쳐서 냄비를 뜨겁게 달구어서 볶는다.
4. 고기가 익으면 (나)의 간장, 설탕, 물을 섞은 장물을 붓고 조리다가 채 썬 파, 마늘, 생강을 넣고 서서히 조린다.
5. 장물이 거의 졸아들면 참기름, 깨소금을 넣어 고루 윤이 나게 뒤적인다.

보리새우볶음

재료(4인분)
마른 보리새우 100g
참기름 1작은술, 통깨 1작은술
(가) 간장 1½큰술, 설탕 1큰술,
물 1큰술, 물엿 1큰술

만드는 법
1. 팬에 기름을 두르지 말고 뜨겁게 달구어 마른 새우를 볶아서 마른 행주에 싸서 까실한 수염과 가시가 떨어지도록 비빈다.
2. 팬에 (가)의 간장, 물, 설탕, 물엿을 넣고 끓인다.
3. 간장 물이 거품이 나면서 끓어오르면 볶은 새우를 넣고 고루 섞어서 불에서 내린다.
4. 참기름과 통깨를 넣어 고루 섞는다.

취쌈

나물로는 참취나 곰취의 어린 잎을 쓰고 밥을 싸 먹기에는 곰취가 좋다.

재료(4인분)

취 300g, 참기름 2큰술
(가) 고추장 5큰술, 식초 1큰술,
설탕 1큰술, 다진 파 1큰술,
다진 마늘 1작은술, 참기름 ½큰술
깨소금 ½큰술

만드는 법

1. 넓은 취나물을 골라 씻어서 끓는 물에 파랗게 데쳐 낸다. 쓴맛이 많이 나면 찬물에 담갔다가 건져서 물기를 꼭 짠다.
2. 데친 취를 참기름으로 고루 주물러서 달군 팬에 볶아서 얼른 펼쳐 식힌 후에 한 장씩 펼쳐서 여러 장을 겹쳐서 접시에 담는다.
3. (가)의 조미료로 초고추장을 만들어 따로 담아 낸다.

취

상추생채

상추를 먹으면 노곤하고 졸리는 것은 상추의 진액에 리쿠루신이라는 성분이 진통·마취 작용을 하기 때문이다.

재료(4인분)

상추 300g, 흰파 50g
(가) 간장 2큰술, 식초 1큰술,
설탕 1작은술, 다진 마늘 1작은술,
참기름 ½큰술, 깨소금 ½큰술,
실고추 약간

만드는 법

1. 상추는 흐르는 물에 여러 번 깨끗이 씻어서 소쿠리에 건져 물기를 뺀다.
2. 흰파는 3cm 길이로 토막 내어 길이대로 채 썰어서 물에 담가 놓는다.
3. (가)의 조미료로 양념장을 만든다.
4. 상추를 손으로 대강 뜯고 파는 건져서 물기를 빼고 섞어서 차게 둔다. 상에 내기 직전에 양념장을 고루 뿌려서 살짝 버무려 그릇에 담는다.

깻잎찜

재료(4인분)

깻잎 40장
(가) 간장 4큰술, 설탕 1작은술, 다진 파 1큰술, 다진 마늘 1½큰술, 참기름 2작은술, 깨소금 2작은술, 다홍고추 1개

요즘에는 깻잎을 날것으로 많이 싸 먹는데 예전에는 깻잎찜을 해 먹는 경우가 더 많았다.

만드는 법

1. 깻잎은 씻어서 채반에 건져 물기를 뺀다.
2. (가)의 간장에 파, 마늘, 다홍고추를 곱게 다져서 양념 간장을 만든다.
3. 대접에 양념 간장을 한 수저 떠 놓고 깻잎 두 장을 놓은 다음 그 위에 양념 간장을 다시 끼얹고 다시 깻잎을 2장씩 얹는다. 이런 식으로 차곡차곡 겹쳐서 놓는다.
4. 깻잎 담은 대접을 찜통에 넣고 15분 정도 쪄 낸다.

*다진 쇠고기를 양념하여 볶아서 양념장에 섞어도 맛있다.

채소쌈밥

감자, 고구마, 토란 채 8

감자전

감자는 주성분이 녹말인 알칼리성 식품으로 비타민 C가 많다.
논감자는 무르고 맛도 덜하나 밭감자는 단단하고 맛있다.

재료(4인분)

감자 4개(600g), 부추 50g,
풋고추 3개, 다홍고추 1개,
깻잎 10장, 소금 1큰술,
지짐기름 적량
(가) 간장 3큰술, 물 2큰술,
식초 1큰술, 다진 파 1큰술,
고춧가루 1작은술, 깨소금 2작은술

만드는 법

1. 감자를 껍질을 벗겨 물에 담갔다가 강판에 갈아서 체나 망에 담아 물기를 짜고 아래 받은 물은 그대로 두어 앙금을 가라앉힌다.
2. 부추는 짧게 자르고 고추는 송송 썰어 물에 헹구어 씨를 빼고 깻잎은 잘게 썬다.
3. 감자 건지에 가라앉은 녹말을 물을 따라 내고 합한 후 채소를 섞고 소금 간을 하여 반죽한다.
4. 번철에 기름을 넉넉히 두르고 반죽을 떠 펴서 지진다. 노릇해지면 뒤집고 수저로 누르면서 말갛게 익도록 지진다.
5. 채반에 놓아 식힌 후 썰어서 접시에 담고, (가)의 양념장을 만들어 곁들인다.

감자막가리만두

감자를 갈아 녹말을 섞고, 부추 소를 넣어 빚어 내는 만두이다.

재료(4인분)

감자 4개(600g), 돼지고기(다진 것) 200g, 부추 150g, 소금 1작은술
(가) 소금 2작은술, 다진 마늘 1큰술, 생강 1작은술, 깨소금 1큰술, 참기름 1큰술, 후춧가루 약간

만드는 법

1. 감자는 껍질을 벗겨 강판에 갈아서 망에 담고 물에 충분히 헹군다. 건지는 꼭 짜서 찜통에 젖은 행주를 깔고 펼쳐서 찐다.
2. 감자 헹군 물을 1시간 이상 그대로 두어 밑에 가라앉은 감자녹말을 긁어 모은다.
3. 돼지고기는 곱게 다지고, 부추는 1cm 폭으로 송송 썰어서 소금을 뿌려 살짝 절여서 꼭 짠 다음 합하여 (가)로 양념해서 고루 섞어 소를 만든다.
4. 감자 건지가 말갛게 익으면 넓은 그릇에 쏟아서 한김 식힌 후 감자녹말을 고루 섞는다.
5. 감자 반죽을 조금씩 떼어서 손바닥에 둥글게 펴고 소를 넣어 반달 모양으로 만두처럼 빚는다.
6. 찜통에 젖은 행주를 깔고 ⑤를 얹어 10분 정도 쪄 낸다.

만두 빚기

고구마순나물

고구마에는 무기질 중 칼륨이 많아 고혈압 예방에 좋고 섬유질이 많아 장내 소화 작용을 돕는다. 굽거나 쪄서 간식으로 먹고 찬의 재료로는 별로 쓰지 않으나 고구마순으로는 여러 가지 반찬을 만든다.

재료(4인분)

고구마순 400g
참기름 · 깨소금 적량
(가)간장 1큰술, 식용유 1큰술, 다진 파 2작은술, 다진 마늘 1작은술, 후춧가루 약간, 참기름 2작은술, 물 ½컵

만드는 법

1. 고구마순은 껍질을 벗겨서 데쳐서 알맞게 썬다.
2. 파, 마늘은 다져서 (가)의 양념들과 합하여 양념장을 만든다.
3. 데친 고구마순을 ②의 양념장으로 무친다.
4. 두툼한 냄비에 기름을 두르고 양념한 고구마순을 넣어 볶다가 물을 붓고 잠시 뚜껑을 덮어 익힌다.
5. 물기가 없어지면 참기름과 깨소금을 넣어 고루 섞는다.

토란탕

토란으로는 조림이나 찜을 많이 하고 추석 때에는 토란국을 끓여 먹는다.

재료(8인분)

양지머리 1kg(파 2뿌리, 마늘 3쪽)
토란 500g, 무(중) 1개, 다시마 20cm,
물 6리터(30컵), 파 1뿌리,
소금·청장 적량
(가) 청장 1큰술, 소금 2작은술,
다진 마늘 1큰술, 참기름 1큰술,
후춧가루 약간

만드는 법

1. 양지머리는 덩어리째 씻어서 끓는 물에 고기를 넣는다. 끓이는 도중에 파와 마늘을 크게 썰어 넣는다.
2. 고기가 어느 정도 무르게 익으면 무는 덩어리째 넣고, 다시마는 반으로 잘라서 넣어 끓인다.
3. 토란은 껍질을 벗겨 큰 것은 반으로 가르고, 작은 것은 통째로 하여 쌀뜨물에 소금을 약간 넣고 살짝 삶아서 건진다.
4. 고기 장국이 충분히 맛이 우러나면 고기, 무, 다시마를 건져 내고 장국에 삶은 토란을 넣어 끓인다.
5. 익은 쇠고기, 무는 납작납작하고 먹기 좋게 썰어 (가)로 양념하고, 다시마는 3×4cm로 네모지게 썰어서 토란이 무르게 익었을 때 장국에 한데 넣어 끓인다.
6. 청장이나 소금으로 간을 맞추고 파를 어슷하고 굵게 채 썰어 넣고 잠시 더 끓여서 대접에 담는다.

오이, 동아 채⑨

노각생채

늙은 오이인 노각은 늦여름에 나오는데 껍질을 벗겨 고추장에 무치면 맛있다.

재료(4인분)

노각 500g,
소금 1큰술, 다홍고추 ½개, 실파 30g
(가)고추장 1큰술, 식초 1큰술,
설탕 2작은술, 다진 파 1큰술,
다진 마늘 ½큰술, 참기름 1작은술,
깨소금 1작은술

만드는 법

1. 노각을 껍질을 벗기고 반을 갈라서 숟가락으로 씨를 말끔히 긁은 다음 납작납작하게 썰어 소금을 뿌려서 절인다.
2. 노각이 절여지면 물에 씻어 건져 살짝 짜 놓고, 다홍고추는 갈라서 씨를 빼서 채 썰고, 파도 채 썬다.
3. (가)의 양념을 고루 섞어서 초고추장을 만든다.
4. 절인 노각을 초고추장으로 무치고 다홍고추와 실파 채를 넣어 살짝 버무려서 그릇에 담는다.

오이무름국

노각의 씨를 빼고 고기와 두부를 섞은 소를 넣어 고추장을 풀어 끓인 국으로 맛이 산뜻해서 여름철 더위를 식혀 주는 별미이다.

재료(4인분)

노각(소) 2개(500g),
쇠고기 300g, 두부 150g,
느타리 30g, 마른 표고 3개,
파 2뿌리
고추장 2큰술, 다진 마늘 ½큰술
(가) 소금 1작은술,
다진 마늘 1작은술,
참기름 1작은술, 후춧가루 약간
(나) 간장 2큰술, 다진 파 1큰술,
다진 마늘 ½큰술, 참기름 ½큰술,
깨소금 ½큰술, 후춧가루 약간

만드는 법

1. 노각은 껍질을 벗기고 꼭지 달린 쪽의 끝 3cm 정도를 잘라서 속을 가는 젓가락으로 돌려서 빼낸다. 잘라 낸 것은 뚜껑으로 남겨 놓는다.
2. 쇠고기 100g을 잘게 썰어서 (가)로 양념하여 볶다가 익으면 물 5컵을 붓고 육수를 끓인다. 남은 쇠고기는 곱게 다지고, 두부는 곱게 으깨어 합하여 (나)로 양념하여 고루 주물러서 치댄다.
3. 오이의 가운데에 양념한 소를 가득 채워 넣고 끝을 남긴 꼭지로 막은 다음 이쑤시개로 고정한다.
4. 느타리와 표고는 채 썰고, 파는 어슷하게 채 썬다.
5. 육수가 맛이 들면 고추장을 풀고 다진 마늘과 채 썬 느타리와 표고, 파를 넣어 끓이다가 소를 채운 오이를 넣어 굴리면서 끓인다.
6. 오이가 익으면 건져서 3~4cm 폭으로 잘라서 그릇에 담고 국물을 자작하게 붓는다.

오이선

오이 칼집 사이에 삼색 고명을 넣은 오이선은 새콤달콤하여 전채 음식으로 알맞다.

재료(4인분)

오이(소) 2개(300g), 소금 2큰술, 물 1컵, 쇠고기(우둔) 50g, 표고(중) 1개, 달걀 1개, 실고추 약간
(가) 간장 2작은술, 설탕 1작은술, 다진 파 1작은술, 다진 마늘 ½작은술, 참기름 1작은술, 깨소금 1작은술, 후춧가루 약간
(나) 식초 3큰술, 물 1큰술, 설탕 2큰술, 소금 1작은술

만드는 법

1. 오이는 가늘고 연한 것으로 골라 길이로 반을 갈라서 껍질 쪽에 1cm 간격으로 어슷하게 칼집을 세 번 넣고 네번째에서 끊어 4cm 정도의 길이로 토막을 내어 진한 소금물에 담가서 절인다.
2. 절인 오이를 물에 헹궈 행주에 싸서 물기를 짠다.
3. 쇠고기 살은 곱게 채 썰고, 표고는 불려서 곱게 채 썰어 합하여 (가)의 양념장으로 무쳐서 번철에 볶고 나서 식힌다.
4. 달걀은 황백으로 나누어 지단을 부쳐 2cm 길이로 곱게 채 썬다.
5. 번철을 달구어 기름을 두르고 절인 오이를 넣어 센불에서 재빨리 볶아 바로 넓은 그릇에 펴서 식힌다.
6. 오이의 칼집 사이에 황색 지단, 백색 지단, 볶은 쇠고기와 표고를 한 칸씩 채워 넣고 실고추는 흰 지단에 한 가닥씩 끼워서 그릇에 가지런히 담는다.
7. (나)의 조미료를 섞어 상에 내기 직전에 고루 끼얹어 낸다.

동아선

동아를 청장, 참기름, 생강만으로 끓여서 아주 은근하고 담백한 맛이 난다.

재료(4인분)

동아 400g,
(가) 물2컵, 청장 2큰술, 참기름 1큰술
(나) 다진 생강 1작은술
식초 1큰술

만드는 법

1. 동아는 갈라서 소를 빼고 껍질을 벗기고 도독하게 저며 썰어 끓는 물에 살짝 데쳐 낸다.
2. 냄비에 (가)를 넣어 끓이다가 삶은 동아를 넣어 끓인다.
3. 국물이 자작해지면 (나)를 넣어 잠시 더 끓인다.

동아

호박, 박 채⑩

애호박나물

새우젓으로 간을 한 호박나물은 보기에도 상큼하고 질리지 않는다.

재료

애호박(중) 1개(300g),
소금 2작은술, 참기름 1큰술,
(가) 다진 파 1큰술, 다진 마늘 ½큰술,
새우젓 1큰술, 깨소금 ½큰술,
실고추 약간

만드는 법

1. 애호박은 가는 것은 둥글게 0.3cm 두께로 썰고, 굵으면 가운데 속을 남기고 살만 두껍게 벗겨서 채 썰어 분량의 소금을 뿌려서 절인다.
2. 파, 마늘은 곱게 다지고 실고추는 3cm 길이로 끊어 놓는다.
3. 절인 호박을 물에 살짝 헹구어 행주에 싸서 물기를 꼭 짠다.
4. 번철을 달구어서 참기름을 두르고 절인 호박을 볶아서 전체에 기름이 고루 돌면 (가)의 조미료를 넣어 재빨리 볶아 넓은 그릇에 펴서 식힌다.

* 다진 쇠고기를 양념하여 같이 볶아도 맛있다.

호박선

재료

애호박(중) 1개, 소금 1½큰술,
물 1½컵, 쇠고기 150g,
마른 표고 2개, 달걀 1개,
석이 2장, 잣 1작은술
(가) 간장 2큰술, 설탕 1큰술,
다진 파 4작은술, 다진 마늘 2작은술,
참기름 2작은술, 깨소금 2작은술,
후춧가루 약간
(나) 소금 1작은술,
청장 2작은술, 육수 1컵
(다) 겨자(갠 것) 2작은술,
간장 2큰술, 식초 1작은술

만드는 법

1. 호박은 가늘고 연한 것으로 골라 3cm 폭으로 썰고 열십자로 칼집을 넣어 소금물에 담가 놓는다.
2. 쇠고기는 살로 곱게 다지고, 표고는 불려서 곱게 채 썰어 합하여 (가)의 양념장으로 고루 무친다.
3. 절인 호박을 마른 행주로 싸서 물기를 닦고 칼집 사이에 양념한 쇠고기와 표고를 채워 넣는다.
4. 달걀은 황백으로 나누어 지단을 부쳐 곱게 채 썬다. 석이는 손질하여 채 썰고 잣은 고깔을 따고 실고추는 짧게 끊어 놓는다.
5. 냄비에 (나)의 소금, 청장, 육수를 담아 불에 올리고 끓으면 소를 채운 호박을 나란히 놓고 끓인다. 도중에 불을 줄이고 가끔 국물을 끼얹어서 고루 간이 들도록 한다.
6. 호박이 연하게 익으면 그릇에 담고 달걀 지단 채, 석이, 실고추, 잣 등의 고명을 얹고, (다)로 겨자장을 만들어 따로 담아 낸다.

애호박전

애호박으로 할 수 있는 음식은 호박전을 비롯하여 지짐이, 찜, 김치, 찌개 등 무척 다양하다.

재료

애호박(소)1개, 소금 적량, 흰 후춧가루 적량, 달걀 2개, 밀가루·지짐기름 적량
(가) 간장 2큰술, 물 1큰술, 식초 1큰술, 잣가루 ½작은술

만드는 법

1. 애호박을 0.5cm 두께로 둥글게 썰어 소금과 후추를 약간 뿌린다.
2. 호박에 밀가루를 얇게 묻힌 다음에 풀어 놓은 달걀에 담갔다가 건져서 뜨겁게 달군 번철에 기름을 두르고 양면을 노릇노릇하게 지진다.
3. (가)의 조미료로 초장을 만들어 곁들여 낸다.

호박에 밀가루 묻히기

박나물

박나물은 어린 박으로 만드나 박속으로 나물을 하려면 잘 여문 것으로 골라 만든다.

재료

어린 박 1개(400g)
(가) 참기름 1큰술, 소금 2작은술, 깨소금 2작은술, 실고추 약간

만드는 법

1. 어리고 연한 박을 갈라서 소를 빼고 납작납작하게 썬다.
2. 냄비에 박을 담고 물을 조금 넣어 뚜껑을 덮어 익힌다. 박이 익으면서 나오는 물은 다 따라 버린다.
3. 익은 박에 참기름을 넣어 고루 섞고, (가)의 나머지 양념을 넣어 잠시 더 익힌다.

가지, 머위, 연근 채⑪

가지선

가지를 토막 내어 오이소박이처럼 칼집을 넣어 그 사이에 다진 쇠고기를 양념하여 채워 넣고 장국을 부어 끓인 일종의 찜이다.

재료(4인분)

가지(중) 2개, 쇠고기 150g,
표고(중) 2개, 달걀 1개
다홍고추 1개, 실파 2뿌리
(가) 간장 2큰술, 설탕 1큰술,
다진 파 4작은술, 다진 마늘 2작은술,
참기름 2작은술, 후춧가루 약간
(나) 간장 2큰술, 육수 ½컵

만드는 법

1. 가지는 가늘고 연한 것으로 골라 6cm 정도로 토막을 낸다. 양끝을 1cm씩 남기고 오이소박이처럼 칼집을 세 번씩 넣어 묽은 소금물에 담가 둔다.
2. 쇠고기는 살로 곱게 다지고, 표고는 불렸다가 곱게 채 썰어 합하여 (가)의 양념장으로 고루 무친다.
3. 가지는 마른 행주로 물기를 닦고 칼집 사이에 양념한 쇠고기를 채워 넣는다.
4. 달걀은 황백으로 나누어 지단을 부쳐 채 썰고, 다홍고추는 갈라 씨를 빼고, 실파는 채 썬다.
5. 냄비에 (나)의 조미료와 육수 또는 물을 담아 불에 올려 끓어오르면 소를 채운 가지를 나란히 놓고 끓인다. 도중에 불을 줄이고 가끔 국물을 끼얹어서 고루 간이 들도록 한다.
6. 가지가 연하게 익고 국물이 거의 졸아들면 그릇에 담고 달걀 지단과 ④의 고명을 얹는다.

머위깨즙나물

머위잎은 짙은 녹색으로 쓴맛이 나는데 데쳐서 쌈을 싸 먹기도 한다. 전라도 지방에서는 들깨즙으로 나물을 무쳐 먹는다.

재료(4인분)

머위대 500g, 마른 새우 100g,
다홍고추 1개, 파 1뿌리
(가) 들깻가루 6큰술,
쌀가루 2큰술, 물 2컵
(나) 다진 마늘 2큰술,
소금 2작은술, 청장 1큰술,
들기름 2큰술

만드는 법

1. 머위는 잘 씻어서 끓는 물에 데쳐 찬물에 담가 둔다.
2. 데친 머위대의 얇은 껍질을 벗겨 내고 대꼬치로 가늘게 갈라서 5cm 길이로 자르고 물기를 꼭 짠다.
3. 마른 새우는 번철에 기름을 두르지 말고 말리듯이 볶아서 마른 행주로 비벼서 깨끗이 손질한다.
4. 다홍고추는 갈라서 씨를 빼고 채 썰고, 파도 다듬어 채 썬다.
5. (가)의 볶은 들깻가루와 쌀가루를 합하여 물 2컵을 조금씩 넣으면서 저어서 멍울이 없도록 풀어 들깨즙을 만든다.
6. 들깨즙을 불에 올리고 풀을 쑤듯이 나무 주걱으로 저으면서 끓여서 익으면 (나)의 양념을 넣어 간을 맞추고 채 썬 파와 고추, 새우를 넣어 끓인다.
7. 들깨즙이 맛이 고루 들면 머위대를 넣고 고루 섞어서 잠시 끓인 다음 식힌다.

연근전

연근은 아삭아삭 씹히는 감촉이 좋고, 썬 단면이 특이한 문양을 이루어 맛도 좋지만 보기도 좋다. 묽은 밀가루즙을 만들어 부치는 연근전은 맛이 담백하다.

재료(4인분)

연근(소) 1개(250g), 소금 2작은술, 밀가루 2큰술, 지짐기름 적량
(가) 밀가루 1컵, 물 ½컵, 간장 2작은술, 참기름 2작은술
(나) 간장 2큰술, 물 1큰술, 식초 1큰술, 잣가루 ½작은술

만드는 법

1. 연근은 지름이 3.5cm 정도의 굵기인 것을 골라서 깨끗이 씻어서 껍질을 벗기고 0.5cm 두께로 둥글게 썰어서 식초를 조금 넣은 냉수에 담가 둔다.
2. 냄비에 넉넉히 물을 끓여서 연근을 넣고 삶아 건진다.
3. 밀가루에 간장, 참기름, 물을 넣고 잘 갠다.
4. 데쳐 낸 연근에 밀가루를 고루 묻힌 후 밀가루즙에 담갔다가 뜨겁게 달군 번철에 기름을 두르고 앞뒤를 노릇하게 지진다.
5. (나)의 조미료로 초장을 만들어 곁들여 낸다.

고추, 마늘 채⑫

풋고추무침

풋고추장아찌

풋고추무침

풋고추에 밀가루를 묻혀 쪄 낸 뒤 무친 찬이다.

재료(4인분)

풋고추(소) 30개, 밀가루 2큰술
(가) 간장 1½큰술, 설탕 2작은술,
다진 파 1큰술,
다진 마늘 ½큰술, 깨소금 1큰술,
참기름 1큰술, 다홍고추 1개

만드는 법

1. 풋고추는 씻어서 꼭지를 떼고 밀가루를 고루 묻혀서 찜통에 찐다.
2. 다홍고추를 다져서 (가)의 조미료를 합하여 양념장을 만든다.
3. 찐 풋고추에 양념장을 넣어 고루 무친다.

풋고추장아찌

간장이나 고추장에 재웠던 풋고추장아찌를 썰어 무친 찬이다.

재료

풋고추 600g, 간장 3컵
(가) 소금 60g, 물 3컵
(나) 고춧가루(고운 것) · 다진 파
· 다진 마늘 · 설탕 · 참기름
· 통깨 각 적량

만드는 법

1. 풋고추는 크고 상처가 없는 것으로 골라 씻어서 꼭지를 1cm 정도 남기고 끊는다.
2. (가)의 소금물에 고추를 넣고 돌이나 접시를 얹어서 떠오르지 못하게 하고 열흘 정도 두어 노랗게 삭힌다.
3. 향이 좋게 삭은 고추는 건져서 물기를 없애고 간장을 부어서 돌이나 접시 등으로 눌러 두거나 고추장에 박아서 2주일 이상 둔다.
4. 먹을 때는 고추를 잘게 썰어서 (나)의 조미료를 넣어 고루 무친다.

통마늘장아찌

덜 여문 마늘을 통째로 식초 물에 삭혀서 두 가지 장아찌로 담근다

재료

통마늘 50개
(가) 식초 2컵, 소금 ½컵, 물 10컵
(나) 간장 5컵, 식초 ½컵, 설탕 ½컵

만드는 법

1. 연한 통마늘을 구하여 껍질을 한 켜 벗기고 마늘대가 조금 남게 잘라서 (가)의 식초 물에 넣고 3~4일 두어 삭힌다.
2. 삭힌 마늘을 건져서 물기를 닦고 항아리나 병에 차곡차곡 담는다.
3. (나)의 간장, 식초와 설탕을 냄비에 담고 끓여 식혀서 마늘 담은 항아리에 붓고 떠오르지 않게 위를 돌이나 접시로 눌러 둔다. 열흘마다 국물을 따라 내어 끓여서 붓기를 서너 번 한다.
4. 두 달 정도 되면 먹을 수 있고 일 년 내내 두고 먹는다.
5. 상에 낼 때는 양끝을 잘라 내고 둥근 단면이 나오게 한 개를 3등분하여 그릇에 담는다.

*흰색으로 담그려면 간장을 넣지 말고 소금으로 간을 맞춘다.

버섯 채 ⑬

송이전골(위는 생선전골)

송이전골

송이전골 쇠고기, 조갯살, 실파를 한데 살짝 볶아서 만드는데 각 재료의 담백한 맛이 잘 어울리는 음식이다.

재료(4인분)
송이버섯 200g, 쇠고기 200g, 조갯살 200g, 실파 50g, 참기름 1큰술, 소금 2작은술 (가) 간장 2큰술, 설탕 1큰술, 다진 파 4작은술, 다진 마늘 2작은술, 참기름 2작은술, 깨소금 2작은술, 후춧가루 약간

만드는 법
1. 송이버섯은 갓이 피지 않은 것으로 골라서 뿌리 쪽의 흙을 칼로 도려내고 몸통은 젖은 행주로 살살 문질러서 닦아 내어 머리 쪽의 0.5cm 정도로 칼집을 넣어 납작하게 가른다.
2. 쇠고기의 연한 부위로 채 썰어 (가)의 조미료를 합한 양념장으로 고루 무친다.
3. 조갯살은 소금물에 흔들어 씻고 검은 내장을 발라낸다.
4. 실파는 5cm 길이로 썬다.
5. 송이와 조갯살을 참기름과 소금으로 살짝 버무린다.
6. 전골틀에 송이, 조갯살, 쇠고기, 실파 등을 색색으로 돌려 담아 상에서 볶으면서 먹는다. 기호에 따라 끓는 물에 소금과 간장으로 간을 맞추어서 붓거나 육수를 넣고 끓여도 된다.

송이탕

'버섯 중의 버섯' 이라는 송이버섯과 쇠고기로 끓인 맑은장국이다. 맑은 고깃국에 송이를 얇게 저며서 끓이기도 한다.

재료(4인분)
쇠고기 100g, 송이(소) 4개, 물 8컵, 청장 적량, 달걀 1개, 밀가루 1큰술, 마른 표고 1개, 잣 1작은술, 실파 1뿌리 (가) 소금 1작은술, 참기름 1작은술, 후춧가루 약간, 마늘 1작은술

만드는 법
1. 쇠고기는 납작납작하게 썰어서 (가)로 양념하여 물을 부어 맑은장국을 끓인다.
2. 송이는 뿌리를 연필 깎듯이 깎아 내고 겉을 젖은 행주로 닦아 반으로 가르고 실파는 다듬어서 4cm 길이로 썬다. 표고는 불려서 채 썬다.
3. 장국이 펄펄 끓으면 송이를 밀가루에 묻히고 계란 푼 것에 담갔다가 넣는다.
4. 표고와 실파를 넣고 잠깐 더 끓여서 바로 대접에 담고 잣을 띄운다.

송이탕

표고전

항암 물질이 들어 있다고 하여 더 각광받는 표고는 나물이나 전, 구이, 산적, 국, 전골, 찌개 등에 모두 어울린다.

재료(4인분)

마른 표고(소) 12개, 쇠고기(우둔) 100g, 두부 50g, 밀가루 2큰술, 달걀 2개, 지짐기름 적량
(가) 간장 1큰술, 설탕 ½큰술, 다진 파 2작은술, 다진 마늘 1작은술, 참기름 1작은술, 깨소금 1작은술, 후춧가루 약간
(나) 간장 2큰술, 물 1큰술, 식초 1큰술, 잣가루 ½작은술

만드는 법

1. 표고는 되도록 작고 갓이 피지 않은 것으로 골라 미지근한 물에 불려서 기둥을 떼고 등에 열십자로 칼집을 낸다.
2. 쇠고기는 살로 곱게 다지고, 두부는 깨끗한 행주로 싸서 도마나 무거운 것으로 눌러 물기를 빼고 곱게 으깬다.
3. 다진 쇠고기와 으깬 두부를 합하여 (가)로 양념하여, 표고의 안쪽에 밀가루를 고루 묻힌 다음에 소를 꼭꼭 눌러 채운다.
4. ③의 표고에 소를 넣은 면에만 밀가루를 얇게 묻히고 달걀 푼 것에 담갔다가 뜨겁게 달군 번철에 양면을 지진다.
5. (나)의 양념을 합하여 초장을 만들어 곁들여 낸다.

석이볶음

버섯산적

석이볶음

석이는 주로 화강암 절벽에 붙어 있다. 손질하기가 번거로우므로 한꺼번에 손질하여 바싹 말려 두었다가 필요할 때 더운물에 불려서 쓴다.

재료(4인분)
석이(불린 것) 2컵,
소금 1작은술, 참기름 1큰술,
잣가루 1작은술

만드는 법
1. 끓는 물에 검은 석이를 튀하여 불린 다음 손바닥으로 싹싹 비벼 검정 물이 다 빠질 때까지 씻는다. 가운데 어적거리는 것은 떼어 버리고 적당한 크기로 뜯는다.
2. 참기름에 잠깐 볶다가 소금으로 간을 맞춘 후 잣가루를 뿌린다.

버섯산적

여러 가지 버섯과 쇠고기, 파를 번갈아 꿰어 만든 적이다.

재료(4인분)
느타리 100g, 생표고 150g,
쇠고기 200g, 파 50g,
(가) 간장 2큰술, 설탕 1큰술,
파 4작은술, 마늘 2작은술,
깨소금 2작은술, 참기름 2작은술,
후춧가루 약간
(나) 간장 2큰술, 설탕 1큰술,
깨소금 2작은술, 참기름 2작은술

만드는 법
1. 느타리는 큰 것으로 골라서 길이대로 한두 번 가른다.
2. 표고는 꼭지를 떼고 막대 모양이 되도록 크기를 맞춰 썬다.
3. 고기는 연한 부위로 골라 0.7cm 정도의 두께로 적을 떠서 잔 칼질을 하여 표고와 같은 크기로 썰어 (가)의 양념장으로 고루 버무린다.
5. 파는 가는 것으로 골라 같은 길이로 썬다.
6. 느타리, 표고, 쇠고기, 파를 번갈아 꼬치에 꿰어 팬에 (나)의 양념장을 뿌리면서 지져서 접시에 담는다.

묵 채⑭

탕평채

청포묵 나물을 말하는데, 조선 시대 중기에 탕평책을 경륜하는 자리에 이 음식이 나와 '탕평채' 라 하였다고 한다.

재료(4인분)

청포묵 300g, 쇠고기 100g, 숙주 100g, 미나리 100g, 달걀 1개, 소금 1작은술, 다홍고추 1개
(가) 간장 1큰술, 설탕 ½큰술, 다진 파 2작은술, 다진 마늘 1작은술, 깨소금 2작은술, 참기름 1작은술, 후춧가루 약간
(나) 간장 ½큰술, 식초 1큰술, 설탕 ½큰술, 깨소금 2작은술, 참기름 2작은술

만드는 법

1. 묵은 가늘게 채친다.
2. 쇠고기는 가늘게 채 썰어 (가)의 양념으로 무쳐 바싹 볶아 식힌다.
3. 달걀은 황백으로 나누어 지단을 부쳐서 채 썬다.
4. 숙주와 미나리는 깨끗이 다듬어 끓는 물에 소금을 약간 넣고 데쳐서 찬물에 헹궈서 물기를 빼고 미나리는 4cm 길이로 썬다.
5. 재료를 모두 준비하여 (나)의 초간장으로 무치고, 위에 달걀 지단 채와 다홍고추를 고명으로 얹는다.

청포묵무침

청포묵

녹두전분 만들 때 생기는 묵물을 넣어 쑤면 노릇한 묵이 된다. 탕평채처럼 부재료를 준비하여 참기름과 소금으로 무친다.

재료(4인분)
녹두 5컵, 물 10리터

만드는 법

1. 타갠 녹두나 껍질을 벗긴 녹두를 물에 하룻밤 불려서 껍질을 말끔히 없앤다.
2. 거피한 녹두를 블렌더에 곱게 갈아서 면주머니나 고운 겹체에 걸러서 한나절 가라앉힌다.
3. 그릇 밑에 모인 앙금이 녹두 전분이다. 이것을 모아서 바로 쑤려면 냄비에 물 2컵을 펄펄 끓여서 젖은 앙금 1컵 정도를 물에 풀어 넣어 풀을 쑤듯이 계속 저으면서 익힌다. 미리 녹두 전분을 마련하여 말려 두면 아무때나 쑬 수 있다.
4. 뜸을 충분히 들여서 네모진 그릇이나 넓은 그릇에 퍼내어 식혀 굳힌다.

청포묵 만들기

① 녹두 거피하기

② 녹두 녹말 내기

도토리묵무침

쓴맛을 우려낸 도토리를 맷돌에 갈아서 앙금을 모아 말린 가루로 쑨 묵에 오이와 풋고추 등을 넣어 무친다.

재료(4인분)

도토리묵 300g,
오이 1개, 풋고추 1개, 다홍고추 1개
㈎ 간장 3큰술, 고춧가루 1큰술,
다진 파 1큰술, 다진 마늘 ½큰술,
참기름 1큰술, 깨소금 1큰술

만드는 법

1. 도토리묵은 폭 2cm, 두께 1cm 정도로 도톰하게 썬다.
2. 오이는 반으로 갈라서 얇게 썰고 풋고추는 갈라서 씨를 빼고 어슷하게 채 썬다.
3. ㈎의 양념을 한데 섞어서 양념장을 만든다.
4. 그릇에 채소와 묵을 한데 담아 양념 간장을 넣고 살짝 버무리거나 접시에 담고 위에 양념 간장을 뿌린다.

도토리묵 만들기

① 도토릿가루에 물 섞기

② 도토리묵을 쑤어 소금 간 하기

메밀묵무침

추운 겨울 밤에 출출할 때 즐겨 먹던 음식이다.
메밀은 영양가가 높고 칼로리는 낮으며 당뇨병이나 성인병에도 좋다.

재료(4인분)

메밀묵 300g,
배추김치 150g, 김 1장
(가) 간장 2큰술, 설탕 1큰술,
다진 파 1큰술, 다진 마늘 ½큰술,
참기름 1큰술, 깨소금 1큰술

만드는 법

1. 메밀묵은 폭 2cm, 두께 1cm 정도로 도톰하게 썬다.
2. 배추김치는 소를 털고 0.7cm 폭으로 송송 썰고, 김은 구워서 비벼 놓는다.
3. (가)의 양념을 한데 섞어서 양념장을 만든다.
4. 접시에 묵을 담아 위에 김치를 얹고 양념 간장을 뿌리거나 그릇에 채소와 김치를 담고 양념 간장을 넣어 살짝 버무리고 부순 김을 섞어서 접시에 담는다.

메밀묵 만들기

① 메밀가루에 물 섞기

② 메밀가루를 되직하게 쑤어 굳히기

올챙이묵

옥수수가 많이 나는 강원도의 고유 음식인데 모양이 올챙이 같아서 붙은 이름이다.

재료(10인분)

말린 옥수수 8컵, 열무김치 500g
(가)풋고추 2개, 간장 4큰술, 고춧가루 2작은술, 다진 마늘 1작은술, 깨소금 1작은술

만드는 법

1. 말린 옥수수에 더운물을 부어서 불린다.
2. 불린 옥수수를 맷돌에 넣고 물을 한 수저씩 넣어 주면서 간다.
3. ②를 가라앉혀 윗물을 따라 버리고 앙금만 모아서 솥에 넣어 중불에 되직하게 죽처럼 쑨다.
4. ③을 구멍 뚫린 바가지에 붓고 흔들어서 아래로 묵이 빠지면서 바로 찬물에 담기게 한다.
5. (가)의 간장에 다진 풋고추, 마늘, 고춧가루, 깨소금으로 얼큰하게 양념 간장을 만든다.
6. 물에서 건져낸 올챙이 국수를 대접에 담고 양념 간장과 열무김치를 곁들여 먹는다.

올챙이묵 만들기

① 옥수수 앙금으로 풀 쑤기

② 구멍 뚫린 바가지에서 올챙이묵 내리기

두부 채⑮

두부전골

두부는 '밭에서 나는 쇠고기' 인 콩으로 만든 고단백 식품이다. 닭살과 함께 섞어 쪄 낸 두부선, 고기와 채소와 섞어 끓이는 전골, 조림, 순두부 찌개 등 다양한 조리법이 있다.

재료(4인분)

두부 1모(300g), 쇠고기 150g, 무 50g, 당근 50g, 숙주 100g, 실파 30g, 양파 50g, 표고 4개, 미나리 50g, 달걀 1개, 잣 1작은술
소금·후춧가루·간장·참기름 적량
(가) 간장 2큰술, 설탕 1큰술, 다진 파 4작은술, 다진 마늘 2작은술, 참기름 2작은술, 깨소금 2작은술, 후춧가루 약간

만드는 법

1. 두부는 길이 4cm, 폭 2.5cm, 두께 0.7cm로 썰어 소금을 약간 뿌렸다가 물기를 없애고 겉면에 녹말가루를 고루 묻혀서 번철에 노릇노릇하게 지진다.
2. 쇠고기는 100g은 채 썰고 나머지는 곱게 다진다.
3. 표고는 불려서 채 썰고, (가)의 조미료를 합하여 양념장을 만들어서 채 썬 고기, 표고, 다진 고기에 나누어서 고루 양념한다.
4. 무와 당근은 5cm 길이로 납작하게 채 썰고, 숙주는 머리와 꼬리를 따서 끓는 물에 소금을 약간 넣고 살짝 데쳐 참기름, 소금, 후춧가루를 넣고 무친다.
5. 양파는 길이로 채 썰고, 실파는 5cm 길이로 썬다. 미나리는 잎을 떼고 다듬어 끓는 물에 데쳐 낸다.
6. 지진 두부의 두 장 사이에 양념한 다진 고기를 넣어 데친 미나리로 가운데를 한 번씩 묶는다.
7. 준비한 채소와 고기, 두부를 전골 냄비에 돌려 담고 잣을 고루 뿌린다.
8. 더운물 2컵에 간장과 소금으로 간을 맞추어서 붓고 끓인다. 두부 등 재료가 익으면 달걀을 깨 넣어 반숙으로 익힌다.

두부선

두부를 으깨어 닭고기를 섞고 고명을 얹어 만든 찜이다.

재료(4인분)

두부 1모(300g), 닭고기 100g, 석이 3장, 달걀 1개, 잣 1작은술, 실고추 약간
(가) 소금 2작은술, 설탕 1작은술, 다진 파 1큰술, 다진 마늘 ½큰술, 참기름 1작은술, 깨소금 1작은술, 후춧가루 약간
(나) 간장 2큰술, 물 1큰술, 식초 1큰술, 잣가루 ½작은술, 겨자즙 2큰술

만드는 법

1. 닭고기는 살만 발라서 곱게 다진다.
2. 두부를 행주에 싸서 무거운 것으로 눌러서 물기를 뺀 다음 도마에 놓고 한쪽 끝에서부터 칼을 눕혀서 으깨어 체에 내려서 곱게 친다.
3. 석이는 불려서 비벼 깨끗이 손질하여 채 썬다.
4. 실고추는 3cm 길이로 끊어 놓고, 잣은 고깔을 떼고 길이로 반을 갈라서 비늘 잣을 만든다.
5. 달걀은 황백으로 나누어 지단을 부쳐서 채 썬다.
6. 두부와 고기를 섞어 (가)의 양념을 넣고 고루 섞는다. 젖은 행주를 펴고 양념한 두부를 1cm 두께로 고르게 펴서 네모난 반대기를 만들어 위에 석이, 지단, 실고추, 비늘잣을 고루 얹고 위에도 젖은 행주를 덮어 살짝 누른다.
7. 찜통에 10분 정도 쪄 내어 한 김 식힌 후 네모지게 썰어 (나)의 초장과 갠 겨자를 곁들인다.

두부선 만들기

① 두부의 물기를 짜 낸다.

② 두부를 곱게 으깬다.

③ 두부와 닭고기를 섞어 양념한다.

④ 양념한 두부로 반대기를 만든다.

⑤ 고명을 얹어서 쪄 낸다.

두부조림

두부를 기름에 지져 양념 간장에 조린 찬이다.

재료(4인분)

두부 1모(300g), 소금 약간, 식용유 2큰술, 실고추 약간
(가) 간장 3큰술, 물 ½컵, 설탕 1큰술, 마늘 2쪽, 파 1뿌리, 통깨 ½큰술, 후춧가루 약간

만드는 법

1. 두부는 한입에 먹기에 알맞은 크기로 썰어 소금을 약간 뿌려서 마른 행주로 물기를 없앤다.
2. 번철을 달구어서 기름을 두르고 두부의 양면을 노릇하게 지져 낸다.
3. 파와 마늘은 채 썰어 (가)의 나머지 조미료를 모두 합하여 양념장을 만든다.
4. 냄비에 두부를 한 켜 깔고 위에 (가)의 양념장을 끼얹고 실고추를 얹는다. 다시 두부를 한 켜 놓고 남은 양념장을 끼얹어서 불에 올린다.
5. 장물이 끓어오르면 불을 줄이고 국물이 거의 없어질 때까지 조린다. 가끔 장물을 떠서 위에까지 간이 고루 배게 한다.

잡채, 죽순채, 겨자채 채⑯

잡채

잡채는 요즘에도 잔칫상에 빠지지 않는 음식이다. 이름 그대로 여러 채소를 섞은 음식인데, 당면을 넣어 만든 지는 그리 오래되지 않았다.

재료(4인분)

쇠고기(우둔) 120g,
마른 표고(중) 3개,
목이 10g, 도라지 100g,
당근 100g, 양파 ½개(100g),
오이(중) ½개, 달걀 1개, 당면 30g,
소금 · 후춧가루 · 깨소금 각 적량
(가) 간장 2큰술, 설탕 1큰술,
다진 파 4작은술, 다진 마늘 2작은술,
참기름 2작은술, 깨소금 2작은술,
후춧가루 약간
(나) 다진 파 2작은술,
다진 마늘 1작은술, 참기름 2작은술,
깨소금 2작은술, 후춧가루 약간
(다) 간장 1큰술, 설탕 1큰술,
참기름 1큰술

만드는 법

1. 쇠고기는 살로 결을 따라서 길이로 가늘게 채 썬다.
2. 표고는 물에 불려서 기둥을 떼어내고 가늘게 채 썰고, 목이는 불려서 한 잎씩 떼어 작게 썬다.
3. (가)의 양념장을 만들어 쇠고기, 표고, 목이에 나누어 고루 무쳐서 번철에 기름을 두르고 볶아서 식힌다.
4. 오이, 당근은 4cm 크기로 납작하게 채 썰어서 소금에 절였다가 번철에 기름을 두르고 볶아 소금, 후춧가루로 간을 한다.
5. 도라지는 가늘게 갈라서 소금을 넣고 주물러 씻어서 (나)의 양념으로 무쳐서 볶고, 양파는 길이대로 채 썰어 기름에 볶아서 소금, 후춧가루로 간을 한다.
6. 달걀은 황백으로 나누어 지단을 부쳐서 채 썬다.
7. 당면은 끓는 물에 부드럽게 삶아 내어 길이를 두세 번 끊어서 (다)의 조미료로 고루 무친다.
8. 큰 그릇에 지단을 조금만 남기고 볶은 재료와 당면을 한데 넣고 고루 섞어서 그릇에 담고 위에 달걀 지단을 얹는다.

죽순채(가운데), 죽순찜(위), 죽순회(아래)

죽순채

죽순에는 비타민 B군과 C, 식이섬유가 많다.
한방에서는 이뇨, 거담제나 주독을 풀어 주는 데 효과가 있다고 한다.

재료(4인분)
날죽순(중) 2개(600g), 물 10컵, 마른 고추 2개, 쇠고기(우둔) 120g, 마른 표고 3개, 미나리 50g, 숙주나물 100g, 다홍고추 1개, 달걀 1개
(가) 간장 2큰술, 설탕 1큰술, 다진 파 4작은술, 다진 마늘 2작은술, 깨소금 2작은술, 참기름 2작은술, 후춧가루 약간
(나) 간장 2작은술, 소금 2작은술, 설탕 2작은술, 식초 1큰술, 깨소금 2작은술, 참기름 2작은술, 후춧가루 약간

만드는 법
1. 날죽순은 뾰족한 쪽의 끝을 5cm 정도 어슷하게 자르고 길이로 칼집을 한 군데 넣는다. 냄비에 물을 붓고 마른 고추를 한데 넣어 1시간 정도 삶아서 그대로 식힌다.
2. 삶은 죽순은 껍질을 벗겨 반을 갈라서 빗살 모양으로 납작하게 썬다.
3. 쇠고기는 살로 채 썰고, 표고는 물에 불려서 기둥을 떼어 내고 채 썬다. 두 가지를 합하여 (가)의 양념장으로 무쳐서 번철에 기름을 두르고 볶아서 식힌다.
4. 미나리는 잎을 떼어 다듬어 4cm 길이로 자르고, 숙주는 머리와 꼬리를 다듬어서 끓는 물에 소금을 약간 넣고 데친다.
5. 달걀은 황백으로 나누어 지단을 부쳐서 채 썰어 조금 남기고 볶은 죽순과 볶은 쇠고기와 표고, 미나리, 숙주, 고추 채를 한데 모아서 (나)의 양념을 넣고 고루 무치고 지단을 고명으로 얹는다.

죽순찜

반으로 가른 죽순 등에 칼집을 넣어 다진 쇠고기를 채워 넣고 장국에 끓인 것이다.

재료(4인분)
날죽순(중) 2개, 쇠고기 100g, 마른 표고 2개
(가) 청장 ½작은술, 소금 ½작은술, 다진 파 2작은술, 마늘 1작은술, 깨소금 1작은술, 참기름 1작은술, 후춧가루 약간
(나) 육수 2컵, 청장 1작은술

만드는 법
1. 죽순은 껍질째 물에 푹 삶아서 식힌 후에 껍질을 벗겨 반으로 가른다.
2. 쇠고기는 곱게 다지고, 표고는 물에 불려서 기둥을 떼고 가늘게 채 썬다.
3. (가)의 양념을 합하여 양념장을 만들어 쇠고기와 표고를 합하여 고루 무친다.
4. 삶은 죽순의 빗살 무늬 사이에 양념한 고기와 표고를 채워 넣는다.
5. 냄비에 육수를 담고 청장으로 간을 하여 소를 채운 죽순을 나란히 담고 끓인다.
6. 죽순에 간이 배고 부드럽게 익으면 그릇에 담고 계란 지단, 실파, 실고추 등 고명을 얹는다.

죽순회

햇죽순의 상큼한 향기와 아삭하게 씹히는 감촉이 아주 좋다.

재료(4인분)
날죽순(중) 1개
(가) 고추장 2큰술, 간장 ½큰술, 식초 1큰술, 물 1큰술, 설탕 2작은술, 다진 마늘 1작은술, 통깨 1작은술

만드는 법
1. 죽순은 물을 넉넉히 붓고 푹 삶아서 그대로 식힌다.
2. 삶은 죽순이 식으면 껍질을 벗기고, 속살만을 꺼내어 반으로 가른 다음에 빗살무늬가 나도록 얇게 저며 썰어서 그릇에 담는다.
3. (가)의 양념을 모두 합하여 고루 섞어서 초고추장을 만들어 작은 그릇에 담아 함께 낸다.

겨자채

겨자는 갓의 씨를 뽑아 만든다. 가을 갓의 잎은 김치를 담그고 봄 갓은 씨를 받아 겨자로 쓴다. 채소, 고기, 해물을 합하여 겨자즙으로 무친 겨자채는 매콤하면서도 맛있다.

재료(4인분)

오이(소) 1/2개(50g), 배 1/4개,
당근 50g, 양배추 50g,
삶은 죽순 50g,
밤 3개, 잣 1작은술, 달걀 1개,
전복 1개, 양지머리편육 50g
후춧가루 · 소금 적량
(가) 겨잣가루 2큰술, 물 1 1/2큰술,
설탕 1작은술, 식초 2큰술,
소금 1작은술, 연유 3큰술

만드는 법

1. 오이, 당근, 양배추는 씻어서 폭 1cm, 길이 4~5cm로 썬다. 죽순도 같은 크기로 썰어 끓는 물에 살짝 데친다.
2. 양지머리는 삶아 눌러 편육으로 하여 채소와 같은 크기로 썬다. 전복은 소금으로 문질러 씻어서 끓는 물에 살짝 삶아서 얇게 저민다.
3. 배는 껍질을 벗겨 채소와 같은 크기로 썰고, 잣은 고깔을 따고, 밤은 속껍질까지 깨끗이 벗겨 납작하게 썰어서 찬물에 30분쯤 담갔다가 건진다.
4. 달걀은 황백으로 나누어 약간 도톰하게 지단을 부쳐서 채소와 같은 크기로 썬다.
5. (가)의 조미료 중 먼저 겨잣가루에 물을 넣어 되직하게 개어서 잠시 덮어 두어 매운맛을 낸 후에 식초, 설탕, 소금을 넣어 겨자즙을 만든다.
6. 준비한 재료들을 차게 두었다가 상에 내기 직전에 소금, 후춧가루를 약간 뿌리고 겨자즙과 연유를 넣어 가볍게 고루 무친 후 그릇에 담고 실백을 얹는다.

*겨잣가루는 미지근한 온수에 넣어 고루 저어서 두면 매운맛이 생기는데 이 때 물 온도가 60℃가 넘으면 매운맛을 내는 효소가 죽어서 매운맛은 없고 쓴맛만 남는다. 연유를 넣으면 매운맛이 부드럽게 된다.

채소 찬물에 담그기

구절판 채 17

구절판

구절판은 원래 팔각으로 된 나무 그릇 이름이다. 지금은 거기에 담긴 음식 이름으로 굳어졌다. 그릇도 호화롭고 담긴 음식이 다채로워 교자상이나 주안상을 화려하게 꾸며 준다.

재료(4인분)

쇠고기(우둔) 120g, 마른 표고(중) 5개, 오이(중) 2개, 당근 100g, 석이버섯 15g, 죽순 150g, 달걀 3개, 잣가루 2큰술, 소금·후춧가루· 식용유·참기름 각 적량
(가) 간장 2큰술, 설탕 1큰술, 다진 파 4작은술, 다진 마늘 2작은술, 참기름 2작은술, 깨소금 2작은술, 후춧가루 약간
(나) 밀가루 1컵, 소금 1작은술, 물 1¼컵
(다) 겨자가루 2큰술, 물 1큰술, 식초 1큰술, 설탕 ½큰술
(라) 간장 2큰술, 식초 1큰술, 물 1큰술, 잣가루 1작은술

만드는 법

1. 쇠고기 살은 결대로 길이로 가늘게 채 썰고, 표고는 불려서 기둥을 떼어 내고 얇게 저민 다음에 곱게 채 썰어 (가)의 양념장으로 각각 나누어 고루 무친다.
2. 오이는 4cm 길이로 토막을 내어 돌려 가며 얇게 벗겨서 채 썬 다음 소금에 절여서 물기를 꼭 짠다. 당근은 4cm 길이로 가늘게 채 썰고, 삶은 죽순도 가늘게 채 썬다.
3. 석이는 더운물에 불려서 손질하여 가늘게 채 썬다.
4. 오이, 당근, 죽순, 석이를 각각 참기름, 소금, 후춧가루로 양념하여 번철에 기름을 두르고 볶아 펴서 식힌다.
5. 달걀은 황백으로 나누어 소금을 약간 넣고 잘 풀어서 지단을 얇게 부쳐 4cm 길이로 가늘게 채 썬다.
6. (나)의 밀가루에 소금을 넣고 물을 조금씩 넣어 묽게 풀어서 체에 거른다. 번철에 기름을 두르고 밀가루 푼 것을 큰술 하나씩 떠서 구절판의 가운데 칸에 알맞은 크기로 밀전병을 얇게 부친다. 뒷면도 살짝 익힌 후 채반에 꺼내어 식혀서 잣가루를 사이에 조금씩 뿌리고 여러 장을 겹쳐 놓는다.
7. 구절판 틀의 가운데 칸에 밀전병을 담고 둘레의 칸에는 위에서 준비한 여덟 가지를 같은 색끼리 마주 보도록 담고 따로 작은 그릇에 (다)의 겨자즙과 (라)의 초장을 낸다.

녹두빈대떡   채 ⓘ

녹두빈대떡

녹두를 물에 불렸다가 맷돌에 갈아 솥뚜껑에 부친 것으로 황해도에서는 '막부치', 평안도에서는 '녹두지짐이' 라고 한다.

재료(4인분)

녹두 3컵, 찹쌀가루(젖은 것) 2큰술,
돼지고기 150g, 숙주 150g,
배추김치 150g, 고사리 150g, 파 50g,
다홍고추 2개, 소금 1큰술,
후춧가루 적량,
지짐기름 적량
(가) 간장 1큰술, 다진 파 1큰술,
다진 마늘 ½큰술, 참기름 1작은술,
깨소금 1작은술, 후춧가루 약간
(나) 간장 4큰술, 물 1큰술,
식초 1큰술, 다진 파 2큰술,
다진 마늘 1큰술, 참기름 2작은술,
깨소금 2작은술, 고춧가루 2작은술

만드는 법

1. 녹두 타갠 것을 물에 충분히 불려서 잘 비벼 껍질을 깨끗하게 벗겨 건져서 맷돌이나 블렌더에 물을 붓고 걸쭉하게 간다.
2. 돼지고기는 잘게 썰거나 다져서 (가)의 양념을 넣어 고루 무친다.
3. 숙주는 끓는 물에 데치고, 삶은 고사리는 억센 줄기를 다듬어 짧게 썬다.
4. 파와 다홍고추는 어슷하게 채 썰고, 배추김치는 속을 털어 잘게 썰어 물기를 짠다.
5. 간 녹두에 돼지고기, 배추김치, 숙주, 고사리를 섞고 소금과 후춧가루로 간을 맞춘다.
6. 번철을 달구어서 기름을 넉넉히 두르고 반죽을 국자로 떠서 동그랗게 떠 놓고, 파와 다홍고추를 두세 개씩 얹어서 지진다. 노릇해지면 뒤집어서 노릇하게 지진다.
7. (나)의 재료로 양념 간장을 만들어 뜨거울 때 함께 낸다.

미역, 김, 다시마, 우무 채 ⑲

미역생채

미역은 콜레스테롤 수치를 낮추고 피를 맑게 하며, 골격 형성에 필요한 칼슘도 풍부하다.
생미역은 데쳐서 쌈으로 먹거나 생채를 만들기도 한다.

재료(4인분)

미역 300g, 오징어 ½마리, 오이 1개
(가) 고추장 2큰술, 간장 1큰술,
식초 2큰술, 설탕 1½큰술,
다진 파 1큰술, 다진 마늘 1큰술,
깨소금 2작은술, 참기름 2작은술

미역자반
재료(4인분)
자반 미역 20g, 식용유 2큰술,
설탕 1큰술, 깨소금 1큰술

만드는 법

1. 생미역은 씻어서 끓는 물에 넣어 살짝 데쳐서 찬물에 헹궈 내어 짧게 자른다.
2. 오징어의 안쪽에 사선으로 칼집을 넣어 끓는 물에 데쳐서 작게 썬다.
3. 오이는 길이로 반을 갈라서 어슷하게 0.3cm 두께로 얇게 썰어 소금에 살짝 절였다가 물기를 짠다.
4. 그릇에 (가)의 양념을 모두 합하여 섞어서 초고추장을 만들어서 데친 미역, 오징어, 오이를 넣어 살짝 버무린다.

미역자반, 김자반, 매듭자반

미역자반

마른 미역은 잘게 썰어 자반을 만들기도 하는데 밑반찬으로 좋다.

재료(4인분)
자반 미역 20g, 지짐기름 2큰술, 설탕 1큰술, 깨소금 1큰술

만드는 법
1. 자반 미역은 깨끗하게 말린 연한 것으로 골라서 가위로 폭 1.2cm 되게 짧게 끊는다.
2. 번철에 기름을 넉넉히 두르고 충분히 달구어서 미역을 넣고 재빨리 저으면서 고루 볶는다.
3. 미역을 파릇하게 볶아 불에서 내리고 깨소금과 설탕을 넣어 고루 섞어서 뚜껑 있는 용기에 담아서 마른 반찬으로 두고 먹는다.

김자반

김은 흑색 중에서도 자(紫), 남(藍), 녹(綠)의 삼색이 조화된 것을 최고급품으로 여겼다. 정월 대보름에 김쌈을 먹으면 무병 장수한다고 즐겨 먹기도 했다. 양념장을 발라 만드는 김자반은 밑반찬으로 좋다.

재료(4인분)
김 10장, 통깨(잣가루) 1큰술
(가) 간장 3큰술, 설탕 1큰술, 고춧가루 ½작은술, 다진 파 2작은술, 다진 마늘 1작은술, 참기름 ½큰술

만드는 법
1. 김은 티나 모래를 골라내고 넷으로 접는다.
2. (가)의 조미료로 양념장을 만든다.
3. 쟁반에 김을 한 장씩 놓고 양념장을 숟가락으로 떠서 구석구석 고루 바르고 다시 위에 김을 놓고 같은 요령으로 발라서 여러 장을 겹쳐서 꼭꼭 눌러 둔다.
4. 김에 간이 배면 채반에 한 장씩 펴서 겹치지 않게 널고 위에 통깨나 잣가루를 고루 뿌린다. 말릴 때 가끔 자리를 옮겨야 채반에 들러붙지 않는다.
5. 김자반이 바싹 마르면 석쇠에 얹어 살짝 굽고 가장자리를 다듬어서 작게 썰어 뚜껑 있는 그릇에 담아 두면 밑반찬으로 좋다.

매듭자반

다시마를 끈 모양으로 잘라 매듭지어 잣과 통후추를 넣어 튀긴 마른 찬으로 안주로도 좋다.

재료(4인분)
다시마 1오리(약 40cm) 잣 2작은술, 통후추 1작은술, 설탕 1큰술, 튀김기름 2컵

만드는 법
1. 다시마는 약간 두꺼운 것으로 골라서 젖은 행주를 물기를 꼭 짜서 깨끗이 닦아 내어 폭 1.2cm, 길이 12cm 정도의 긴 끈 모양으로 썬다.
2. 썬 다시마를 한 가닥씩 들고 매듭을 묶고 삼각진 매듭에 잣과 통후추를 한 알씩 넣어 빠지지 않게 당긴다.
3. 튀김 냄비에 기름을 담아 160℃ 정도로 데워서 매듭을 맨 다시마를 넣어 바삭하게 튀긴다.
4. 고루 튀겨 망에 건져서 여분의 기름은 빼고 설탕을 고루 뿌려서 그릇에 담는다.

기장우무묵

경상도 해안 지방에서는 우무를 묵처럼 굳혀서 식초로 맛을 낸 냉국에 말아먹기도 한다.
경상도 기장에서는 우무에 된장을 넣어 고명을 얹어서 굳힌 별미 음식 기장우무묵을 즐겨 먹는다.

재료(4인분)

우뭇가사리 50g, 멸치 50g, 물 5컵,
된장 1큰술, 부추 50g, 방아잎 20g,
달걀 2개, 석이 3장, 통깨 1작은술,
실고추 약간
㈎ 고추장 2큰술, 다진 파 1큰술,
다진 마늘 1큰술, 깨소금 1큰술,
식초 1큰술

만드는 법

1. 멸치를 내장을 빼고 다듬어 물에 넣어 멸치장국을 끓여서 건지는 건져 낸다.
2. 멸치장국에 우뭇가사리를 넣고 푹 끓여서 체에 걸러서 찌꺼기는 없애고 된장을 풀어 넣는다.
3. 부추는 다듬어 씻어서 3cm 정도로 끊고 방아잎도 채 썬다. 달걀 1개는 황백 지단을 부쳐서 가늘게 채 썬다.
4. ②를 끓이다가 부추와 방아잎을 넣고 달걀을 풀어서 넣고 저어서 한소끔 더 끓여서 네모진 그릇이나 넓은 그릇에 쏟아서 굳힌다. 완전히 굳기 전에 위에 황백 지단, 석이 채, 실고추 고명을 얹어서 굳힌다.
5. 우무묵이 단단히 굳으면 얇게 썰어서 ㈎의 초고추장을 곁들여 낸다.

달걀 채⑳

영양을 고루 갖춘 달걀의 아미노산 조성은 영양학적으로 가장 이상적이라 한다. 쇠고기 완자를 넣고 부치는 알쌈, 집에서 흔히 쪄 먹는 알찜(알찌개), 끓는 물에 넣어 익히는 수란 등 조리 방법도 다양하다.

알쌈

알찌개

수란

알쌈

달걀을 풀어 타원형으로 익히고 고기 완자를 넣어 반으로 접어 만든다.

재료(4인분)
달걀 2개, 소금 ½작은술, 쇠고기(우둔) 100g, 지짐기름 적량
(가) 간장 1큰술, 설탕 ½큰술, 다진 파 2작은술, 다진 마늘 1작은술, 참기름 1작은술, 깨소금 1작은술, 후춧가루 약간
(나) 간장 2큰술, 물 1큰술, 식초 1큰술, 잣가루 ½작은술

만드는 법
1. 달걀을 그릇에 깨서 소금을 약간 넣고 거품이 일지 않게 잘 풀어 놓는다.
2. 쇠고기는 살로 곱게 다져서 (가)의 조미료를 합한 양념장을 넣고 고루 섞어서 지름 1cm 크기로 둥글게 완자를 빚는다.
3. 번철을 달구어 기름을 두르고 불을 약하게 하여 달걀 푼 것을 한 숟가락씩 떠서 폭이 3~5cm 되는 타원형으로 흘려 놓는다.
4. 달걀이 완전히 익기 전에 고기 완자를 중심에 놓고 반을 접어서 가장자리를 붙여서 반달형으로 만든 다음 뒤집어서 속까지 익힌다.
5. (나)의 양념으로 초장을 만들어 곁들여 낸다.

알찌개

달걀을 풀어 새우젓으로 간을 하여 만든 찜으로 서민적인 찬이다.

재료(4인분)
달걀 4개, 쇠고기(우둔) 60g, 육수(물) 1½컵, 새우젓 3큰술, 실파 2뿌리, 실고추 약간
(가) 소금 ½작은술, 다진 파 2작은 술, 마늘 1작은술, 후춧가루 약간

만드는 법
1. 달걀은 그릇에 깨뜨려서 흰자와 노른자가 잘 섞이도록 풀어서 육수를 넣고 고루 섞는다.
2. 쇠고기는 살로 곱게 다져서 (가)로 양념하여 고루 무친다. 새우젓의 건지를 곱게 다진다.
3. 실파는 다듬어서 4cm 길이로 썰고, 실고추도 짧게 끊어 놓는다.
4. 달걀 푼 것에 다진 고기와 새우젓을 넣고 고루 섞어 작은 뚝배기에 담아 실파와 실고추를 얹어서 찜통에 넣고 중불에서 10분 정도 찐다. 불을 끄고 10분 정도 그대로 둔다.

수란

달걀을 한 개씩 국자에 담아 반숙으로 익힌 음식으로 옛날에는 별찬으로 꼽았다.

재료(4인분)
달걀 4개, 참기름 1작은술, (가) 물 3컵, 소금 1작은술, 소금·석이·실고추·실파 약간

만드는 법
1. 물에 소금을 넣고 불에 올려 펄펄 끓으면 불을 약하게 줄인다.
2. 달걀을 작은 그릇에 하나씩 깨뜨려 담아 놓는다.
3. 수란기 혹은 국자에 참기름을 고르게 바른 후 깬 달걀을 가만히 넣고 국자 자루를 손으로 잡고 끓는 물에 반쯤 잠기도록 하여 익힌다. 달걀 흰자가 익으면 국자를 끓는 물 속에 잠깐 담가 노른자가 살짝 익을 정도 두었다가 건진다. 마른 행주 위에 건졌다가 각자의 그릇에 담는다.
4. 뜨거울 때에 소금을 약간 뿌리고, 석이와 실파 채와 실고추 채를 웃기로 얹어 장식한다.

콩나물, 숙주

채❶

숙취에 좋은 콩나물

거름 한 번 주지 않아도 어디서나 잘 자라는 콩은, 국어사전에 나오는 종류만 해도 서른 가지가 넘는다. 이 가운데 콩나물로 쓰기에 적합한 것은 쥐눈이콩, 기름콩 등 알맹이가 작은 흰콩이다. 콩의 원산지는 고구려 조상이 살던 만주 지방이며, 야생 콩을 재배하여 먹기 시작한 것도 우리 조상이다. 콩으로 메주를 쑤어 장을 담그고, 콩나물을 길러 먹고, 두부를 만들었다. 이웃 일본이나 중국에서는 콩나물보다 녹두로 기른 숙주나물을 많이 먹는다.

콩나물이 나오는 최초의 문헌은 중국의 『신농본초경(神農本草經)』인데 콩나물을 '대두황권(大豆黃卷)'이라 하였고, 『명의별록(名醫別錄)』에서는 "발아 식품은 검정콩으로 만든다. 길이 다섯 치가 되면 건조시킨다. 이것을 '황권'이라 하는데 볶아 두었다가 필요할 때 꺼내 먹는다"고 하였다. 우리 나라에서는 상고 시대부터 콩나물이 있었으리라 생각되지만, 문헌에는 고려 고종 때 『향약구급방』에 콩을 싹트게 한 대두황권을 햇볕에 말려 약으로 썼다는 기록이 있다.

서양에서는 콩에서 콩나물이 되는 것을 보고 털이 있고 다리가 하나 달린 유령이 들어 있다고 생각했고, 고대 희랍 로마에서도 콩나물을 먹으면 광기와 악몽이 생기며 이성과 오감(五感)이 마비된다는 부정적 이미지를 갖고 있었다.

콩은 "밭에서 나는 쇠고기"라는 말이 있듯이 단백질과 지방이 많은 영양 식품이지만 비타민 C는 없다. 그런데 콩나물로 자라면 이 영양소가 생겨 콩나물 두 줌 정도면 하루에 필요한 비타민 C가 충족된다. 콩나물로 국을 끓이면 단백질 성분이 대부분 수용성으로 바뀌어 소화 흡수가 잘 되며 그 중에 아스파라긴산이라는 감칠맛을 내는 성분이 콩나물국의 독특한 향미를 내는데, 이 성분이 바로 피로 회복과 숙취에 큰 효과가 있다. 특히 뿌리에 많이 들어 있으므로 뿌리를 떼어내지 않고 먹는 것이 좋다. 요즘에는 이 성분으로 기능성 음료를 개발해 좋은 반응을 얻고 있기도 하다. 또 저혈압인 사람에게 좋다고 한다.

콩나물을 이용한 음식은 전라북도에서 특히 발달했으며 익산 지방의 콩나물김치는 유명하다. 또 콩나물과 엿을 사기 그릇에 담아서 아랫목에 묻어 두었다가 삭힌 액은 감기 몸살에 효과가 있다고 한다.

한자로는 콩나물을 '태채(泰菜)'라고 하는데 이에 얽힌 궁중의 일화가 있다. 숙종이 세상을 떠나고 장희빈에게서 태어난 경종이 왕위에 올랐는데 병약해서 자식을 두지 못했다. 그러자 노론 일파가 무수리 출신인 최빈에게서 태어난 왕자를 서둘러 세자로 책봉하고 임금을 제치고 대리청정(代理廳政)을 시키려 할 무렵이었다. 훗날 영조 임금이 될 세자 편을 든 주동 인물은 조태채(趙泰菜)였다. 어느 날 연회 석상에서 콩나물이 상에 올랐는데 조태채를 미워하는 소론 일파의 한 대신이 콩나물을 젓가락으로 집어 머리를 떼면서 "태채는 머리를 떼야 하거든." 하고 말했다. 조태채라는 이름과 콩나물의 '태채'가 음이 같아 빗대어 한 말이었다. 그러자 조태채와 뜻을 같이하는 한 대신이 "아니지, 태채는 머리가 있어야 더 낫거든." 하며 그를 옹호하고 나섰다. 당시 조태채는 이조판서를 거쳐 우의정이었으나 결국 경종 왕당파에 쫓겨 귀양 가서 죽었다고 한다.

콩나물은 집에서도 쉽게 기를 수 있다. 콩을 씻는 과정에서 표피가 부분적으로 파괴되어 수분이 잘 침투하면 발아가 촉진되므로 깨끗이 씻고 공기가 들어가게 자주 저어 주며 4~6시간 물에 담갔다가 물이 잘 빠지는 용기에 담아 기른다. 5~6시간 간격으로 물을 주어야 잘 자라며 7일이 지나면 잔뿌리가 많이 생긴다.

콩나물은 주로 삶아서 양념을 넣고 무치는데 1940년대 음식책에서는 콩나물을 삶지 않고 날것을 기름을 두르고 볶는다고 하였다. 『조선무쌍신식요리제법』에서는 "콩나물은 뿌리를 따고 씻은 후에 고기와 함께 장을 넣고 볶거나 무나물같이 고명하여 먹기도 한다. 볶을 때 먼저 기름을 조금 넣고 볶으면 연하다"고 하였다. 『시의전서』에서는 콩나물을 거두절미하여 볶는다고 하였는데 자세한 설명은 나와 있지 않다.

예전부터 전라도 콩나물은 맛있기로 이름이 나 있고 전주비빔밥에도 반드시 콩나물이 들어가고 콩나물국이 따른다. 겨자 맛을 낸 콩나물잡채도 별미이다.

쉽게 상하는 숙주나물

숙주는 녹두를 싹을 낸 것인데 녹두나물보다는 숙주나물로 더 알려져 있다. 숙주나물은 신숙주를 빗대어 붙인 말인데, 이용기의 『조선무쌍신식요리제법』에 그 유래가 전해진다. "세조 때 신숙주가 여섯 신하를 고변(告變)하여 죽였는데, 이 나물을 만두 소로 넣을 때 짓이겨 넣으므로 신숙주를 이 나물 짓이기듯 하자 하여 숙주라 하였다. 그가 나라를 위하여 그랬다지만 어찌 사람을 죽이고 영화를 구할 수 있겠는가. 성인 군자는 결단코 아니다." 하였다. 그래서 신씨 성을 가진 이들은 '숙주나물'이라 하지 않고 '녹두나물'이라 부른다고 한다.

『산림경제』에서는 숙주나물을 '두아채(豆芽菜)'라고 하여 "녹두를 가려서 깨끗이 씻고 물에 담가 둔다. 불으면 물을 씻어서 그늘에 말린다. 지면을 깨끗이 하여 물로 축이고 한 겹으로 갈대로 만든 자리를 깐다. 여기에 녹두를 펴고 동이로 덮어 둔다. 하루에 두 번 물을 뿌리고 싹이 1촌 정도 되기를 기다렸다가 두피를 씻어 내고 끓는 물에 데쳐 생강, 초, 기름, 소금으로 양념하여 먹는다"고 하였다. 『만기요람(萬機要覽)』에서는 숙주나물을 "녹두장음(菉豆長音)"이라 하였다. 단백질과 비타민 C가 비교적 많이 함유되어 있다.

숙주는 주로 나물로 무쳐서 먹는다. 머리나 꼬리를 다듬어서 끓는 물에 데쳐 무치는데 식초를 넣은 초나물을 많이 하며, 고기를 넣기도 한다.

숙주는 우리보다 중국과 일본, 동남아시아에서 더욱 즐겨 먹는다. 우리는 완전히 익히는 것을 좋아하지만 그들은 볶거나 삶아서 먹는데 거의 익히지 않고 비린내가 나는 것을 더 좋아한다.

『조선무쌍신식요리제법』에서는 "숙주 꼬리를 따고 데쳐서 물에 흔들어 꼭 짜서 소금과 기름에 무쳐 먹으면 고소하고 아삭거린다"고 하였다. 같은 책에서 초나물에 대해서는 "숙주와 미나리를 데쳐 짜 놓고 장과 초, 기름, 깨소금, 고춧가루를 넣는다. 파를 데쳐 넣고 물쑥을 넣어 먹는데 양지머리의 차돌박이나 제육을 썰어 넣으면 좋다. 움파를 많이 데쳐 넣는 것이 좋다"고 하였다.

 콩나물무침, 콩나물겨자채, 숙주나물

무, 배추

속병에 좋은 무

우리 나라 사람이 가장 많이 먹는 채소는 무와 배추이다. 무, 배추는 일 년 내내 다양한 품종이 나오는데 대부분 철에 맞는 김치로 담가 먹는다. 김치 외에도 국이나 조림, 나물, 생채감으로 많이 이용하며, 예전에 겨울철에 채소가 귀할 때에는 무를 말려 두었다가 장아찌나 나물을 만들고, 무청도 말려서 시래기나물을 해 먹었다.

농촌에서는 무 밭에서 두 편으로 갈라 무를 뽑으며 흥겨운 무타령을 부르곤 하였다. 한쪽에서 선창하면 다른 쪽에서 받아친다. "처녀에는 총각무, 부끄럽다 홍당무, 여덟아홉 열무, 입맞췄나 쪽무, 이쪽저쪽 양다리무, 방귀뀌어 뽕밭무, 처녀팔뚝 미끈무, 물어봤자 왜무, 오자마자 가래무, 정들라 배드렁무, 첫날신방 단무, 단군기자 조선무, 크나마나 땅다리무……."

무는 우리 나라와 중국, 일본 등 아시아 지역에서 즐겨 먹는다. 서양에도 무와 비슷한 것이 있지만 즐겨 먹지는 않는다. 무는 서양 사람에게는 가난한 식탁의 상징이었다. 로버트 브라우닝은 "4월이 오면 식탁에 오르는 지긋지긋한 무 음식이여." 하며 가난을 한탄했고, 영국에서는 안주가 형편없을 때 "무와 소금(radish and salt)"이라고 표현한다. 원산지는 지중해 연안으로 알려져 있으며, 동양의 무는 뿌리가 거의 흰색이지만 유럽에서는 색깔과 모양이 다양하다. 기원전 200년 피라미드 내부에 새겨진 비문에 무가 나오고, 중국에서는 『시경』에 순무가 나온다. 2세기경 제갈량(諸葛亮)이 원정을 할 때 가는 곳마다 순무를 심어서 군량으로 삼았는데, 이 때부터 무를 제갈채라 하였다고 한다. 8세기 중엽의 『봉씨견문록(封氏見聞錄)』에서는 백성들이 얄미운 관리가 매워서 못 견디겠다는 뜻으로 '참초(椒)'라 하였고, 맵기는 하지만 이보다는 견딜 만한 관리를 무 또는 생강에 비유했다고 한다. 당시의 무는 지금보다 작고 생강만큼 매웠던 것 같다. 『후한서』 「유분자전(劉盆子傳)」에 보면 장안에 적이 들어와 궁전을 둘러싸고 있을 때 1천 궁녀가 무를 먹으면서 끝까지 저항하여 '수절채'라 불렀다고 하였다.

우리 나라에는 중국에서 들어와 고려 때 널리 퍼진 것으로 보인다. 이규보는 『가포육영(家圃六詠)』이란 시에서 채마밭에 있는 여섯 가지 채소인 외, 가지, 순무, 파, 아욱, 박에 대하여 읊었는데 "순무(菁)를 담근 장아찌 여름철에 먹기 좋고, 소금에 절인 김치 겨울 내내 반찬 되네. 뿌리는 땅 속에서 자꾸만 커져 서리맞은 것 칼로 베어먹으니 배와 같은 맛이지." 하였으니 무로 김치를 담가 먹었음을 알 수 있다. 1500년대 허균의 『도문대작(屠門大嚼)』에는 전남 나주산 무가 달고 배처럼 즙이 많다고 씌어 있다.

무는 모양이 곧고, 갈라지거나 터지거나 잔뿌리가 많지 않은 것이 가장 좋다. 계절에 상관없이 늘 재배하지만 봄·여름 무는 싱겁고 물러 맛이 없고 날씨가 선선해지는 가을에 나오는 김장 무가 가장 맛있다. 요즘에는 밉게 생긴 여자의 다리를 '무다리'라고 하지만 옛 한시(漢詩)에서는 미끈한 여자의 팔을 무로 비유하였다. 사내아이를 기다리는 옛 부녀자들은 두 갈래진 무를 캐면 허리춤에 숨겨 두었다가 야밤에 몰래 먹었다는 애기가 있을 만큼 무는 '다산채(多産菜)'이기도 하다.

예부터 무를 많이 먹으면 속병이 없다고 할 정도로 무는 위장병에 좋은 식품이다. 무의 주성분인 양질의 수분과 다량의 비타민 C와 A 그리고 여러 효소 등이 들어 있기 때문이다. 또한 소량이긴 하지만 양질의 아미노산을 함유하고 있어 우리 식생활에서 부족하기 쉬운 라이신을 공급해 준다. 잎에는, 몸 속에서 비타민 A로 변하는 카로틴이 들어 있고 칼슘도 많다. 껍질에는 비타민 C가 무 속보다 두 배나 많다.

"떡 줄 사람은 생각도 안 하는데 김치국부터 마신다"는 속담이 있다. 상대방의 속도 모르고 지레 바란다는 뜻인데, 이 속담으로 보아 떡을 먹을 때는 당연히 김치국을 마셨음을 알 수 있다. 떡을 먹을 때는 보통 동치미나 나박김치 등 국물김치를 함께 먹는데 무로 만든 김치국물에 디아스타제가 들어 있기 때문이다. 디아스타제는 전분 소화 효소로 무에 특히 많이 들어 있어 떡이나 밥 먹을 때 같이 먹으면 소화를 도와 준다.

무는 뛰어난 천연 변비약이기도 하다. 무에 함유된 각종 효소가 소화를 돕고 장 기능을 좋게 해주기 때문이다. 돼지고기나 쇠고기를 먹을 때 무를 함께 먹으면 단백질 분해 효소인 에스테라제가 소화를 촉진시키며, 어패류와 함께 먹으면 비린내와 독성을 풀어 준다.

무로 만든 음식 중 김치류 다음으로 가장 많이 만드는 것이 무생채, 무나물, 무국 등이고, 육류나 생선으로 만드는 찜이나 찌개, 조림 등에도 빠지지 않고 들어간다. 무생채는 무를 채 썰어 소금에 절였다가 고춧가루와 식초, 기타 양념을 넣어 새콤하게 무치는데『조선무쌍신식요리제법』의 '무생채'는 특이하게 간장에 절였다가 만들었다. 무나물은 채 썰어 청장으로 간을 하여 하얗게 무친다.

가을철에는 무를 썰어서 말려 두었다가 필요할 때 불려서 간장으로 무친 장아찌가 있다. 날무로도 짭짤한 장아찌를 바로 만들 수 있는데 급히 만든다 하여 갑장과 또는 숙장과라고 한다. 무갑장과는 갸름한 막대 모양으로 썰어 간장에 절여서 쇠고기와 함께 볶는다.

쓰임새 다양한 배추

우리 식탁에서 배추김치는 거의 빠지지 않고 오르는 필수적인 찬거리이다. 배추로는 주로 김치를 담가 먹고 다른 찬물을 만드는 데도 많이 쓴다. 배춧잎으로는 쌈을 싸서 먹거나 겉절이를 만들고, 억센 겉잎은 떼어 새끼에 엮어서 말려 두었다가 삶아서 우거지된장국을 끓인다.

속이 꽉 찬 통배추인 조선배추가 가장 많은데 17세기 이후 중국에서 들어온 종자를 개성, 서울 등지에서 재배하면서 조선배추 종자를 이루게 되었다. 통이 찬 것을 '결구배추'라 하고 그 이전의 통이 차지 않은 것을 '비결구배추'라고 한다.

원산지는 중동이나 지중해 연안이지만 동양 배추는 서양의 캐비지와는 다르게 생겼고 한국, 중국, 일본에서 많이 재배해 왔다. 무와 더불어 2대 채소로 꼽힌다. 한자로는 '백채(白菜)' 또는 '숭(菘)'이라고 한다. 중국 문헌에는 5세기경에 처음 나오고, 조선 시대의 『훈몽자회』에서는 '비치'라고 하였다.

고려 중기의 『향약구급방』에서는 "배추는 달고 온하며 독이 없다. 줄기는 짧고 잎은 넓고 두꺼운데 비대하면 순무와 같은 종류가 된다"고 하였다. 당시의 배추는 속이 차지 않고 뿌리가 굵어 비결구배추와 순무의 중간쯤으로 보인다. 조선 중기까지도 속이 찬 배추가 없었는데 박제가의 『북학의』에 "서울에서는 해마다 북경에서 종자를 가져와야 아주 좋은 배추가 된다. 3년만 그대로 두면 순무가 된다"고 한 것으로 보아 당시 (1770년대)에 속이 찬 중국 배추를 들여와서 재배한 것으로 보인다.

배추를 고를 때는 가능하면 검은 반점이 있는 것은 피한다. 상한 것은 아니지만 보기에 좋지 않다. 요즘에는 파랗고 질긴 겉잎을 모두 벗겨 버리는데 실은 푸른 부분이 섬유소나 영양분이 많이 들어 있으며 맛있으므로 되도록 속이 덜 차고 잎이 푸른 것이 낫다. 들어보아 단단하고 무거운 느낌이 드는 것이 좋으나 쪼개 보아 줄기 두께가 얇으면서 질기지 않으며 고소한 맛이 나는 것이 좋다. 김장 이외에 평소에 음식에 쓸 때는 흰색의 단단한 배추를 고르도록 한다.

궁중 음식 중에 배추선이 있는데 요즘 사람은 슴슴하여 별로 좋아하지 않을지도 모르지만 부드럽고 배추의 단맛이 제대로 나는 품위 있는 음식이다. 배추의 반을 갈라서 끓는 물에 살짝 데치거나 절이고 쇠고기와 표고버섯을 잘게 썰어서 양념하여 배춧잎 사이에 김치 소를 넣듯이 차곡차곡 넣고 아물려서 장국을 부어 무르게 익힌다. 먹을 때 겨자 간장을 찍어서 먹으면 별미이다.

배추장과는 겨울철 밑반찬으로 좋은 장아찌이다. 배춧잎을 시들시들하게 말려서 항아리에 담고 간장에 채 썬 생강, 고추, 마늘을 섞어서 붓고 간이 배면 건져서 찬으로 먹는다. 납작하게 썰어 말린 무를 섞어서 담그기도 한다.

얼갈이배추나 솎음배추는 국이나 찌개거리로 삼으며 장아찌, 나물, 겉절이 등을 한다. 넓은 잎은 데쳐서 쌈으로 먹고, 절였다가 전을지지기도 하며, 잎 사이사이에 양념한 고기를 채워서 배추찜도 만든다.

 무나물, 무갑장과, 배추속대장과

시금치, 근대, 쑥갓

채소는 잎을 주로 먹는 것과 열매 또는 뿌리를 주로 먹는 것으로 나눌 수 있는데, 잎을 주로 먹는 채소에는 시금치, 근대, 아욱, 배추, 쑥갓, 상추 등이 있다. 이들 푸성귀는 날로 먹을 수 있는 것은 쌈을 싸 먹거나 생채로 무치고, 데쳐서 나물을 하거나 된장국거리로 쓴다.

'비타민의 보고' 시금치

시금치는 이란을 중심으로 하는 중동 지방에서 재배하기 시작해 회교도가 동서로 전파했다고 한다. 중국 당나라 때의 한 문헌에서는 서역의 파릉국(頗稜國)에서 한 스님이 그 종자를 가져왔다고 하여 한자로 '파릉(菠稜)'이라 하였다고 한다. 『본초강목』에는 인파라국에서 시금치가 들어왔다는 기록이 있다. 인파라국은 히말라야 산맥 일대를 말한다. 우리 나라에서도 일찍부터 먹어 왔으리라고 생각되지만 문헌에는 나와 있지 않다.

시금치는 줄기 속이 비어 있고 뿌리에 붉은빛이 도는 채소로 추운 기후에도 잘 자라며 일 년 내내 구할 수 있으나 10월부터 이듬해 4월에 가장 흔하다. 품종이 다양하고 재배지에 따라 맛이 다른데 우리 나라에서는 현재 48종의 시금치를 재배하고 있다. 중동에서 중국을 통하여 아시아로 퍼진 동양종과 유럽으로 전파되어 개량된 서양종으로 나뉜다. 요즘 시장에 나오는 것은 이 둘을 교배한 품종이 대부분이다. 동양종은 잎이 무잎처럼 들쑥날쑥 갈라지고, 서양종은 잎이 타원형으로 잎맥이 두세 개밖에 없는 것이 특징이다. 한겨울에 나오는 것은 동양종으로 추위에 강하고 생장이 더디지만 서양종에 비하여 색이 진하고 더 맛있다. 전남 목포와 신안에서 겨우내 나는 '삼동'은 잎이 위로 뻗지 않고 옆으로 퍼지는 것으로 볼품은 없으나 오래 두어도 시들지 않고 잎이 짙은 녹색으로 맛이 좋아서 다른 것보다 두 배나 비싸다.

시금치는 "비타민의 보고"로 불릴 만큼 여러 비타민이 고루 들어 있는데 특히 비타민 A와 C가 채소 중에 가장 많이 들어 있고, 비타민 B_1·B_2, 나이아신과 엽산을 함유하고 있다. 무기질 중에는 철분, 칼슘, 요오드가 많이 들어 있어 성장기 어린이나 임산부에게 아주 좋은 알칼리성 식품이다. 수산, 사과산, 구연산 등의 유기산도 들어 있는데 이 중 수산은 장내에서 칼슘과 결합하여 불용성 물질을 만들어 신장이나 요도에 결석을 만드는 경우가 있다. 항간에는 쑥갓이나 시금치를 먹으면 결석이 생긴다고 걱정을 하는데 데쳐서 먹으면 섭취량을 줄일 수 있고, 시금치를 매일 500g 이상 먹었을 때 문제가 되는데 보통 그 정도까지 먹기는 어렵다. 하지만 결석 환자라면 수산이 들어 있는 식품은 삼가는 것이 좋다.

『본초강목』에서는 "시금치는 혈액을 잘 통하게 해주고 속을 편하게 해주며, 답답한 가슴을 풀어 준다"고 하였고, 『식료본초』에서는 "오장을 이롭게 하고 위와 장에 좋으며 주독을 풀어 준다"고 하여 오래전부터 아주 이로운 식물로 여겼다.

시금치를 고를 때는 줄기 부분이 굵고 질긴 것이나 꽃이 핀 것은 피하고, 잎이 고르고 탄력이 있으며 줄기와 뿌리가 붉은색이 나면서 통통한 것이 달고 맛있다. 끓는 물에 소금을 약간 넣고 얼른 데쳐서 냉수에 헹구어 물기를 짜고 양념을 넣어 무치거나 된장국의 건지로 넣는다. 다듬을 때는 뿌리를 조금 남기고 잘라 내어 열십자로 칼집을 내어 데치면 고루 익는다.

생명력 강한 근대

근대는 지중해 지방이 원산지로 세계 각지에서 널리 재배된다. 가을에서 겨울에 많이 나오는데, 아주 잘 자라고 일 년 내내 잎과 줄기를 잘라 먹으면 새 잎이 곧 돋아나는 생명력이 강한 식물로 '부단초'라고도 한다. 중국의 6세기 의서인 『명의별록』에 근대에 대한 설명이 나온다.

한방에서는 소아열, 하혈에 이용하고 줄기와 잎은 해열, 치통에 좋으며 지혈 작용을 한다고 한다. 뿌리도 약재로 쓴다. 다른 엽채류에 비하여 당질이 높고 아미노산 조성이 우수하다. 카로틴과 비타민류, 철분이 많이 들어 있으며, 칼슘은 시금치의 두 배나 된다. 근대도 아욱처럼 쌀뜨물에 된장과 고추장을 풀고 마른 새우나 조개를 넣어 된장국을 끓인다. 풋내가 나므로 나물을 무칠 때는 끓는 물에 살짝 데쳐서 깨소금을 넉넉히 넣는다.

상큼한 쑥갓

쑥갓은 향이 독특하고 색과 잎이 보기 좋아 국이나 찌개에 넣으면 산뜻하고 음식의 맛과 품위를 더해 준다.

지중해 연안이 원산지인데 유럽에서는 주로 관상용으로 재배한다. 우리 나라에는 조선조 초기에 중국을 거쳐서 들어왔다고 하나 동양에서는 우리 나라와 일본에서만 식용한다. 전에는 늦가을에서 봄까지 많이 나왔는데 요즘에는 사철 내내 먹을 수 있다. 비타민 B1, 칼슘, 철분, 카로틴 등을 많이 함유하고 있다. 잎이 싱싱하고 줄기가 가늘고 연한 것이 좋다.

연한 것은 상추쌈에 곁들여서 싸 먹으면 향긋하여 입맛을 더해 주며,

날로 다른 채소에 섞어서 생채를 하거나 끓는 물에 파랗게 데쳐 나물로 무친다. 또 민어, 조기, 동태 등의 맑은 탕이나 매운탕에 빼놓을 수 없는 채소이다. 찌개나 국에 넣을 때는 불에서 내리기 직전에 넣어 숨이 죽을 정도만 끓여야 상큼한 쑥갓의 향내를 즐길 수 있다.

'채소의 왕' 아욱

아욱은 중국에서 '채소의 왕', '오채(五菜)의 으뜸'으로 여겼던 중요한 채소였고 당나라 때 백낙천의 시에도 나온다. 한방에서는 잎과 줄기가 해열, 이뇨, 윤장(潤腸)에 효과가 있다고 하며, 씨는 동규자(冬葵子)라 하여 비슷한 증세를 다스리는 데 쓴다.

아욱과 상추에 얽힌 이야기가 있다. 옛날 어떤 가난한 농가에 해산한 산모가 있었다. 미역을 구할 형편이 못 되었는데 마침 뜰에 상추와 아욱이 싱싱하게 자라고 있어 아쉬운 대로 상추를 뜯어서 국을 끓여 먹였더니 산모는 배가 아프고 아기는 푸른 변을 누었다. 이번에는 아욱으로 국을 끓였더니 속이 편안하고 젖도 잘 나왔으며 아이도 좋았다고 한다. 그래서 해산을 앞둔 산모가 있는 집에서는 아욱을 더 많이 심으려고 누(樓)를 헐어 버리고 그 자리에 심었다고 하여 '파루초(破樓草)'라 하였고, 상추는 멀리 강 건너에 심었다고 해서 '월강초(越江草)'라 부르게 되었다고 한다.

아욱은 연한 줄기와 잎을 먹는데 주로 국을 끓인다. 줄기의 껍질을 훑어 벗기고 뜨물이나 맹물을 조금 부어 힘있게 치대어 풋내를 없애고 씻는다. 쌀뜨물에 된장과 고추장을 풀어서 마른 새우나 조개를 넣고 끓이다가 아욱을 넣으면 구수한 아욱된장국이 된다. 또 아욱국을 끓이다가 불린 쌀을 넣어 푹 퍼지게 끓인 아욱죽도 맛있다. 입맛을 잃기 쉬운 초여름에 좋으며, 이유식을 하는 아이에게 좋은 영양식이다. 엽채류 중에서는 영양가가 높은 편이다. 삶아서 쌈장과 풋고추를 넣고 쌈을 싸 먹어도 맛있다.

『조선무쌍신식요리제법』에 아욱국 끓이는 법이 자세히 소개되었다. "흔히 아욱을 여러 번 으깨어 끓이는데 그러면 도리어 빛깔이 푸르고 보기에도 좋지 않으므로 그냥 깨끗이 씻기만 하여 끓이면 빛깔이 맑고 맛도 좋다. 토장에 고추장을 섞어 끓이되 홍합이나 왕새우를 짓찧어 넣거나 멸치의 배를 따고 쿵쿵 두드려 넣고 고기와 곱창도 넣는다. 또 굵은 새우가 없으면 보리새우라도 넣는다. 가을에 심어 서리 전에 먹는 아욱은 맛이 아주 좋아 '도미 대가리'와 '가을 아욱국'은 마누라를 내쫓고 먹는다는 말도 있다. 온갖 푸성귀는 다 장아찌를 만들 수 있으나 아욱은 만들지 못하므로 못생긴 사람을 '아욱장아찌'라 한다. 아욱을 말렸다가 겨울에 먹어도 좋다. 시골에서는 해산했을 때 미역 대신 끓여 먹었다. 가을 아욱이 좋으나 서리가 내리기 전에 먹어야 한다. 아욱국에 '공지'라는 생선을 넣으면 달고 맛이 아주 좋다"고 하였다.

 시금치나물, 근대죽, 쑥갓나물

봄나물

채 ❹

　우리 조상들은 봄철에 햇나물을 장만하여 어른께 올리는 풍습이 있었다. 입춘이 지나면 양지바른 곳에서 나는 봄나물을 식탁에 올릴 수 있는데 흔히 봄철의 미각이라 하면 냉이, 씀바귀, 달래, 소루쟁이 등 이른 봄에 산이나 들에서 나는 채소를 말한다. 요즘은 비닐하우스 등에서 연중 나물을 재배하므로 봄나물이란 말이 의미가 없어지는 것 같아 아쉽다.
　『농가월령가』 '정월령'에는 "엄파와 미나리를 두엄에 곁들이면, 보기에 신신하여 오신채를 부러워하랴……", '이월령'에는 "산채는 일었으니 들나물 캐어 먹세. 고들빼기 씀바귀며 소루쟁이 물쑥이라. 달래김치, 냉잇국은 비위(脾胃)에 깨치나니……", '삼월령'에는 "앞산에 비가 개니 살진 향채 캐오리라. 삽주, 두릅, 고사리며 고비, 도랏, 어아리를 일분은 엮어 달고 이분은 무쳐 먹세……"라 하여 갖가지 나물이 달마다 씌어 있다.
　봄철이 가까워 오면 입맛을 돋워 줄 새롭고 산뜻한 음식을 찾게 마련이다. 우리 몸의 생리적 기능 조절에는 영양소 중에 비타민과 무기질이 많이 들어 있는 식품이 좋은데 봄철의 햇나물이 제격이다. 대부분의 봄나물에는 비타민 C가 풍부하고 단백질과 칼슘, 철분 등의 무기질이 많이 들어 있다.

나물의 어원을 살펴보면 신라 시대로 거슬러 올라간다.『동언고략(東言考略)』에는 "신라(新羅) 사람은 흔히 물건 이름 앞에 국호를 붙인다. 국(國)을 나라(羅羅)라 한다. 도(稻)를 나락이라 함은 나록(羅祿)에서 온 것이고, 나물이라 함은 나물(羅物)에서 온 것이다"고 씌어 있다. 나(羅)는 신라를 가리킨다. 나물이란 먹을 수 있는 풀이나 나무의 싹과 잎 또는 그것을 조리한 찬을 말하며, 재배 나물(남새), 산나물, 들나물 등으로 나눌 수 있다.

『동국세시기』에는 입춘 때 '진산채(進山菜)'라 하여 경기도 산골 지방의 여섯 읍(畿狹六邑)에서 움파, 산갓, 당귀싹(辛甘草), 미나리싹, 무싹 등의 오신반(五辛盤)을 궁중에 진상하였고, 민가에서도 서로 선물을 주고 받았다고 한다. 산갓은 초봄에 눈이 녹을 무렵 땅 속에서 움터 나오는 풀 싹인데 데쳐서 초장에 무치면 매우면서 맛있고, 당귀싹은 움에서 키운 것으로 깨끗하기가 은동곳 같아 꿀을 찍어 먹으면 맛있다고 하였다. 이런 풍습은 중국에서 들어온 것이라고 한다.

대표적인 봄나물, 냉이

냉이는 3월경에 잎이 시들기 전에 칼끝이나 뾰족한 쇠붙이로 뿌리째 캔다. 나생이 또는 나숭개라고도 하며, 길이는 10~15cm이고 몸에 털이 있으며 뿌리가 10~15cm에 이른다. 우리 나라를 비롯한 온대에 널리 분포되어 있는데 논밭의 둑이나 들판에서 잘 자란다. 종류로는 싸리냉이, 황새냉이, 좁쌀냉이, 논냉이, 나도냉이, 갯갓냉이 등이 있다. 한문으로는 청면초, 향선채, 제채(薺菜)라고 한다.

냉이에는 비타민이 많고, 다른 나물에 비하여 단백질과 칼슘이 많이 들어 있다. 한방에서는 비장을 튼튼히 하고 이뇨, 해독, 지혈, 수종 등에 효과가 있어 약재로도 쓴다. 냉이 씨를 옷장에 넣어 두면 벌레가 생기지 않는다고 한다.

누런 잎을 떼고 깨끗이 다듬어서 살짝 데쳐 무치거나 국을 끓인다. 연한 냉이는 날로 양념하여 무쳐도 좋고, 약간 억센 것은 잎과 뿌리를 나누어 따로 데쳐서 무쳐 함께 담으면, 한 가지 나물이지만 두 가지 맛을 즐길 수 있다. 냉이국은 조개나 마른 새우를 넣고 고추장을 풀어서 끓이면 맛있다. 그 밖에 죽도 끓이고 밀가루 즙에 섞어 지지거나 튀기기도 한다. 냉이나 푸른 잎의 나물류는 흔히 고추장으로 무치지만 된장으로 무쳐도 잘 어울린다.

봄의 흥취를 돋워 주는 달래

달래는 연한 것은 그대로 고춧가루, 간장, 깨소금, 참기름을 넣고 무치고, 굵고 매운맛이 강한 것은 된장찌개에 넣으면 향이 좋다. 잘게 끊어서 묽게 푼 밀가루즙에 섞어서 달래밀적을 부쳐도 맛있다. 부침개나 전유어 또는 손두부나 순두부를 찍어 먹는 초장에 달래를 잘게 썰어 섞으면 향긋해서 훨씬 맛있다.

달래는 우리 나라 산과 들 어디에서나 잘 자라 이른 봄에 밭이랑이나 논둑 가에 무리를 지어 난다. 비늘줄기의 덩이가 클수록 매운맛이 강하고 아래에 수염뿌리가 있다. 유사종으로는 산달래, 산부추, 두메부추, 한라부추, 산파 등이 있다. 한문으로는 야산(野蒜), 소산(小蒜), 해백(薤白)이라고 한다.

칼슘과 비타민 A·C가 많이 들어 있고, 마늘에도 들어 있는 알리인과 알리신이 들어 있다. 달래를 캘 때는 작은 삽으로 통째로 깊게 파서 흙을 뒤집어 큰 달래만 고르고 작은 것은 도로 흙을 덮어 둔다. 캔 달래의 겉잎을 벗겨서 다듬고 깨끗이 씻어서 사용한다. 달래는 빈혈을 없애 주고 간장 기능을 개선해 주며 동맥경화를 예방하는 효과가 있다.

피를 맑게 하는 돌나물

돌나물은 돈나물, 돗나물 또는 석상채(石上菜)라고도 하며 유사한 것으로 기린초가 있다. 몸에 수분이 많아 가뭄이나 뜨거운 햇볕에도 잘 견딘다. 들이나 언덕, 산기슭의 돌틈에서 많이 나는데 옆으로 뻗은 줄기 각 마디에서 뿌리가 나온다. 돌나물은 특유의 향기가 있어 연한 것은 날로 무쳐서 먹거나, 국물을 넉넉히 넣어 물김치를 담그기도 한다. 칼슘이 특히 많이 들어 있고 비타민이 고루 들어 있다. 피를 맑게 하고 대하증에 효과가 있다고 하며, 줄기에서 나오는 즙은 화상을 입었거나 벌레에 물렸을 때 약재로 쓰인다.

돌나물을 하려면 줄기에 붙은 잎을 떼어서 다듬는데 손이 많이 간다. 고추장과 식초를 넣어 무친 것이 맛있는데, 무칠 때는 데치지 말고 날것을 그릇에 담고 양념을 넣어 키질하듯이 그릇째 까불어서 간이 고루 가도록 해야 한다. 손으로 주물러 무치면 풋내가 나며, 무쳐서 오래 두면 숨이 죽어 볼품이 없다. 돌나물로 담근 물김치는 향이 좋은데 약간 덜 익었을 때 먹는 것이 좋다. 무를 나박나박 썰거나 채 썰어 넣고 담가도 맛있다.

쌉싸래하면서 향긋한 두릅

두릅은 여느 나물과는 달리 열 대 정도를 새끼나 끈으로 엮어서 판다. 우리 나라에 자생하는 두릅은 10여 종에 이르는데 봄철의 어린순을 먹는다. 쌉싸래하면서 향긋하며, 한문으로는 '목두채(木頭菜)'라 한다. 자생하는 두릅은 4~5월에 잠깐 동안 먹을 수 있는데 요즘은 비닐하우스에서 인공 재배를 하므로 이른 봄부터 나온다.

산 두릅은 새순이 벌어지지 않고 통통한 것으로 붉은색의 껍질이 붙어 있고 길이가 짧은 것이 향도 좋고 맛있다. 재배 두릅에 비하여 검푸른색이지만 데치면 고운 파란색이 된다. 재배 두릅은 비닐하우스 안의 땅에 두릅나무 줄기를 꽂은 후 물을 주고 가마니를 덮어서 보온하면 얼마 후 새순이 나오기 시작하는데 한 줄기에서 네댓 차례 채취할 수 있다고 한다. 『해동죽지』에서는 전국의 두릅 중에 용문산의 두릅이 가장 좋다고 하였다. 다른 채소에 비하여 단백질이 아주 많고 비타민 A·C, 칼슘과 섬유질 함량도 많다.

『조선무쌍신식요리제법』에는 "생두릅을 물러지지 않게 잠깐 삶아 약에 감초 쓰듯 어슷하게 썰어 놓고 소금과 깨를 뿌리고 기름을 흥건하도록 쳐서 주무르면 풋나물 중에 극상등이요, 싫어하는 사람이 없다. 많이 먹으면 설사가 나므로 조금만 먹는 것이 좋다"고 하여 나물 중에 으뜸으로 꼽았다. 두릅나무의 껍질은 '총목피'라 하여 당뇨병과 신장염, 위궤양 등에 약재로 쓰고 잎, 뿌리, 열매는 건위제로 쓴다.

손질할 때는 단단한 목질부를 잘라내고 붉은색의 껍질을 벗겨 냄비에 물을 넉넉히 끓이다가 소금을 약간 넣고 두릅을 넣어 전체가 고루 익도록 데쳐서 찬물에 헹구어 건진다. 덜 삶아서 건지면 식은 후에 푸른빛이 얼룩지고 검은빛이 난다. 두릅의 맛을 제대로 보려면 데친 것을 그대로 초고추장에 찍어서 먹는다. 나물은 데친 것을 갈라서 고추장 양념으로 무치고, 두릅적은 데친 두릅과 양념한 쇠고기를 번갈아 대꼬치에 꿰어 밀가루와 달걀을 묻히고 기름에 지진 누름적이다.

쓰지만 몸에 좋은 씀바귀

『조선무쌍신식요리제법』에 "쓴 것이 입에는 쓰나 비위에 역한 법은 없다. 사람이 오미(五味) 중에 쓴 것을 덜 먹으나 속에는 대단히 좋으므로 약재로 쓰면 유익하니 소태나 익모초가 다 몸에 좋은 이유가 여기 있다. 쓴 것을 약간 먹는 것이 좋다"고 씌어 있다. 씀바귀는 쓴맛이 강해 붙여진 이름이다. 냉이와 비슷해 가장자리에 톱니 같은 잎이 길게 나와 있고 잎줄기가 흰색으로 보송보송한 털이 나 있으며 뿌리를 꺾으면 하안 진이 나온다. 고들빼기와 씀바귀를 곧잘 혼동하는데 고들빼기는 잎이 매끈하고 나물보다는 김치를 담가 먹는다.

뿌리가 실한 것으로 골라 삶아서, 몇 번 물을 갈아 주면서 쓴맛을 뺀 뒤 조리한다. 소금물에 삭혀 김치를 담가도 별미이다. 봄철에 많이 먹으면 여름에 더위를 타지 않으며 열, 속병, 악창(惡瘡)을 다스린다. 씀바귀를 짓찧어 즙을 마시면 얼굴과 눈동자의 누런 기가 없어진다고도 한다.

당근 대신 쓰던 원추리

원추리는 우리 나라 전국의 산과 들 다소 습한 곳에 모여 자생하는 풀로 훤초(萱草) 또는 망우초(忘憂草)라고도 하며 어린잎으로는 나물을 하는데 넙나물 또는 넓나물이라고 한다. 잎도 먹지만 피지 않은 꽃봉오리를 말린 황화채(黃花菜)는 옛날 음식책에서도 잡채에 빠지지 않고 들어간다고 한 재료였다. 우리 나라 음식에 당근을 안 쓰던 시절에는 누런 색이 나는 이것을 많이 썼으며, 중국 요리에도 금침채(錦針菜)라 하여 많이 쓴다.

원추리 뿌리는 아들을 낳는 영험이 있다고 하여 옛날에 아들 없는 부인들이 몸에 지니고 다니는 풍습도 있어서 '의남초(宜男草)'라고도 불렀다.

나물을 하려면 끓는 물에 살짝 데쳐서 무치고, 된장국에 넣기도 한다. 쓴맛이 없고 달며, 부드럽고 매끄럽다. 원추리에는 특수한 약리 작용을 하는 성분이 있어 이뇨, 해열, 진해, 진통에 효과가 있고 빈혈이나 종기의 치료제로도 쓰인다. 원추리 꽃으로 담근 술은 자양강장제로 피로 회복에 좋다.

은은한 쓴맛의 물쑥

논두렁이나 냇가의 습한 곳에서 자라는 물쑥은 아주 이른봄부터 나오는데 온실에서 재배하지는 못한다. 쑥 종류이지만 잎 모양이 전혀 달라서 잡초로 생각하기 쉽다. 이른 봄에 뿌리째 뽑아서 줄기와 잎은 버리고 뿌리만 먹는데 진한 향이 난다. 캔 지 하루만 지나도 뻣뻣해지고 거무스름해지면서 금방 상하기 때문에 날것은 별로 눈에 띄지 않는다. 대개 살짝 삶은 것을 파는데 잔털이 많이 나 있는 겉껍질은 질기므로 고구마순을 벗기듯이 한 꺼풀 벗기고 심이 단단한 뿌리는 잘라 버리고 다시 한 번 살짝 데쳐서 찬물에 헹구어 짧게 끊는다. 데쳐서 소금 간을 하여 새콤하게 무치거나 고춧가루를 넣어 붉게 무치기도 한다. 참기름에 살짝 볶아서 고추장, 된장, 깨소금을 넣고 간이 잘 배도록 많이 주물러서 무쳐도 맛있다. 청포묵으로 탕평채 만들 때 물쑥을 섞으면 향기가 좋고 쓴맛도 은은하게 잘 어울린다.

 냉이무침, 달래생채, 돌나물생채, 돌나물김치, 두릅회, 씀바귀나물, 원추리나물

산채

채 ❺

우리 나라에 전해 내려오는 속요 중에는 나물 노래가 많이 있다.

한푼두푼 돈나물, 쑥쑥뽑아 나싱개
이개자내 지칭개, 잡아뜯어 꽃따지
엉영꾸부정 활나물, 매끈매끈 기름나물
칭칭감아 감돌래, 이산저산 번개나물
머리끝에 댕기나물, 뱅뱅도는 돌개나물
말라죽기냐 고사리.

아흔아홉 가지 나물 노래를 부를 줄 알면 삼 년 가뭄도 이겨 낸다는 속담이 있을 정도로 산나물은 우리 조상들의 귀중한 구황식이기도 했다.

예전에 보릿고개를 넘기는 지혜로 '산나물 서리'가 있었다고 한다. 가난한 산촌의 아낙네들이 산나물 철이 되면 여러 나물을 광주리에 가득 뜯어서 머리에 이고 떼를 지어서 동네에서 잘 사는 집에 들어가 나물을 마당에 가득 쌓아 놓는다. 그러면 그 집에서는 밥을 지어서 먹이고 보리쌀 한 되씩을 퍼 준다. 일종의 양식 강탈이어서 이를 '산나물 서리'라고 하였다.

산나물은 우리 나라 방방곡곡의 산에서 나는 나물거리를 이르는 것이니 수없이 많다. 산달래, 냉이, 황새냉이, 돌미나리, 두릅, 곰취, 수리취, 미역취, 싸릿대, 모시대, 참나물, 잔대싹, 뚜깔, 싱아, 누르대, 돌나물, 머위, 질경이 등 헤아릴 수 없을 정도이다. 수많은 나무와 풀 중에서 이미 우리 조상들은 독이 없는 식물만 가려서 먹는 지혜가 있었다.

예전에는 계절에 따라 산과 들에서 나는 나물을 캐서 먹었지만 요즘에는 밭이나 온실에서 키워 봄나물과 마찬가지로 산나물, 들나물의 구별도 없어졌다. 산나물은 기른 나물에 비해 억세고 씁쌀하여 대부분 데치거나 삶아 쓴맛을 우려낸 다음에 무쳐야 한다.

파란색의 산나물은 삶을 때 물을 충분히 끓여 빨리 데쳐 내야 영양소 파괴를 줄일 수 있고 빛깔도 곱다. 잎이 무를 정도로 데쳐 낸 나물은 찬물에 충분히 헹구었다가 건져 물기를 짜고 양념한다. 나물은 가열하면 날것에 비해 비타민 등이 손실되기도 하지만 섬유소가 연해지고 전분이 호화되어 소화 흡수율이 높아지는 장점도 있다.

재배하는 산나물은 자연산보다 쓴맛이나 아린 맛이 적다. 햇나물은 주로 무쳐 먹지만 묵은 나물은 물에 불려서 기름에 볶아야 한다. 산채류를 제철이 아닐 때 먹으려면 많이 나는 철에 사서 다듬어 끓는 물에 소금을 약간 넣고 데쳐서 한 번에 쓸 양만큼씩 납작하게 뭉쳐서 비닐 봉지에 담아 냉동실에 보관하면 푸른색과 향과 질감이 잘 보존된다. 말린 나물은 주로 불려서 삶은 후에 볶아서 나물을 하는데 신선한 맛은 더 없다.

쓰임새 많은 고사리

산채 가운데 우리에게 가장 친근한 나물로는 고사리를 꼽을 수 있다. 예부터 잔칫상이나 제사상에는 반드시 삼색 나물을 갖추는데 갈색 나물로 반드시 올라간다. 지짐적을 부칠 때도 꿰어서 넣고, 녹두빈대떡에도 썰어서 넣는 등 쓰임새가 많은 나물거리이다.

그런데 서양에서는 고사리를 독이 있는 풀로 분류한다. 300년 전에 영국의 식물학자 글레퍼는 "고사리 줄기를 삶아 먹으면 기생충을 박멸할 수 있으나 임산부가 고사리 순을 먹으면 태아가 죽는다"고 하였다. 중국의 『본초강목』에도 "고사리는 유독하며, 오래 먹으면 눈이 어두워지고 코가 막히며 머리가 빠진다. 많이 먹으면 발이 약해져 잘 걷지 못하게 된다"고 적혀 있다.

하지만 우리 조상들은 오랫동안 고사리를 아주 즐겨 먹어 왔다. 날것에는 비록 유독한 성분이 있다 하여도 끓는 물에 삶거나 우려내고 물에 충분히 씻으며 다시 볶아서 나물을 만들기 때문에 별 문제가 없다.

칼륨이 풍부한 취

취는 대개 참취의 어린잎으로 나물을 하는데 무기질 중에서 칼륨, 칼슘, 인, 철분 등이 들어 있다. 이 중 칼륨이 가장 풍부한데 식품 중에 들어 있는 칼륨은 수용성으로 쉽게 국물 속으로 빠져 나오므로 지나치게 우려내지 않는 것이 좋다. 볶을 때, 볶은 들깨에 물을 붓고 갈아서 넣으면 구수하고 단백질과 지방질이 첨가되어 영양이 풍부한, 훌륭한 반찬이 된다.

날취는 끓는 물에 소금을 넣고 데쳐서 소금과 간장으로 간을 하여 볶거나 된장과 고추장을 넣고 무쳐도 좋다. 말린 취로는 주로 나물을 하는데 물에 불렸다가 삶아서 볶는다. 예전부터 보름날의 묵은 나물 아홉 가지를 갖출 때 곰취를 빠뜨리지 않고 마련하였다. 잎이 넓은 곰취나 요즘 재배되는 생취는 쌈을 싸 먹으면 아주 향기롭다.

기침, 가래에 좋은 도라지

우리 나라 도처의 심산유곡에서 나는 도라지는 오래전부터 즐겨 먹어

온 산채이다. 들판에 무리 지어 피어 있는 청초하고 고고한 도라지꽃은 아름답고 향기도 좋으며 뿌리는 좋은 먹거리를 제공해 준다.

종류에는 백도라지, 약도라지, 꽃도라지 등이 있는데 흔히 백도라지는 약용하여 '길경'이라고 하고, 보라색 꽃이 피는 산도라지는 식용 도라지로 알고 있으나 두 가지의 사포닌 성분은 같아서 약용과 식용으로 함께 이용한다. 백도라지를 씻어서 말린 것을 백길경이라 하여 한약재로 많이 쓰는데 우리 나라 도라지는 품질이 우수하여 일본, 홍콩, 대만 등에 수출하고 있다.

도라지는 모양이 인삼과 비슷하고 인삼처럼 사포닌이 들어 있지만 효능이 약간 다르다. 도라지에 들어 있는 사포닌은 기관지 점막의 분비 작용을 도와 가래를 없애 주며 이외에도 이눌린 등의 성분은 기침, 가래, 해열 등에 효과가 있다고 한다.

알칼리성 식품으로 식용이나 약용은 대개 2~4년 자란 뿌리를 이용하지만 어린잎과 줄기도 먹을 수 있다. 예전에는 각지에서 자생하는 야생종을 썼으나 근래에는 농가에서 많이 재배한다. 색이 희고 뿌리가 곧고 탄력이 있는 것이 좋다. 도라지 뿌리에는 단백질, 당분, 칼슘, 철분, 회분, 인 같은 무기질이 많을 뿐 아니라 비타민 $B_1 \cdot B_2$도 들어 있다.

날것은 가늘게 갈라서 생채나 나물을 만든다. 쓴맛이 있으므로 소금을 뿌려서 주무른 다음 씻어서 조리한다. 통으로 말린 도라지는 불려서 쇠고기, 버섯 등과 함께 꼬치에 꿰어 적을 만들고 국이나 잡채에도 넣으며 후식으로 달게 조려 병과도 만든다. 명절이나 제사 때 삼색 나물 가운데 흰색으로 반드시 들어가는 나물이다.

독특한 향취의 더덕

더덕은 어린순으로 나물을 무쳐 먹기도 하지만 대개 뿌리를 먹는다. 더덕 뿌리는 쌉쌀하면서 단맛이 나며 독특한 향취가 있다. 전국적으로 자생하지만 자연 채취로는 수요를 당할 수가 없어서 재배를 많이 하고 있으나 아주 비싼 편이다.

더덕에는 단백질, 탄수화물, 지방이 다른 산채에 비해 많이 들어 있고 칼슘, 인, 철분 같은 무기질과 비타민도 풍부하다. 섬유질이 많고 수분이 적은 편이나 씹는 맛이 독특하고 오래 씹을수록 향을 더욱 잘 느낄 수 있다. 또 약리 성분이 들어 있어 건위, 강장제로 효과적이며 거담, 기침, 해열, 기관지염이나 부스럼, 옴이 올랐을 때 특효가 있으며 물 먹고 체한 데에도 좋다고 한다.

더덕은 껍질이 억세고 주름이 많다. 좋은 더덕은 껍질을 벗기면 섬유 결이 보풀보풀하다. 그래서 겨울철에 잘 얼리면서 말린 북어를 더덕북어 라고도 한다. 더덕으로 음식을 만들려면 우선 창칼로 껍질을 말끔히 벗겨 내고 물에 잠시 담가 두어 쓴맛을 우려내야 한다. 구이를 하려면 반으로 갈라 펴서 방망이로 자근자근 두들겨서 넓게 편다. 너무 세게 두드리면 섬유가 끊어져서 조각조각 흩어져 버린다. 굵은 더덕에는 한가운데 노란색의 단단한 심이 들어 있는데 이것은 떼어내 버려야 한다. 생채를 하려면 두들긴 더덕을 다시 손으로 가늘게 채처럼 살살 뜯는다.

더덕으로 만드는 찬 중에는 더덕구이가 가장 인기가 있고, 새콤달콤하게 무친 더덕생채도 맛있다. 더덕구이는 흔히 고추장을 발라서 굽는데 먼저 기름과 간장만을 섞은 유장(油醬)을 고루 발라서 일단 앞뒤를 익도록 굽고, 이어서 양념 고추장을 발라 살짝만 굽는다. 생채를 하려면 가늘게 뜯은 것에 고운 고춧가루를 넣어 발그스름하게 무치고 나서 곱게 다진 파, 마늘, 소금, 설탕, 식초 등을 알맞게 넣어 무친다. 입맛이 없을 때 산뜻한 찬이다. 또 고춧가루를 넣지 않고 무쳐서 붉은색과 흰색을 한 그릇에 어울려 담으면 만들기는 번거롭지만 두 가지 맛을 즐길 수 있다.

집안 잔치 때나 명절에는 두들겨서 누름적을 만들기도 한다. 후식으로는 섭산삼이라 하여 두들긴 더덕에 찹쌀가루를 고루 묻혀서 기름에 지져 과자처럼 만들거나 정과도 만든다. 장아찌를 만들려면 껍질을 벗겨서 한나절 꾸득하게 말렸다가 고추장에 박아서 몇 달 지난 후에 꺼내어 먹는다.

　더덕으로 술을 담글 수도 있는데 소주에 넣어 석 달쯤 두면 엷은 황색의 향이 좋은 더덕술이 된다. 정장, 강장제로 좋고 거담 효과도 크다고 한다. 2월과 8월에 캐 낸 더덕을 말려서 쓰는데 뿌리가 굵으면서 쭉 뻗고 흰 것이 좋다.

 고사리나물, 취나물, 도라지나물, 더덕구이

파, 부추, 미나리

채 ❻

기침, 감기에 좋은 파

절에서는 훈채(薰菜)와 술을 금한다. 훈채란 마늘, 파, 달래, 부추, 생강 등 매운맛이 나고 향이 강한 채소를 말하는데 이것을 먹으면 음욕과 분노를 일으키므로 도를 닦는 데 방해가 되기 때문이다. 민가에서는 훈채를 음식 양념으로 두루 쓴다. 그 중 파와 마늘은 대부분의 한국 음식에 들어가는 양념거리이다. 파의 원산지는 중국인데 3,000년 전 중국 서북쪽에서 재배하기 시작했다고 하며 우리 나라에는 고려 시대 이전에 전래되었다고 알려져 있다. 중국, 한국, 일본 등 동양에서 주로 재배하여 먹고 있으며 한방에서는 약재로도 이용한다. 파는 더위나 추위에 잘 견디는 특성이 있어 북쪽 시베리아에서 남쪽 열대 지방까지 분포되어 있으며 우리 나라에서도 전국 어디서나 잘 자란다. 그 중에서도 부산시 북구 명지 일대가 파 재배지로 유명하다. 전남 해안 지방과 충남 아산에서도 많이 재배하고 있다.

파 중에서 대파는 흰 줄기 부분이 길수록 쓸모가 많다. 채 썰거나 다져서 양념으로 많이 쓰고 찌개나 전골에도 빼놓지 않고 넣는다. 실파는 잎을 주로 먹는데 그 중 아주 가는 파는 세파라고 한다. 쪽파는 뿌리 가까운 흰 줄기 부분이 통통한 것으로 붉은빛 껍질이 있다.

한방에서는 추위를 덜 타게 하고 답답함을 없애 주며 피를 맑게 해주고 진통 완화, 지혈 작용을 한다고 한다. 감기에 걸리면 잠자기 전에 파의 흰 줄기를 끓여서 마시면 좋고, 생강을 섞어서 달여 마시면 감기로 인한 두통을 멈추게 하는 효과가 있다. 기침이 심할 때는 파를 잘게 썰어서 헝겊에 싸서 콧구멍에 대고 숨을 쉬면 기침이 멎는다. 『본초강목』에서는 파 줄기가 한열(寒熱), 중풍, 종기, 인후병 등을 다스리며 눈을 밝게 하고 오장을 통하게 하며 각기에 효과가 있으나 너무 많이 먹으면 땀이 나와서 허해지기 쉽다고 하였다.

파는 보통 양념으로 많이 쓰기 때문에 파를 주재료로 하는 음식은 그리 많지 않다. 파강회와 파산적, 파전, 실파장국 정도이다. 파강회는 가는 실파로 골라 끓는 물에 데쳐서 미나리강회처럼 감아서 만든다. 오징어를 데쳐서 길쭉하게 썰어서 중심에 놓고 말면 색과 맛이 잘 어울린다. 파산적은 움파나 굵은 실파를 양념한 쇠고기와 번갈아 끼워서 굽는다.

해물과 파를 넉넉하게 섞어서 지진 파전은 누구나 좋아하여 간식이나 안주거리로 즐겨 찾는다. 밀가루나 쌀가루 반죽을 아주 묽게 하여 파와 해물이 붙어 있을 만큼 조금 넣고 노릇하게 될 때까지 충분히 지져야 맛있다. 경상도 동래파전이 유명한데 밀가루즙을 쓰지 않고 멥쌀가루, 찹쌀가루와 고춧가루를 아주 묽게 풀어서 파가 엉길 정도만 끼얹어서 지진다.

경상도 음식 중에 '집산적'이 있는데 손은 무척 많이 가지만 맛이 아주 좋다. 실파를 소금에 절여서 물기를 빼고 파강회처럼 상투 모양으로 틀어서 양념한 쇠고기와 꼬치에 번갈아 꿰어 간을 한 밀가루즙에 담갔다가 지진 음식이다.

실파장국은 쇠고기 육수에 실파를 썰어 넣고 달걀을 푼 맑은장국으로 술안주나 해장국으로 좋다. 이외에도 파나물, 파장아찌, 파찬국, 파김치 등이 있다. 파나물은 연한 실파나 움파를 데쳐서 볶은 쇠고기나 양지머리편육을 썰어 함께 무치는데 식초를 약간 넣어 신맛을 내는 경우가 많다.

'게으름쟁이 풀' 부추

부추는 동남아시아, 중국, 일본, 우리 나라의 산에 야생한다. 재배할 때는 3월경에 심어 4월부터 수확이 가능하고, 그 이후 20일 정도 지나면 잎만 잘라서 먹고 다시 키운다. 이처럼 수확하기를, 서리 내리기 전인 10월 초까지 여덟 번 정도 할 수 있다. 비늘줄기는 작고 담갈색 섬유로 싸여 있으며 밑에 뿌리가 있다. 지방에 따라 부르는 명칭이 다른데 전라도에서는 솔, 경상도에서는 정구지라 하고 그 밖에 부채, 부초, 졸 등으로도 부른다. 한자로는 구채(韭菜), 난총이라고 한다. 부추는 기양초라 하는데 최음 작용을 하고 강장 효과가 있다. 또한 "게으름쟁이 풀"이라고도 하는데 부추를 먹고 음욕이 동해 해가 중천에 떠올라도 일하러 나가지 않기 때문이라고도 하고, 잔손이 안 가도 워낙 잘 자라서 게으름쟁이라도 키울 수 있기 때문이라고도 한다.

잎이 큰 대엽종과 작은 소엽종이 있는데 소엽종은 잎이 둥근 편이고 가늘며 작은데 추위와 더위에 잘 견디는 특징이 있고, 대엽종은 입이 납작하고 크며 더위와 건조에 약한 편이다. 비슷한 엽채류인 파에 비하여 단백질, 지방, 당질, 회분, 비타민 A 등이 훨씬 많이 들어 있다. 부추의 독특한 향기는 유황화합물로 마늘의 성분과 비슷하다.

부추는 연하고 가는 것이 맛있다. 연한 것은 날로 생채처럼 무쳐서 먹으면 맛있고 질긴 것은 볶거나 김치를 담가 먹는다. 중국종 부추는 굵고 흰 부분이 많고 연한 녹색이며 30cm 이상 되는 것도 있다. 밭에서 키울 때 햇빛을 보지 못하게 굴뚝 같은 것을 씌워서 키운 노란 부추도 있다.

부추로 만들 수 있는 음식으로는 부추김치가 있고 오이소박이의 소로도 넣으며, 생채를 하거나 데쳐서 무쳐 먹기도 한다. 또 잘게 썰어서 밀가루즙에 섞어 밀적을 부치기도 하는데 쓰임새가 많은 채소는 아니다.

상큼한 미나리

예전에 미나리를 키우던 곳을 미나라꽝이라 하였는데 동네 근처의 텃물이나 우물에서 쓰고 난 물이 괴는 지저분한 곳이었다. 필자가 어렸을 때 살던 원효로에도 큰 미나리꽝이 있었다. 미나리는 워낙 더러운 물에서도 잘 자라는 식물이며 거머리가 많아서 다듬기가 성가신 채소였으나 요즘에는 재배를 많이 해 거머리가 별로 없다.『조선무쌍신식요리제법』에서는 "미나리는 눈 밝은 사람이 깨끗이 다듬고, 씻을 때 놋그릇을 넣어 거머리가 떨어지게 하여 알알이 골라 씻으라"고 하였다.

아시아 원산이며, 줄기와 잎을 식용하는데 우리 나라에서는 주로 잎을 떼고 줄기만 먹는다. 한방에서는 근채(芹菜), 수영, 수근이라 하는데 혈압 강하, 해열, 일사병 등에 효과가 있다고 한다. 무기질 중에 칼륨이 많이 들어 있고, 비타민을 고루 함유한 알칼리성 식품이다. 미나리를 먹으면 정신이 맑아지고 혈액도 깨끗해진다고 하는데 특수한 정유 성분과 무기질이 들어 있기 때문이다.

언양 미나리가 궁중의 진상품으로 유명했는데, 이곳의 미나리꽝은 땅이 모래가 많은 사양토이고 가지산에서 맑은 물이 흘러내려 미나리를 잘 자라게 한다. 얼음이 녹은 후 연한 싹이 봄볕을 받고 쑥쑥 올라와서 3~4월이면 봄미나리가 제맛이 난다. 음력 2월 말부터 한 달에 한 번 정도로 대여섯 번 수확한다. 35cm 정도 자라면 잘라 주어야 하는데 그러지 않으면 썩어 버리기도 한다.

살짝 데쳐서 나물을 하거나 미나리강회를 만들면 특유의 상큼한 맛과 향을 즐길 수 있다. 또 생선찌개나 매운탕에 넣고 살짝 익히면 생선 비린내가 없어진다. 미나리강회는 끓는 물에 살짝 데쳐서 상투 모양으로

도르르 감고 그 속에 잣을 박아 넣어 고추장에 찍어 먹는데 봄철의 상큼한 맛을 대표하는 음식이다.

미나리나물을 조리하는 두 가지 방법이 있는데, 날것을 소금을 절였다가 기름에 볶는 것과 데쳐서 짧게 끊어서 다진 생강과 초, 기름을 넣어 무친 초나물이 있다. 초고추장을 넣어서 무쳐도 맛있다.

『조선무쌍신식요리제법』에서는 정성을 많이 들인 미나리나물을 소개하였다. "번철에 기름을 많이 붓고 우둔을 두껍고 넓게 저민다. 미나리를 속고갱이만 잘라 내어 한 치 길이씩 썰어 씻는다. 기름을 한 사발 붓고 고기를 펴서 끓는 기름 위에다 놓고 그 위에서 미나리를 볶은 다음 고기는 버리고 양념하여 먹으면 맛있다. 그러나 낭비가 많고 상서롭지 못하고 복받기 어려운 음식이다. 이 나물을 한 대접쯤 하려면 우둔이 한두 개 있어야 하고 기름이 엿 되 들고 미나리는 고갱이만 빼내면 한 짐이 있어야 하니 맛도 그다지 좋지 않고 집안에 기구만 부리는 것이다. 대개 음식은 담박해도 깨끗하면 먹는 것이요, 결단코 사치는 하지 말아야 한다. 이렇게 치성하여 먹던 집이 오늘날 재물도 없고 사람도 안 보이고 그 집터도 어디인지 모르겠다"고 하여 지나친 음식 사치를 경계하였다.

 안동파산적, 부추부치개, 미나리강회, 미나리장과

채소쌈

우리만의 독특한 음식 문화 가운데 푸새 잎에 밥을 싸 먹는 쌈 문화가 있다.『농가월령가』의 '유월령'에는 "아기 어멈 방아 찧어 들바라지 점심하소. 보리밥 파찬국에 고추장 상추쌈을 식구 헤아리되 넉넉히 능을 두소." 하고 읊은 대목이 있듯이 여름철 농촌에서 땀 흘리며 밭일하다 들밥으로 상추쌈을 먹는 광경을 쉽게 그려 볼 수 있다.

별다른 찬이 없어도 봄부터 여름철에는 밭이나 들에서 나는 채소로 두루 쌈을 싸서 먹었다. 그 중 으뜸이 상추이고 이외에도 깻잎, 호박잎, 배춧잎, 미나리, 쑥갓, 콩잎, 소루쟁이, 방가지 등이 있다.

여름철뿐만이 아니라 겨울철에도 마른 나물을 불려서 싸 먹거나 김쌈도 즐긴다.『동국세시기』에서는 정월 대보름에 배춧잎과 김으로 밥을 싸서 먹는 '복쌈(福裹)'이 있다고 하였다. 쌈에 쌀 때 안에 복을 담고 싶은 소박한 기원이 담겨 있음을 알 수 있다.

"눈칫밥 먹는 주제에 상추쌈까지 먹는다"는 속담이 있다. 쌈을 먹으려면 입을 크게 벌리고 눈을 부라리게 되기 때문이다.『조선무쌍신식요리제법』에서도 쌈을 먹을 때의 보기 민망한 모습에 대해 적고 있다. 조선 중기 이덕무의 전통 예절에 대한 책『사소절(士小節)』에서도 "부인이 상추로 밥을 싸서 먹을 때 한 입에 들어갈 수 없을 만큼 크게 해서 먹는 것은 좋은 태도가 아니니 조심해야 한다. 상추, 취, 김 따위로 쌈을 쌀 적에는 손바닥에 직접 놓고 싸지 마라. 점잖은 행동이 아니다. 쌈 싸 먹는 순서는 먼저 숟가락으로 밥을 떠서 그릇 위에 가로 놓고 젓가락으로 잎을 두세 개 집어다가 떠 놓은 밥 위에 반듯이 덮은 다음 숟가락을 들어 입에 넣고 곧 장을 찍어 먹는다. 입에 넣을 수 없을 정도로 크게 싸서 볼이 불거져 보기 싫게 먹지 마라"고 하였다.

상추쌈은 수면제?

상추는 삼국 시대부터 먹기 시작한 듯하다. 중국 수나라 때 고구려의 특산인 상추 씨를 가져갔다는 기록이 『해동역사물지』에 있고, 원나라의 시인 양윤부(楊允孚)의 시 해설문에 "고려 사람은 생채로 밥을 싸서 먹는다"고 한 구절이 있다.

상추쌈은 연한 상추에 쑥갓, 실파를 곁들여서 쌈장을 얹고 밥을 싸 먹는 음식이다. 쌈장은 고추장에 쇠고기와 참기름을 넣어 만든 약고추장과 된장에 쇠고기와 표고를 넣어 마련한다. 형편에 따라 육류와 어류 찬을 보태면 좋다.

한희순 상궁이 전해 준 고종과 순종 시절에 궁에서 마련했던 상추쌈 차림을 그대로 준비해 맛을 보면 쌈과 찬물들이 조화를 잘 이루어 참으로 절미(絶味)하다는 말이 절로 나온다. 연한 조선 상추와 쑥갓, 가는 세파를 흐르는 물에 깨끗이 씻어 채반에 담는다. 상추쌈을 먹을 때 마련하는 찬물로는 절미된장조치와 병어감정, 보리새우볶음, 장똑도기, 약고추장 등이고 참기름 종지는 따로 놓는다.

절미된장조치는 기름진 쇠고기와 마른 표고를 불려서 양념하여 뚝배기에 담아 볶다가 간이 세지 않은 된장을 쌀뜨물로 되직하게 개어 넣고 풋고추, 다홍고추, 파를 어슷하게 썰어 맛이 어우러지도록 끓인다. 조치란 국물이 바특하게 끓인 찌개나 찜, 조림 등 간이 짠 반찬을 말한다.

병어감정은 손바닥만한 병어를 살만 떠서 파, 마늘, 생강을 넣어 국물을 적게 하여 만든 고추장 찌개인데 상추쌈의 찬으로 하려면 국물을 적게 붓고 바특하게 끓인다. 감정이란 고추장으로 맛을 낸 찌개를 말한다.

보리새우볶음은 잔 보리새우를 번철에 마르게 볶아 마른 행주로 비벼서 수염과 꼬리 등 까실한 것을 없앤 다음 기름을 두르고 볶다가 간장, 조청, 깨로 맛을 낸다. 새우는 불그레하고 윤이 나며 통통한 것이 좋다.

장똑도기자반은 쇠고기를 우둔이나 홍두깨살로 준비해 곱게 채 썰어 양념한 다음 달군 냄비에 볶다가 물에 간장과 설탕을 넣어 만든 장물을 자작하게 붓고 채 썬 파, 마늘, 생강을 얹어 조린다. 국물이 거의 졸아들면 참기름과 깨소금을 넣어 고루 윤을 낸다.

약고추장은 고추장에 설탕과 물을 약간 넣고 두꺼운 냄비에 담아 주걱으로 저으면서 볶다가 다진 쇠고기를 볶아서 합하고 참기름과 통잣을 넣어 잠시 더 조린다.

쌈을 먹을 때 상추를 뒤집어서 매끄러운 안쪽을 손바닥에 얹고, 그 위에 밥을 한술 놓은 다음 찬을 두세 가지 올리고 마지막에 반드시 참기름을 한 방울 떨어뜨려서 싸 먹는다. 이처럼 상추를 뒤집어 싸 먹으면 절대 체하지 않는다고 하며, 쌈을 먹은 후에는 반드시 계지차를 마신다. 계지는 계피나무의 삭쟁이 가지로 잘게 썰어서 차를 달인다. 한방에서 상추는 찬(寒性) 식품이고 계지는 따뜻한(溫性) 식품이라고 하니, 이 두 가지를 함께 섭취해 몸을 중화시켜 보해 주는 것이다.

상추를 꺾으면 나오는 흰 진액에는 '리쿠루신'이라는 성분이 있는데 이것이 진통과 마취 작용을 한다. 그래서 상추쌈을 먹고 나면 노곤하고 졸리는 것이다.

날로 싸 먹거나 나물을 하여 싸 먹는 취쌈

취는 곰취, 단풍취, 참취 등 '취' 자가 붙는 산나물의 총칭으로 우리나라 산야에 분포한다. 나물로는 참취나 곰취의 어린 잎으로 만드는데 요즘은 비닐하우스 재배를 하여 연중 먹을 수 있다. 쌈에는 곰취가 잎이 넓어 밥을 싸 먹기에 알맞다. 연하면 날로 싸서 먹어도 좋지만 철이 아닌 때는 말렸던 취를 나물로 하여 쌈을 한다.

생곰취쌈은 취를 깨끗이 씻어 줄기를 자르고 잎을 차곡차곡 놓아 작은 채반이나 소쿠리에 담고 쌈장을 따로 담아 낸다. 삶은 취쌈으로 먹으려면 곰취를 삶아 우려서 줄기를 자르고, 황육을 다져 파, 마늘, 고춧가루, 깨소금, 기름을 넣고 주무른 다음 두세 잎씩 합하여 펴서 뚝배기에 깨소금, 고춧가루를 뿌려 가면서 담아 밥에 쪄서 한 장씩 싸 먹는다.

『조선무쌍신식요리제법』에 나오는 취쌈 먹는 법은 다음과 같다. "마른 취를 물에 하루 불렸다가 삶아서 냉수에 우린 다음 꼭 짜서 깻잎쌈과 같이 끓여서 쌈을 해 먹는다. 취는 생취가 향취와 맛이 가장 좋은데 생취 중에서도 곰취는 양근 땅 용문산 취와 석왕사 설봉산 취가 제일 좋다. 생취는 쌈으로 먹어도 좋지만 고추장에 찍어 먹어도 맛있다. 가을에 삶아 가지고 경성으로 들여와 파는 것은 별로 좋지 못하고, 말린 취에도 머위 잎사귀를 많이 섞는데 취 맛이 없으니 자세히 알고 사야 한다. 생취에는 곰취가 제일이고 그 외에도 나무취, 국취, 참취라 하여 여러 가지가 많다"고 하였다.

향긋한 깻잎쌈

요즘에는 고기를 구워 먹을 때 상추나 깻잎에 싸서 먹지만 옛날에는 고기를 얹지 않고 그냥 쌈만 먹었다. 깻잎쌈에는 쇠고기 등심보다 돼지 삼겹살이 더 잘 어울린다. 바싹 구워서 된장을 얹고 날깻잎으로 싸서 먹으면 질리지도 않고 향긋하다. 예전에는 날것이 아니라 깻잎찜을 하여 싸 먹는 사람이 더 많았다.

『조선무쌍신식요리제법』에서는 "들깻잎을 시들지 않았을 때 따서 데쳐 잠깐 우렸다가 장과 기름, 깨소금, 파, 다진 살코기를 주무른 다음 물을 조금 넣고 함께 오래 끓여 고추장을 넣고 싸 먹는다. 음식할 줄 모르는 부인은 고춧가루를 친다"고 하였다.

그 밖의 채소쌈

그 밖에 호박잎, 콩잎, 피마자, 배추속대 쌈 등이 있다.

호박잎쌈은 연한 호박잎을 씻어서 찜통에 찐다. 예전에는 밥을 지을 때 솥뚜껑에 행주를 처지게 매달아 쪄 냈다. 고추장에 싸 먹는 것이 어울린다.

콩잎쌈은 연한 잎으로 쌈을 하기도 하나 노랗게 단풍진 잎만을 모아 소금물에 삭혀서 된장에 박아 장아찌를 만들었다가 싸 먹는데 맛이 일품이다.

피마자잎쌈은 삶아서 말렸다가 나물처럼 하여 싸 먹는데 예전에는 겨울철에 다른 쌈거리가 없을 때 먹던 것이다. 별 맛은 없다.

배춧잎쌈은 세고 빳빳한 잎은 쌈으로 마땅치 않고 연하고 노란 통배추 속대가 고소하다. 연한 봄동배추는 연하므로 씻어서 그대로 싸서 먹는다. 겨울철에 쌈감이 마땅치 않을 때는 배추김치 잎으로 싸 먹기도 한다. 김치찜쌈은 통김치의 줄기를 떼어 내고 잎사귀만 큼직하게 잘라서 물에 헹구지 않고 쇠고기나 돼지고기를 다져서 양념하여 냄비에 물을 조금만 넣고 익혀서 싸 먹는다.

 약고추장, 병어감정, 장똑도기, 보리새우볶음, 취쌈, 상추생채, 깻잎찜

감자, 고구마, 토란

채 **8**

훌륭한 구황작물, 감자

감자의 원산지는 남미의 안데스 고원 지대이다. 페루와 볼리비아 양국에 걸친 고원에는 기원 전후하여 잉카 문명의 초석이 된 디와나고 유적이 있다. 이 유적에서 감자 모양의 토기, 감자를 그린 항아리 등이 출토되었다.

컬럼버스가 신대륙을 발견할 당시 멕시코와 칠레 남부에서는 이미 감자를 재배하고 있었다. 1540년경 멕시코 페리그라스 항구에서 스페인까지 배가 다닐 때 선상의 식량으로 사용하다가 유럽에 전파되었다.

우리 나라에는 중국에서 들어왔는데 연대는 확실치 않다. 이름을 몰라서 청나라 상인들에게 물어 보자 '북방감저(北方甘藷)'라고 가르쳐 주었는데 줄여서 '감저(甘藷)'라고 하였다. 감자 영근 것을 포기째 파내어 들어 올리면 말방울처럼 보여 중국에서는 '마령서(馬鈴薯)'라고도 하였다. 『오주연문장전산고』에 "북저는 일명 토감저(土甘藷)라고 하는데 순조 24년, 25년에 관북(關北)에서 처음 들어왔다"고 씌어 있다. 한편 김창한의 『원저보(圓藷譜)』에서는 감자가 북에서 들어온 지 7~8년이 지난 1823년 영국의 상선이 전라북도 해안에서 한 달 가량 머물렀을 때 선교사가 농민에게 씨감자를 나누어 주고 재배법을 가르쳐 주었다고 한다. 따라서 비슷한 시기에 남한과 북한으로 각기 퍼졌는데 지금부터 200년도 채 안 되므로 우리 나라에서 감자를 먹은 역사는 짧은 편이다.

감자를 널리 퍼뜨린 사람은 함경도 무산의 수령이었던 이현재라는 사람이었다고 한다. 그는 감자가 좋은 먹을거리임을 알고 많이 재배하려 했지만 백성들이 씨감자를 내놓지 않았다. 당시에 감자 재배로 큰 이익을 거둔 농민들이 감자만 심고 다른 곡물은 거두지 않자 세를 거두어들일 길을 잃은 정부가 금령을 내렸다. 따라서 백성들은 감자를 내놓으면 금령을 어긴 것이 되므로 시침을 뗄 수밖에 없었던 것이다. 결국 이현재는 많은 소와 바꾸는 조건으로 씨감자를 구해서 널리 퍼뜨리기 시작했다고 한다. 그 후로 다른 작물과 달리 수십 년 사이에 각지에 보급되었고 양주, 원주, 철원 등지에서는 흉년에 이것으로 굶주림을 면할 수 있었다.

감자에 대해 언급한 최초의 책은 6세기 초 진(晉)나라에서 편찬된 『남방초목상(南方草木狀)』이다. 그 내용을 보면, 중국 남방에 사는 사람은 대체로 단명하여 머리칼이 희끗해질 때까지 사는 사람이 드문데 광동(廣東) 해안 지방에는 백 살 넘게 사는 사람이 많아 그 연유를 알아보니 곡물을 먹지 않고 감자를 주로 먹기 때문이라고 하였다.

감자는 주성분이 녹말인 알칼리성 식품이며 비타민 C가 많이 들어 있는데 비타민 C는 녹말 입자의 사이사이에 들어 있기 때문에 열에 견디는 힘이 강하여 다른 식품과는 달리 익혀도 비타민 C의 손실이 적다. 또 햇빛을 받으면 푸른색으로 변하고 솔라닌이 많아진다. 감자 눈에도 솔라닌이 많은데 간혹 식중독을 일으킬 수 있으므로 없애고 먹어야 한다.

요즘 감자는 철이 따로 없지만 지역에 따라 나오는 시기가 각각 다르다. 제주도에서는 8월과 12월에 두 번 심는데 여름에 심은 것이 12월 하순부터 나오며 겨울에도 기온이 영하로 내려가지 않으므로 밭에 그대로 두었다가 4월까지는 캔다. 4~5월에는 겨울에 심은 제주 감자와 영호남 지방에서 하우스로 재배한 것이 나온다. 6~7월에는 중부와 남부 지방의 노지 감자와 강원도 하우스 감자가 나오며, 8~10월까지는 강원도 노지에서 재배한 것을 수확한다. 논감자는 무르고 맛도 덜하며 밭감자는 단단하고 맛있다. 강원도에서 나는 감자는 수분이 적어서 포실포실하고 품질이 좋기로 유명하다.

감자는 세계적으로 많이 먹는 전분질 채소로 서양에서는 굽기, 찌기, 튀기기 등 조리법을 다양하게 하여 음식을 만든다. 우리 나라에서는 쪄서 먹거나, 쌀이 부족할 때는 잡곡에 섞어서 밥을 지어 주식으로 삼기도 하였다. 강원도 향토 음식 중에는 감자전, 감자옹심이, 감자송편, 감자만두 등 감자를 주재료로 한 음식이 많이 있다. 감자부침은 껍질을 벗겨서 강판에 갈아 풋고추나 부추를 섞어서 부친다. 감자막가리만두는 감자를 갈아 녹말을 섞어서 부추 소를 넣고 빚어 쪄 낸다. 삭힌 감자 녹말로 무 소나 팥 소를 넣고 빚어서 쪄 내기도 한다. 감자를 갈아 둥글게 빚어서 장국에 넣고 끓이면 고슴도치처럼 동그랗게 되는데, 감자옹심이란 이것을 넣고 끓인 수제비를 말한다. 두고 먹을 찬으로는 감자를 얇게 저며서 소금물에 살짝 데쳐 채반에 널어서 바싹 말려 두었다가 튀겨서 찬으로 먹는 감자부각이 있다. 절에서 특히 많이 만든다.

간식으로 많이 먹는 고구마

고구마의 원산지는 감자와 같은 남미로 알려져 있다. 『재배 식물의 기원』을 쓴 드 칸돌은 고구마속의 야생종이 분포되어 있는 열대 아메리카가 원산지라고 하였는데, 1955년에 일본의 니시야마(西山市三)는 멕시코에서 발견한 트리피카(tripica)가 유전적으로 고구마의 조상임을 밝혔다. 고구마의 고고학적 자료는 오히려 남쪽인 페루 지방에서 발견되었다. 기원전 1,000년경의 것으로 보이는 이곳의 비단에 고구마의 잎, 꽃,

뿌리가 채색으로 그려져 있다. 잉카 시대의 부장품에서도 고구마 모양의 토기가 출토되었다. 기원전 3,000년경에 멕시코에서 재배하기 시작한 고구마를 구대륙에 전한 사람은 15세기의 컬럼버스이다. 스페인이 필리핀을 통치하면서 동양으로 들어왔고, 중국에는 16세기에, 일본에는 1605년 유구(지금의 오키나와)에 전해졌다.

우리 나라에서 처음 고구마를 먹은 이는 김여휘라는 남해 사람이었다. 그가 일본의 유구에 표착하였을 때 '껍질이 붉고 살이 흰 것'을 쪄서 먹어 배고픔을 면하였다고 한다. 조선 통신사들이 1719년 일본에 갔다와서 남긴 기행문에 교토(京都) 부근에 군고구마 장수가 있었다고 한 것으로 보아 그즈음 일본에서 굶주린 백성에게 고구마를 구황작물로 널리 보급시킬 때였던 것 같다. 우리 나라에는 조엄이 일본에 조선 통신사로 갔다가 돌아올 때 대마도에서 씨고구마를 부산 동래로 갖고 온 것이 시작이었다. 그 후 고구마 재배에 힘을 기울여 남쪽 지방과 제주도에 널리 퍼지게 되었다.

고구마는 심을 때와 거둘 때 일손이 많이 드는 편이다. 밤고구마로 이름난 무안 지방을 예로 들어 보면 3월 초 비닐하우스에서 종묘를 길러서 밭에 옮겨 심어 8월 말에서 9월 중순에 여물면 거둬들인다. 줄기가 덩굴이 되어 땅 위로 길게 자라며, 이 줄기를 땅을 돋우어 심으면 밑부분에서 실뿌리가 다시 자라난다. 땅 속의 뿌리 중 일부가 비대해지는데 이것이 자라 고구마가 된다. 감자는 줄기가 굵어진 것이다.

고구마가 전래된 초기에는 경상도에서 주로 재배했으나 순조 때 김장순이 기호 지방에 보급하였고, 서유구가 호남 지방에 퍼뜨렸다. 고구마가 호남 지방에 전래된 이후에는 이곳이 주산지로 이름이 나게 되었다. 무안 지방은 토질이 고구마 재배에 적당한 해안 지역의 사영토에다가 땅이 황토색이라 고구마 색깔이 붉고 밤맛이 난다.

주성분은 당질이지만 비타민 A의 전구체인 카로틴이 많이 들어 있다.

무기질 중에 칼륨이 많이 들어 있어 고혈압 예방에 좋으며, 섬유질이 많아서 장내 소화 작용을 돕고 여분의 콜레스테롤을 배출하는 효과도 있다.

굽거나 쪄서 간식으로 많이 먹지만 찬의 재료로는 별로 쓰지 않는다. 농촌에서는 범벅을 할 때 넣거나 죽을 쑤거나 썰어서 곡물에 섞어 밥을 짓기도 한다.

고온성 식물 토란

열대 아시아가 원산지인 고온성 식물이어서 우리 나라에서는 중부 이북에서는 재배하기가 어렵다. 9~10월인 추석 무렵에 많이 나온다. 주성분은 당질이며 비타민 $B_1 \cdot C$를 많이 함유되어 있고 약간의 단백질도 함유되어 있다.

토란으로는 국, 조림, 찜을 하는데, 토란곰국은 추석 때의 별미이다.

손질할 때는 표면에 묻은 흙을 수세미로 문질러 털어 낸 다음 껍질을 벗긴다. 작은 햇토란은 젖은 행주로 문지르거나 칼등으로 긁으면 쉽게 벗겨진다. 토란에는 끈적끈적한 점액이 있는데 소금으로 박박 문질러 깨끗이 씻어서 끓는 물에 살짝 데쳐서 쓴다. 토란국은 양지머리나 사태 등 국거리 고기를 무르게 끓인 곰국에 토란을 넣고 끓인 맑은 국이다.

 감자전, 감자막가리만두, 고구마순나물, 토란탕

오이, 동아

채❾

산뜻하고 아삭아삭한 오이

"외 덩굴에 가지 열릴까", "오이는 씨가 없어도 도둑은 씨가 있다", "외 거꾸로 먹어도 제 재미다" 등 오이와 관련된 속담은 꽤 많은 편인데 이는 조상들이 많이 먹던 흔한 채소이기 때문이다. 지금은 사시사철 식탁에 오르지만, 역시 여름이 제철이다. 제철에 강렬한 태양빛을 받고 자란 오이와 비닐하우스에서 재배한 오이는 맛과 영양면에서 차이가 많다. 영양 성분은 그리 많지 않지만 수분이 많고 상쾌한 향기와 씹히는 맛이 좋은 채소이다.

오이(瓜)의 종류에는 황과(黃瓜 : 외), 호과(胡瓜 : 물외), 동과(冬瓜 : 동아), 참과(참외), 남과(南瓜 : 호박), 서과(西瓜 : 수박), 사과(絲瓜 : 수세미), 포과(匏瓜 : 박) 등이 있는데, 황과가 지금의 오이를 말하며 '호과'라고도 한다. 참외는 지금 과실로 먹는 단맛의 참외가 아니고 '울외'라고 부르는 둥근 모양의 겉이 푸른 오이를 가리키는데 상고 시대부터 있던 것으로 고려 시대 이규보의 「가포육영(家圃六詠)」이라는 시에도 나온다.

우리가 보통 먹는 오이는 녹색의 여물지 않은 것이고, 껍질이 누렇게 익을 때까지 둔 것은 '노각'이라고 한다. 오이는 성분 중 수분이 **95%**를 넘는 채소로 영양가는 낮지만 칼륨이 많은 알칼리성 식품이면서 비타민 C가 많다. 오이의 상쾌한 향기는 '오이 알코올'이라는 성분 때문이다. 오이의 쓴맛을 내는 '에라테린(elaterin)'이라는 성분은 소화·건위(健胃) 작용을 한다. 중국에는 오이를 먹으면 미인이 된다는 말이 있으며 미인은 언제나 오이 냄새가 난다고 하여 여성들이 생오이를 가슴에 품고 다닌 일까지 있었다고 한다.

인도가 원산지이며 우리 나라에 들어온 경로는 확실하지 않으나 상당히 오래전부터 재배해 왔다. 히말라야 산맥 근처에는 노랗게 익은 야생의 큰 오이가 아주 많다고 한다.

오이를 고를 때는 되도록 곧고 너무 굵지 않은 것으로 골라야 하며 껍질에 돋은 가시가 날카로운 것이 싱싱하다. 오이지를 담글 오이는 연한 색에 도톰하고 작은 재래종으로 꼭지가 마르지 않은 것을 고른다. 씻을 때 소금으로 문질러 씻으면 사이사이에 낀 더러운 것도 씻기고 색도 선명해진다.

오이는 막대 모양으로 썰어서 쌈장이나 고추장을 찍어서 여름 찬으로 먹어도 좋고, 썰어서 초장이나 드레싱을 뿌려 샐러드처럼 먹기도 하며 생채와 나물도 만든다. 두고 먹을 찬으로는 오이갑장과, 오이장아찌, 오이지 등이 있고, 김치로는 오이깍두기와 오이소박이가 있다. '오이선'은 만드는 데 공이 많이 들지만 보기도 좋고 맛도 상큼하여 좋아하는 사람이 많다. 오이를 길게 갈라서 비늘처럼 칼집을 넣어 소금물에 절였다가 짜서 볶아 식힌다. 칼집 사이에 볶은 고기와 지단을 채우고 달콤한 식촛물을 끼얹은 것인데 손님을 초대했을 때 전채로 내기에 알맞은 음식이다. 옛날 책에 나오는 오이선의 다른 방법은 오이소박이처럼 토막내어 열십자로 칼집을 넣어 양념한 고기 소를 채워 넣고 국물을 부어 익힌다.

지금은 오이를 익혀서 먹는 일이 거의 없지만 예전에는 오이를 넣은 고추장찌개나 지짐이, 찜을 많이 해 먹었다. 오이를 찌개에 넣으면 국물이 시원하고 오이 살이 무르지 않아서 좋다.

　오이나물은 산뜻하고 아삭아삭 씹는 맛이 아주 좋다. 얇게 썰어서 절였다가 기름을 두르고 센불에 재빨리 볶으며, 쇠고기를 넣기도 한다. 볶아서 바로 넓은 그릇에 펴서 식혀야 색이 곱다.

　늙은 오이인 노각은 늦여름에 나오는데 껍질을 벗겨 고추장으로 무치면 맛있다. 오이무름국은 노각의 씨를 빼고 고기와 두부 섞은 소를 넣어서 고추장을 풀어 끓인 국인데 산뜻한 맛으로 여름철 더위를 식혀 주는 별미 음식이다.

　옛 음식책에는 옛날 오이인 외로 만든 음식이 많이 나온다. 그 중 『조선무쌍신식요리제법』에 나오는 '황과선'은 "늙지 않은 누른 외를 꼭지를 따고 깨끗이 씻어서 물 한 사발과 초 한 사발을 타서 삶아 외가 무를 만하면 꺼내어 채반에 놓았다가 마늘, 소금을 넣고 질그릇에 절였다가 먹는다"고 하였으니 삶았다가 말려서 담근 초장아찌와 같다. '황과찜'은 "늙은 외를 껍질을 벗기고 칼로 세 옆을 쪼개어 씨를 뺀다. 쇠고기에 갖은 양념을 하여 두드려 밀가루와 섞어서 오이 속에 넣고 맑은장국에 넣어 찌는데 나머지 고명과 밀가루를 넣고 끓이면 가지찜과 비슷하다. 황과로 하면 굵어서 그냥 먹기 어려우므로 익으면 썰어서 부서지지 않게 담는 것이 좋다"고 하였으니 외의 속을 빼고 소를 채워 익힌 찜이다.

　『시의전서』에서는 외탕을 '외이탕' 일명 '일과'라 하여 "외 속을 도려내고 살짝 볶은 고기를 가늘게 다지고, 생강, 파, 마늘을 다져 유장을 맞추어 볶고, 잣가루를 섞어 외 속에 넣는다. 소가 빠지지 않게 가늘고 긴 부춧잎으로 동여매이 파, 생강, 고추 양념을 하고 꾸미를 넣고 장국을 끓여 부어 익으면 조빙(얼음을 넣음)하여 먹는다"고 하였으니 오이무름국과 비슷하게 소를 채운 냉국이다.

겨울에 저장해 두는 동아

"동아 속 썩는 것은 밭 임자도 모른다"는 속담이 있다. 남의 깊은 근심은 아무리 가까운 사람도 모른다는 뜻으로, 속은 썩고 있어도 겉보기에는 멀쩡하여 생긴 말인 듯하다. 한자로는 동과(冬瓜)라 하는데 가을에 수확하여 겨울에 저장해 두기 때문에 붙여진 이름인 것 같다. 여름에 황색의 꽃이 피고 난 후 늙은호박과 비슷한 긴 타원형의 열매가 열린다. 씨앗은 호박씨와 비슷하며 호박처럼 넝쿨을 뻗어 한 줄기에 한두 개 열매를 맺는다. 실한 열매를 얻으려면 음력 2월에 구덩이를 파고 재와 인분을 섞어 넣고 그 위에 씨를 넣고 흙을 덮어서 심는다. 수확은 2월 말에서 10월 초까지 하는데 다 익으면 무등산 수박만 하며 겉은 박처럼 푸르스름하고 흰색의 가루(柿雪)가 고루 나와 있다. 눌러 보아 단단해야 잘 익은 것이다. 지금은 거의 멸종 위기에 있고 전남 보성과 순창에 재배하는 농가가 조금 있다. 대개 정과를 만들지만 옛날 책에는 누르미도 하고, 적이나 섞박지김치도 만들었다.

한방에서는 달고 성질이 찬 식품으로 독성이 없으며 폐, 위, 대장에 이롭고 이뇨 작용이나 노폐물 제거에 특효가 있다고 한다.

동아로 정과를 만들려면 참을성 있게 정성을 들여야 발그스름한 정과를 맛볼 수 있다. 우선 '사횟가루'를 준비한다. 사횟가루란, 꼬막 껍질을 씻어서 숯불에 올려 충분히 구워서 절구에 넣고 곱게 빻아 고운 체에 친 것이다. 조청도 미리 고아 놓는다. 동아를 반으로 갈라서 씨를 발라내고 손바닥만하게 토막내어 단단한 껍질을 얇게 벗기면 하얀 속살이 나오는데 토막 내어 한 조각씩 손으로 들고 사횟가루를 고루 묻혀서 사흘 동안 재워 둔다. 사흘이 지나면 동아에 묻은 가루를 털어 내고 끓는 물에 살짝 데쳐서 찬물에 재빨리 헹구어 건진다. 너무 오래 데치거나 찬물에 오래 담가 두면 정과가 뭉그러지므로 주의한다. 조청을 두꺼운 냄비나 솥에 넉넉히 붓고 펄펄 끓이다가 데친 정과를 넣고 처음에는 센불에 끓이다가 차차 약하게 하여 2~3일간 계속 조린다. 짙은 밤색이 되면서 조청이 걸쭉해지면 불을 끄고 식혀서 작은 항아리에 담아 둔다. 먹을 때는 한 덩어리씩 꺼내 얇게 저며서 조청을 끼얹어 낸다. 정과는 오래 데치거나 센불로 급하게 조리면 실패한다.

동아장아찌는 정과 만들 때처럼 사횟가루를 묻혀서 두었다가 살짝 데쳐서 고추장에 박아서 만든다. 고추장에 석 달쯤 넣어 두었다가 동아에서 물이 나오면 동아만 골라내어 다시 다른 고추장에 두 달쯤 박아 두었다가 다시 다른 고추장에 박는다. 이렇게 네 차례쯤 반복하면 거의 일 년이 걸리는데 그제야 제맛이 든다. 잘게 썰어서 기름과 깨를 넣고 무쳐서 먹으면 아작아작한 맛이 그만이다.

『음식디미방』에 동아 저장법과 동아로 만든 음식으로 동화누르미, 동화선, 동화돈채, 동화적에 대한 설명이 나온다. 당시에는 아주 흔한 채소였던 것 같다. 동아를 저장할 때는 깊은 동이나 큰 독에다 쌀겨를 넣고 묻어서 얼지 않게 하여 방에 두면 썩지 않는다고 하였고, 겨울 지내기가 어려우므로 9~10월 사이에 껍질을 벗기고 오려서 독에다 소금을 많이 넣고 절였다가 이듬해 봄에 짠기를 우려내어 쓴다고 하였다. 동화는 동아의 옛말이다.

『규합총서』에는 동아를 통째로 담근 특이한 섞박지가 나온다. "아주 크고 상하지 않은, 서리 맞은 분빛 같은 동아를 가려, 위를 얇게 도려 내고 씨와 속을 손으로 모두 긁어 낸다. 그 속에 좋은 조기젓국을 가득 붓고 청각, 생강, 파, 고추를 한데 섞어 절구에 찧어 그 속에 넣고 딱지를 도로 맞추고 종이로 틈을 단단히 발라 덥지도 않고 얼지도 않을 곳에 세워 둔다. 겨울에 열어 보면 맑은 국이 가득 괴어 있는데 깨끗한 항아리에 쏟고 동아를 썰어 담아 두고 먹으면 그 맛이 매우 좋다"고 하였다.

 노각생채, 오이무름국, 오이선, 동아선

호박, 박

채⑩

버릴 부분이 없는 호박

호박은 아메리카 대륙의 열대 지방이 원산지라고 추정하는데 콜럼버스의 미 대륙 발견 후 스페인, 포르투갈, 네덜란드 사람들이 유럽, 중국, 동남아시아로 퍼뜨렸으며 우리 나라에는 임진왜란 무렵에 들어온 것으로 보고 있다.

호박은 과채류(果菜類)이지만 미숙한 열매인 애호박은 부드러운 넝쿨순, 잎 그리고 꽃맺이까지 안 먹는 부분이 없을 정도이며 반드시 익혀서 먹는다.

애호박으로 할 수 있는 음식에는 호박나물, 호박선, 호박전, 호박지짐이, 호박찜, 호박김치, 호박찌개 등 아주 다양하다. 호박나물은 옅은 녹색이 상큼할 뿐 아니라 부드러워 질리지 않는다. 가늘게 채 썬 호박나물을 국수장국이나 수제비 등의 고명으로 얹기도 한다.

『시의전서』에 호박나물 만드는 법이 나오는데, "어린 애호박을 엽전처럼 썰고 파와 새우젓을 다져 넣고 볶는다. 솥에 기름을 둘러 가며 조금씩 넣어 익는 대로 호박을 꺼내야 뭉그러지지 않는다. 뚜껑을 덮으면 호박이 물러지고 물이 나와 좋지 않다"고 하였다. 오래전부터 새우젓과 호박이 궁합이 잘 맞는 식품이었음도 알 수 있다. 옛날 음식책에 '월과채'가 나오는데 찰전병을 지져서 섞은 호박나물을 말한다. 찹쌀가루를 얇게 지져 굵게 채 쳐서 호박에 섞는데 쫄깃한 전병과 무른 호박이 의외로 잘 어울린다.

우리 밥상에 자주 오르는 된장찌개에도 건더기로 두부와 애호박을 가장 많이 넣는다. 호박찌개는 흔히 고추장이나 된장을 풀어서 끓이지만 새우젓으로 간을 한 맑은찌개도 담백하다.

애호박을 얇게 썰어 말린 호박고지는 단백질, 탄수화물, 무기질이 많은 농축 식품이라 할 수 있다. 호박고지로 나물을 하려면 물에 불렸다가 볶아서 무치는데 정월 대보름에 마련하는 묵은 나물 아홉 가지에 반드시 꼽힌다.

옛날 음식인 '문주'는 지금은 없어져 버렸지만 『시의전서』에 나오는 호박문주는 다음과 같이 만든다. "주먹만한 어린 호박을 꼭지 쪽을 깊이 도려 속을 대강 긁어 낸다. 정육은 다지고 표고, 석이, 달걀 지단을 채쳐서 합하여 양념을 넣고 주물러 그 속에 넣고, 꼭지를 도로 막고 쪄 내서 통으로 담아 초장을 곁들인다. 혹 찜처럼 국물을 약간 있게 하여 냄비에 지져 술안주로도 한다."

늙은호박은 호박범벅, 호박죽, 호박엿, 호박꿀단지 등을 만들며 호박오가리라 하여 호박 살을 길게 돌려 가며 오려서 말려 겨울철에 나물도 하고 호박떡도 만든다.

또 늙은호박의 씨는 맛도 좋고 영양가도 높은 식품이다. 호박씨는 단백질과 지방산이 주성분으로 식용유의 원료로도 쓰이며, 인체에 유익한 질 좋은 불포화지방산이 많아 약용으로도 쓰인다. 한방에서는 자주 먹으면 풍이 예방된다고 하며, 머리를 좋게 하는 팔미틴산, 티놀산, 무기질, 인, 비타민 B가 풍부하게 함유되어 있다. 늙은호박에는 비타민 A가 되는 카로틴과 비타민 C, 칼륨, 레시틴 등이 풍부하게 들어 있고, 호박잎에는 단백질, 카로틴, 비타민 C가 많다.

가난의 상징이었던 박

　초가 지붕이나 돌담 위에 박이 주렁주렁 매달린 풍경은 이제는 빛바랜 사진에서나 볼 수 있다. 『흥부전』에서 흥부의 아내는 팔월에 접어들어 먹을 것이 없자 "철 모르고 우는 자식 배를 달라 밥을 달라 무엇으로 달래 볼까. 우리는 저 박이나 타서 박속은 지져 먹고 바가지는 팔아다가 한끼나마 구급하세." 하며 흥부에게 말을 건네는 대목이 있다. 이렇듯 박속은 가난한 우리 선조들의 빈량(貧糧)이었고 담백한 맛이 있어 옛날 시문에 자주 등장한다. 박은 숨어서 도를 닦는 선인이 먹던 선식(仙食)이었다고도 한다. 옛날 처녀들은 박속을 먹으면 속살이 박처럼 희어진다고 하여 시집가기 전에 세 통씩 세 번 먹었다는 이야기도 전해진다.

　우리 조상들은 박이 크면 갈라서 바가지를 만들어 썼고 깨져서 금이 생기면 실로 꿰매서 마른 것을 담았다. 박은 주로 바가지를 만들려고 키웠지만 어린 박으로는 나물을 하고, 쇤 것은 갈라서 바가지를 만들고 남은 박속은 무쳐서 먹었다. 익은 박은 껍질을 끈처럼 길게 돌려 가면서 얇게 깎아서 박고지로 말린다.

　박속을 먹으려면 잘 영근 것을 골라야 하며, 너무 오래 두어 늦게 타면 속이 휑하게 말라 버려 먹을 것이 없으므로 덩굴이 싱싱할 때 따야 한다. 잘 익은 박을 골라서 톱으로 반을 가른다. 박 가운데에는 복숭아씨 모양의 박씨 덩어리가 모여 있는데 손가락을 넣어 이것을 들어내면 박 껍질이 두껍게 남는다. 바가지를 만드는 단단한 부분과 부드럽고 뽀얀 속살 부분이 있는데 반으로 가른 박을 솥에 엎고 넉넉히 물을 부어서 삶는다. 물이 끓기 시작하면 불을 줄이고 두 시간쯤 뭉근하게 뜸을 들인다. 삶은 박을 건져서 한김 식힌 후에 나무 주걱으로 박속을 긁어서 소쿠리에 담아 물을 뺀다. 다시 물기를 짜서 된장, 고추장, 참기름, 깨소금,

다진 파와 마늘, 채 썬 고추를 넣고 한데 주무른다. 경기도 지방에서는 양념할 때 식초를 넣어 약간 새콤하게 먹는다. 박속은 아주 부드러워 무칠 때 감촉이 풀주머니 문지르는 것 같다.

 박속국은 박속을 숟가락으로 듬성듬성 떠 내어 싸리버섯과 다홍고추를 넣어 지지며, 말린 박고지로는 불려서 나물을 하거나 고깃국이나 찌개에 넣으며, 간장에 조려서 김밥에 넣기도 한다.

 애호박나물, 호박선, 애호박전, 박나물

가지, 머위, 연근

채**11**

보드랍고 새콤한 가지

여름에서 가을에 많이 나는 가지는 수분이 95%나 되고, 당질은 3.4% 정도이며 지질, 비타민, 무기질 함량은 적은 편이다. 표면에 흠집이 없고 광택이 나며 짙은 보라색으로 살이 단단하고 무거운 것이 신선하다.

가지로 만든 음식은 나물과 찜 정도로 그리 많지 않다. 가지나물은 가지를 쪄서 가늘게 찢어 갖은 양념으로 무치는데 보통 식초를 넣는다. 옛날에는 밥솥 위에 얹어서 감자나 가지를 찌곤 하였다. 더운 날씨에 입맛이 없을 때 보드라우면서 새콤한 가지나물은 입맛을 돋워 준다.

가지가 흔할 때 갈라서 햇볕에 말려 두었다가 겨울철에 나물거리로 쓰는데 대보름에 먹는 아홉 가지 나물 중 하나이다. 말린 가지는 불려서 기름을 넉넉히 두르고 볶아서 나물을 만든다. 약간 질기면서 씁쓸한 맛이 날가지와는 전혀 맛이 다르다.

가지선은 가지를 토막 내어 오이소박이처럼 칼집을 넣어 그 사이에 다진 쇠고기를 양념하여 채워 넣고 장국을 자작하게 부어서 끓인 일종의 찜이다. 가지는 기름이 많이 들어가는 튀김, 무침, 볶음 등의 조리법이 잘 어울리며 오이소박이처럼 소를 채워서 김치를 담그기도 하나 일반적인 음식은 아니다.

쌉싸름한 머위

우리 나라 전국의 들과 산에 야생하는 머위는 지방에 따라 머우 또는 머구라고도 하며, 한명은 관동(款冬)이다. 농가에서는 장독대 근처에 심어 놓고 가끔 뜯어서 찬거리로 삼기도 한다. 먹는 부위는 꽃봉오리와 연한 잎, 줄기이며 영양가가 높다기보다는 향기가 나는 기호 채소로 즐겨 먹는다. 성분 중에 폴리페놀과 클로로겐산이 들어 있어서 자르거나 껍질이 벗겨진 부분에 공기가 닿으면 갈색으로 변하므로 날것은 빨리 데쳐서 물에 우려야 쓴맛도 적고 연녹색이 곱게 살아난다.

잎은 짙은 녹색으로 쓴맛이 나는데 데쳐서 쌈을 싸 먹고 줄기는 삶아서 나물을 만든다. 전라도 지방에서는 들깨즙으로 나물을 무쳐 먹는데 아주 맛있다. 머위대를 넉넉한 물에 삶아서 껍질을 벗기고 굵은 것은 꼬치로 가늘게 가르고 알맞게 썰어 물기를 짠다. 볶은 들깨와 불린 쌀을 곱게 갈아서 들깨즙을 만들어 마른 새우를 섞는다. 다진 파, 마늘, 소금, 간장을 넣고 끓이다가 머위대를 넣고 한데 버무려서 익힌다. 머위의 쓴맛과 들깨 향이 잘 어울리는 나물이다. 머위 줄기와 잎은 설탕 섞은 장물에 조려서 장아찌를 만들기도 한다.

특이한 모양의 연근

연근은 아삭아삭 씹히는 감촉이 좋고, 썬 단면이 특이한 문양을 이루고 있어 맛도 좋지만 보기도 좋은 뿌리 채소이다. 연근이란 연꽃의 뿌리로 원산지는 중국으로 추정된다. 장기간 저장이 가능하여 일 년 내내 구할 수는 있으나 가을에서 겨울에 가장 맛이 좋다. 당질은 15%인데 대부분 인, 전분이고 단백질, 무기질, 비타민은 적은 편이다.

연근을 고를 때는 곧고 무거운 것으로 상처가 없는 말끔한 것이 좋다.

껍질을 벗겨서 그대로 두면 갈색으로 변하므로 바로 식초 물에 담가 두면 변색하지 않고, 데칠 때도 식초를 약간 넣는다.

연근으로 만든 음식은 그리 많지 않지만 데쳐서 꿀이나 조청을 넣고 조려서 발그스름한 색이 날 때까지 서서히 조려 연근정과를 만들기도 한다. 꼬득꼬득하고 씹히는 질감도 좋고 모양이 예뻐서 여러 정과를 만들 때 빠뜨리지 않고 만든다. 전을 하려면 얇게 썰어 데쳐 내어 간장과 참기름을 섞은 묽은 밀가루즙을 씌워 기름을 두르고 지지는데 달걀을 씌운 전보다 담백하다.

뿌리가 길쭉한 우엉

우엉은 유럽, 시베리아, 만주 등지에 야생하며 뿌리가 길쭉하고 줄기는 1.5m 가량이나 자라며 뿌리만 먹는 것과 잎과 줄기를 먹는 것 두 가지가 있다. 당질, 식이섬유가 많이 함유되어 있고 무기질 중에 인, 칼륨이 많다. 당류 중에는 이눌린 외에 셀룰로즈, 헤미셀룰로즈 등이 포함되어 있다. 특유한 향기를 좋아하는 사람도 있지만 안 먹는 이도 많다.

떫은 맛이 많아서 가늘게 썬 것은 물에 15분 이상 담갔다가 쓰고, 조리려면 끓는 물에 한 번 데친다. 껍질을 벗기거나 잘라 두면 검은색으로 변하는데 우엉에 있는 폴리페놀옥시다제의 작용 때문이다. 껍질을 벗겨서 식초를 탄 물에 담가 두면 산화 효소의 작용을 억제하고, 탄닌 성분이 식초에 녹아 나와 떫은 맛이 없어지며 색도 희게 변한다.

초여름에 나오는 햇우엉은 껍질을 수세미로 문질러서 그대로 음식을 만들 수 있으나, 묵은 것은 칼등으로 긁어 내고 물에 담갔다가 만든다. 토막 내서 조리거나 가늘게 채 썰어 기름에 볶아서 찬을 한다.

 가지선, 머위깨즙나물, 연근전

고추, 마늘

임진왜란 때 들어온 고추

우리 나라에 고추가 들어온 때는 대략 임진왜란 무렵으로 추정된다. 일본의 한 문헌에는 1542년 포르투갈 사람이 일본에 전했다고 하며, 이수광의 『지봉유설』(1613년)에 따르면 고추는 일본에서 건너온 것이어서 왜겨자(倭芥子)라 한다고 씌어 있다. 고추는 이같이 중국보다 일본에 먼저 전해졌고, 우리 나라에는 일본에서 들어온 것으로 여겨진다. 그 후 1600년 후반에 이르러서 전국에서 재배하여 먹기 시작했다. 그러니까 우리 음식에 고추를 쓰게 된 지는 약 300여 년밖에 되지 않는다.

고추의 매운맛은 캡사이신이라는 성분 때문으로 다른 나라의 품종에 비하여 매운맛이 적고 단맛이 강하다. 『지봉유설』에서는 "술집에서 소주에다가 고추를 타서 팔기도 한다"고 했으니 당시에 벌써 소주에 물을 타면 싱거우므로 고추를 넣어 속이는 나쁜 상술이 있었음도 알 수 있다.

김치에 고추를 넣은 것은 1700년대부터였다. 고추와 함께 젓갈을 넣음으로써 식물성 식품과 동물성 식품이 모두 들어가 영양가가 높고 맛도 좋아지게 되었다. 고추의 성분 중에 캡사이신과 비타민 E가 젓갈의 비린내를 없애주고 산패를 막아 주는 역할을 한다.

『규합총서』에서는 김치 등의 음식에 고추를 적당히 넣으라고 하였다. 고추를 적당량 섭취하면 식욕을 돋우고 소화율을 높여 주지만 지나치면 소화 기관을 약하게 한다.

고추는 여름이 제철이지만 요즘에는 일 년 내내 구할 수 있다. 날것으로는 풋고추, 꽈리고추, 다홍고추 등이 있고, 마른 고추로 통고추와 고춧가루, 실고추 등이 있다. 풋고추나 다홍고추는 겨울철에도 나오지만 제철이 아니면 향이나 매운맛이 떨어진다.

여름철 풋고추의 풋풋하고 매운맛은 더위로 잃은 입맛을 살려 준다. 장아찌를 하려면 여름보다는 좀 서늘해졌을 때 끝물의 작은 풋고추로 담그는 것이 훨씬 맛있다. 냄비에 간장과 설탕, 식초를 넣고 팔팔 끓여서 고추 담은 항아리에 부어 봉하여서 두었다가 먹는다. 매운맛이 많은 풋고추는 소금물에 삭혀서 간장을 붓거나 고추장이나 된장에 박아 두었다가 맛이 들면 잘게 썰어 양념을 넣고 무쳐서 먹는다. 장에 박기 전의 삭힌 고추를 썰어서 무쳐 먹기도 하고, 동치미에 넣으면 국물 맛이 시원하다. 삭힌 고추를 장아찌에 넣을 때는 꼭지를 떼지 말고 바늘로 군데군데 찔러서 담그면 간이 고루 밴다.

마른 고추에는 태양초와 화건초가 있는데, 태양초는 햇볕에 말린 것으로 들어올려 비춰 보면 붉은색이 선명하고 속이 약간 비치며 윤기가 나고 꼭지가 가늘며 노란색이 돈다. 이에 비하여 화건초는 젖은 고추를 바로 건조기에 넣어 더운 열기로 단시간에 말리기 때문에 검붉고 윤기도 덜하며 꼭지에 푸른색이 돈다.

고춧가루는 용도에 따라 구분하여 준비하는 것이 좋은데, 김치에 쓰려면 매운 고추와 가루가 많이 나는 고추를 반반씩 섞고 고추 씨는 다 빼지 말고 약간 남겨서 중간 굵기로 빻는다. 일반 양념으로 쓸 것은 붉은색이 선명하고 매운맛이 나는 고추를 더 많이 섞어 곱게 빻아야 생채나 나물을 무쳤을 때 얌전하다. 고추장에 쓸 것은 붉으면서 매운 것으로 준비해 씨를 완전히 빼고 아주 곱게 빻아야 한다.

고추는 대개 양념이나 고명으로 쓰고, 주재료가 되는 음식으로는 고추전, 꽈리고추조림, 풋고추찜, 고추부각 등이 있다. 저장 음식으로는 장아찌와 부각이 있다. 풋고추전을 하려면 되도록 작은 꽈리고추로 골라 갈라서 편다. 안쪽에 쇠고기와 두부를 양념하여 채워 넣고 달걀과 밀가루를 묻혀서 지진다. 큰 고추로 할 때는 반을 갈라서 씨를 빼고 끓는 물에 살짝 데쳐 소를 채운다. 꽈리고추조림은 꽈리고추를 씻어서 밀가루를 뿌려 찜통에 쪄 낸 다음 고춧가루를 넣은 양념 간장으로 무쳐서 여름철 찬으로 삼는다. 고추부각은 밀가루를 묻혀서 쪄 내어 채반에 말려 두었다가 필요할 때 기름에 튀겨서 소금을 뿌려 술안주나 찬으로 삼는다.

살균 작용을 하는 마늘

세계적으로 우리 나라만큼 마늘을 즐겨 먹는 민족은 드물다. 일본에 가면 간장과 생선 비린내가 많이 나고, 중국이나 홍콩에서는 여러 향신료 냄새가 난다. 우리 나라 김포 공항에 들어서면 마늘 냄새가 강하게 난다고 한다. 몇 년 전『이코노미스트』지에 세계에서 가장 마늘을 많이 먹는 나라가 한국이라는 기사가 실렸다. 당시에 우리 나라는 일 년간 37톤의 마늘을 소비했는데 미국이나 프랑스의 5배이고 서양에서 가장 많이 먹는다는 스페인의 1.5배이며 인구가 17배인 중국의 반 이상 되는 양이었다.

마늘의 원산지는 중앙아시아 또는 이집트라고 한다. 이집트에서는 기원전 2500년경에 벌써 마늘이 있어서 피라미드를 건설하던 노무자들에게 마늘을 준 사실이 피라미드 안의 벽에 기록되어 있다. 이 때 이미 마늘의 효능을 알았던 것 같다. 우리 나라에서는 단군 이래로 계속 먹어 왔는데 일본 사람은 유난히 마늘 냄새를 싫어한다. 그런데 마늘에 있는 알리치아민이란 성분이 비타민 B_1의 흡수를 도와 주고 혈중 농도를 높인다고 밝혀지자 일본에서는 유효 성분을 추출하여 '아로나민'이라는 약을 만들어 내어 전세계로 수출하고 있다.

『본초강목』에는 "마늘을 날로 먹으면 노여움이 발동하고 삶아서 먹으면 음란해지므로 삼가야 한다"고 씌어 있다. 그래서 절에서는 마늘을 비롯한 파, 달래 등의 훈채를 금한다. 마늘의 효능에 대해서는 동서양을 막론하고 높이 평가하고 있는데 살균, 정장, 각기병 예방, 폐결핵 예방, 강장, 항암 등의 작용을 한다고 알려져 있다. 세계의 의학자나 영양학자들이 항암 작용과 항균 작용 등의 효과와 성인병 예방에 좋다는 보고를 하자 전세계적으로 마늘 섭취가 더욱 늘어났다.

『삼국유사』의 '단군신화'에도 마늘을 먹고 인간이 된 곰 이야기가 나오지만 지금의 마늘과는 다르다. 중국과 시베리아 들판에는 야생의 마늘(蒜)이 오래전부터 있었는데 기원 1세기 전후 한나라의 장건이 서아시아에서 새로운 품종의 마늘을 들여 왔다. 이를 대산(大蒜) 또는 호산(胡蒜)이라 불렀는데 지금의 알이 굵은 마늘을 가리킨다. 단군신화에 나오는 마늘은 족지(小蒜), 달랑괴(野蒜), 달래(山蒜)와 비슷한 종류로 보인다.

마늘은 우리 나라 음식에 거의 빠지지 않고 들어가는 양념으로 날것은 아린 맛이 나고 독하다. 마늘에는 유황을 함유한 아미노산인 알리인이 들어 있는데 다지거나 썰면 효소에 의해 알리신으로 변하고 독특한 냄새가 나는 다아릴설파이드가 생긴다. 그러나 익히면 효소가 파괴되어 냄새가 덜 난다.

마늘 속의 유화 알릴은 강한 살균력이 있어 장에서 분해되어 살균 작용을 한다. 좋지 않은 음식을 섭취하여도 탈이 나지 않는 것은 이 때문이 아닌가 생각된다. 날채소로 김치를 담가서 매일 먹는데 아무 탈이 없는 것은 발효하면서 생기는 미생물 때문이기도 하지만 마늘의 살균 작용 덕택이기도 할 것이다. 육회도 날마늘과 함께 먹어 별 탈이 없는 듯하다.

마늘은 세계 곳곳에서 재배되지만 아시아 지역이 50% 이상을 차지하고 주요 생산국은 우리 나라, 스페인, 인도 등이다. 우리 나라에서는 서산, 의성, 단양, 삼척, 남해, 고흥, 해남에서 많이 나는데 의성과 단양에서는 조생종을 재배하여 봄에 출하한다.

마늘을 두고 먹으려면 생산지를 알아보고 사는 것이 좋다. 난지형 마늘보다는 중부 내륙 지방에서 생산되는 한지형 마늘이 오래 저장할 수 있다.

캐는 시기는 중부는 유월 하순, 남부는 유월 초순에서 중순경인데 마늘잎이 반에서 삼분의 이 정도까지 누렇게 되었을 때 뿌리가 다치지 않게 캔다. 육쪽마늘은 대개 한지형인데 서산, 단양, 삼척 것이 알이 굵고 품질이 좋다.

마늘은 뿌리의 비늘줄기뿐만 아니라 연한 잎과 마늘종도 양념을 해서 찬으로 먹는다. 풋마늘은 연하면 잎이 붙은 채로 된장이나 고추장을 찍어서 먹기도 하지만 썰어서 된장찌개에 넣거나, 쇠고기와 번갈아 꼬치에 꿰어 산적을 만든다. 간장을 부었다가 깨소금, 참기름을 넣고 무쳐서 장아찌처럼 먹기도 한다. 오월쯤에는 마늘에서 꽃대가 올라오는데 이를 따서 짧게 끊어 기름에 볶거나 쪄서 양념장으로 무치면 밥반찬으로 좋다.

마늘장아찌는 하지 전에 캔 여린 마늘 가운데 잎이 푸른 것으로 골라 겉껍질만 벗겨 통째로 담그고, 그 이후에 캔 것은 껍질을 모두 벗겨서 깐 마늘쪽으로 담근다. 우선 아린 맛을 없애기 위하여 식초에 3~4일 담가 두어 약간 투명해지면 식초를 따라 내고 대신에 간장, 설탕을 한소끔 끓였다가 식혀서 부어 놓는다. 간장을 넣지 않고 하얗게 하려면 물에 소금과 설탕을 타서 끓였다가 식혀 붓는다. 마늘종이나 풋마늘도 식초 물을 부어 삭혀서 고추장에 박아 두거나 약간 말려 짧게 끊어서 양념을 넣고 고루 무친다.

보통 양념으로 다져서 쓰는 마늘은 잘 여문 것이어야 한다. 두고 쓸 마늘은 말려서 보관하기 때문에 껍질이 잘 벗겨지므로 안쪽의 투명한 껍질까지 벗겨서 채 썰거나 다져서 쓴다. 다진 마늘은 공기 중에 놔 두면 냄새가 날아가고 색이 변하므로 한 번에 많이 다지지 말고 그때 그때 다지는 것이 신선하다. 다진 마늘이 오래되면 불쾌한 향이 나서 오히려 음식 맛을 해친다. 가정에서 매번 마늘 다지는 일이 번거러우면 한 번에 많이 다져서 작은 플라스틱 용기에 담거나 한 번에 쓸 양을 랩에 싸서 냉동실에 넣어 두고 필요할 때 조금씩 덜어 먹으면 편리하다.

마늘은 고기나 생선의 누린내나 비린내를 없애 주고 육질을 연화시키며 음식 맛을 좋게 한다. 쇠고기를 양념할 때는 고기 100g당 다진 마늘 작은 술 하나 정도가 알맞다. 배추김치를 담글 때는 소에 넣을 무채에 배추 한 통당 마늘 세 쪽 정도를 넣으면 알맞다. 양념을 무조건 많이 넣는다고 더 맛있는 것도 아닌데 요즘 가정이나 식당에서는 마늘과 고춧가루, 후춧가루를 지나치게 많이 넣어서 음식 고유의 맛이 덜하다.

 풋고추무침, 풋고추장아찌, 통마늘장아찌

버섯

채 ⑬

　버섯은 봄부터 가을에 걸쳐 나무 아래 낙엽 밑과 같은 그늘지고 습한 곳에서 돋아난다. 일종의 곰팡이 덩어리로 씨가 땅에 떨어지면 균사가 나와서 다른 식물의 뿌리나 줄기에 기생하여 영양분을 받으며 자란다.
　지구상에는 500종이 넘는 버섯이 있으며 식용이나 약용으로 쓰는 것은 80가지 정도이고 나머지는 먹을 수 없는 독버섯이다. 버섯은 모양도 별난 것이 많고 희한한 이름도 많다. 광대버섯, 독깔때기버섯, 땀버섯, 무당버섯, 외대버섯, 미치광이버섯, 무당버섯, 달걀버섯, 들주발버섯, 말뚝버섯, 마귀곰보버섯, 분홍망태버섯, 독우산버섯······. 약용으로 쓰는 버섯에는 영지, 상황, 복령, 매각, 흰무당 버섯 등이 있다. 독버섯은 색이 유난히 화려하거나 잘 부서지고 끈끈이를 내거나 유백색 즙이 나오고 악취가 나기도 한다. 독버섯에는 무스카린이라는 유독한 성분이 있어 신경 마비, 환각 등의 심각한 증세를 일으킨다.
　식용 버섯의 공통점은 빛깔이 현란하지 않은 흰색이거나 옅은 살색, 진한 갈색 등으로 결이 있어서 잘 찢어지고 좋은 향이 나기도 하고 향이 없는 것도 있다. 표고, 송이, 능이 버섯은 우산처럼 생겼고, 느타리버섯은 부채 모양, 싸리버섯은 빗자루 모양, 목이버섯은 사람 귓바퀴처럼 생겼으며, 팽나무버섯은 콩나물처럼 생겼다.

 버섯을 식용한 지는 아주 오래되어 서양에서는 그리스 시대부터 야생 버섯을 채취했다는 기록이 있다. 로마의 폭군 네로 황제는 '버섯왕'이라는 별명이 붙었을 만큼 유난히 버섯을 좋아해서 따오는 사람에게 같은 무게의 금과 맞바꾸어 주었다는 얘기도 있다. 현재 우리 나라에서 재배하는 버섯은 주로 양송이, 느타리, 표고, 영지, 팽이 버섯 등인데 느타리 버섯이 70%를 넘게 차지한다.

 버섯은 날것일 때 수분이 80~90% 정도이고, 단백질과 지방 함량은 적은 편으로 칼로리가 없다. 마른 버섯에는 비타민 $B_2 \cdot D$의 모체인 엘고스테린이 많이 들어 있고, 감칠맛의 성분은 구아닐산 때문인데 송이와 표고 버섯에 특히 많다. 항암 효과가 있으며 혈액 중의 콜레스테롤을 감소시키는 효과가 있어서 현대인의 성인병 치료나 예방에 도움을 주는 건강 식품이다.

버섯의 으뜸, 송이버섯

 "일 송이, 이 능이, 삼 표고, 사 석이"라는 말이 있는데 이는 수많은 버섯 중에 송이를 으뜸으로 꼽는 말이다. 송이버섯은 예부터 맛과 향이 뛰어나서 예찬하는 시문도 많고, 허준의 『동의보감』에서는 "향기롭고 산중 고송의 송기를 빌려서 난 것이라, 나무에서 나는 버섯 가운데 으뜸이다"고 하였다. 9~10월인 추석을 전후하여 20일 정도쯤 나오는데 그 해의 강수량에 따라 나오는 시기도 다르고 양에 차이가 많다. 워낙 비싸서 서민의 식탁에 자주 오르기는 어렵다.

 조선 시대에는 서울 남산 밑에서 나는 것을 최고로 꼽았고, 일제 시대에는 양주(楊州)의 망월사 것이 좋았는데 이곳의 토질이 좋아서 송이가 단단했다고 한다. 송이버섯은 반드시 적송(赤松) 아래서만 난다. 흙이 깊은 평지보다는 뿌리가 땅에 가깝게 드러나는 가파른 비탈에서 많이 난다. 모든 버섯이 그렇듯이 송이도 나무나 풀이 밀집해 있는 곳에서는 잘 나지 않는다.

　우리 나라에서는 경상북도의 봉화, 영주, 울진, 문경, 상주와 강원도의 양양, 인제, 명주, 삼척 등지에서 많이 나며, 특히 양양은 설악산과 오대산 근처에서 딴 송이가 모이는 곳으로 '양양 송이'라 하여 이름이 높다. 제철에 이 고장에 가 보면 송이를 따러 산을 헤치며 다니는 송이꾼들이 있는데, 이들은 가족에게도 송이 있는 곳을 알려 주지 않는다고 한다.

　송이는 갓이 도톰하고 봉긋하게 살이 찌고 대가 짧으면서 굵고 들어 보아 무겁고 단단한 것이 상품이다. 갓이 우산처럼 펼쳐진 것은 향기가 달아나 살이 푸석하고, 벌레 먹어서 구멍이 난 것도 좋지 않다.

　손질할 때에는 먼저 흙이 묻어 있는 기둥 끝 부분을 칼로 도려내고 물에 씻지 말고 젖은 행주를 꼭 짜서 갓 부분부터 아기 세수시키듯 조심스럽게 닦는다. 대개 누런 색의 껍질을 전부 벗겨서 하얀 속살만 쓰는데 절대 그럴 필요가 없다. 또 썰어서 물에 씻거나 공기 중에 방치해 두면 귀한 향기가 날아가 버리므로 머리 쪽에 칼집을 넣어 쭉쭉 갈라서 바로 조리하도록 한다.

　송이로는 날로 회를 해도 좋고 국, 구이, 전, 산적, 전골, 찜, 밥 등 쓰임새가 아주 많다. 송이회는 얇게 썰어서 참기름을 섞은 소금에 살짝 찍어서 먹으며, 탕을 끓이려면 쇠고기로 맑은장국을 끓여서 저민 송이를 넣고 잠깐 끓이면 된다. 송이전골은 쇠고기, 조갯살, 실파와 함께 살짝 볶아서 만드는데 각 재료의 담백한 맛이 잘 어울리는 음식이다. 송이산적은 쇠고기, 실파와 번갈아 꼬치에 꿰어 살짝 굽는다. 송이로 음식을 만들 때는 단시간 가열하고 파, 마늘, 고추 등 자극적인 양념을 되도록 적게 써서 송이의 향기와 질감을 살려야 한다.

거북이 등처럼 생긴 표고버섯

우리 나라를 비롯하여 일본과 중국에서 많이 나는 표고버섯은 봄과 가을에 밤나무, 졸참나무, 떡갈나무 등 활엽수의 줄기에 군생한다. 요즘은 전국적으로 인공 재배를 많이 해 일 년 내내 나오지만 3~5월과 10~12월이 제철이다. 특히 제주도에서 많이 나는데 '초기'라고 하여 초기전, 초기죽이 예전부터 유명하다.

『조선무쌍신식요리제법』에서는 버섯 중 첫째가 표고, 둘째가 송이, 셋째가 능이, 넷째가 느타리, 다섯째가 목이라 하였고, 그 외의 것은 뛰어나지 않은 잡버섯이거나 못 먹는 독버섯이라 하였다. 또 세 가지 귀한 식품으로 표고와 새우알젓, 숭어알이 있다고 하였다. 표고는 맛은 송이보다 못하지만 귀한 편이어서 첫째로 꼽기도 한다.

중국 명나라 때의 『오서(旲書)』에는 "표고는 풍을 다스리고 혈을 깨뜨리며 기를 왕성하게 한다"고 씌어 있다. 영양가가 높고 향이 독특한 표고는 예부터 동양에서 많이 먹어 왔으며, 혈압 강하 효능이 있는 에리타데닌과 적혈구를 늘리고 빈혈을 방지하는 비타민 B_{12}, 뼈대를 만드는 데 필요한 비타민 D가 많이 들어 있다. 또 항암 물질이 있다고 해서 특히 각광을 받는데 이 물질은 다당류인 렌티닌과 특수한 약리 성분 때문인 것으로 밝혀졌다. 이 밖에 감기나 변비 그리고 체내 여러 대사 작용에도 도움을 준다고 알려져 있다. 하루에 두세 개 정도 먹는 것이 좋다고 하는데 갓이 활짝 피지 않은 것이 좋다. 또 가공한 건강 보조 식품보다는 음식으로 만들어 먹는 것이 더 안전하고 효과적이다.

표고는 갓 안쪽이 흰색이고 지나치게 피지 않고 살이 도톰하고 겉이 보송보송한 것이 두어도 쉬 상하지 않는다. 표고 중에 동고(冬菇)는 겉이 거북이 등처럼 갈라지고 색이 옅고 작은 편인데 맛은 있으나 값이 아주 비싸다. 말린 표고를 불릴 때는 먼저 찬물에 얼른 씻어서 표고가 충분히 잠길 정도의 물을 부어서 서서히 불리는 편이 가장 좋고, 우린 물은 국이나 찌개의 국물로 쓴다. 뜨거운 물에 불리면 색이 검어지고 향기가 좋지 않으며, 너무 많은 물에 불리면 맛이 덜하다. 급할 때는 미지근한 물에 설탕을 약간 넣고 담그면 빨리 불어난다. 표고 기둥은 단단하지만 저며서 볶거나 갈라서 된장찌개에 넣으면 맛있다. 절에서는 국을 끓일 때 표고와 다시마를 우려서 쓰는데 고기를 넣지 않아도 맛이 아주 좋다. 나물이나 전, 구이, 산적, 국, 전골, 찌개 등에 모두 어울린다.

화강암 절벽에 붙어 사는 석이버섯
석이는 다른 버섯과는 달리 이끼류로 주로 화강암의 절벽에 붙어 산다. 강원도 깊은 산 암벽에서 많이 채취하며, 예부터 금강산 표훈사의 석이떡이 유명하다. 예부터 석이를 따러 가는 남자에게는 부인이 점심을 싸 주지 않는다고 한다. 높은 암벽에 올라가서 정신없이 석이를 뜯다가 허기가 져서 발이라도 헛디뎌 떨어지면 큰일이므로 배가 고파지면 바로 집에 오라는 뜻이라고 한다.

석이는 불규칙한 얇은 이파리처럼 생겼는데 큰 것은 지름이 10cm 정도 되지만 마르면 부서져서 잔 것도 있다. 표면은 검은 회색이고 안쪽은 암갈색이며, 가운데 돌기가 있는데 바위에 붙어 있던 자리라서 모래가 묻어 있다. 손질하려면 아주 번거롭지만 자연 식품 중에 드물게 검정색이어서 오색 고명을 마련할 때 필수적이다.

마른 석이를 더운물에 불렸다 양손으로 비벼서 씻으면 검정 물이 나오므로 여러 번 헹구어서 건진다. 안쪽의 막이 덜 벗겨졌으면 하늘빛이 나도록 칼등으로 깨끗이 긁어내고 돌기 부분을 꼬집어서 떼어 낸다. 석이가 많이 나는 곳에서는 나물로 무치는데 향이 독특하고 씹는 맛이 있다. 고명으로 쓸 때는 한 번에 쓰는 양은 적으나 매번 손질하기가 번거로우므로 한꺼번에 손질하여 바싹 말려 두었다가 필요할 때 더운물에 불려서 쓰는 것이 간편하다. 가늘게 채 썰려면 넓은 잎을 도마 위에 펴고 잔 것들을 위에 얹어서 돌돌 말아서 썰면 쉽다. 다져서 찹쌀가루를 섞고 쪄서 잣가루를 묻힌 석이단자는 잣과 석이 향이 잘 어울리는 떡이다.

혈액 응고를 억제해 주는 목이버섯

목이에는 검은 빛의 목이와 흰 빛의 백목이가 있는데 중국에서는 백목이를 불로장수하는 귀한 버섯으로 여겼다. 서양에서는 목이를 "유태인의 귀"라고 부른다. 목이는 혈액의 응고를 억제하는 작용을 하므로 요리에 조금만 사용해도 혈소판 응집을 예방하고 심장병이나 뇌졸증을 막을 수 있다.

나무 뿌리가 아니라 줄기에 붙어서 나오는데 뽕나무나 버드나무에서 나는 것이 제일 좋다. 우리 나라에서 나는 것은 대부분 진한 갈색을 띤다.

음식에 넣으려면 미지근한 물에 불려야 하는데, 불리면 20배 정도 불어나므로 잘 가늠하여 물에 담근다. 부드러워지면 잎을 하나씩 떼어서 크면 잘게 썰어서 볶아 잡채에 많이 넣고, 전골에 넣거나 볶아서 먹는다. 향기가 없고 별 맛은 없지만 꼬들꼬들하여 씹는 맛이 좋다.

그 밖의 버섯

느타리버섯은 싸고 흔해서 많이 먹는 버섯 중 하나이다. 자연산은 말린 것이 많은데 쓴맛이 나고 진한 갈색을 띠며 재배 느타리는 향기가 거의 없으나 연하고 부드럽다. 작으면서도 갓의 색이 진하고 줄기가 굵은 것으로 단단하고 탄력 있는 것이 맛있다. 여러 곳에서 재배하고 있지만 경기도 포천군에서 70년대 양잠의 쇠퇴 이후 뽕나무 가지에 버섯 재배를 시작하여 좋은 품질의 느타리를 거두고 있다. 날것은 90% 이상이 수분이며 데쳐서 나물을 하거나 꼬치에 꿰어 산적을 하기도 하며, 국이나 찌개, 전골 등에 넣는다.

능이버섯도 갓이 큰 편이고 검으며 갓에 점박이 무늬가 있는데, 쇠고기 맛이 나고 향도 좋아서 구이나 볶음을 해 먹는다.

팽이버섯은 호두나무, 감나무, 버드나무의 그루터기나 뽕나무, 닥나무의 고목에서 나는 것으로 우리 나라에는 흔하지 않으나 일본에서 많이 먹는다. 지금은 톱밥이나 쌀겨를 용기에 넣고 인공 재배한다. 담백하면서 매끄럽고 향이 은은해서 국이나 찌개, 전골에 많이 넣고 데쳐서 나물도 한다. 암 예방에 효과적이고 항바이러스 작용을 한다.

싸리버섯은 갓이 여러 갈래로 갈라져서 산호초 비슷하게 생겼다. 아린 맛이 있으므로 미지근한 물에 여러 번 우려서 데쳐 볶거나 전골, 찌개에 넣는다.

약용으로 쓰는 영지(靈芝)는 쓴맛이 아주 강하여 달일 때 대추를 넣는다. 중국의 『본초강목』에서는 "영지를 장복하면 몸이 가벼워지고 늙지 않아 오래 살게 되어 신선에 이르게 한다"고 하였다. 우리 나라에는 『고려사』에 미륵사의 중이 기이한 풀을 영지라 하여 충숙왕에게 바쳤다는 기록이 보인다. 항암, 항염증, 혈압 조절, 항혈전, 면역 기능 강화, 간 기능 향상, 에이즈 바이러스 증식 억제 등에 효능이 있다고 한다.

동충하초(冬蟲夏草)라는 버섯은 한방에서 폐병과 신장병의 특효약으로 써 왔는데, 겨울에는 곤충에 기생하다가 여름에 곤충이 죽으면 그 자리에서 나는 기이한 버섯이다. 이 밖에도 상황(桑黃)은 이뇨에, 복령(茯笭)은 이뇨와 수종(水腫)에, 맥각(麥角)은 부인병에, 흰무당버섯은 항균성 약재로 널리 사용되어 왔다.

 송이전골, 송이탕, 표고전, 석이볶음, 버섯산적

묵

채 ⑭

묵은 우리 나라에만 있는 고유한 식품인데 특별한 맛은 없지만 매끄럽고 산뜻해서 입맛을 돋워 준다. 곡식이나 열매의 전분을 추출해서 물을 붓고 끓여 되직하게 풀을 쑤어서 굳힌 것이다. 묵의 원료인 전분이 들어 있는 식품으로는 녹두, 메밀, 도토리, 옥수수 등이 있다. 녹두묵은 보드라운 촉감이 좋고, 메밀묵은 구수하며, 도토리묵은 씁쓸하고, 올챙이묵은 국수 가락처럼 매끄럽게 넘어가는 맛이 있다.

계절별로 보면 녹두묵은 봄에, 올챙이묵은 여름에, 도토리묵은 가을에, 메밀묵은 겨울철에 제맛이 난다.

묵은 전분이 주성분이어서 별다른 맛은 없지만 향이나 질감이 독특해 채소에 부재료로 넣거나 무쳐서 양념 맛으로 먹는 음식이다. 녹두 전분으로 쑨 청포묵은 봄에 나오는 미나리와 물쑥, 숙주를 섞어서 초장으로 무치거나 담백하게 소금과 참기름만 넣어 무치기도 하고, 도토리묵은 오이나 쑥갓 등의 날채소를 섞고 고춧가루 등 맛이 진한 양념 간장으로 무친다. 겨울철 밤참으로 즐겨 먹던 메밀묵은 배추김치를 송송 썰어서 함께 무쳐야 제맛이 난다.

묵은 무쳐서 바로 먹어야 맛있다. 냉장고에 오래 두면 녹말이 노화되어 단단해지므로 썰어서 끓는 물에 데쳤다가 식은 후에 무친다.

보드라운 녹두묵

봄철에 녹두 전분을 만들어서 쑤는 청포묵은 하얗고 말갛게 비치며 아주 매끄럽다. 비타민을 많이 섭취해야 하는 봄에 봄나물 여러 가지와 녹두묵을 새콤달콤하게 함께 무친 탕평채는 입맛을 돋워 준다.

『명물기략(名物紀略)』에 묵의 어원에 대해 밝힌 부분을 보면, "녹둣가루를 쑤어서 얻은 것을 삭(索)이라 하는데 속간(俗間)에서는 묵(纆)이라고도 한다. 묵이란 억지로 뜻을 붙인 것이다"고 하였고, 『사류박해(事類博解)』에서는 묵을 '녹두부(綠豆腐)'라 하였다. 원래 녹말(綠末)이란 녹두의 전분을 뜻하지만 지금은 모든 곡물의 전분을 녹말이라고 한다.

녹두 전분은 만들기가 쉽지 않다. 날이 더우면 녹두가 쉬어 버려 망치기 일쑤이므로 더워지기 전에 만들어야 한다. 녹두를 맷돌에 타서 불려 껍질을 말끔히 벗기고 고운 맷돌에 물을 넉넉히 두르면서 간다. 간 녹두를 가는 면 주머니에 넣어 물을 갈아 가면서 우려낸 뿌연 물을 한데 모아 두면 아래에 흰 앙금이 가라앉고 물이 맑아지는데 맑은 물을 따라 버리고 남은 앙금을 거두어 한지를 펴고 널어서 말린다. 도중에 덩어리지는 것은 손으로 부숴 가면서 말려서 고운 체에 쳐서 두고 쓴다.

녹두묵을 쑤려면 녹말가루의 5~6배의 물을 붓고 잘 저어서 두꺼운 냄비에 담아 불에 올린다. 나무 주걱으로 계속 저으면서 풀을 쑤듯이 끓이는데 말갛게 익은 후에도 5분쯤 계속 저으면서 뜸을 들여야 한다. 녹두를 갈아서 바로 만든 녹두 앙금일 경우에는 앙금의 2배의 물을 붓고 끓인다. 묵을 쑬 때 녹두 간 물을 넣어 쑤면 노르스름한 묵이 되는데 이를 '제물묵'이라고 한다. 흰 녹두묵은 '청포', 노란 것은 '황포'라 하는데 묵을 쑬 때 치자 물을 넣어서 황색을 낸다.

『동국세시기』 '3월조'에서는 "녹두포를 만들어 잘게 썰고 돼지고기,

미나리, 김을 섞고 초장으로 무쳐서 서늘한 봄날 저녁에 먹을 수 있게 만든 음식을 탕평채라고 한다"고 하여 봄철의 시식임을 알려 준다. 청포묵 나물을 탕평채라고도 하는데 『송남잡식(松南雜識)』에 "청포에다 우저육을 섞은 채를 탕평채라 하는데 이른바 골동채(骨董菜)이다. 송인명(宋寅明: 1689~1746년)이 젊을 때 저자 앞을 지나가면서 골동채 파는 소리를 듣고 깨달은 바가 있어 사색(四色)을 섞는 일을 탕평 사업으로 삼고자 이 나물을 탕평채라 하였다"고 하였고, 『명물기략』에서는 "정조 때 사색인의 탕평을 바라는 마음에서 갖은 재료를 고루 섞은 묵나물에 탕평채란 이름을 붙였다"고 하였다. 조선 시대 중기에 탕평책을 경륜하는 자리에 이 음식이 나와 이 때부터 탕평채라 하였다고 한다. 탕평이란 어느 쪽도 치우치지 않음을 말하는데, 영조는 당쟁의 뿌리를 뽑고자 탕평책을 폈고, 정조도 이 정책을 이어받았다. 탕평채는 청포채 또는 묵청포라고도 하여 옛 음식책에 많이 나온다.

『시의전서』에서는 "묵을 가늘게 치고 숙주, 미나리는 데쳐서 잘라 양념하여 같이 무치고, 정육은 다져서 볶고, 숙육(熟肉)도 채쳐 넣고, 김도 부숴 넣는다. 깨소금, 고춧가루, 기름, 초를 합하여 간장으로 간을 맞추어 묵과 한데 무쳐 담는다. 그 위에 김을 부숴 얹고 깨소금, 고춧가루를 뿌린다"고 하였으니 지금 우리가 먹는 것과 많이 다르지 않으나 고춧가루를 쓴 점이 다르다.

구수한 메밀묵

녹두묵이 양반 음식이라면 메밀묵과 도토리묵은 서민의 음식이다. 이효석은 『메밀꽃 필 무렵』에서 메밀밭을 "소금을 뿌린 듯이 흐뭇한 달빛에 숨이 막힐 지경"이라고 묘사하기도 하였다.

박목월은 「적막한 식욕」에서 메밀묵을 "싱겁고 구수하고, 못나고도 소박하게 점잖은, 촌 잔칫날 팔모상에 올라 새 사돈을 대접하는 것"이라

읊으면서 걸걸한 막걸리에 메밀묵이 먹고 싶다고 했다. 추운 겨울 밤에 궁금할 때 즐겨 먹던 음식으로, 지금은 거의 사라졌지만 얼마 전까지도 찹쌀떡과 함께 메밀묵 행상이 상당히 많았다.

『시의전서』의 메밀묵 만드는 법을 보면 "녹말을 가는 체로 받아 물에 가라앉힌 후 물만 따라 버리고 쑤되 되면 딱딱하고 불이 세면 눌어붙으므로 뭉근한 불로 쑨다. 소금, 기름, 깨소금, 고춧가루를 넣고 무쳐 담을 때 김을 부수어 뿌린다"고 하였다. 메밀의 맛과 색을 살리려고 간장 대신 소금으로 간을 한 듯하다.

메밀은 다른 곡식에 비해 단백질이 많이 들어 있고 비타민 $B_1 \cdot B_2$, 니코틴산이 들어 있어 영양가가 높고 칼로리는 낮다. 루틴이라는 성분은 당뇨병이나 성인병에 좋다고 하여 메밀로 만든 메밀막국수, 메밀냉면, 메밀국수와 메밀부침, 메밀묵을 찾는 이가 많아 요즘은 국내산으로 소비량을 감당할 수가 없어 주산지인 강원도에서도 중국산을 수입하여 쓰고 있는 형편이다.

서민적인 도토리묵

도토리는 신석기 시대부터 먹어 온 식품으로 우리 조상도 일찍부터 먹어 왔으리라 추정된다. 쓴맛을 우려낸 도토리를 맷돌에 갈아서 그대로 두어 가라앉은 앙금을 말리면 묵가루가 된다. 흉년에는 끼니를 이어 주던 중요한 구황 식품이어서 옛날 수령들은 새 고을에 부임하면 맨 먼저 떡갈나무를 심어 기근에 대비하는 것이 관습이 되었으며 떡갈나무를 한목(韓木)이라고까지 불렀다. 고려 시대 『동문선(東文選)』에 나오는 윤여형(尹汝衡)의 「상실가(橡實歌)」에는 도토리에 얽힌 서민의 애환이 사무치게 깃들여 있다.

도톨밤 도톨밤 밤 아닌 밤
누가 도톨밤이라 이름지었는가.
맛이 쓰기로는 씀바귀 같고
빛깔은 숯처럼 검다.
수탉 소리 들으며 새벽에 일어나서
시골 늙은이 마른 밥 싸가지고
일만 길이나 되는 벼랑에 기어올라
칡넝쿨 헤치며 원숭이와 다툰다.
온종일 주워도 광주리는 차지 않고
두 다리는 옹여맨 듯, 주린 창자 주르륵 운다.
낭리 차고 해가 저무니 골짜기에 잘 수밖에 없다.
솔가지 지피고 고사리 캐어 삶아 먹는다……

늙은이만 남아 빈 집을 지키다가
사흘을 굶다 못해 도토리 주우러 산으로 간다.
권세가여, 그대는 아는가.
그대의 미반상찬(美盤上饌)이 도토리 줍는 늙은이
눈 밑에서 스며 나오는 피라는 것을……

『옹희잡지』에 나오는 도토리묵 쑤는 법을 보면, "흉년에 산 속의 유민들이 도토리를 가루내어 맑게 걸러 청포처럼 묵을 쑤는데 자색(紫色)을 띠고 맛도 담담하지만 배고픔을 달랠 수 있다"고 하였고, 『산림경제』에서는 "도토리 껍질을 벗겨 쪄 먹으면 흉년에도 굶주리지 않는다"고 하였다. 지금은 도토리묵을 만들려면 손이 많이 가서 직접 만드는 이는 별로 없기 때문에 진짜 도토리묵을 구하기가 쉽지 않다.

강원도 향토 음식 올챙이묵

올챙이묵은 옥수수가 많이 나는 강원도의 고유한 음식인데 모양이 올챙이 같아서 붙여진 이름이다. 풋옥수수를 갈아서 되직하게 풀처럼 쑤어 구멍 뚫린 바가지에 넣으면 자연스럽게 엉기면서 떨어지므로 머리는 둥글고 꼬리가 길게 남아 올챙이 모양이 된다. 더운 묵이 바로 찬물에 떨어지면서 굳는데 바가지로는 더디므로 고안한 것이 네모진 나무틀이다. 나무 됫박처럼 사방으로 나무판을 두르고 바닥에는 못으로 구멍 뚫은 양철판을 대어 박고, 됫박에 길게 나무 손잡이를 만들어 솥에 걸 수 있게 되어 있다. 펄펄 끓인 옥수수죽을 이 틀에 부어서 됫박 안에 들어갈 만한 크기의 판자를 덮고서 한 번에 눌러 내리므로 예전의 올챙이묵과는 달리 국수 가락처럼 나온다. 풋옥수수를 그대로 갈아서 만들면 노릇하고 뿌옇지만 옥수수 전분만 모아서 만들면 투명하다.

 탕평채, 청포묵, 도토리묵, 메밀묵, 올챙이묵

두부

채⑮

영양 많은 두부의 유래

두부는 "밭에는 나는 쇠고기"인 콩으로 만든 음식으로 누구나 즐겨 먹는다. 단백질이 풍부하고 우리 몸에 유익하지 않은 포화지방산 대신에 식물성 지방이 들어 있다. 예부터 채식을 하는 승려나 인도의 채식주의자들이 영양적으로 가장 의존하는 식품이 콩이었다.

고려 시대 이색(李穡)의 문집인 『목은집』에 다음과 같은 시조가 있다.

> 나물국 오래 먹어 맛을 못 느껴
> 두부가 새로운 맛을 돋우어 주네.
> 이 없는 이, 먹기 좋고
> 늙은 몸 양생에 더없이 알맞다.
> 물고기 순채는 남방 월나라 객을 생각나게 하고
> 양락(洋酪)은 북방 되놈을 생각나게 한다.
> 이 땅에는 이것이 좋다고 하니
> 하늘이 알맞게 먹여 준다.

조선 시대에는 우리 나라의 두부 만드는 솜씨가 뛰어나서 중국과 일본에 그 기술을 모두 전해 주었다고 한다. 허균의 『도문대작』에서는 "서울 창의문 밖 사람이 두부를 잘 만들며 그 연하고 매끄러운 맛이 이루 말할 수 없다"고 하였다.

우리 나라에서는 두부를 '포(泡)'라고 하는데 『아언각비(雅言覺非)』에 그 유래가 나온다. "두부의 이름은 본래 백아순(白雅馴)인데 우리 나라 사람들이 방언이라 생각하여 따로 '포'라 하였다. 여러 능원(陵園)에는 각각 승원(僧園)이 있어 여기서 두부를 만들어 바치게 하였는데 이 승원을 조포사(造泡寺)라고 하였다. 그러나 공사 문서에 '포'라고 하는 것은 잘못된 것이다. 포(泡)란 물거품이라 음식 이름으로는 부적당하다"고 하였다. 이처럼 고려 때부터 산릉을 모시면 조포사를 두어 제수를 준비하게 하였다. 그래서 이름난 것이 연도사(衍度寺)와 봉선사(奉先寺)의 두부이다.

1434년 섣달 명나라에 사신으로 갔다가 돌아온 박신생(朴信生)이 세종대왕에게 중국 천자의 칙서를 전했다. 그 칙서에는 조선 임금이 일전에 보내 준 찬모들은 모두 정갈하고 맛깔스럽게 음식을 만드는데 음식 중에서 특히 두부가 정미(精味)하다고 칭찬하였고, 다시 찬모 열 명을 뽑아서 특히 두부 만드는 솜씨를 익히게 한 다음 사신 오는 편에 함께 보내 달라고 하였다고 『세종실록』16년에 씌어 있다.

두부는 기원전 150년 전후 한나라의 유안(劉安)이 회남왕(淮南王)으로 있을 때 처음 만들었으며, 『만필술(萬畢術)』에 처음 기록이 나온다. 두부의 발상지라는 중국의 안휘성(安徽省) 회남시(淮南市)에 유안의 무덤이 있고 그 인근에 두부 발상지라고 적힌 비석이 서 있다. 그래서 지금도 유안의 생일인 9월 말에 두부의 종주국임을 주장하며 두부제를 성대히 열고 있다고 한다.

최남선은 『조선상식문답』에서 일본에는 임진왜란 때 전해졌다고 하는데 당시 병량 조달 책임자였던 오카베(岡部治郞) 병위가 조선에서 배워 간 것이 시초라고 하는 설과 진주성 함락 때 경주성 장수인 박호인(朴好仁)이 포로로 붙잡혀 가서 일본 고치(高知)에 살면서 퍼뜨린 것이 시초라는 설이 있다고 하였다. 처음에는 우리 나라에서 전해 주었으나 지금은 일본의 두부 가공 기술이 더 뛰어나서 오히려 일본의 기술을 도입하여 포장 두부나 장기 보관 두부 등 여러 제품을 배워 오고 있는 실정이다.

만드는 법과 종류

두부의 재료는 콩, 물, 간수의 세 가지로 아주 간단하지만 만드는 순서에 익숙해야 맛있는 두부를 만들 수 있다. 흰콩은 되도록 햇것으로 골라서 씻어 하룻밤이나 7~8시간 정도 물에 충분히 불려서 건진다. 불린 콩을 맷돌에 물을 충분히 주면서 곱게 간다. 간 콩을 무명 자루에 담아서 꼭 짠 다음 두유만 모아 솥에 담고 서서히 저으면서 끓인다. 충분히 끓인 두유에다 간수를 나무 주걱에 얹어서 고루 넣으면 두부 꽃이 피면서 엉기기 시작한다. 두부 틀이나 채반에 무명 자루를 깔고 두부 응어리를 담아 오므리고 도마나 목판을 덮어 굳힌다. 두유를 짤 때 무명 자루에 남은 찌꺼기가 비지이고, 굳히기 전의 두부가 순두부이다. 우리 나라나 중국의 전통적인 두부는 매우 단단한데 일본에서는 콩 간 것을 바로 가열한 다음 찌꺼기를 걸어 내고 굳혀 한결 연하다.

두부에도 여러 종류가 있다. 처녀의 고운 손이 아니면 문드러진다는 연두부, 두부를 만들어 막 건져 낸 순두부, 베에 싸서 굳힌 베두부, 콩물을 무명 자루에 넣고 짜서 굳힌 무명두부, 명주 주머니에 짜서 굳힌 비단두부 그리고 새끼로 묶고 다닐 만큼 단단히 굳힌 막두부가 있다. 두부는 만들 때 가열 시간과 응고제, 굳힐 때 누른 힘에 따라 다양하게 만들 수 있다.

『임원십육지』에서는 단단한 두부를 '행주(行廚)두부'라 하면서 "콩을 깨끗이 씻어 가루 내어 묽은 죽처럼 물을 넣고 세포(細布)로 걸러 찌꺼기를 없앤 다음 끓는 물에 삶아 낸다. 간수를 넣고 냉각시켜서 응고하기를 기다린다. 또는 큰 세포 주머니에 싸서 생강, 초(椒), 청장을 넣고 삶아 낸다. 먼 길 떠날 때 준비하는 두부이다"고 하였다.

두유를 불에 오래 끓이면 단백질이 응고하여 위에 얇은 막이 생긴다. 이를 '두부피'라 하는데 젖었을 때 초장에 찍어 먹으면 아주 고소하다. 하루만 지나도 쉽게 상하므로 말려 두었다가 필요할 때 불려서 국이나 찜에 넣는다. 두부를 얇게 저며서 튀긴 것을 유부(油腐)라고 하고, 그 밖에 군두부, 얼린 두부가 있다. 얼린 두부는 겨울에 얼렸다가 말려 두는 저장용 두부를 말한다. 두부가 얼면서 수분이 빠져서 속이 스펀지처럼 되는데 쫄깃하여 맛있다. 가정에서도 두부가 남았을 때 냉동고에 넣어서 만들어 먹을 수 있다.

오미(五味)를 갖춘 두부 음식

두부는 맛과 향기가 좋고, 광택이 나며, 모양이 반듯하고, 먹기에 간편하여 음식의 오미(五味)를 갖춘 식품이라고 한다. 조리법도 50여 가지나 된다. 두부를 만들 때 생기는 두유는 그대로 음료로 마실 수 있는데, 중국 사람들은 대개 아침 식사로 뜨거운 두유 한 대접을 즐겨 마신다고 한다. 비지는 채소와 양념을 넣어 찌개를 끓이고, 순두부는 따뜻할 때 양념장을 쳐서 먹으면 고소하며 해물이나 돼지고기를 넣고 찌개도 끓인다. 두툼하게 저며서 번철에 기름을 두르고 노릇하게 지져도 맛있다.

공들인 두부 음식으로는 두부를 으깨어 닭살과 갖은 양념을 섞어서 위에 반대기를 고명으로 얹어서 쪄 낸 두부선이 있다. 두부전골은 두부를 납작하게 지져서 두 장 사이에 양념한 고기를 채워서 채소와 함께 전골틀에 둘러 놓고 끓인다.

『동국세시기』 '시월조'에서는 두부를 넣어 끓인 국을 소개하였다. "요즘 반찬 중 가장 좋은 것이 두부이다. 가늘게 썰어 꼬챙이에 꿰어 기름에 부치다가 닭고기를 섞어 끓인 국을 연포탕이라 한다"고 하였다. 『고사십이집』에서는 "얇게 썬 두부를 꼬챙이에 꿰어서 번철에 지져 내어 닭국물 같은 것을 넣고 끓인 것을 연포라 한다"고 하였다. 그 밖의 책에도 지진 두부를 쇠고기, 다시마, 북어 등을 넣어 끓인 국이 나오는데 제사 때나 상가에서 발인 때 끓였다고고 한다.

『산림경제』에서는 "두부를 만들 때 꼭 누르지 않아야 연하다. 작게 썰어 한 꼬치에 서너 개 꽂아 흰 새우젓국과 물을 타서 그릇에 끓이되, 배를 그 위에 덮어 소금물이 스며 나오게 한다. 그 속에 두부 꼬치를 거꾸로 담가 살짝 익으면 꺼내고, 따로 굴을 그 국물에 넣어서 끓인다. 다진 생강을 국물에 타서 먹으면 보드랍고 맛이 아주 좋다"고 하여 두부 꼬치를 새우젓국으로 간을 한 국물에 끓인 점이 특이하다. 『시의전서』에서는 "달걀을 풀어 섞어 유장과 각색 양념을 하여 적당한 두께로 부쳐 골패만 하게 썬다. 새우젓국에 잠깐 담가 꼬챙이에 꿰고, 닭국을 간 맞추어 맛있게 끓여 밀가루즙과 달걀을 풀어 넣고, 꿩고기나 닭고기를 가늘게 썰어서 섞는다"고 하였다.

 두부전골, 두부선, 두부조림

잡채, 죽순채, 겨자채

채 ⓰

원래는 당면을 넣지 않았다는 잡채

잡채는 요즘에도 잔칫상에 빠지지 않는, 누구나 좋아하는 음식이다. 삶은 당면에 여러 채소와 버섯, 쇠고기를 볶아서 넣고 버무려서 달걀 지단과 실백 등을 고명으로 얹어 보기에도 좋고 맛도 뛰어나다.

잡채의 '잡(雜)'은 '섞다, 모으다, 많다'는 뜻이고, '채(菜)'는 채소를 뜻하니 여러 채소를 섞은 음식이란 뜻이다.

조선 시대 광해군 시절에 이충(李沖)이란 사람은 잡채를 뇌물로 올렸다고 한다. 궁에서 잔치를 열었을 때 잡채를 맛있게 만들어 바쳐서 왕의 환심을 사 그 공으로 호조판서가 되었다고 한다. 또 한노순(韓老純)은 산삼을 구해 바쳐서 우의정이 되었는데, 당시 사람들이 이를 풍자하여 "산삼각(山蔘閣) 노인을 서로 부러워하고, 잡채 상서(尙書)의 세력 당해 낼 사람 없다"고 노래하였다고 한다. 예나 지금이나 맛있는 음식과 권력에 대한 인간의 욕망에는 변함이 없다.

1670년의 『음식디미방』에 나오는 잡채 만드는 법을 살펴보면, "오이, 무, 댓무, 참버섯, 석이, 표고, 송이, 녹두길음(숙주나물)은 생으로, 도라지, 거여목, 박고지, 냉이, 미나리, 파, 두릅, 고사리, 승검초, 동아, 가지, 생치(꿩)는 삶아서 찢어 놓는다. 생강이 없으면 건강, 후추, 참기름, 진간장, 밀가루를 양념으로 쓴다. 각색 재료를 가늘게 한 치씩 썰어 각각 기름, 간장에 볶아서 섞어 큰 대접에 담는다. 즙을 적당히 붓고 위에 천초, 후추, 생강을 뿌린다. 또 즙을 달리하려면 생치를 잘게 다지고 된장을 삼삼하게 해서 참기름으로 맛을 내되 밀가루즙을 타서 한소끔 끓여 걸쭉하게 만든다. 동아는 생으로 약간 간하고, 빛깔을 내려면 도라지와 맨드라미로 붉은 물을 들이고, 없으면 머루 물을 들이면 붉어진다"고 씌어 있다. 이렇듯 지금의 잡채와는 전혀 달라서 여러 채소를 볶아서 밀가루즙을 끼얹어 걸쭉하게 만들었다. 그리고 지금은 쓰지 않는 채소로 거여목(알파파), 승검초(당귀), 동아, 건강(말린 생강), 맨드라미 등이 나온다.

그 후에 나온 『음식보』에서는 "각색 나물을 곱게 썰어서 기름장에 볶아 꾸며 놓고 즙을 넣는다"고 하였다. 이와 같이 1600~1700년대의 잡채는 육류나 당면을 쓰지 않고 여러 나물을 재료로 쓰는 일종의 잡생숙채(雜生熟菜)였다. 그리고 당시에는 즙을 '치'라고 했는데 밀가루를 걸쭉하게 풀어서 끼얹은 것이다. 남쪽 지방의 향토 음식으로 '두루치기'가 지금도 남아 있는데, 여러 가지를 볶아서 밀가루즙을 넣어 걸쭉하게 만든 음식으로 예전의 잡채와 비슷한 것으로 여겨진다.

연세대학교 도서관에 소장되어 있는 『규곤요람』(1896년)에 나오는 잡채는 "숙주나물을 거두절미하고, 미나리는 숙주 길이로 썰고, 곤자소니와 양은 삶아서 썰어 재워서 살짝 볶고, 파는 잔 것으로 골라서 살짝 데쳐 썰어 갖은 고명에 주무른다. 밀가루를 조금 넣고 냄비에 볶아, 달걀 노른자와 흰자를 부쳐서 채 썬 것과 잣가루를 뿌리고 겨자에 무친다"고 하였는데 여기에서도 당면을 사용하지 않았다.

잡채에 당면이 들어간 것은 1900년대가 훨씬 지나 『조선무쌍신식요리제법』(1939년)에서이다. "도라지, 미나리, 목이, 황화채(원추리꽃), 표고, 파, 움파 등을 볶아서 섞고, 위에 알고명과 잣, 채 썬 고추 등을 얹는다.

마른 해삼과 전복을 삶아서 채 썰어 넣으면 좋고, 당면을 데쳐서 넣는 것은 좋지 못하며 먹을 때 겨자장이나 초장에 찍어 먹는다"고 하여 당면이 언급되었지만 좋은 방법이라고 하지는 않았다.

『조선요리제법』(1942년)의 잡채는 재료는 위와 거의 비슷하지만 재료 중에 당면을 제일 먼저 꼽았다. 당면은 녹두나 감자의 녹말을 반죽하여 국수로 뽑아 천연동결법으로 만든 것이다. 우리 나라에서는 1919년 사리원에 처음 공장이 생겼으며, 우리가 지금 먹는 당면 넣은 잡채는 1930년 이후부터 만들기 시작했다.

흔히 잡채를 전통 음식으로 알고 있으나 그 내용이 이처럼 많이 바뀌었다. 당면은 먹기 시작한 지 불과 100년도 안 되는 식품이다.

초간장으로 무치는 죽순채

봄비가 내리고 난 다음 날 대밭에 나가 보면 보이지 않던 순이 여기 저기 솟아 나온 것을 볼 수 있는데, '우후죽순(雨後竹筍)'이란 말은 여기에서 나왔다. 순(筍)은 열흘 간격을 뜻하는 '순(旬)'에서 나온 말로 솟아 나온 지 열흘 된 죽순을 먹을 수 있어 붙여졌다 한다.

죽순은 땅속에 있는 대나무 줄기에서 솟아난 순인데 아주 오래전부터 먹어 왔다. 여러 겹의 비늘 모양의 껍질에 싸여 있는데 아주 빨리 자라서 스리랑카에서는 하루에 75cm나 자라는 것도 있다고 한다. 대나무는 아시아의 열대 지방인 인도와 말레이지아가 원산지이며 북쪽으로 중국, 일본, 우리 나라에 퍼져 있다. 우리 나라에서는 기온이 높은 영호남 지방에서만 노지에서 나며 왕죽, 분죽(솜대), 맹종죽, 갓대, 조리대, 이대, 검정대(烏竹) 등이 자란다.

제철이 아닐 때는 통조림을 쓰는데, 우리 나라 것이 제일 연하고 맛있다. 태국이나 대만산은 노랗고 딱딱하며 이상한 냄새가 나서 우리 음식 만들기에 적합하지 않다.

죽순에는 크게 맹종죽, 분죽, 왕죽의 죽순이 있는데 저마다 생김새며 나오는 시기나 맛이 다르다. 4월 중순부터 한 달쯤 나오는 맹종죽의 죽순은 일본 사람들이 들여온 것으로 위가 뾰족하고 아래로 갈수록 넓은 고깔 모양을 하고 있다. 겉껍질이 짙은 밤색이고 마디 간격이 짧다. 세 가지 중에서 가장 크지만 맛은 가장 덜하고 아린 맛이 많아서 반드시 삶아서 물에 담갔다가 써야 한다. 흔히 통조림 죽순을 만드는 데 쓴다. 맹종은 중국 사람인데 죽순으로 노부모의 병을 낫게 했다 하여 맹종죽이라 불렀다고 한다. 민가에서는 홍역으로 앓는 아이에게 죽순 생즙을 까서 먹이면 나았다고 한다.

한편 5월 초순부터 한 달쯤 나오는 분죽의 죽순은 가장 맛이 좋은 재래 죽순이다. 맹종죽에 비해 고깔 모양이 갸름하고 겉껍질이 노르스름한 밤색을 띠며 마디 간격이 길다.

유월 한 달 동안에 나오는 왕죽의 죽순도 재래종이며 참대라고도 하며 위가 뾰족하지 않고 위아래의 지름이 거의 차이가 없이 길쭉하다. 겉껍질은 노르스름한 바탕에 검은빛이 살짝 비치며 마디 간격도 길다. 분죽과 마찬가지로 아린 맛이 별로 없어 삶은 뒤에 굳이 물에 담그지 않아도 괜찮다.

죽순은 클수록 질기므로 맹종죽은 키가 20cm, 왕죽은 35cm가 넘지 않아야 연하다. 또 겉껍질이 노르스름할수록, 만져 보아 말랑말랑할수록 연하고 부드럽다.

죽순의 감칠맛 성분은 아스파라긴, 티로신, 글루타민 등의 아미노산 복합체이다. 이 성분들은 햇볕이나 공기에 노출되면 수산, 호모겐티딘산으로 변해 맛이 없어지므로 채취한 지 얼마 되지 않은, 연하고 잡맛이 없는 것을 상품으로 친다. 향기와 맛을 그대로 보존하려면 되도록 빨리 삶아서 냉장 보관하여 쓰는 것이 좋다. 예전에는 소금에 절이거나 말려서 저장하기도 하였다.

죽순을 삶으려면 우선 껍질 있는 원뿔형 죽순의 위 삼분의 일 정도 부분을 사선으로 도려내고 살이 닿지 않도록 세로로 칼집을 넣는다. 큰 솥이나 냄비에 죽순을 담고 충분히 잠길 만큼 물을 부어 쌀겨 한두 컵과 마른 고추 두세 개를 넣어 끓인다. 죽순의 크기나 분량에 따라 약간 다르지만 한두 시간 정도 끓여서 불을 끄고 그대로 두어 식힌다. 완전히 식은 후에 건져서 칼집을 조심스럽게 벌리면서 껍질을 벗겨 내면 안에 하얀 살이 나온다. 이것을 찬물에 30분 이상 담가 두었다가 쓴다. 안에 있는 죽순 살은 껍질을 벗기기 전의 삼분의 일 정도밖에 되지 않는다. 쌀겨를 구하기가 어려우면 쌀뜨물을 넣거나 밀가루를 서너 숟가락 넣어서 삶으면 된다. 껍질 중 가장 안쪽은 옥수수의 속껍질처럼 색이 연한데 썰어서 나물을 만들면 별미이다.

『조선무쌍신식요리제법』에서는 "묵은 죽순일 때에는 박하를 조금 넣어 삶으면 억세지 않으며, 고기와 같이 삶으면 박하를 넣지 않아도 억세지 않다. 연한 죽순이라도 박하와 소금을 조금씩 넣거나 잿물에 삶아도 괜찮다"고 하여 삶을 때 박하 넣기를 권하고 있다.

죽순에는 단백질이 2.5%나 들어 있고, 비타민 B군과 비타민 C, 식이섬유가 많이 들어 있다. 한방에서는 소갈증을 다스리고 이뇨 작용을 도우며 거담, 불면증, 주독을 풀어 주는 데 효과가 있다고 한다.

죽순채는 죽순을 얇게 썰어 기름에 살짝 볶아서 데친 숙주와 미나리, 볶은 쇠고기를 한데 넣어 새콤한 초간장으로 무친 음식인데 산뜻하여 봄철에 입맛을 돋워 준다. 죽순찜은 반으로 가른 죽순의 등에 칼집을 넣어서 다진 쇠고기를 채워 넣고 슴슴한 장국에 끓인다. 죽순회는 삶은 죽순을 얇게 썰어서 초장이나 초고추장을 찍어 먹는다. 얇게 썰어 국, 전골, 찌개 등 국물 음식에 넣어도 국물이 맑고 시원하다.

매콤한 겨자채

매운 음식은 식욕을 돋워 주고 먹은 뒤에도 개운하다. 우리 음식에 매운맛이 나게 해주는 양념으로는 고추, 후추, 산초, 겨자, 고추장 등이 있다. 서양 음식에는 후추, 겨자, 고추냉이(horseradish)가 있고 일본에는 산초와 와사비라 불리는 고추냉이가 있다.

우리 음식은 대부분 고추로 매운맛을 내어 음식의 색깔이 붉은 것이 많다. 겨자는 노란색을 내면서 특이하게 톡 쏘는 매운맛을 낸다. 겨자는 갓의 씨를 가루 낸 것으로 가을 갓은 잎으로 김치를 담그지만 봄 갓은 씨를 받아 겨자로 쓴다. 재래종은 겨잣가루가 검은 녹색으로 쑥색 비슷하지만 서양 겨자는 노란색이 많은 연두색이다. 겨자는 수분이 없는 가루일 때는 매운맛이 없지만 물과 섞여서 공기에 닿으면 비로소 매운맛을 낸다. 예전에는 사기 사발에 겨잣가루를 되직하게 개어서 한지로 덮어 부뚜막이나 아궁이 가까이 20~30분쯤 두어 매운 기가 나면 수저로 잘 저어서 매운맛을 충분히 돋워 사용했다.

겨자의 매운맛 성분은 시니그린이라는 효소로 50~60℃ 이상이 되면 불활성화되어 전혀 매운맛이 나지 않는다. 따라서 물을 넣을 때 미지근한 물을 섞어야 한다. 급한 마음에 끓는 물을 넣으면 익어 버려 쓴맛만 나고 매운맛은 안 난다. 요즘은 수입 겨자도 들어오고 종자가 재래종과 달라서 물에 개어 바로 매운맛이 나는 것도 있고, 아예 연(練)겨자라 하여 치약처럼 튜브 안에 들어 있는 것도 있다. 겨잣가루는 공기에 노출되면 매운맛 성분이 달아나 버리므로 쓰고 남은 것은 공기가 들어가지 않도록 꼭 묶어 두어야 다시 쓸 수 있다.

겨자채는 날채소와 익힌 고기, 해물을 합하여 겨자즙으로 무친 생채를 말한다. 고기 음식을 먹을 때 곁들이면 느끼한 맛을 없애 주며, 주안상이나 교자상에 올리면 좋다. 겨자채에는 양지머리를 통째로 삶아 누른 편육이 들어가야 하고, 채소는 신선하고 씹는 맛이 있는 오이, 당근, 양배추, 죽순을 많이 쓰고 배와 생률, 잣도 쓴다. 요즘에는 중국 음식의 영향으로 해파리와 오이채에, 다진 마늘을 넣은 소스로 버무리는 방법이 널리 퍼져 있기도 하나 우리 고유의 맛은 아니다. 겨자채는 재료도 좋아야 하지만 겨자즙의 간을 잘 맞추고 넣는 양이 적당해야 맛있다.

겨자즙은 일단 매운맛을 낸 겨자 갠 것에 설탕, 식초, 소금으로 간을 맞추어 소스처럼 걸쭉하게 만든다. 겨자의 톡 쏘는 매운맛을 순하게 하려면 연유나 생크림을 넣으면 된다. 예전에는 색색이 신선한 채소와 편육 지단을 함께 무쳐서 담고 고명을 얹었지만 한데 뒤섞여서 볼품이 없으므로 큰 그릇에 색을 맞추어 돌려 담고 겨자즙을 작은 그릇에 따로 담아내는 것이 깔끔하다. 오징어, 문어, 새우, 소라 등의 해물이 많이 들어간 것은 해물겨자채라고 한다. 겨자채에 넣을 재료는 겨자즙이 고루 묻을 수 있도록 작게 써는데 너무 가늘게 채 썰지 말고 납작납작하게 썬다.

 잡채, 죽순채, 죽순찜, 죽순회, 겨자채

구절판

채 ⑰

구절판은 원래 그릇 이름

우리 나라 사람은 예부터 구(九)자를 재수가 좋은 숫자로 여겼다. 구는 모든 것을 의미하는 숫자로서 '구족(九足)' 하면 모든 백성, '구중천(九重天)'은 우주를 뜻한다. '구절판'은 팔각으로 된 나무 그릇으로 가운데에 작은 팔모의 틀이 있어서 칸이 모두 아홉 칸으로 나뉜다. 보통 옻칠을 하고 뚜껑이나 옆면에 자개를 박거나 조각을 하여 화려하게 장식한다. 우리 나라 식기는 도자기, 옹기, 유기, 은기가 대부분인데 구절판은 목기로 만들었다. 지금은 구절판이라 하면 그릇보다는 담긴 음식을 가리키게 되었는데 가장자리 여덟 칸에는 고기와 전복, 해삼, 채소 등을 각각 채 썰어 익혀서 담고 가운데 칸에 얇게 부친 밀전병을 담아서, 먹는 사람이 밀전병에 여러 가지를 놓고 싸 먹는 일종의 밀쌈이다. 요즘에는 구절판에 마른 안주나 숙실과 등을 어울려서 담기도 하는데, 원래 쓰임새는 밀전병을 담았던 것으로 여겨진다.

구절판은 그릇도 호화롭고 담긴 음식이 다채로워 교자상이나 주안상을 화려하게 꾸며 준다. 맛이 담백하여 전채 음식으로 적합하다.

아주 오래전 일이지만 펄벅 여사가 내한하였을 때 구절판을 대접한

적이 있다. 교자상 한복판에 흑칠의 구절판이 있고, 그 위에 꽃 한 송이가 놓여 있었다. 펄벅 여사가 아름다운 꽃꽂이냐고 묻자 주빈이 꽃을 들면 덮개가 열린다고 설명해 주었다. 꽃을 들어 보니 붉은색의 그릇에 여러 음식이 색스럽게 담겨 있자 너무나 감격하여 "나는 이 작품을 파괴하고 싶지 않다"며 격찬하였다고 한다.

신라 시대 유적인 경주 155호 고분에서 구절판 모양의 칠기가 출토되었는데 당시에도 이 그릇을 음식을 담는 데 썼는지는 알 수 없다. 구절판이란 이름은 조선 시대 후기의 문헌에 나온다. 중국에도 아주 오래전부터 우리의 구절판과 같은 모양이 있지만 좀더 큰 것이었고 도자기로 만든 것도 있는데 춘병(春餅)이라는 밀전병에 싸 먹는 음식을 담을 때 쓴다. 조선 시대 사신들이 중국을 오가면서 먹던 것을 우리 나라에 와서 개발한 것이 아닌지 모르겠다.

구절판이란 그릇은 예전부터 있던 것이어서 찬합처럼 마른 찬을 담거나 먼 길을 갈 때 도시락처럼 썼으리라고 생각한다. 우리 나라 식기 가운데 뚜껑이 있는 목기로는 찬합과 제기뿐이다. 예부터 전통을 지키고 법도 있는 집에서는 집에서 제사지낼 때는 유기를 쓰고, 산소에 가서 제를 올릴 때는 목기를 썼다고 한다.

문헌에 나오는 구절판

구절판의 원래 음식은 밀쌈이라고 할 수 있다. 『동국세시기』에는 궁중이나 반가(班家)에서 유월 유두의 시식으로 밀쌈을 즐겨 먹었다고 하는데 구절판 그릇을 사용했는지는 알 수 없다. 구절판은 궁중 음식으로 널리 알려져 있지만 조선 시대 궁중의 잔치 기록인 『진찬의궤』나 『진연의궤』에는 전혀 나오지 않는다. 구절판이 문헌에 나오는 것은 1900년대 들어서서이다.

구절판에 마른 안주를 담은 것을 건구절판이라 하는데 여러 육포와 새우, 어포, 어란 등 마른 안주를 주위에 담고 중앙에는 생률을 담아 주안상에 낸다. 진구절판은 가운데 밀전병을 놓고 가장자리에 찬을 담은 것을 말한다.

구절판에 담는 재료는 세월에 따라 약간씩 달라졌다. 조선 시대 말기의 한희순 상궁이 1945년 해방 무렵 숙명여전 가사과에서 궁중 음식을 가르쳤는데 그 때 필자의 모친인 황혜성 교수가 실습용 교재로 『조선요리개략』을 펴냈다. 이 책에는 구절판이 술안주라고 씌어 있다. 내용도 지금과는 아주 다르다. 가운데 담는 전병은 밀가루나 메밀가루, 찹쌀가루로 얇게 부쳐서 보시기를 대고 둥글게 오려 가운데 칸에 담는다고 하였다. 가장자리에는 애호박나물, 표고 또는 목이나물, 석이나물, 제육편육, 당근나물, 숙주나물 또는 미나리나물, 달걀 지단을 황백으로 나누어 부치고 육회용 고기나 볶은 콩팥, 처녑, 양 볶음 등을 담고 따로 초장을 곁들였다. 제육편육이나 소 내장류는 전혀 넣지 않는 점이 지금과 다르고, 밀가루만이 아니고 메밀이나 찹쌀로도 전병을 부쳤다.

그 후에 나온 『이조궁정요리통고』에서는 쇠고기와 전복을 넣었고, 매운맛을 내는 겨자를 한데 내었다.

조자호의 『조선요리법』에서는 메밀가루로 전병을 부쳤고, 가장자리에는 양, 처녑, 콩팥, 무, 숙주, 미나리, 표고, 석이의 여덟 가지 재료를 각각 볶아서 담았다.

맛있게 만드는 법

구절판에서 가장 중요한 것은 밀전병인데 두꺼우면 맛이 없다. 밀가루 한 컵에 소금을 약간 넣고 물 한 컵을 조금씩 부으면서 고루 풀어 망에 한 번 걸러서 멍울을 없애고 30분쯤 두었다가 끈기가 생긴 후에 부친다. 밀가루 반죽이 묽을수록 얇게 부칠 수 있다. 달걀이나 녹말, 찹쌀가루를 섞는 이도 있는데 아무것도 넣지 않고 소금 간만 하여 부친 것이 가장 좋다.

　부칠 때는 온도가 일정한 전기 프라이팬이 편리하다. 잘 달군 팬에 솜이나 종이에 기름을 흠뻑 묻혀서 팬을 살짝 닦아 낸다. 기름이 흥건하면 기름이 배어서 맛도 안 좋고 울퉁불퉁해져 지저분하다. 밀전병을 부칠 때는 얇고 동그란 잎파리 모양의 한국식 숟가락이 편리하다. 동그란 수저로 두 번 정도 밀가루 반죽을 떠서 달군 팬에 동그랗게 놓고 수저 바닥으로 반죽을 넓게 돌려서 얇게 편다. 익으면 크기가 줄어들므로 구절판의 가운데 칸 크기를 대어 보아 그보다 약간 크게 한다.

　밀전병이 가장자리부터 말갛게 익으면 가장자리에 대꼬치를 대고 뒤집어서 뒷면도 잠깐 지진 다음 채반에 꺼내어 식힌다. 식은 전병을 그대로 겹치면 워낙 얇아서 서로 붙으므로 잣가루를 조금씩 뿌려서 가운데 칸에 알맞게 담는다.

　전병을 구절판에 담아 보면 20장 정도밖에 안 들어간다. 이것으로 다 싸서 먹어도 가장자리 칸의 찬만 남게 되므로 찬을 가득 채우지 말고 밀전병도 여분으로 준비해 두는 것이 좋다. 음식이란 만든 다음에도 끝까지 맛있게 먹을 수 있도록 배려하는 마음이 중요하다. 초고추장에 먹기도 하지만 초간장이나 겨자장을 넣어서 싸 먹는 것이 품위도 있고 맛도 더 좋다.

　구절판은 우리의 고유한 오방색(五方色)인 노란색, 붉은색, 녹색, 흰색, 검정색을 나타내는 대표적인 음식이다. 재료가 정해진 것은 아니지만 향기가 강한 풋고추, 피망, 셀러리, 우엉 등은 피하는 것이 좋다. 해물 중에는 새우, 게, 오징어 등을 데쳐서 넣으면 색도 곱고 맛도 어울린다. 재료를 모두 가늘게 채 썰어서 준비하는데 쇠고기는 간장으로 양념하고 나머지 채소는 소금으로 간을 맞추고 파, 마늘 양념을 조금씩만 넣어서 색과 향을 잘 살려 볶는다.

　구절판을 대접할 때는 빈 접시를 한 사람에 하나씩 준비해 놓는다. 밀전병 한 장을 접시에 놓고 그 위에 여덟 가지 찬 중에 서너 가지를 골라서 조금씩 얹어 놓고 겨자장이나 초장을 얹고 밀전병 양쪽을 오므려서 먹는다.

  대부분 구절판을 만들 엄두가 나지 않는다고 하지만 비싼 재료가 들어가는 것도 아니고 정성만 있으면 누구나 만들 수 있는 음식이다. 구절판 그릇이 없으면 무늬 없는 큰 접시에 가운데 밀전병을 담고 가장자리에 찬을 색 맞추어 담아도 좋다. 한국 음식을 사랑하는 사람이라면 꼭 만들어 보기를 권하고 싶다. 구절판은 보기에만 좋은 음식이 아니라 맛도 훌륭하고 만든 이의 정성이 그대로 나타나는 음식이다.

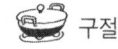 구절판

녹두빈대떡

채 ⑱

대표적인 우리 음식 빈대떡

　대표적인 우리 음식 중 하나인 빈대떡은 녹두를 물에 불렸다가 맷돌에 갈아 소댕(솥뚜껑)에 부친 것으로 황해도에서는 '막부치', 평안도에서는 '녹두지짐' 또는 줄여서 '지짐이'라고 한다.

　우리말의 뿌리를 적은 『역어유해』에는 '빈자떡'이 나오는데 중국 떡의 일종으로 병자(餅煮)에서 왔다고 했고, 『명물기략』에서는 중국의 콩가루떡인 알병(餲餅)의 '알' 자가, 빈대를 뜻하는 갈(蝎)로 와전되어서 빈대떡이 되었다고 하였다.

　서울 덕수궁 뒤쪽의 동네 이름이 지금은 정동이지만 예전에는 빈대가 많아서 빈대골이라고 했는데 이곳 사람 중에 부침개 장수가 많아 이름이 빈대떡이 되었다는 얘기도 있다.

　빈대떡의 유래는 한편으로 보면 빈자(貧者)들이 먹는 떡이 맞을 듯도 하지만 예전의 빈대떡 쓰임새를 보면 그렇지 않았다. 서울 지방에서는 예전에 큰상이나 제상에 전을 고일 때 빈대떡이나 밀적을 부쳐서 아래 고이고 그 위에 생선전, 간전, 산적을 얹었다. 빈대떡이 지름이 한 뼘이 될 만큼 컸다. 녹두 간 것을 얇게 소댕에 부치고 그 위에 쇠고기, 숙주나물, 도라지나물, 김치 따위를 얹는다. 다시 그 위에 녹두 간 것을 얇게 덮어 펴므로 뒤집기가 쉽다.

양산 통도사를 중흥한 김구하 스님이 동승 시절에 서울 거리에서 빈대떡을 얻어먹었다는 이야기가 이규태의 책에 나온다. 스님이 동승 시절에 걸승으로 방랑하다가 서울에 당도했는데 당시 배불(排佛) 정책으로 중을 성 안으로 들어오지 못하게 했기 때문에 남대문 밖에서 배회하였다고 한다. 그 해가 마침 흉년이 들어서 이농한 유랑민 수백 세대가 몰려와 남대문 밖에서 노숙을 하고 있었다. 이들을 구제하기 위하여 빈대떡을 만들어 소달구지에 싣고 와서 종을 흔들면서 던져 주었는데 스님도 그 때 얻어먹었다고 한다. "북촌 여흥 민씨의 적선이요", "광통방 중인 천령 현씨의 적선이요." 하면서 나눠 주었는데 워낙 사람이 많아서 싸움이 벌어지곤 했다고 한다.

문헌에 나오는 빈대떡 만드는 법

옛 음식책에는 빈대떡이 대부분 찬이 아니고 떡류에 들어 있다. 빈대떡은 1670년대의 『음식디미방』에 처음 나온다. 이 책에서는 빈대떡을 '빈자법'이라 하여 "녹두를 뉘 없이 거피하여 되직하게 갈아 번철에 기름을 부어 끓으면 조금씩 떠 놓아 거피한 팥에 꿀을 발라서 소로 넣고, 그 위에 녹두 간 것을 덮어 유잣빛같이 되게 지진다"고 하였다. 그 후 1800년대의 『규합총서』에서는 '빙자'라 하여 "녹두를 되게 간다. 번철에 기름이 잘길 만큼 붓고 녹두즙을 수저로 떠 놓는다. 그 위에 밤고물에 꿀 버무린 것을 놓고 녹두즙을 위에 덮고 수저로 고르게 눌러 가며 소를 꽃전 모양으로 만들고 위에 잣을 박고 대추를 사면으로 박아 지진다"고 하였으니 지금의 빈대떡과는 달리 화전처럼 얌전하게 생긴 전병이다. 지금의 빈대떡은 녹두에 돼지고기, 김치, 나물 등을 섞어서 큼직하게 부친 것으로 양념 간장을 찍어 먹는 푸짐한 음식이다.

1930년대에 나온 『조선무쌍신식요리제법』의 빈대떡은 "녹두를 거피하여 찹쌀과 함께 물에 담갔다가 맷돌에 갈아서 달걀을 깨뜨려 휘저어 섞고 전병과 같이 부치되 기름을 많이 넣고 달걀을 많이 넣을수록 서벅서벅하여 맛이 좋다. 맷돌에 갈 때나 번철에 부칠 때 놋그릇에 닿으면 삭아 버리니 나무 박이나 질그릇에 담고 녹두를 가는 즉시 한편으로는 부치며 한편으로는 갈아야 삭지 않으며 작은 쪽박으로 펴 가며 부쳐야 한다. 기름 대신 저육 기름을 쓰면 냄새가 난다. 떡 속에 넣는 것은 여러 가지니 파와 미나리와 배추 흰 줄거리를 약간 데치고 쇠고기와 닭고기와 제육을 잘게 썰어 양념하여 볶아 썰어 넣고 해삼과 전복을 불려서 저며 넣고 실고추와 실백, 생률, 대추 채친 것과 달걀을 삶아 넓게 썬 것 등 무엇이든지 넣을 만한 것을 다 넣어 함께 부쳐서 초장에 먹는다. 고춧가루를 넣고 부치기도 한다"고 하여 들어가는 재료가 아주 다양함을 알 수 있다. 방신영의 『조선요리제법』에서는 '빈자떡'이라 하여 "녹두를 물에 하룻밤 불려서 껍질이 없도록 여러 번 씻어서 모래 없이 일어 맷돌에 되직하게 간다. 미나리를 한 치 길이씩 썰어 넣고 소금을 간 맞게 넣은 후 번철에 기름을 바르고 작은 접시만하게 얄팍하게 부친다. 또 녹두를 이와 같이 갈아서 배추김치를 채 썰어 넣고 섞어서 번철에 기름을 바르고 부친다"고 하여 김치를 넣은 빈대떡이 나타난다.

지금은 지방마다 같은 빈대떡이라도 넣는 재료와 크기가 다르다. 평안도 지방에서는 돼지고기와 나물거리를 큼직하게 썰어서 녹두 간 것 위에 얹어 두툼하고 큼직하게 부치고, 서울에서는 돼지고기와 나물을 잘게 썰어서 손바닥만하게 작게 부친다. 요즘에는 썰면 모양이 그리 좋지 못하므로 아예 한입에 먹기 좋은 크기로 앙증맞게 부치기도 하는데 보기는 좋지만 푸짐한 맛은 없다.

녹두빈대떡

미역, 김, 다시마, 우무

채 ⑲

다이어트에 좋은 해조류

우리 나라 사람이 해초를 먹기 시작한 것은 선사 시대부터라고 생각되지만 문헌에는 나오지 않는다. 중국 문헌에는 신라와 발해에서 좋은 다시마와 미역이 나는데 이를 중국에 보냈다고 씌어 있고, 고려 시대의 송나라 사신 서긍이 쓴 『고려도경』에는 "해조와 곤포 등을 귀천 없이 즐겨 먹는다. 짜고 비린내가 나지만 자꾸 먹으면 먹을 만하다"고 하였으며, 『고려사』에는 충선왕 때 원나라에 미역을 바친 기록과 문종이 곽전(藿田 : 바닷가의 미역을 따는 곳)을 하사했다는 기록이 있다.

1600년대에 허균이 지은 『도문대작(屠門大嚼)』에서는 해초를 다음과 같이 분류하였다.

> 황각(黃角)은 누른 청각으로 일명 녹각채(鹿角菜)인데 서해산이 좋다.
> 청각(靑角)은 서해에서 나나 해주, 옹진산이 가장 좋다.
> 세모(細毛)는 물고사리인데 서해에서 나나 황해도산이 가장 좋다.
> 우모(牛毛)는 우뭇가사리로 끓여서 용해시킨 후 차게 식히면 묵처럼 엉긴다.
> 곤포(昆布)는 북해산이 가장 좋고 다시마(多士麻) 대곽(大藿)은 그 다음이다.
> 조곽(早藿)은 이른 미역으로 삼척에서 1월에 나는 것이 좋다.

감태(甘苔)는 전라도산인데 함평, 무안, 나주산이 아주 좋고 엿처럼 달다. 해의(海衣)는 김으로 남해에도 있지만 동해 것이 가장 좋다.

이로 보아 지금 우리가 먹는 해조류를 고루 먹고 있었음을 알 수 있다. 동양에서만 먹어 오던 해초를 최근에는 서양에서도 "바다의 야채"라 하여 비타민과 무기질, 섬유질이 풍부한 건강 식품으로 중요성을 인정하기 시작하였다.

해조류는 젖은 날것일 때 약 80%의 수분을 함유하고 있는데 건조시키면 10~20% 정도의 수분만 남게 된다. 해조의 주성분은 당질, 단백질, 무기질이고, 지방은 1% 정도이며, 그 외에 비타민과 무기질을 함유하고 있다. 당질 중에는 점질의 다당류가 많이 함유되어 있어 해조류에서 추출한 호료(糊料)는 가공 식품에 많이 쓰인다.

해조에 들어 있는 다당류는 섭취했을 때 소화되지 않고 대부분 그대로 배설된다. 만복감이 있으면서 열량은 적어 다이어트에 아주 좋은 식품이다. 더구나 해조에 5~15%나 들어 있는 식물섬유는 다당류와 더불어 소화 기관의 장벽을 자극하여 정장 작용을 하므로 더욱 인기가 있다. 해조류, 특히 김에는 비타민 $A \cdot B_1 \cdot B_2 \cdot C$와 나이아신이 많이 들어 있다. 무기질은 3~34% 들어 있는데 인체의 대사에 꼭 필요한 칼슘, 나트륨, 칼륨, 인, 유황, 요오드, 철, 아연 등이 고루 들어 있다.

산모에게 좋은 미역

우리 나라에서는 산후 조리를 할 때 미역국을 먹는데, 신진대사가 왕성한 산모는 요오드를 많이 필요로 하며 이것이 많이 들어 있는 식품이 바로 미역이기 때문이다. 시험 볼 때 미역국이나 달걀을 먹으면 미끄러진다고 하여 꺼리기도 하지만 미역국을 많이 먹으면 오히려 지구력이 생기고 머리가 명석해진다고 한다.

미역은 암갈색이며 길이가 1~1.5m인데 뿌리, 줄기, 잎의 구별이 확실하지 않은 엽상식물이다. 한자로 '곽(藿)'이라 하고 일찍 나오는 것을 조곽, 해채(海菜)라고 한다. 중국의 『본초강목』에서는 미역을 '곤포'라 하였는데 우리 나라에서는 다시마를 곤포라고 한다. 또 『본초강목』에서는 "미역은 기(氣)를 내리고 장복하면 몸이 여위니 먹지 않는 것이 좋다"고 하였고, 또 '미역국(昆布羹)'에 대하여 "고려의 곤포로는 쌀뜨물에 담가서 짠맛을 빼고 국을 끓인다. 조밥이나 멥쌀밥과 함께 먹으면 매우 좋다. 기를 내리며, 함께 먹으면 안 좋은 식품도 없다"고 하였다.

　미역은 다 자라면 아래쪽 줄기 양쪽에 미역귀를 형성하여 이곳에서 생식 세포인 포자를 만든다. 미역귀에는 암과 바이러스 증식 억제 효과가 있는 성분이 들어 있다고 알려져 있고, 성분 중의 다당류는 혈중 콜레스테롤을 낮추고 피를 맑게 해준다. 칼슘은 골격이나 치아 형성에 필요하고, 산후 자궁 수축과 지혈 작용을 하여 산모에게 아주 좋다.

　미역에는 날것과 마른 것이 있고 근래에는 염장품도 나온다. 미역국은 마른 미역을 불려서 끓이는데 불린 미역을 참기름에 볶다가 물을 붓고 끓인다. 반드시 재래식 간장인 청장으로 간을 맞추어야 제맛이 난다. 또 미역국에는 파와 후춧가루를 넣지 않는다. 많은 국을 끓일 때는 양지머리를 덩어리째 푹 끓인 장국에 미역을 넣어 끓이고, 적은 양을 끓일 때는 등심이나 우둔을 썰어서 볶다가 끓인다. 고기를 넣지 않고 마른 홍합이나 조개를 넣어 끓여도 별미이다.

　생미역은 끓는 물에 데쳐 바로 찬물에 헹구어서 건져 넓은 잎으로는 초고추장을 곁들여서 쌈으로 먹거나, 잘게 썰어서 오이나 오징어, 새우 등의 해물과 함께 초맛을 낸 생채를 만들어도 좋다. 마른 미역은 잘게 썰어서 기름에 볶아 자반을 만들어서 밑반찬으로 삼는다.

우리 나라와 일본에서만 먹는 김

　김은 얕은 바다 위에서 이끼처럼 붙어 있는 홍조류로 우리 나라 서남해안, 특히 다도해 지방인 완도에서 양식하는데 거의 마른 김(건태)으로 가공한다. 대부분 기름을 바르고 조미하여 구워 밥을 싸 먹는다. 12월 초부터 3월까지가 채취기이고 단백질, 인, 칼슘, 비타민 $A \cdot B_1 \cdot B_2 \cdot C$ 등이 많이 들어 있다. 마른 김은 광택 있는 흑자색으로 빛에 비춰 보면 파랗게 보이고 냄새가 좋은 것을 고른다. 갈색이 나며 짚과 기타 해초가 섞이거나 구멍이 나 있고 고르지 못한 것은 좋지 않다.

　세계에서 김을 먹는 나라는 우리 나라와 일본뿐이다. 한자로는 해의(海衣) 또는 해태(海苔)라고 한다. 우리에게는 너무나 익숙하지만 다른 민족에게는 아주 희귀한 식품으로 김에 얽힌 일화가 많다.

　제2차 세계대전 때 일본의 해안 지방에 있던 한 미국 포로수용소에서 포로들에게 반찬으로 김을 주었다고 한다. 전쟁이 끝나고 전범 재판이 열렸을 때 미군 측에서 포로 학대의 증거로 검은 종이(김)를 강제로 먹인 사실을 들고 나섰다고 한다. 또 대한항공 폭파 사건으로 김현희가 구속되어 조사받을 때 처음에는 중국인 행세를 하였다. 그래서 식사 때 반찬으로 구운 김을 주자 모르는 척하고 이게 무엇이냐고 물었다는 얘기가 있는데 사실 여부는 모르겠다.

　김 양식의 기원에 대해서도 여러 얘기가 전한다. 200~300년 전 경상도 하동 지방의 한 할머니가 섬진강 어구에서 조개를 따고 있는데 김이 많이 붙은 나무 토막이 떠내려오는 것을 보고 뜯어먹어 보니 맛이 매우 좋아서 그 후 대나무를 물 속에 세워서 김을 양식했다고 한다. 어류학자 정문기는 조선의 김 양식은 전남 완도에서 고기잡이를 하다가 어구에 김이 붙어 나온 것을 보고 그 때부터 김을 양식하기 시작했다고 했으나 『동국여지승람』에는 그 400년 전부터 김이 전남 광양군의 토산품이었다고 씌어 있는 것으로 보아 더 오래전부터 양식했던 것 같다.

마른 김은 두 종류가 있다. 조선김이라고 하는 장방형의 얇은 김과 김밥 싸기에 알맞은 두꺼운 정방형 김이 있는데 반으로 접혀 있다. 최근에는 포장된 구운 김이 많이 나오지만 일일이 기름을 바르고 소금을 뿌려서 바로 구워 낸 것이 바삭하고 향도 좋다. 오래된 김은 구워서 양념 간장으로 무치거나 엿장에 졸여서 찬으로 삼는다. 김부각을 만들어 두면 급할 때 술안주나 마른 찬으로 먹을 수 있다.

김은 오래전부터 전라도 완도에서 양식해 왔는데 대개 흑색이며 흑색 중에도 자(紫), 남(藍), 녹(綠)의 삼색이 조화된 것을 최고급품으로 여겼다. 오랜 풍습으로 정월 대보름에 김쌈을 먹으면 무병 장수한다고 하여 즐겨 먹었는데 다른 명절상에도 꼭 오르므로 '명쌈' 또는 '복쌈' 등으로 불렀다.

국물 맛 내는 데 좋은 다시마

다시마는 우리 나라, 중국, 일본에서 먹어 왔으며, 우리 나라에서는 동해안에서 양식을 시작하여 제주도를 제외한 전연안에서 양식하고 있다. 다시마에 있는 라미닌이라는 아미노산은 혈압을 내리는 효과가 있다.

한자로 '곤포(昆布)'라 하는데 『본초강목』에서는 우리 나라와는 달리 다시마를 '해대(海帶)'라 하였고 미역을 '곤포'라 하였다. 『고사십이집』에서는 "해대와 곤포는 다른 종류의 다시마이고 해채(海菜)는 미역이다. 해대는 동해 수중의 바위에서 나는데 국거리로 쓰기도 하고 기름에 튀겨 튀각을 만든다"고 하였다.

주로 날것으로는 쌈을 싸 먹고 말린 것은 튀각을 한다. 소찬으로 국을 할 때는 표고버섯과 더불어 국물 맛을 내는 데 많이 쓰인다. 찜을 할 때 곁들이거나 불려서 전을 지지기도 한다.

갈증에 좋은 우무묵

한천(寒天)이라고도 하는 우무묵은 우뭇가사리를 끓여서 식혀 굳혀 만든 것으로 『임원십육지』에는 우무묵인 '수정회(水晶膾)'를 만들어서 먹었다는 기록이 있다. 『해동죽지』에서는 '우모포(牛毛泡)'라 하여 "남해 연안에서 나는 우무로 청포를 만들어 대궐에 올리고 팔기도 한다. 잘게 채 썰어 초장을 넣어 차가운 음료로 먹으면 상쾌하고 더위와 목마른 데 좋다. 요즘에는 이것을 한천초라고 하는데 서울에서는 볼 수가 없다"고 하였다.

경상도에서는 잘게 썬 우무를 콩국에 말아서 여름철의 별미로 먹는다.

 미역생채, 미역자반, 김자반, 매듭자반, 기장우무묵

달걀

채⑳

달걀은 완전 식품

　닭은 원래 남아시아에 살던 야생의 새였으나 사람이 사육하기 시작하면서 세계 각지로 퍼져 나갔다. 기후 풍토에 잘 적응하여 다양한 변종이 생겼다. 기원전 2000년대의 고대 중국의 농경 문화 유적지인 용산진에서 닭의 뼈가 출토되었고, 은시대 갑골문자에도 닭이 나오는 것으로 미루어 닭고기를 먹은 지가 아주 오래되었음을 짐작할 수 있는데 고기와 함께 달걀도 먹었으리라 생각된다.
　우리 나라에서는 원삼국 시대에 이미 닭을 사육하였고, 여러 중국 문헌에서 우리 나라 남쪽 지방을 닭의 명산지로 꼽았다. 또한 경주 155호 고분에서 달걀이 30개 들어 있는 토기가 출토된 것으로 보아 일찍부터 먹어 온 듯하다. 필자가 어렸을 때만 해도 아주 귀했는데 요즘에는 가장 흔한 식품 중 하나이다.
　종류도 다양하게 많이 나오는데 삶아서 먹어 보면 큰 차이를 느낄 수 없다. 값을 두 배 이상 치르고 비싼 고급 달걀을 찾는 것은 납득이 가지 않는다.
　달걀을 고를 때는 껍질이 두꺼운 것이 좋으며 껍질이 윤이 나는 것은 오래된 것이다. 또 껍질의 색은 닭의 품종에 따라 다른 것이지 영양가에 차이가 있는 것은 아니다.

달걀은 영양을 고루 갖춘 완전 식품으로 알려져 있으며, 특히 단백질의 아미노산 조성은 영양학적으로 가장 이상적이라고 한다. 흰자는 단백질이 주성분이고, 노른자는 지방과 단백질이 주성분이다. 근래에는 노른자에 있는 콜레스테롤이 성인병의 원인이 된다 하여 먹기를 꺼리지만 노른자에는 비타민 $A \cdot D \cdot E \cdot B_2$와 철분이 많이 들어 있으므로 건강한 성인은 하루 한 개 정도는 먹는 것이 오히려 좋다. 단지 무기질 중에 인이 칼슘보다 많이 들어 있는 강한 산성 식품이고 비타민 C가 없는 것이 영양상 부족한 점이다.

달걀은 껍질과 껍질막이 11%, 알끈이 2%, 흰자가 55~58%, 노른자가 31%의 비율로 구성되어 있다. 껍질은 약 0.3mm 두께의 다공질이며, 탄산칼슘이 주성분이다. 껍질의 두께는 사료 중의 칼슘과 비타민 D에 영향을 받는데, 껍질의 색은 맛이나 성분과는 무관하다.

달걀을 보관할 때는 씻지 말고 냉장고에 보관하며 평평한 쪽이 위로 가도록 한다. 낮은 온도에서 보관하면 빨리 상하며, 다공질이어서 주위의 냄새를 잘 흡수하므로 냄새가 강한 식품과 함께 넣어 두지 않는다.

달걀을 오래 삶으면 노른자의 표면이 암록색으로 변하는데, 흰자의 유황이 가열에 의하여 분해되어 황화수소를 만들고 노른자에 들어 있는 철분과 결합하여 황화제일철을 만들어서 변색이 되는 것이다. 완숙으로 삶을 때는 12분 정도 삶아서 바로 냉수에 담가 완전히 식힌 후에 껍질을 벗기면 변색을 어느 정도 막을 수 있다.

달걀에는 여러 특성이 있는데 우선 열을 가하면 응고하는 열응고성이 있다. 달걀부침, 삶은 달걀, 알찜, 수란, 오믈렛 등의 달걀 요리는 물론이고 튀김이나 전유어를 할 때 재료에 달걀옷을 입히는 것도 이 응고성을 이용하는 것이다. 흰자와 노른자의 응고 온도는 약간 다르다. 흰자는 60

℃에서 응고가 시작되어 80℃에서 완전히 응고하고, 노른자는 65℃ 전후에서 응고하기 시작하여 70℃ 이상에서 완전히 응고한다. 달걀을 70℃의 더운물에 20분 정도 담가 두면 흰자는 반응고하나 노른자는 응고한 상태의 반숙이 되는데 일본에서는 이를 온천달걀(溫泉卵)이라고 한다.

달걀은 또 유화(油化)성이 있어 기름에 잘 섞인다. 유화성을 가장 잘 이용한 것이 마요네즈소스로 노른자 자체가 유화 상태인데, 여기에 기름을 조금씩 넣어 유화 상태를 확대시킨 것이다.

그 밖에 기포성이 있는데 달걀 흰자를 강하게 저어 주면 거품이 생기는 것을 말한다. 거품을 내어 밀가루 반죽을 하고, 음식에 넣으면 부드러워진다.

문헌에 나오는 달걀 찬

옛날 음식책에 나오는 달걀 찬의 가짓수는 그리 많지 않다. 대표적인 것이 수란과 알쌈인데, 수란은 국자에 기름을 바르고 달걀을 살짝 쪄 낸 것으로 달걀이 귀할 때 접대상이나 잔칫상에 올렸다. 옛날 부엌 용구 중에 수란뜨개가 있었는데 판이 오목하게 패어 있어서 달걀을 하나씩 깨어 담고 끓는 물에 띄워 익히는 기구이다. 흰자만 익히고 노른자는 반숙으로 하여 위에 실파, 실고추, 석이채 등을 고명으로 얹는다. 수란뜨개가 없을 때는 국자에 한 개씩 깨뜨려 만들었다.

『시의전서』에서는 달걀 음식을 잘 구분하여 수란(水卵), 건수란(乾水卵), 팽란(烹卵)으로 나누었다. 수란은 "수란 잔에 기름을 조금 바르고 익혀야 눌어붙지 않는다. 잔에 달걀을 쏟아 끓는 물에 넣고 잠깐 익혀서 냉수에 담갔다가 건져서 가장자리를 염접하여 접시에 담고 위에 실고추와 청파를 너 푼 길이씩 가늘게 썰어 열십자로 얹고 잣가루를 뿌린다"고 하였다.

한편 『조선무쌍신식요리제법』에 나오는 수란 만드는 법을 보면, "수란을 뜨려면 먼저 수란짜에다 기름을 약간 바르고 달걀을 곱게 깨뜨려 담고 끓는 물에 넣어 익히는데 처음에는 수란짜 밑만 물에 잠기게 하고 한참 있다가 알이 조금 익으면 차차 담가 전체가 어느 정도 익으면 꺼내어 가운데에 실고추 썬 것으로 수복(壽福) 자도 놓고 열십(十) 자도 놓아 잣가루를 조금씩 뿌린다"고 하였다.

'건수란'은 『시의전서』에 "번철에 기름을 두르고 달걀을 깨어 넣고, 소금을 약간 뿌려서 지진다. 불이 너무 세면 타기 쉬우니 알맞게 하고 가장자리를 염접한다"고 하였으니 지금의 달걀프라이인 셈이다.

팽란(烹卵)은 단단하게 삶은 달걀을 말하는데, 『조선무쌍신식요리제법』에 "달걀 삶는 법에는 두 가지가 있는데 하나는 흰자는 익히고 노른자는 안 익히는 반숙으로 매우 맛이 좋고, 한 가지는 아주 익힌 것이니 단단하여 먹기에도 좋지 못하고 체하기 쉽다. 또는 다 익힌 것을 둘로 쪼개고 노른자를 꺼내어 겨자 갠 것과 계핏가루와 설탕을 치고 한데 주물러서 다시 흰자 위에 넣어 꼭꼭 누르고 소금이나 장에 찍어 먹으면 맛있다"고 하였다.

다음으로 많이 나오는 음식이 알쌈인데 고기 양념 소를 넣어 반달형으로 부친 달걀전을 말한다. 『시의전서』에서는 "달걀을 개어서 번철에 얇게 펴서 익으면 해삼 소를 한편에 조금 놓고 한편을 접어 덮어서 송편처럼 지져서 익으면 가장자리를 염접하여 접시에 담고 초장을 곁들인다"고 하였고, 『조선무쌍신식요리제법』에서는 "달걀을 몇 개 깨뜨려 소금을 조금 치고 개어 냄비에 부친 음식으로, 냄비를 숯불에 올려놓고 기름을 조금 부어 달걀 한 숟가락을 냄비에 펴 놓고 숟가락으로 얇게 펴서 익힌 후 한가운데에 천리찬과 같이 만든 소를 조금씩 놓고 송편 모양으로 부쳐서 가위로 모양 있게 잘라 접시에 담는다"고 하였다. 여러 가지 전을 한데 담거나 고일 때 웃기로 올린다.

그 밖에 손이 많이 가는 달걀 음식으로 달걀선과 채란이 있다. 모두 달걀을 풀어서 찐 것인데 그릇에 따라 모양이 달라진다. 달걀선은 달걀을 고기 국물에 엉길 만큼 풀어 간을 맞추고, 다진 고기를 양념하여 볶아서 양푼에 켜켜로 얹어서 중탕하여 익힌 후에 썰어 담는다. 달걀 얹을 때 미나리나 실고추, 실백을 고명으로 얹는다.

　채란은 달걀 껍질 위쪽에 구멍을 내어 쏟은 다음 볶은 쇠고기와 버섯, 채소 채를 섞어서 도로 껍질에 채워서 쪄 낸 음식이다.

　달걀을 풀어 대나무 통에 채워서 구운, 특이한 달걀 음식이 『조선무쌍신식요리제법』에 나온다. 이같이 대통에 넣어서 삶은 것을 1600년대의 『주방문』에서는 '난숙(卵熟)'이라 하였다.

　집에서 많이 하는 달걀 찬으로는 알찌개가 있는데 달걀을 풀어서 다진 고기를 섞고 물을 넣어 새우젓으로 간을 맞추어 찜통이나 밥솥에 찌는 알찜이다.

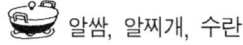 알쌈, 알찌개, 수란

부록

한국 음식의 종류 부①

한국 음식은 크게 주식과 찬품, 후식으로 나눌 수 있다. 주식에는 밥, 죽, 국수 등이 있고 찬품에는 국, 찌개, 전골, 볶음, 찜, 선, 생채, 나물, 조림, 초, 전유어, 구이, 적, 회, 쌈, 편육, 족편, 튀각, 부각, 포, 장아찌, 김치, 젓갈 등이 있다. 후식은 크게 떡, 과자, 생과의 병과류와 차, 음료 등의 음청류로 나뉜다.

밥 주식은 주로 쌀로 지은 흰밥이고 잡곡을 섞어 지은 잡곡밥, 나물과 고기를 얹어 비벼 먹는 비빔밥 등이 있다.

죽, 미음, 응이 죽, 미음, 응이는 모두 곡물로 만드는 유동식 음식으로 곡물 외에 채소류, 육류, 어패류 등을 넣어 끓이기도 한다.

국수 조석(朝夕)의 식사 때보다는 잔치나 손님 접대할 때 주식으로 차리고, 평상시에는 간단한 점심 식사용으로 많이 먹는다.

국 · 탕 밥이 주식인 우리 나라의 밥상에서 국은 매끼마다 오르는 기본적인 찬물이다.
크게 맑은장국, 토장국, 곰국, 냉국으로 나뉜다.

숙회(위) 회(膾)는 육류, 어패류를 날로 또는 익혀서 초간장, 초고추장, 겨자즙, 소금기름 등에 찍어 먹는 음식이다. 숙회는 새우, 문어, 조개 등의 어패류와 실파, 두릅 등의 채소류를 많이 쓴다.

나물(아래) 나물은 가장 대중적인 찬품으로 생채와 숙채로 나뉘는데 대개 익은 나물인 숙채를 가리킨다.

장아찌(위) 채소가 많은 철에 간장, 고추장, 된장 등에 넣어 저장해 두었다가 그 채소가 귀한 철에 먹는 찬품으로 장과(醬瓜)라고도 한다.

김치(아래) 채소류를 절여서 저장 발효시킨, 가장 기본적인 찬품이다.

한국 음식의 양념과 고명 부❷

양념을 하는 것은 간이 없는 식품에 간을 하고 맛을 내는 것이어서 음식을 잘한다는 것은 양념을 적절하게 쓸 안다는 것이다. 고명은 맛과는 상관없이 음식의 모양과 빛깔을 곱게 하여 식욕을 돋워 준다.

양념 파, 마늘, 생강, 후추, 깨소금, 기름, 고춧가루 등 맛을 내는 데 쓰는 양념과 소금, 장류, 새우젓 등 간을 맞추는 데 쓰는 양념으로 나뉜다.

고명 재료(위) 달걀, 버섯, 고추, 호박, 견과류 등을 주로 쓴다.
고명(아래) 오색 채 고명으로 황백 지단, 석이 채, 호박 채, 실고추를 많이 쓴다.

한국의 식사 예법 부③

예절이란 일정한 생활 문화권에서 오랜 생활 관습을 통해 하나의 공통된 생활 방법으로 정립된 사회계약적인 생활 규범이다. 예절은 나라와 민족에 따라 다르고, 같은 나라 안에서도 지역적으로 조금씩 다르고 시대에 따라서도 변천한다.『예기』에 "무릇 예의 시초는 음식에서 시작된다"고 하여 먹는 일에 관한 예절을 다른 어떠한 예절보다 먼저 일깨웠다. 사람이 먹고 마시는 일은 필수적으로 중요한 일이고, 태어나서 제일 먼저 배우는 것도 음식 예절이다. 식사 예법이 나와 있는 우리 나라 문헌에는 소혜황후가 지은『내훈(內訓)』, 이덕무의『사소절(士小節)』(1700년대), 빙허각 이씨의『규합총서』(1815년경),『우리의 전통예절』(문화재보호재단, 1988년) 등이 있다.

바른 경우

틀린 경우

*숟가락을 사용할 때는 젓가락을 상에 놓고 먹어야 한다.
숟가락과 젓가락을 같이 들고 먹는 것은 바른 식사법이 아니다.

한국의 일상식 상차림 부❹

상차림은 한 상에 차리는 주식류와 찬품을 배선하는 방법을 말한다. 일상식에는 반상(飯床), 죽상(粥床), 장국상 등이 있는데, 반상은 밥을 주식으로 하고 국, 김치, 찬물을 한데 차리는 상차림이다. 찬의 가짓수에 따라 3첩, 5첩, 7첩, 9첩, 12첩 반상으로 나뉜다. 손님을 대접하는 상차림으로는 교자상과 주안상, 다과상 등이 있다.

3첩 반상(위) 밥, 국, 김치 외에 세 가지 찬을 유기 반상기에 차린 밥상이다.
7첩 반상(아래) 밥, 국, 김치, 찌개 외에 일곱 가지 찬을 차린 밥상이다.

교자상 경사 때 여러 손님을 한자리에서 대접하는 상차림이다.

죽상(옆) 죽과 간단한 찬을 올리는 상차림이다.
주안상(아래) 술을 대접하기 위하여 차리는 상으로 청주, 소주, 탁주 등 술의 종류에 따라 알맞은 찬품을 준비한다.

다과상 주안상이나 교자상을 내고 나서 맨 나중에 후식상으로 따로 마련하여 내기도 하고 식사 때가 아닌 시간에 손님을 대접할 때 차리는 상이다.

면상 밥을 대신하여 국수를 차리는 상으로 찬품으로 전유어, 잡채, 배추김치, 나박김치 등을 놓는다.

통과 의례와 음식 부❺

인간이 태어나서 죽을 때까지 거치는 여러 기념할 만한 의례를 통과의례라 하는데 이 때마다 의례 음식을 마련한다. 백일상, 돌상, 관례상, 혼례상, 큰상, 회갑상 등 경사스러운 때의 상차림과, 조상께 올리는 제상과 차례상 등이 있다.

삼신상(오른쪽) 산기가 있으면 순산을 빌어 백미와 정화수, 미역을 올려놓고 삼신상을 차린다.

첫돌상(왼쪽) 무명실과 국수는 장수를, 쌀은 먹을복을, 대추는 자손 번영을, 책은 학문이 탁월하기를 바라는 뜻에서 상에 올린다.

백일상(아래) 백설기, 수수경단, 흰밥, 미역국을 차린다.

회갑례상(위) 부모가 환갑이 되면 자손들이 연회를 여는데 떡, 과자, 생과, 숙실과와 찬물을 높이 고이는 고배상을 차린다.
입맷상(아래) 잔치 때 큰상을 드리기 전에 먼저 간단히 대접하는 음식상이다.

제례 음식 부❻

정월 차례상 정월 설날 차례상으로, 떡국을 올린다.

제사 지내는 모습 축문 읽기(위), 술잔에 제주(祭酒) 따르기(아래)

혼례 음식 부 ⑦

큰상(위) 대례가 끝나면 신부집에서는 신랑에게 큰상을 차려 축하한다. 각색편과 강정, 약과, 산자, 다식, 숙실과, 생실과, 당속류, 정과 등의 조과류와 전유어, 편육, 적, 포 등의 찬품을 차린다.

혼례상(아래) 혼례 때 신부집에서 신랑 신부가 상견례를 할 때 차리는 상이다. 소나무와 대나무를 양쪽에 세우고 과일과 곡식은 앞뒤로 두 벌을 차린다.

폐백(위) 시부모님께 육포와 대추, 술을 올리고 절을 한다.
함(아래) 신랑 집에서 신부 집에 옷감과 혼서지를 넣어 보내는 함.

한국의 부엌과 부엌 세간 부⑧

전골틀 유기, 쇠, 돌로 만든 벙거짓골과 돌로 만든 전골 냄비. 식사를 하면서 상 옆에 둔 화로에 얹어 사용한다.

여러 가지 체와 쳇다리(위) 떡가루나 고물을 만들 때 용도에 맞는 굵기의 체를 쓴다. 쳇다리는 체에 가루를 칠 때 잘 빠질 수 있게, 밭는 그릇 위에 걸치는 갈라진 나무이다.
키와 바가지(아래) 키는 곡물 껍질을 날려 보낼 때, 바가지나 나무국자는 물이나 곡물을 풀 때 쓴다.

부엌 찬장과 그릇(위) 찬장에 식기를 수납하고 부뚜막에 곡물을 저장하는 초항아리가 있다.
부엌 아궁이(아래) 부엌 아궁이와 솥. 큰솥은 물솥이고, 중솥과 작은 솥으로 밥을 짓고 국을 끓인다.

광(위) 큰 독이나 가마니에 곡물을 담아 두고 멍석이나 지게 등을 보관한다.
시루와 시룻밑, 짚방석(아래) 시루는 떡을 찌는 그릇으로 밑에 구멍이 나 있다. 시루에 떡 등을 찔 때 시룻밑을 깔고 짚방석을 덮어 찐다.

향토 음식 부 9

서울 별미 음식 탕평채, 강정, 오미자화채, 화전, 닭찜 등이 있다.

경기도(개성) 별미 음식(위) 조랭이떡국, 홍해삼, 무찜, 주악, 보김치 등이 있다.
충청도 별미 음식(아래) 호박범벅, 조랭이떡국, 녹두편, 홍어찜, 청포묵 등이 있다.

강원도 별미 음식(위) 임연수구이, 산나물, 메밀묵, 강냉이범벅 등이 있다.
전라도 별미 음식(아래) 홍어찜, 산자, 찹쌀부꾸미, 낙지호롱 등이 있다.

경상도 별미 음식(위) 미더덕찜, 안동식혜, 쑥굴리, 홍합초, 상어산적 등이 있다.
제주도 별미 음식(아래) 전복찜, 초기전, 빙떡, 메밀저배기 등이 있다.

황해도 별미 음식(위) 빈대떡, 고기전, 세아리밥, 되비지탕, 행적 등이 있다.
평안도 별미 음식(아래) 냉면, 어복쟁반, 녹두부침, 순대, 만두국, 온반, 노티 등이 있다.

함경도 별미 음식 동태순대, 가자미식해, 가릿국, 감자막가리만두 등이 있다.

명절 음식과 시식(時食) 부⑩

봄 도미찜, 탕평채, 대합구이, 두릅회 등이 있다.

여름 삼계탕, 육개장 등 보신 음식과 규아상, 냉면 등 시원한 음식을 즐긴다.

가을 삼색단자, 초교탕, 두부선, 화양적 등이 있다.

겨울 구절판, 떡찜, 고기산적, 수정과 등이 있다.

정월 설날(위) 설날에 세찬으로 떡국,
갈비찜, 편육, 수정과 등을
상에 올린다.
대보름(아래) 대보름 절식으로 지난해에
말려 둔 묵은 나물을
삶아서 무치고 오곡밥과 함께
먹는다.

삼월 삼짇날(위) 3월이 되면 들이나 산에서 진달래꽃과 참꽃을 따서 꽃술을 빼고 화전을 부쳐
가묘(家廟)에 천신하고 함께 먹었다.

팔월 추석(아래) 가장 큰 명절인 추석에는 햇곡식으로 신곡주(新穀酒)를 빚고 제물을 만들어
조상께 차례를 지낸다. 이 때의 절식으로 송편, 토란탕, 송이산적 등을 마련한다.

궁중 음식 부⑪

수라(水刺)는 고려 때 몽고의 영향으로 생긴 궁중어로 왕과 왕비께 올리는 진지를 말하며 왕자나 왕녀들에게는 진지(進止)라 한다. 궁인이나 내외빈에게 내는 상은 반상(飯床)이라고 구별하여 표기하였다. 현재 알려진 궁중의 수라상은 조선 시대 말기인 19세기의 고종, 순종 재위시의 마지막 주방 상궁인 한희순을 비롯한 생존의 상궁들이 구전한 자료에 근거한 12첩 반상인 수라상이다. 그러나 이보다 약 100년 전인 1795년 정조 재위시의 수라상 차림은 이와는 형식과 구성이 많이 다름을 알 수 있다.

1700년대 궁중 일상식(정조 재위시)
『원행을묘정리의궤(園幸乙卯整理儀軌)』의 권4 찬조품 중 윤 2월 11일에 화성 현융원에서 정조에게 올린 대전 진어상의 다섯 가지 상차림을 재현한 것이다.

죽수라(粥水刺)

조수라(朝水刺)

주다소반과(晝茶小盤果 8器)

석수리(夕水剌 7器)

야다소반과(夜茶小盤果 8器)

1800년대 궁중 일상식 (고종, 순종 재위시)

왕과 왕비의 수라상에는 반드시 흰수라와 팥수라를 놓는다. 미음이나 죽 또는 응이는 간단한 낮것(점심)으로 올리는데, 동치미와 포, 꿀, 간장 등을 곁들여 놓는다. 탄신일이나 명절날에는 낮것으로 면상을 차린다. 『이조궁정요리통고』(1957년)를 근거로 재현했다.

미음상

죽상

수라상(水剌床)

면상(麵床)

한국의 옛 음식책 부⑫

우리 나라에는 조리법이나 음식에 관한 문헌이 많지는 않다. 조리법은 개인 또는 각 가정의 것이라 하여 국가에서 간행하지 않았기 때문이다. 옛 음식책은 대부분 한문으로 씌어 있는 경우가 많고 한글로 된 것은 서문과 연대, 지은이를 알 수 없는 것이 많다.

방신영의 『조선요리제법(朝鮮料理製法)』·『우리나라 음식 만드는 법』, 안동 장씨가 쓴 가장 오래된 한글 조리서 『음식디미방(飮食知味方)』(일명 『규곤시의방』), 빙허각(憑虛閣) 이씨의 『규합총서(閨閣叢書)』.

한국 음식의 종류　　　　　　부❶

　한국 음식은 크게 주식(主食)과 찬품(饌品), 후식(後食)으로 나눌 수 있다. 주식에는 밥, 죽, 국수 등이 있고, 찬품에는 국, 찌개, 전골, 볶음, 찜, 선, 생채, 나물, 조림, 초, 전유어, 구이, 적, 회, 쌈, 편육, 족편, 튀각, 부각, 포, 장아찌, 김치, 젓갈 등이 있다. 후식은 크게 떡, 과자, 생과의 병과류와 차, 음료 등의 음청류로 나뉜다. 여기에서는 주식류와 찬품류에 대해 간단히 알아보겠다.

주식류

밥
　주식은 주로 쌀로 지은 흰밥이고 보리, 조, 수수, 콩, 팥 등을 섞어 지은 잡곡밥이 있다. 밥은, 곡물과 물을 함께 넣고 끓여서 수분을 흡수시켜 익힌 후에 충분히 뜸을 들여서 완전히 호화시킨 것이다. 별식으로 채소류, 어패류, 육류 등을 넣어 짓기도 하며, 비빔밥은 밥 위에 나물과 고기를 얹어서 비벼 먹는 밥이다.

죽, 미음, 응이

모두 곡물로 만드는 유동식 음식으로, 죽은 곡물을 알곡으로 또는 갈아서 물을 넣고 끓여 완전히 호화시킨 것이고, 미음은 죽과는 달리 곡물을 알곡째 푹 고아서 체에 거른 것이다. 응이는 곡물의 전분을 물에 풀어서 끓인 것으로 훌훌 마실 수 있을 정도로 묽다. 죽에다 곡물 이외에 채소류, 육류, 어패류 등을 넣고 끓이기도 한다. 곡물에 열매를 넣은 죽으로 잣죽, 깨죽, 호도죽, 녹두죽, 콩죽 등이 있고, 채소를 넣은 죽으로는 늙은호박죽, 애호박죽, 표고죽, 아욱죽 등이 있고, 어패류죽으로는 전복죽, 어죽, 조개죽, 피문어죽 등이 있으며, 육류죽으로는 장국죽, 쇠고기죽, 닭고기죽 등이 있다.

국수

국수는 조석의 식사 때보다는 잔치나 손님 접대할 때 주식으로 차리고, 평상시에는 간단한 점심 식사용으로 많이 먹는다.

국수에는 곡물이나 전분의 재료에 따라 밀국수, 메밀국수, 녹말국수, 강량국수, 칡국수 등이 있다. 또 따뜻한 국물에 먹는 온면과 찬 육수나 동치미 국물에 먹는 냉면, 장국에 말지 않는 비빔국수로 나눌 수 있다. 온면의 하나인 국수장국은 예전에는 꿩고기를 쓰기도 하였으나 대개는 쇠고기 양지머리나 사골 등을 삶아 쓰고, 칼국수에는 닭 삶은 국물을 쓴다. 냉면은 메밀가루에 밀가루나 전분을 섞어 반죽하여 국수틀에 넣어 눌러 빼고, 칼국수는 밀가루나 메밀가루를 반죽하여 얇게 밀어 칼로 썬다. 여름철에는 콩국에 밀국수를 말아먹는 콩국수도 즐겨 먹는다.

만두, 떡국

만두는 껍질의 재료와 넣는 소에 따라 아주 다양하다. 대개는 밀가루를 반죽하여 밀어서 껍질을 만드는데, 메밀가루로 빚는 메밀만두도 있다. 궁중의 만두에는 소를 넣어 주름을 잡지 않고 반달형으로 빚은 병시와 해삼 모양으로 빚은 규아상이 있다. 편수는 네모진 껍질에 호박, 숙주, 쇠고기 등으로 만든 소를 넣고 네모지게 빚는다. 평안도를 비롯한 북쪽 지방에서는 배추김치, 돼지고기, 두부 등으로 소를 만들어 넣고, 둥근 껍질에 소를 넣어 주름을 잡거나 둥근 모양으로 크게 빚어서 육수에 넣어 끓인다.

예부터 우리 나라에서는 어느 가정에서나 정월 초하루에는 떡국을 마련하여 조상께 차례를 지내고, 새해 아침의 첫 식사로 삼아 왔다. 떡국은 멥쌀로 흰 가래떡을 만들어 어슷한 타원형으로 얇게 썰어 육수에 넣어 끓인다. 북쪽 지방에서는 만두를 즐기고, 남쪽에서는 떡국을 즐겨 먹는다.

찬품류

국, 탕

밥이 주식인 우리 나라의 밥상에서 국은 매끼마다 오르는 기본적인 찬물이다. 크게 맑은장국, 토장국, 곰국, 냉국으로 나뉜다. 국은, 육류는 물론이고 어패류, 채소류, 해조류 등 거의 모든 재료로 만들 수 있다. 특히 육류 중에는 쇠고기의 양지머리, 사태, 우둔 등의 살코기와 갈비, 꼬리, 사골 등의 뼈와 양, 곱창 등 내장류 그리고 선지까지도 모두 쓰인다. 맑은장국은 소금이나 청장으로 간을 맞추고, 토장국은 된장·고추장을 쓰며, 곰탕이나 설렁탕처럼 오래 고는 곰국은 소금이나 청장으로 간을 맞춘다. 더운 여름에는 오이, 미역, 다시마, 우무 등으로 차가운 냉국을 만든다.

찌개

건지와 국물의 비율이 비슷한 찌개는 국보다 간이 센 편인 국물 음식이다. 맛을 내는 재료에 따라 된장찌개, 고추장찌개, 맑은찌개로 나뉜다. 찌개와 비슷한 것으로 지짐이, 조치, 감정이 있다. 조선조 궁중에서는 찌개를 조치라 하였고, 고추장찌개를 감정이라 하였다. 된장찌개는 토장국과 마찬가지로 맹물보다는 쌀뜨물로 끓여야 더 맛있다. 우리 나라 사람들이 가장 좋아하는 토속적인 음식으로 된장 맛에 따라 찌개 맛이 달라진다. 건지로는 두부, 풋고추, 호박, 쇠고기, 멸치 등을 많이 넣는다. 고추장찌개는 건지로 두부나 채소를 넣기도 하고, 생선을 주재료로 하여 채소를 많이 넣어 맵게 끓이기도 하는데 이를 매운탕 혹은 매운탕찌개라고 한다. 맑은찌개는 소금이나 새우젓으로 간을 맞추고 두부, 호박, 무, 조개 등을 넣어 끓이는 담백한 맛의 찌개로 중부 지역에서 즐긴다.

전골, 볶음

전골은 육류와 채소를 밑간을 하여 그릇에 담아 준비해 놓고 상 옆에서 화로에 전골틀을 올려놓고 즉석에서 볶고 끓이며 먹는 음식이다. 미리 볶아서 접시에 담아 상에 올리면 볶음이 된다. 전골 냄비에는 전립(戰笠)을 뒤집어 놓은 것처럼 생긴, 쇠로 만든 벙거짓골이 있고, 굽이 낮고 평평한 돌로 만든 전골틀이 있다. 벙거짓골은 가운데에 국물이 고이도록 우묵하게 패어 있고 가장자리에는 넓은 전이 붙어 있어 여러 재료를 얹어 볶으면서 먹을 수 있다.

찜, 선

찜은 육류, 어패류, 채소류를 국물과 함께 끓여서 익히는 방법과 증기로 쪄서 익히는 방법이 있다. 끓이는 찜은 쇠갈비, 쇠꼬리, 사태, 돼지갈비 등을 주재료로 하여 약한 불에서 서서히 오래 익혀서 연하게 만들며, 증기에 찌는 찜은 주로 생선, 새우, 조개 등으로 만든다.

선(膳)은 채소나 생선, 두부를 주재료로 하여 찜으로 끓이거나 찐다. 호박, 오이, 가지, 배추 등의 식물성 재료는 쇠고기, 채소 등 부재료를 소로 채워 넣고 장국에 넣어 잠깐 끓이거나 찐다. 어선은 생선 흰살을 얇게 저며 소를 넣고 둥글게 말아 쪄 내며, 두부선은 으깬 두부에 닭고기, 쇠고기 등을 섞어서 반대기를 지어 찜통에 쪄 낸다.

생채

생채(生菜)는 계절마다 새로 나오는 싱싱한 채소를 익히지 않고 초장, 초고추장, 겨자장으로 무친 가장 일반적인 찬품이다. 설탕과 식초를 조미료로 써서 달고 새콤하며 산뜻한 맛을 낸다. 무, 배추, 상추, 오이, 미나리, 더덕, 산나물 등 날로 먹을 수 있는 채소로 만드는데 해파리, 미역, 파래, 톳 등의 해초류나 오징어, 조개, 새우 등을 데쳐 넣어 무치기도 한다. 겨자채나 냉채도 생채에 속한다.

나물(숙채)

나물은 가장 대중적인 찬품으로 원래는 생채(生菜)와 숙채(熟菜)의 총칭이나 지금은 대개 익은 나물인 숙채를 가리킨다. 나물 재료로는 거의 모든 채소가 쓰이는데, 푸른잎 채소는 끓는 물에 파랗게 데쳐 내어 갖은 양념으로 무치고, 고사리, 고비, 도라지는 삶아서 양념하여 볶는다. 말린 취, 고춧잎, 시래기 등은 불렸다가 삶아서 볶는다. 나물은 참기름과 깨소금을 넉넉히 넣고 무쳐야 부드럽고 맛있다. 신선한 산나물은 초고추장에 신맛이 나게 무치기도 한다. 이외에 묵은 전분질을 풀처럼 쑤어 그릇에 부어서 응고시킨 청포묵, 메밀묵, 도토리묵 등이 있다. 묵은 채소와 쇠고기 등과 함께 양념 간장으로 무치는데 그 중 청포묵무침을 탕평채라고 한다. 여러 재료를 볶아서 섞은 잡채, 탕평채, 죽순채 등도 숙채에 속한다.

조림, 초

조림은 육류, 어패류, 채소류로 간을 약간 세게 하여 주로 반상에 오르는 찬품이다. 쇠고기장조림같이 오래 놔 두고 밑반찬으로 할 것은 간을 세게 한다. 대개 맛이 담백한 흰살 생선은 간장으로 조리고, 붉은살 생선이나 비린내가 많이 나는 생선류는 고춧가루나 고추장을 넣어 조린다.

초(炒)는 원래 볶는다는 뜻이지만 우리 조리법에서는 조리다가 나중에 녹말을 풀어 넣어 국물이 엉기게 하며 대체로 간은 세지 않고 달게 한다. 초의 재료로는 홍합과 전복을 가장 많이 쓴다.

전유어

전(煎)은 기름을 두르고 지지는 조리법으로 전유어(煎油魚), 전유아, 전냐,

전야, 전 등으로 불리고 궁중에서는 전유화라고 하였다. 간남은 대개 제사에 쓰는 전유어를 가리키며 간납, 갈랍이라고도 한다.

전의 재료는 육류, 어패류, 채소류 등 다양하다. 재료를 지지기에 좋은 크기로 하여 소금과 후춧가루로 간을 한 다음에 밀가루와 달걀 푼 것을 입혀서 번철에 지진다. 전은 한 가지만 하지 않고 세 가지 이상 만들어서 한 그릇에 어울려 담는다. 달걀 대신 메밀가루를 묻히거나 밀가루 즙을 씌워서 지지기도 한다. 지짐은 빈대떡이나 파전처럼 재료를 묽은 가루 반죽에 섞어서 기름에 지져 내는 음식이다. 녹두빈대떡은 녹두를 갈아서 부치고, 콩부침은 콩을 불려서 부친다. 파전은 파와 해물을 많이 넣은 지짐이다.

구이, 적

구이(炙伊)는 인류가 불을 이용해 가장 먼저 조리한 음식이다. 끓이거나 조리는 음식은 그릇이 생긴 다음에 시작되었지만 구이는 특별한 기구가 없어도 불에 쬐기만 해도 되기 때문이다. 우리 조상들은 상고 시대부터 고기구이를 잘 만들었다는 기록이 있다. 불고기는 근래에 생겨난 말로 본래는 얇게 저며서 구운 '너비아니'였고, 소금구이는 '방자구이'라고 하였다.

적(炙)은 육류, 채소, 버섯 등을 양념하여 대꼬치에 꿰어 구운 것이다. 산적은 익히지 않은 재료를 꼬치에 꿰어서 지지거나 구운 것이고, 누름적은 재료를 양념하여 익힌 다음 꼬치에 꿴 것과 재료를 꼬치에 꿰어 전을 부치듯이 옷을 입혀서 지진 것 두 종류가 있다.

회, 쌈

회(膾)는 육류, 어패류를 날로 또는 익혀서 초간장, 초고추장, 겨자즙, 소금기름 등에 찍어 먹는 음식이다. 날로 하는 육류회는 쇠고기의 연한 살코기와 간, 처녑, 양 등으로 마련한다. 민어, 광어, 병어 등의 신선한 생선과 굴, 해삼 등의 어패류도 회의 재료로 쓰이며, 어채는 흰살 생선을 끓는 물에 살짝 익혀 내는 숙회(熟膾)로, 오징어, 문어, 낙지, 새우 등을 이용한다. 채소류의 숙회로는 미나리, 실파, 두릅 등을 많이 쓴다. 김, 상치, 배춧잎, 취, 호박잎, 깻잎, 생미역 등에 밥을 얹어서 싸 먹는 것을 쌈이라 한다. 우리 나라 사람은 밥이나 불고기, 회 등을 쌈에 싸서 먹기를 좋아한다.

편육, 족편

편육은, 쇠고기나 돼지고기를 덩어리째 삶아 베보에 싸서 도마로 누른 다음 얇게 썬 것으로 양념장이나 새우젓국을 찍어 먹는다. 쇠고기는 양지머리, 사태, 업진, 우설, 우랑, 우신, 유통, 쇠머리 등의 부위로 만들며, 돼지고기는 삼겹살, 어깨살, 머리 부위가 적당하다. 돼지고기 편육은 새우젓과 함께 배추김치에 싸서 먹으면 잘 어울린다.

육류의 질긴 부위인 쇠족과 사태, 힘줄, 껍질 등에 물을 붓고 오래 끓이면 젤라틴 성분이 녹아서 죽처럼 되는데 이것을 네모진 그릇에 부어서 굳힌 다음 얇게 썬 것을 족편이라 한다. 양념 간장에 찍어 먹는다.

튀각, 부각

튀각은 다시마, 가죽나무순, 호두 따위를 기름에 바싹 튀긴 것이다. 부각은 재료를 그대로 말리거나 찹쌀풀이나 밥풀을 묻혀서 말렸다가 튀긴 반찬으로 감자, 고추, 깻잎, 김, 가죽나무잎 등으로 만든다.

포

육포는 주로 쇠고기를 간장으로 간하여 말리고, 어포는 생선을 그대로 통째로 말리거나 살을 떠서 소금 간을 하여 말린다. 북어포는 간을 하지 않고 말린다. 쇠고기 육포는 우둔이나 홍두깨살을 결대로 얇고 넓게 떠서 간장, 설탕, 후춧가루 등으로 주물러서 말린다. 편포(片脯)는 살코기를 곱게 다져서 양념하여 큰 덩어리를 만들어 말린다. 포의 웃기나 안주감으로는 다진 고기를 대추처럼 빚어 말린 대추포, 동글납작하게 빚어 잣을 박아서 말린 칠보편포와 잣을 넣고 작은 만두처럼 만든 포쌈 등이 있다. 민어나 대구는 통째로 갈라 넓게 펴서 소금으로 절여서 말린다. 민어포는 암치라고 하여 고임에 쓰인다. 뜯어서 무쳐 마른 찬을 하거나 토막내어 찌개나 지짐이를 끓인다. 명태는 추운 겨울에 얼리면서 말리는데 여러 찬물의 재료로 쓰이고, 오징어는 몸통을 갈라서 말린다.

장아찌

장아찌는 채소가 많은 철에 간장, 고추장, 된장 등에 넣어 저장해 두었다가 그 재료가 귀한 철에 먹는 찬품으로 장과(醬瓜)라고도 한다. 오랫동안 장류에 박아 두는 장아찌는 상에 낼 때 잘게 썰어서 참기름, 설탕, 깨소금 등으로 무친다. 장아찌를 하려면 채소를 말리거나 절여 수분을 줄여서 장에 넣어야 무르지 않고 상하지 않는다. 장아찌로 많이 쓰는 재료는 마늘, 마늘종, 깻잎, 무, 오이, 더덕 등이다. 오래 저장하는 장아찌가 아니고 바로 만든 장과는 갑장과 또는 숙장과라고 한다. 오이, 무, 열무 등을 작게 썰어 절여 물기를 뺀 다음 양념하여 볶는다.

김치

채소류를 절여서 저장 발효시킨 음식으로 찬품 중에 가장 기본이다. 발효하는 동안에 유산균이 생겨서 독특한 신맛을 내고, 고추의 매운맛이 함께 어우러져 식욕을 돋우고 소화 작용도 돕는다. 채소류 외에 젓갈류를 함께 넣으면 맛이 더욱 좋아지고 동물성 단백질의 급원이 되기도 한다. 겨울철의 김장김치는 장기간 보존하지만 다른 계절에는 그때그때 많이 나는 채소로 담그고 장기간 보존하지는 않는다.

젓갈

어패류를 소금에 절여서 염장하여 만드는 저장 식품으로 어패류의 단백질 성분이 분해하면서 특유의 향과 맛을 낸다. 젓갈류 중 새우젓, 멸치젓은 주로 김치의 부재료로 쓰이고 명란젓, 오징어젓, 창란젓, 어리굴젓, 조개젓은 찬품으로 먹는다. 식해(食醢)는 어패류를 엿기름과 곡물을 한데 섞어서 고춧가루, 파, 마늘, 소금 등으로 조미하여 만든 저장 발효 음식으로 가자미식해, 동태식해, 도루묵식해 등이 있다.

한국 음식의 양념과 고명

부❷

음식을 만들 때는 식품이 지닌 고유한 맛을 살리면서도 음식마다 특유한 맛을 내기 위해 여러 재료를 사용한다. 크게 양념, 조미료, 향신료로 나눌 수 있다. 양념은 한문으로 '약념(藥念)'으로 표기하며 '먹어서 몸에 약처럼 이롭기를 염두에 둔다'는 뜻이다. 조미료는 기본 맛인 짠맛, 단맛, 신맛, 매운맛, 쓴맛을 내는 것으로 소금, 간장, 고추장, 된장, 식초, 설탕 등이 있다. 향신료는 자체에 좋은 향이 있거나, 매운맛, 쓴맛, 고소한 맛 등을 지니며, 식품 자체가 지닌 냄새를 없애거나 감소시키고, 특유한 향기로 음식 맛을 더욱 좋게 한다. 향신료로는 생강, 겨자, 후추, 참기름, 깨소금, 파, 마늘, 생강, 천초 등이 있다. 궁중 음식에는 일반 한국 음식에 쓰이는 조미료를 거의 같이 쓰는데 매운맛을 내는 고추와 고춧가루는 적게 쓴다. 간장이 기본 조미료이다.

한국 음식에서 고명의 역할은 음식을 아름답게 꾸며 먹고 싶은 마음이 일어나도록 하는 것으로, 맛보다 모양과 색을 장식하는 재료를 말한다. '웃기' 또는 '꾸미'라고도 한다. 한국 음식의 색깔은 오행설(五行說)에 바탕을 두어 붉은색, 녹색, 노란색, 흰색, 검정색의 다섯 가지 색이 기본이다.

양념

소금

조선조 말에는 궁중이나 일반 가정에서 호렴(胡鹽)과 제제염(再製鹽)을 사용하였다. 호렴은 잡물이 많이 섞여 있어 쓴맛이 나는데 김장이나 장을 담글 때 사용하며, 음식의 조미에는 재제염을 사용한다.

꿀

꿀은 비싼 것이라 민가에서는 흔하게 쓰지 못했지만 궁중에서는 음식에는 물론 떡, 과자를 만들 때 많이 썼다. 한자로는 청(淸)으로 표기하고, 투명하고 품질이 좋은 꿀을 백청(白淸), 노란색 꿀은 황청(黃淸)이라 한다.

엿, 조청

단맛을 내는 데 썼으나 지금은 물엿을 많이 쓴다.

설탕

설탕은 고려 시대부터 썼으나 민가에까지 널리 퍼지지는 않았으며, 1950년도까지는 정제가 덜 된 황설탕을 많이 썼다.

식초

술을 항아리에 담아 두면 초산균이 들어가서 알코올을 산화시켜 초산이 생기면서 황록색의 투명한 액이 위쪽에 모인다. 이것을 따라서 쓰고 다시 덜어낸 만큼 술을 부으면 계속 초가 만들어지는데 지금의 식초와는 전혀 다른 독특한 향이 있다.

고추

고추는 덜 성숙한 풋고추도 쓰고, 익은 붉은색 고추도 쓴다. 대부분은 말려서 고춧가루로 빻아 찬물과 김치와 고추장에 쓴다. 실고추는 주로 고명으로 쓴다.

후추

고려 중엽에 중국에서 들어와서 오랫동안 매운맛을 내는 향신료로 써 왔다. 우리 나라에는 원래 매운맛을 내는 천초(川椒)가 있었으나 고추가 들어온 이후 거의 쓰지 않게 되었다.

겨자

갓의 씨앗을 빻아서 쓰는데 가루 자체에는 매운맛이 나지 않으며 더운물로 개어서 따뜻한 곳에 두어 매운맛이 나게 한 다음에 쓴다. 매운맛이 나면 식초, 설탕, 소금으로 간을 맞추어 겨자채나 회에 쓴다.

기름

식물성 기름으로 참기름(眞油)과 들기름(荏油)을 주로 썼다. 궁중에서는 참깨로 만든 참기름을 음식에 두루 썼고 유과나 유밀과 만들 때도 많이 썼다.

깨소금

참깨를 잘 일어서 씻어 건져 번철에 볶아 식기 전에 소금을 약간 넣고 절구에 반쯤 빻아서 양념으로 쓴다. 볶은 깨를 빻지 않고 통깨로 쓰기도 한다. 비벼서 속껍질까지 벗긴 깨를 실깨라고 하는데 희고 곱다.

고명

알고명

달걀의 흰자와 노른자를 나누어 거품이 일지 않게 풀어서 지단을 얇게 부친다. 채로 썰거나 완자형(다이아몬드 꼴) 또는 골패형(직사각형)으로 썰어서 웃기로 쓴다.

알쌈
쇠고기를 곱게 다져서 양념하여 작은 완자를 빚어 놓고, 달걀 푼 것을 번철에 떠서 둥글게 펴고 가운데 고기 완자를 놓고 반으로 접어서 반달 모양으로 부친 것이다. 신선로, 비빔밥, 찜 등의 고명으로 쓴다.

봉오리(완자)
쇠고기 살을 곱게 다지고 양념하여 콩알만하게 완자를 빚어서 밀가루를 묻히고 달걀을 씌워서 번철에 지진다. 신선로에는 작게 만들고 완자탕에 넣을 것은 약간 크게 한다.

미나리초대
미나리나 실파를 씻어서 가지런히 대꼬치에 꿰어 밀가루를 묻히고 달걀을 씌워서 번철에 지진다. 미나리적이라고도 한다. 신선로, 찜 등에 알맞은 모양으로 썰어 사용한다.

미나리
미나리를 씻어 잎을 떼고 다듬어 줄기만 **4cm** 길이로 잘라서 소금을 뿌려 살짝 절였다가 번철에 파랗게 볶아서 녹색 고명으로 쓴다. 실파를 대신 쓰거나 오이나 호박의 푸른 부분만 채로 썰어 볶아서 쓰기도 한다.

황화채
원추리꽃 말린 것인데 보통 넙나물이라고 한다. 물에 불렸다가 반쪽으로 갈라서 물기를 꼭 짜고 참기름에 볶아서 잡채에 쓴다.

고추
고추는 실고추로 하여 나물이나 조림에 쓴다. 마른 고추 외에 통고추를 약간 굵게 채 썰어 고명으로 쓰기도 한다. 김치에는 대개 마른 고춧가루를 넣지만 여름철에는 통고추나 마른 고추를 물에 불려서 갈아 햇김치를 담그기도 한다.

잣

잣은 백자, 실백자, 해송자 등으로도 불린다. 껍질을 벗기고 고깔을 떼어 마른 도마에 종이를 깔고 칼로 다진다. 잣가루는 기름이 스며 나와 잘 뭉치므로 종이에 펴서 기름이 배어 나오도록 하여 보송보송한 가루로 하여 쓴다. 궁중에서는 잣가루를 초장에는 물론 육회, 전복초 등에 고명으로 썼다. 단자나 주악, 약과 등 떡과 과자류에도 많이 쓴다. 통잣은 찜이나 전골 등에 쓰고, 떡이나 약식에도 넣으며 화채나 차 등의 음료에 띄운다.

버섯

표고, 목이, 석이, 느타리 등을 불려 볶아서 쓴다. 표고는 채 썰어 고명으로 쓰거나 찜이나 탕에 골패형이나 완자형으로 썰어서 쓴다. 작은 표고는 둥근 모양 그대로 전을 부치거나 찜의 고명으로 쓴다.

호두, 은행

호두는 속살이 부서지지 않게 까서 더운물에 불려서 속껍질을 깨끗이 벗기고, 은행은 단단한 껍질을 까고 번철을 달구어 기름을 약간 두르고 볶아 마른 행주나 종이로 비벼서 속껍질을 벗긴다. 은행과 호두는 찜이나 신선로, 전골 등의 고명으로 쓴다.

한국의 식사 예법   부❸

예절이란 일정한 생활 문화권에서 오랜 관습을 통해 하나의 공통된 생활 방법으로 정립된 사회 계약적인 생활 규범이다. 나라와 민족에 따라 다르고, 같은 나라 안에서도 지역에 따라 조금씩 다르며 시대에 따라서도 변한다. 『예기』에 "무릇 예의 시초는 음식에서 시작된다"고 하여 식사 예법이 다른 예절보다 우선함을 일깨워 주고 있다. 사람이 먹고 마시는 일은 필수적인 일이며, 태어나서 제일 먼저 배우는 것도 음식 예절이다.

식사 예법이 나와 있는 우리 나라 문헌의 내용을 살펴보기로 하겠다.

『내훈(內訓)』「언행(言行)장」(소혜황후, 1475년)

『곡례(曲禮)』에 이르기를, 다 함께 음식을 먹을 때에는 배부르게 먹지 말고, 또한 함께 밥 먹을 때에는 손을 쓰지 말고, 밥을 말아먹지 말며, 젓가락으로 흩어 떠먹지 말고, 그지없이 마시지 말며, 소리나게 먹지 말고, 뼈를 갉아먹지 마라. 고기를 도로 그릇에 담지 말고 뼈를 개에게 던져 주지 말며, 구태여 더 먹으려고 하지도 말고, 밥을 흘리지 말며, 기장밥을 먹되 젓가락으로 먹지 말고, 국 건더기를 후려 먹지 말며, 국그릇에서 간을 맞추어 먹지 말고, 이로 쩔러 자극하며 먹지 마라. 젓국을 들이마시지 말고, 손님이 그릇에서 국을 다시 간 맞춰 먹거든 주인이 삶은 것은 고칠 수 없다고 사양해야 한다. 또한 손님이 젓국을 들이마시거든 주인이 가난해지므로 사양하도록 하며, 젖은 고기는 이로 끊고 마른 고기는 이로 자르지 말며, 구운 고기를 한입에 다 넣어 먹지 말아야 한다고 하였다.

『사소절(士小節)』(이덕무, 1700년대)

식사 전 예법
얼굴과 손을 깨끗이 씻고 음식을 대해야 하며, 소의 간, 처녑, 콩팥 회를 마구 먹어 밥 기운을 이기게 해서는 안 된다.

식사 중 예법
아무리 바쁜 일이 있어도 밥상이 나오면 즉시 들어야 한다. 지체해서 음식이 식거나 먼지가 앉게 해서는 안 된다. 이렇게 밥상을 받고도 먹지 않을 때 '내 전밥 떠놨다'고 하고, 오래도록 먹지 않아 그대로 차려져 있는 밥상을 '향불 없는 제상'이라 한다.

함께 식사할 자들로 하여금 먼저 먹지 못하고 기다리게 해서는 안 된다. 아무리 성낼 일이 있어도 밥을 대했을 때에는 반드시 노기를 가라앉혀 화평한 마음을 가져야 한다. 소리를 지르지 말고, 숟가락과 젓가락을 왈칵 놓지도 말고, 한숨 쉬지도 마라.

밥 먹을 때에는 기침하지 말고, 웃지도 말며, 다 먹고 나서는 하품하지 말고, 식사가 끝난 뒤 숭늉을 마시고 나서 다시 반찬을 먹지 마라.

밥 먹을 때 숟가락으로 김치나 간장을 떠 먹어 보아서 싱거우면 서너 번 정도 떠먹는 것은 좋으나, 여남은 번 정도 자주 떠먹는 것은 역시 점잖지 못하다. 밥을 물에 말아먹을 때 바닥에 남은 밥티는 숟가락으로 다 긁어 먹고 버리지 마라. 그릇을 들어 고개를 젖히고 마시거나 몸을 이리저리 돌려서 남김없이 먹으려고 하지 마라.

죽으로 끓인 물고기는 숟가락이나 젓가락으로 뒤적거려 뭉개지 말고, 국수를 먹을 때는 입에 문 국수 가락을 어지럽게 국물에 떨어뜨리지 말고, 밥을 먹다가 모래가 씹히면 상에 뱉지 말며, 물고기 뼈를 김치나 장에 떨어뜨리지 마라.

밥이나 국이 아무리 뜨거워도 입으로 불지 말고, 콩죽이나 팥죽은 숟가락으로 저어서 식게 하지 말며, 음식을 먹을 때에는 먹기 싫은 것처럼 너무 느리게 씹지 말고, 쫓기는 것처럼 너무 급하게 씹지도 말며, 젓가락으로 소반을 두드리지 말고, 숟가락을 그릇에 부딪혀 소리 내지 말아야 한다.

물을 마실 때는 목구멍에서 꾸르륵 소리가 나게 하지 말며, 국수, 국, 죽 같은 것을 먹을 때에는 한 번에 많이 마셔서 꿀꺽 소리가 나게 하지 마라. 음식을 먹을 때 부스러기를 혀로 핥아서는 안 되고, 국물을 손가락으로 찍어 먹어서도 안 된다. 김치 쪽이 한입에 먹을 수 없게 크거든 입으로 잘라서 그 나머지를 제자리에 다시 놓지 말고, 따로 밥상에 두고 남김없이 먹어야 하며, 조기젓과 용어젓은 손으로 떼어 먹지 말며, 건육(乾肉)과 건어(乾魚) 따위는 먹기 전에 냄새를 맡지 마라.

어육(魚肉)의 경우 남은 뼈는 빨지도 말고 씹지도 말며, 꿩다리는 씹어서 꺾지 말아야 하는데 그 뼈에 찔릴까 염려되기 때문이다. 쇠갈비도 씹어서 뜯지 말아야 하는데 뭉그러져 물이 튈까 걱정되어서이다. 게 껍질에 밥을 담아 먹지 마라. 조잡한 행동이기 때문이다. 어육, 과실, 채소 따위를 칼끝으로 꽂아서 입에 넣지 말고 남에게 입을 벌리고 받아먹게 하지 마라. 참외를 먹을 때는 반드시 칼로 조각을 내어 먹어야 하고, 물이 튀지 않게 먹어야 한다. 수박을 먹을 때도 씨를 자리에 뱉지 말고 입으로 씨를 가리지 마라. 입과 손이 모두 바른 태도를 잃기 때문이다.

상추쌈을 입에 넣을 수 없을 만큼 크게 싸서 먹으면 부인의 태도가 그다지 아름답지 못하니 매우 경계해야 한다.

식사 후 예법

식사가 끝나면 반드시 수저를 정돈하되 수저 끝이 상 밖에 나오게 놓지 말아야 한다. 상을 물릴 때 문설주에 닿아 떨어질까 봐서이다. 수시로 이쑤시개로 이를 쑤셔 이에 낀 찌꺼기를 없앰으로써 입내를 없애고 벌레 먹는 것을 방지해야 한다.

남과 음식 먹을 때의 예법

남과 한 식탁에서 식사할 때는 자기가 먹고 싶은 고기나 떡 같은 것이 비록 집어먹기 거북한 곳에 있다 하더라도 자기 앞으로 당겨 놓지 말며, 각기 한 상을 받았을 때에는 자기 몫을 다 먹고 나서 남이 먹던 것을 더 먹지 않는다. 남과 함께 식사할 때는 종기, 설사 등 더러운 얘기를 하지 말고, 남이 식사를 끝내기 전에는 아무리 급하더라도 변소에 가지 않는다.

여러 사람이 한 식탁에서 밥을 먹을 때에는 쭈그리고 앉아서 움켜다 먹지 말고, 비록 앞이 가리더라도 갓을 벗지 말며, 남들이 식탁 사방에 있는 음식을 다투어 가져다 먹더라도 내 앞에 있는 것만 천천히 먹는다.

새우젓이나 굴젓, 조기젓이나 전어젓은 모두가 삭혀서 그 냄새로 맛을 이룬 것이다. 그래서 자기는 비록 그것을 즐기지만 남과 같이 밥을 먹는 상에서는 남이 그것을 싫어하거든 물을 만 밥과 함께 마구 먹어서는 안 된다.

남과 함께 회를 먹을 때에는 겨자를 많이 먹어서 재채기가 나오게 해서는 안 되며, 무를 많이 먹고 남을 향해 트림하지 말아야 한다.

어른을 모시고 식사할 때는 다 먹자마자 숟가락을 내던지거나 먼저 일어나지 말아야 한다.

『규합총서』 「사대부(士大夫)의 식시오관(食時五觀)」(빙허각 이씨, 1815년)

첫째, 힘들음(功夫)의 다소를 헤아리고, 저것이 어디서 왔는가 생각해 보라. 갈고 심고 거두고 찧고 까불고 지져 공이 많이 든 음식이다. 하물며 산 짐승을 잡아 살을 베어 내어 맛있게 하려니, 한 사람이 먹는 것은 열 사람이 애쓴 결과이다. 집에서 먹어도 부조(父祖)의 심력(心力)으로 경영한 바요, 비록 재물이 아니나 여경(餘慶)을 이어 벼슬하여 백성의 고혈을 먹는 것이니 말할 필요도 없다.

둘째, 대덕(大德)을 헤아려 섬기기를 다하라. 처음에는 어버이를 섬기고 다음으로 임금을 섬기고, 나중에 입신(立身)하는 것, 이 세 가지가 온전한 즉 섬기는 것이 응당하고, 만일 이 세 가지를 이루지 못했다면 마땅히 부끄러울 줄 알아 맛을 너무 치레 말아야 할 것이다.

셋째, 마음에 과(過)하고 탐(貪)내는 것을 막아 법을 삼아라. 마음을 다스리고 성(性)을 길러야 하니, 먼저 세 가지와 또 한 가지를 막을 것이다. 좋은 음식은 탐내고, 맛없는 음식을 보면 찡그리고, 종일 먹어도 그 음식이 생겨난 바를 알지 못하면 어리석으니, 덕 있는 선비는 배불리 먹을 타령을 말아 허물 없게 하라.

넷째, 좋은 약으로 알아 형상의 괴로운 것을 고치게 하라. 다섯 가지 곡식과 다섯 가지 나물이 사람을 기르니 어육(魚肉)으로는 늙은 어버이를 받들라. 얼굴이 비쩍 마른 사람은 기갈(饑渴) 병이 든 것이다. 오장의 갖가지 병은 각벽(各癖)이 된 까닭이니, 음식으로 의약을 삼아 나날이 좀 부치는 듯 먹어야 하니, 이러므로 족한 줄을 아는 자는 저(箸)를 들면 늘 약을 먹는 것을 생각하라.

다섯째, 도업(道業)을 이루어 놓고서야 음식을 받아먹을 것이다. 군자는 음식을 먹는 사이에도 어진 마음을 잃는 일이 없으니 군자는 아무 공덕도 없이 나라의 녹을 먹지 않는다 한 것은 이를 가리키는 것이다.

『우리의 전통 예절』(문화재보호재단, 1988년)

1. 어른이 자리에 앉은 다음에 아랫사람이 앉는다.
2. 몸을 상을 향해 곧게 앉되 상 끝에서 몸까지의 간격이 주먹 하나 들어갈 정도로 앉는다.

3. 아랫사람이나 주부 또는 보조인이 음식의 덮개를 연다.

4. 어른이 수저를 든 다음에 아랫사람이 든다.

5. 숟가락으로 국이나 김치, 국 등 국물을 먼저 떠먹은 다음에 다른 음식을 먹는다.

6. 넝쿨진 음식은 젓가락으로 집어 먹는다. 젓가락을 들 때 숟가락은 먹던 밥그릇이나 국그릇에 넣어 걸친다.

7. 어른이 좋아하는 음식은 사양하며 먹지 않는다.

8. 멀리 있는 음식은 사양하고 가까이 있는 음식을 주로 먹는다.

9. 반찬을 뒤적이거나 들었다 놓았다 하지 말고 한 번에 집으며, 여러 번 베어 먹지 않고 한 입에 먹는다.

10. 수저에 음식이 묻지 않게 깨끗하게 빨아먹는다.

11. 보조 접시에 음식을 덜어 먹는다.

12. 입안에 든 음식이 보이거나 튀어나오지 않게 먹는다.

13. 마시거나 씹는 소리, 수저나 그릇이 부딪치는 소리가 나지 않게 먹는다.

14. 상 위나 바닥에 음식을 흘리지 말고 먹는다.

15. 고기의 뼈, 생선 가시, 음식물 등의 이물질은 눈에 안 띄게 간수한다.

16. 밥, 국그릇에 찌꺼기가 붙지 않게 정갈하게 먹는다.

17. 식사 중에는 어른이 묻는 말에 대답하되, 이외의 공연한 잡담을 하지 않는다.

18. 음식에 대해 타박을 하거나 식사 전후에 트림을 하지 않으며 상머리에서 이를 쑤시지 않는다.

19. 물을 마실 때 양치질을 하지 않는다.

20. 너무 빠르거나 지나치게 늦게 먹지 말고 다른 사람과 같은 시간에 식사가 끝나게 조절한다.

21. 식사가 먼저 끝나더라도 숟가락을 상 위에 놓지 말고 밥그릇이나 국그릇에 젓가락을 들 때와 같이 놓는다.

22. 어른보다 먼저 일어나지 않는다.

한국의 일상식 상차림

부④

상차림이란 한 상에 차리는 주식류와 찬품을 배선하는 방법을 말한다. 일상식에서는 주식에 따라서 반상(飯床), 죽상(粥床), 장국상 등으로 나뉘며, 손님을 대접하는 교자상과 주안상, 다과상 등이 있다.

한 상에 차리는 여러 음식의 내용을 한데 적은 것을 '음식발기', '음식건기(飮食件記)' 또는 '찬품단자(饌品單子)'라고 한다. 요즘에는 줄여서 식단이라고 하는데 서양의 메뉴(menu)에 해당하는 것으로 일반적으로 식당에서 음식명과 가격만을 적은 메뉴하고는 다르다.

일상의 반상은 밥을 주식으로 하고 국과 김치 그리고 찬물을 한데 차리는 상차림이다. 반상은 찬의 가짓수에 따라 3첩, 5첩, 7첩, 9첩, 12첩 반상으로 나뉘는데 대개 양반가에서는 5첩 내지 7첩 반상을 차렸으며, 서민가에서는 3첩이 고작이었다. 밥 이외에 국수나 만두를 주식으로 하는 상은 장국상이라고 한다.

가정에서는 명절이나 잔치 또는 특별한 행사가 있을 때 연회식이나 고임상을 차리기도 한다. 연회식은 서민보다는 궁중에서 특히 발달하였는데 고려 시대에 중국의 영향으로 체계를 갖추게 되었고, 조선 시대에 더욱 발달하여 음식의 종류가 다양해지고 높이 고이는 고임상의 형식이 정착했다.

한국 음식의 일상식은 주식과 부식이 뚜렷하게 나뉘는데, 특히 전통적인 상차림을 체계적으로 갖추게 된 것은 조선 시대이다. 조선 시대 후기에는 현재 우리가 먹는 식품을 대부분 이용했으며, 조리법으로는 밥짓기, 끓이기, 삶기, 찌기, 굽기, 지지기, 튀기기 등 다양하게 활용되었다.

반상

반상은 반상기 중에 뚜껑이 있는 작은 찬그릇인 쟁첩에 담는 찬품의 가짓수에 따라 3첩 반상, 5첩 반상, 7첩 반상, 9첩 반상으로 나뉜다. 궁중에서만 12첩 반상을 차리고 민가에서는 9첩까지로 제한하였다.

기본으로 놓는 것은 밥, 국, 김치, 청장이고 5첩 반상에는 찌개를 놓으며 7첩 반상에는 찜을 놓는다. 전, 편육을 찬으로 놓을 때에는 찍어 먹을 초간장, 초고추장, 겨자즙 등의 조미품도 함께 곁들인다. 김치도 찬품의 수가 늘어남에 따라 두세 가지를 놓는다. 찬품을 마련할 때에는 음식의 재료와 조리법이 중복되지 않도록 하고 계절 식품을 선택하여 훌륭한 식단을 구성한다.

다음 쪽의 반상 차림 원칙에 맞추어 3첩 또는 5첩 반상을 차린다면 종합적으로 평가해 볼 때 어느 나라의 식단에도 뒤떨어지지 않는다. 우선 여러 조리법과 다양한 식품의 활용으로 먹는 이의 기호를 만족시킬 수 있으며, 영양이 치우치지 않고 고루 충족이 되는 훌륭한 한국형 식사 형태이다.

음식을 그릇에 담아서 상에 배열하는 법을 배선법이라 하며 외상 차림을 기본으로 한다. 반상은 대개 장방형의 사각반에 차리며, 한 상에 올라가는 그릇의 재질은 모두 같아야 한다. 여름철에는 백자나 청백자 반상기를 주로 쓰고 겨울철에는 유기나 은기를 사용한다. 수저는 서양식 스푼이 아니고 나뭇잎 모양처럼 납작한 잎사시가 알맞다.

외상 차리기

수저는 상의 오른쪽 구석에 놓는데 숟가락이 앞쪽이고 젓가락이 뒤로 간다. 끝이 상에서 3cm 정도 밖으로 나가도록 나란히 놓는다.

구분\첩수	기본 음식							쟁첩에 담는 반찬									
	밥	국	김치	장류	찌개	찜	전골	생채	숙채	구이	조림	전	장아찌	마른찬	젓갈	회	편육
	주발사발	탕기	보시기	종지	조치보	합	전골틀	쟁첩	쟁첩	쟁첩	쟁첩	쟁첩	쟁첩	쟁첩	쟁첩	쟁첩	쟁첩
3첩	1	1	1	1	×	×	×	택	1	택	1	×	택	1	×	×	×
5첩	1	1	2	2	1	×	×	택	1	1	1	1	택	1	×	×	×
7첩	1	1	2	3	1	택	1	1	1	1	1	1	택	1	택	1	
9첩	1	1	3	3	2	1	1	1	1	1	1	1	1	1	1	택	1

찬의 가짓수에 따른 반상 차림

먹는 사람의 자리를 기준으로 맨 앞줄에는 밥이 왼쪽, 국이 오른쪽에 오며, 찌개는 국의 뒤쪽에 놓인다. 둘째 줄에는 작은 종지에 간장, 초장, 초간장 등을 늘어놓는다. 쟁첩에 담은 반찬들은 종지의 다음 줄에 놓는다.

맨 뒷줄에는 김치류를 놓는데 오른쪽에 국물이 있는 동치미나 나박김치를 놓고, 찜은 합이나 조반기에 담아서 찌개의 뒤쪽인 상의 오른쪽 중간에 놓는다.

반찬 그릇인 쟁첩들은 꼭 정해진 위치는 없으나 짭짤한 찬인 장아찌, 젓갈류는 왼쪽에 치우치게 놓고, 중간에는 나물, 생채 등 일상적인 찬을 놓으며, 오른쪽에는 더운 구이, 별찬이나 자주 먹는 찬물을 놓는다.

겸상 차리기

겸상의 경우는 어른이나 손님을 중심으로 외상을 차리듯이 찬물을 놓는다. 또 한 벌의 수저와 밥, 국을 따로 준비하여 정반대의 위치에 놓는다. 찬물 중에는 더운 찌개, 찜, 고기로 만든 찬 등은 먹기 편하도록 어른 가까이 놓는다.

죽상

죽상은 죽, 응이, 미음 등의 유동식을 주식으로 하고 이에 어울리는 찬을 한데 차린 상으로 반상과는 찬품의 구성이 전혀 다르다. 죽상에 올리는 김치는 국물이 있는 나박김치나 동치미로 하고, 찌개는 젓국이나 소금으로 간을 한 맑은찌개이다. 그 외의 반찬으로는 육포, 북어무침, 매듭자반 등의 부각이나 자반 등 마른 찬 두세 가지와 간을 맞추기 위한 소금, 청장 또는 꿀 등을 종지에 담아서 한데 차린다.

장국상(면상, 만두상, 떡국상)

밥을 대신하여 주식을 국수, 떡국, 만두 등으로 차리는 상으로 각각 면상, 만두상, 떡국상이라고도 하나 모두 더운 장국에 말아서 대접하므로 장국상이라고 한다. 장국상은 조석의 식사보다는 점심 또는 간단한 식사로 차리는 상이다. 주식 외에 차리는 찬품으로 전유어, 잡채, 배추김치, 나박김치 등을

		봄	여름	가을	겨울
기본음식	주식류	온면	냉면	온면	떡국
	김치	배추김치	오이소박이	배추김치	보쌈김치
	국물김치	장김치	나박김치	동치미	배추동치미
	장류	청장, 초간장	청장, 초간장	청장, 초간장	청장, 초간장
	찜	사태찜	갈비찜	닭찜	떡찜
찬품	회, 강회	어회	미나리강회	어채	갑회
	구이 또는 적	두릅적	어산적	버섯신적	쇠고기산적
	전유어	처녑, 양전	호박, 생선전	고추, 간전	표고, 굴전
	편육	우설편육	제육편육	사태편육	양숙편
	채	탕평채	죽순채	겨자채	잡채

장국상 차림의 구성

놓는다. 탄신, 회갑, 혼례 등의 경사 때에는 큰상(고임상)을 차리고 경사가 있는 당사자 앞에는 고임상 앞에 따로 장국상인 입맷상을 차린다.

주안상

주안상은 술을 대접하기 위하여 차리는 상으로 청주, 소주, 탁주 등 술의 종류에 따라 알맞게 찬품을 준비한다. 전골이나 찌개와 같이 국물이 있는 더운 음식과 전유어, 회, 편육, 김치 등이 술안주로 적당하다.

계절 조리법		봄	여름	가을	겨울	참조 찬품
주식		온면	냉면	온면	떡국	만두국, 규아상, 편수
김치		배추김치	오이소박이	배추김치	보쌈김치	
		장김치	나박김치	동치미	배추동치미	
장류		청장, 초장	청장, 초장	청장, 초장	청장, 초장	고추장, 겨자집, 꿀
찬	포, 마른안주	어포, 생률	육포, 잣솔	은행볶음	대추포	호두튀김, 어란, 대추포, 문어포
	탕	애탕	어알탕	송이탕	완자탕	
	회, 강회	육회	병어회	어채	생굴회	어회, 파강회, 문어숙회, 두릅회
	찜	닭찜	도미찜	사태찜	갈비찜	쇠꼬리찜, 돼지갈비찜, 대하찜
	신선로 또는 전골	신선로	쇠고기전골	송이전골	내장전골	낙지전골, 조개전골
	구이 또는 적	쇠갈비구이	너비아니	버섯산적	떡산적	두릅산적, 사슬적
	전유어	생선전	채소전	새우전	굴전, 알쌈	간전, 처녑전, 표고전
	편육 또는 족편	족편	우설편육	돼지머리편육	사태편육	쇠머리편육, 제육편육, 족편
	채	탕평채	구절판	월과채	잡채	죽순채 겨자채

주안상 차림의 예 (『한국의 전통음식』, 황혜성, 1989)

교자상

경사가 있어 손님을 대접할 때는 여러 사람을 한자리에서 대접하는 상차림을 하는데 이를 교자상이라 한다. 요즈음은 흔히 큰 사각반이나 둥근 대원반에 여러 음식을 차린다.

조선 시대에는 지체가 높은 이는 외상을 차려서 대접하고, 지체가 낮은 이에게는 겸상이나 두레반에 한데 차려서 대접하였다. 요즘에는 손님상을 차릴 때 친교의 목적이 대부분이므로 보통 교자상에 여러 사람이 한데 먹을 수 있도록 차린다.

교자상의 주식은 국수, 떡국, 만두 등의 가루로 만든 음식이고, 찬품은 계절에 따라 여러 재료를 써서 다양한 조리법을 이용하여 마련한다. 찬품은 조리법별로 탕, 찜, 전유어, 편육, 적(구이), 회, 채소 음식 각 한 가지씩과 김치는 배추김치, 오이소박이, 나박김치, 장김치 중 두 가지 정도를 마련한다. 후식으로는 각색편, 숙실과, 생과일, 화채, 차 등을 마련한다.

다과상

주안상이나 교자상을 내고 나서 맨 나중에 후식상으로 따로 마련하여 내기도 하고, 식사 때가 아닌 시간에 손님을 대접할 때 차린다. 다과상은 여러 떡과 유밀과, 유과, 다식, 숙실과, 화채, 차 등을 마련하여 팔각진 모반이나 원반에 차려서 대접한다. 다과상에 차리는 음식은 다음의 교자상 차림표의 후식 부분을 참조하면 된다.

	조리법	음식명
기본음식	주식류	온면, 냉면, 떡국, 만두국, 규아상, 편수 등
	김치류	배추김치, 오이소박이, 보쌈김치, 장김치, 나박김치, 동치미, 배추동치미 등
	장류	청장, 초장, 초고추장, 겨자즙, 꿀 등
찬품	포, 마른 안주	어포, 육포, 잣솔, 은행볶음, 호두튀김, 어란, 대추포, 문어포 등
	탕	애탕, 어알탕, 송이탕, 완자탕 등의 맑은국
	회, 강회	육회, 간회, 처녑회, 생선회, 생굴회, 어채, 미나리(파)강회, 문어숙회, 두릅회 등.
	찜	갈비찜, 사태찜, 쇠꼬리찜, 돼지갈비찜, 닭찜, 도미찜, 대하찜 등
	신선로 또는 전골	신선로, 쇠고기전골, 송이전골, 낙지전골, 내장전골 등
	구이	쇠갈비구이, 너비아니, 대합구이, 대하구이, 생선구이 등
	적	화양적, 송이산적, 떡산적, 사슬적, 파산적, 두릅적, 누름적, 김치적 등
	전유아	생선전, 새우전, 굴전, 조개전, 알쌈, 간전, 처녑전, 연근전, 고추전, 표고전 등
	편육 또는 족편	양지머리편육, 우설편육, 사태편육, 쇠머리편육, 돼지머리편육, 제육편육, 족편 등
	채	탕평채, 구절판, 월과채, 잡채, 죽순채 등
병과	각색병	각색편(꿀편, 승검초편, 백편) 절편, 개피떡, 인절미, 경단, 각색단자, 주악, 화전, 송편, 약식, 두텁떡 등
	조과류	유밀과	약과, 매작과, 만두과, 모약과, 다식과, 한과, 타래과 등
		강정	세반강정, 매화강정, 산자 연사과, 빙사과 등
		다식	송화다식, 흑임자 다식, 진말다식, 청태다식, 오미자다식, 깨다식, 황률다식 등
		숙실과	밤초, 대추초, 율란, 조란, 생강란 등
		정과	도라지정과, 연근정과, 모과정과, 유자정과, 생강정과 등
		생실과	사과, 배, 감, 감귤, 참외, 수박, 딸기, 복숭아 등 계절 과일
음청류	화채	식혜, 수정과, 배숙, 오미자화채, 보리수단, 원소병, 떡수단, 각종 과일화채
	차	녹차, 생강차, 인삼차, 칡차, 모과차, 유자차, 대추차, 계피차 등

교자상에 차리는 찬품류

통과 의례와 음식

부❺

　인간이 태어나서 죽을 때까지 거치는 여러 기념할 만한 의례를 통과의례(通過儀禮)라고 한다. 이 때마다 의례 음식을 마련한다.
　의례의 형식은 나라와 민족 그리고 문화와 시대에 따라 달라지게 마련이다. 지나치게 각종 옛 의례, 특히 성례나 제례를 지키기는 어렵겠지만 우리 조상이 지켜 온 의례에 관련된 풍습은 지금도 부분적으로 내려오고 있다. 예를 들면 지금도 어느 가정에서나 생일날에는 미역국에 흰밥을 먹고, 시집가거나 장가가는 날에는 국수를 먹으며 축하하는 일 등이다.
　태어나기 전에 순산을 비는 삼신상부터 백일상, 돌상, 관례상, 혼례상, 큰상, 회갑상 등의 경사스러운 때의 상차림과 조상께 올리는 제상(祭床)과 차례상 등이 있다. 조선 시대에는 유교의 기본 사상인 효를 중시하여 조상의 제례를 엄격히 지키고 제상 차리는 일을 매우 중요하게 여겼다.
　동양 문화권에서는 '인륜지대사(人倫之大事)'라 하여 사례(四禮) 치르는 일을 매우 중요하게 여긴다. 사례란 곧 관례, 혼례, 상례, 제례를 말하는데, 그 중에서 상례와 제례는 자손이 치르게 되는 의례이다. 여러 의식, 의례 가운데 길한 것은 출생, 돌, 관례, 혼례, 회갑례, 회혼례 등이며, 궂은 일에는 상례와 제례가 있다. 모든 의식 절차는 의례법으로 정해져 있고, 모든 의식에는 빠짐없이 특별한 식품이나 음식을 차리는데, 거기에는 기원, 복원, 외경, 존대의 뜻이 따른다.

출생

혼인을 하면 누구나 아기를 갖기를 원하고, 아기를 갖게 되면 태아를 위하여 태교를 한다. 임부는 태어날 때까지 태아가 정상적으로 자라고 순산하기를 지극한 정성으로 빈다. 음식도 가려서 먹고 태아에게 나쁘다고 하는 일은 꺼리게 마련이다.

산월 전에 시부모나 남편은 산모를 위하여 산미(産米)와 산곽(産藿)을 마련한다. 긴 미역(長藿)으로 골라 사서, 꺾지 않고 둘둘 말아 어깨에 메고 와서 시렁이나 선반에 매달아 놓는다. 미역을 꺾으면 "사람이 꺾인다"고 하여 꺼리는 것이다. 쌀은 특상미로 골라 소반에 놓고 일일이 돌과 뉘를 가려 깨끗한 자루에 담아서 깨끗한 곳에 둔다. 이런 정성은 산모를 정신적으로 안심시키고 출산할 때 각오를 단단히 하는 데 효과가 있다.

산기가 있으면 산실 윗목을 깨끗이 하여 소반에 백미를 소복이 담아 놓고 정화수 한 그릇과 미역을 올려놓아 삼신상(三神床, 産神床)을 차린다. 산곽을 쌀 위에 걸쳐 놓고 산간을 하는 어머니가 순산을 빈다. 아기가 태어나면 그 쌀로 밥을 지어서 사발에 세 그릇을 가득 담고, 미역국도 세 그릇을 떠서 다시 삼신상을 차린다. 아기가 태어난 후 처음 산모가 먹는 미역국과 흰밥을 첫국밥이라 하는데 산모의 밥은 정성을 다한다는 뜻으로 가족의 밥과 따로 작은 놋솥인 새옹에 숯불로 짓는다. 삼줄을 대문에 매다는 것은 잡귀와 잡인이 들어오지 못하게 하기 위함이다.

삼칠일과 백일

출생 후 세 이레(삼칠일)가 지나면 가족들이 산실에 들어가 축수한다. 이날 금줄을 떼어 살라 버리고 음식은 흰밥, 소미역국에 삼색 나물 정도로 차린다. 또 흰무리(백설기)를 찌는데 삼신과 아기의 신성함을 나타내기 위해 흰쌀만으로 한다. 아기의 백일에는 친척과 친지를 불러 축하하고, 백설기, 수수경단, 오색 송편을 만들어 이웃에 고루 돌리는데 백일떡은 백 사람에게 나누어 주어야 장수한다고 믿었다. 손님에게는 흰밥에 미역국과 삼색 나물, 김구이, 고기구이, 생선전, 마른 찬 등으로 반상을 마련하여 대접한다.

첫돌

아기가 태어난 지 만 일 년이 되면 첫돌이라 하여 아기에게 새옷을 마련하여 입히고 돌상을 차린다. 남아는 색동저고리에 풍차바지를 입히고 복건을 씌우며, 여아는 색동저고리에 다홍치마를 입히고 조바위를 씌워 돌상에 무명필을 방석삼아 앉히고 돌잡히는 풍속이 있다. 돌상은 둥근 원반이나 12각반에 음식과 각종 물건을 차린다. 아기 밥그릇에는 백미를 담고, 대접에 국수를 담으며 목판에 과일과 송편, 백설기, 수수경단 등의 떡을 담는다. 순수 무구함을 뜻하는 백설기는 소담스럽게 덩어리째 담는다. 붉은색이 역귀를 물리친다고 하여 수수팥단지를 놓고, 송편은 소를 꽉 채워 빚는데 이는 머리에 학문을 꽉 채운다는 뜻이 있다. 과일은 자손 번창의 뜻이 담겨 있다. 그 밖에 남아의 돌상에는 활, 붓, 두루말이 종이, 천자문책 등을 놓아 무예와 학문을 닦으라는 염원을 나타내고, 여아의 돌상에는 청홍비단실, 자를 놓아 바느질을 잘하라는 뜻을 나타낸다. 또 돌쟁이의 수저와 밥그릇을 마련하는데 이는 아기가 일생 먹고 살아가는 일을 대비한다는 뜻이 있다. 돌날 손님상은 백일과 마찬가지로 흰밥에 미역국과 찬물을 반상으로 차려 대접한다.

생일

아이들 생일에는 보통 열 살까지 흰무리떡과 수수팥단지를 만들어 축하한다. 생일날에는 흰밥에 미역국 그리고 찬물은 김구이, 고기구이, 나물, 김치 등을 차려서 식구가 한데 모여서 먹는다.

부모나 조부모의 생신에는 자손들이 정성껏 음식을 마련하여 대접하고 손님도 청하여 대접하고 축하드린다.

관례

아기가 돌이 지나 다섯 살이 되면 글방에서 한문책으로 공부를 시켰다. 부유한 집에서는 작은사랑 또는 안사랑에 독선생을 모셨고, 마을 서당에 보내 동네 아이들과 함께 교육시켰다. 보통 『천자문』, 『동몽선습(童蒙先習)』부터 시작하여 차차 『사서(四書)』와 『삼경(三經)』을 통달하도록 공부를 시킨다.

책례(冊禮)는 흔히 책거리 또는 책씻기라 하여 책 한 권을 다 읽거나 붓으로 베껴 쓰고 나서 스승과 동문들에게 한턱을 내는 일을 말한다. 이 관습은 지방에 따라 다르지만 충청도에서는 스승에게 옷과 담배 등을 선물하고 술, 고기, 떡으로 잔치를 하여 서당의 경사로 삼았다.

관례는 아이가 어른이 되었을 때 치르는 성년식을 말한다. 남자는 어른이 되는 의례로 어른 옷을 입고 머리를 올려 상투를 틀어서 갓을 쓰는 의식을 치렀다. 여자는 시집갈 때 머리를 쪽찌고 비녀를 꽂았다. 1895년 갑오경장 이후 단발령이 내려지면서 없어졌다. 시대에 따라 다르나 남아는 15~20세에 정월 중에 택일하여 장가가지 않았어도 관례를 행하였다. 관례 날을 택일하고 이삼 일 전에 사당에 고유[告由 : 가정이나 나라에서 큰 일이 있을 때 신명(神明)·사당에게 고하는 것]하는데 제수는 주(酒), 과(果), 포(脯) 또는 해(醢) 등 간소하게 차린다. 현재는 민법상으로는 20세를 성년으로 하며, 성년식은 5월 셋째 일요일을 성년의 날로 정하여 합동으로 의식을 행하고 있다.

혼례

혼례는 사례의 하나로 의혼(議婚), 납채(納采), 납폐(納幣), 친영(親迎)의 절차를 밟아야 한다. 결혼은 양가의 부모가 정하여 집안 어른들의 동의를 받아 정혼을 한다. 납채는 신랑집에서 신부집에 청혼에 대한 허혼에 감사하다는 회신을 보내는 것이다. 사주단자를 신부집에 보내고 신부집에서는 택일하여 보내는 것이 납채의 절차이다. 납폐는 친영 전에 신랑집에서 신부집으로 함에 채단과 혼서지를 넣어 함진아비에게 지워 보내는 것이 통례이다. 신부집에서는 대청에 상을 놓고 홍보를 펴서 떡을 시루째 쪄서 올려놓고 기다렸다가 함이 도착하면 시루 위에 올렸다가 받는다. 친영은 신랑이 신부를 맞이한다는 뜻으로 혼례에서 가장 중요한 절차이다. 새벽에 일어나서 사당에 고하고 부친에게 교훈을 듣고 사모관대(紗帽冠帶)를 하고 신부집에 장가들러 가는데 후행들이 따른다. 신부집 동네에 들어서서 혼례 시각까지 대기한다. 후행을 상객이라 하는데 신부집에서는 술상을 차려 대접한다.

혼례 시간이 되면 신랑은 안부(雁父)의 안내를 받으며 신부집에 가서 신부 어머니에게 기러기를 바친다. 신부 어머니는 기러기를 치마에 싸서 안방에 들어가 안치한다. 이 자리를 전안청(奠雁廳)이라 하고 예를 전안례(奠雁禮)라고 한다.

전안이 끝나면 신랑이 장인께 재배하고 나서 초례청(醮禮廳)에서 초례를 지낸다. 먼저 신랑 신부가 상견례(相見禮)를 하는데 절을 하는 순서나 횟수는 지방에 따라 다르다. 다리가 높은 붉은 상에 곡물과 과실 등을 차리고 절을 하므로 이를 교배상(交拜床)이라 한다. 절을 한 후에 둥근 박을 반으로 갈라서 만든 잔에 술을 담아 세 번씩 교환한다. 이를 합근례(合졸禮)라고 한다.

교배상 차림은 지방이나 가정에 따라 다르다. 사철나무와 대나무 그리고 촛대에 청홍색 초를 양쪽으로 꽂는다. 산 닭 한 쌍을 보자기에 싸서 놓는 곳도 있으며 숭어를 쪄서 놓기도 한다.

신부집에서는 대례가 끝나면 신랑에게 큰상을 차려서 축하한다. 큰상은 음식을 높이 고이므로 고배상(高排床) 또는 바라보는 상이라 하여 망상(望床)이라 한다. 큰상에는 각색편과 강정, 약과, 산자, 다식, 숙실과, 생실과, 당속류, 정과 등의 조과류와 전유어, 편육, 적, 포 등의 찬품을 차린다. 신랑과 신부 앞에는 찬과 국수를 차린 장국상을 따로 차려 주는데 이를 입맷상이라 한다. 큰상에 차렸던 음식을 채롱이나 석작에 담아 신랑집에 봉송으로 보낸다. 신랑집에서도 신부에게 큰상을 차려서 대접하기도 한다.

신부가 시댁에 해 가는 음식을 '이바지 음식'이라고 하며, 폐백 음식도 마련한다. 서울에서는 육포와 대추를 마련하여 시부모께 절을 하고 술을 올릴 때 드린다. 육포 대신 편포로 하거나 닭을 통째로 쪄서 만들기도 하며 밤을 고이기도 한다. 청홍 보에 고기와 대추를 각각 싸서 매듭을 매지 않고 근봉(謹封)이라고 쓴 종이를 고리로 만들어 끼운다.

회갑례

부모의 회갑 때는 자손들이 모여 연회를 베풀고 축하드린다. 혼례 때의 큰상과 같이 떡, 과자, 생과, 숙실과와 찬물을 높이 고이는 고배상을 마련한다. 고배상에 차리는 음식의 종류나 품수, 높이는 정해진 규정은 없으며 놓는 위치도 정해지지는 않았다. 일반적으로 유과, 조과, 생과 등을 앞 줄에 놓고 상을 받는 편에 찬물과 떡 등을 차린다.

회혼례

회혼례는 혼인한 지 만 육십 년이 되는 결혼 기념 예식이다. 결혼 후 자녀가 성장하고 번성하고 부부가 장수하여 다복하게 산 것을 기념하여 다시 올리는 혼례식이다. 부부가 결혼할 때처럼 신랑 신부의 복장을 하고 자손들이 차례로 술잔을 올린다. 권주가와 춤도 마련하여 흥을 돋운다. 큰상은 혼례 때와 마찬가지로 높이 고배상을 차리고 손님 대접은 다른 잔치와 마찬가지이다.

상례

부모가 운명하면 자손들은 비탄 속에서 상례를 치른다. 마지막으로 입에 버드나무 수저로 쌀을 떠 넣어 이승의 마지막 음식을 드리고 망인을 저승까지 인도하는 사자(使者)를 위해 사잣밥을 해서 대문 밖에 차린다. 입관이 끝나면 혼백상을 차리고 초와 향을 피고, 주(酒), 과(果), 포(脯)를 차려 놓고 상주는 조상(弔喪)을 받는다.

출상 때는 제물을 제기에 담아 여러 절차를 치르고 봉분을 하고 돌아와 상청을 차린다. 예전에는 만 2년간 조석으로 상식(上食)을 차려 올렸다. 특히 초하루와 삭망에는 음식을 더욱 정성껏 마련하고 곡성을 내고 제사를 지낸다. 상중에 돌아가신 분이 생신이나 회갑을 맞으면 큰제사를 지낸다.

제례

제례(祭禮)는 가가례(家家禮)라 하여 집안이나 고장에 따라 제물과 진설법이 다르다. 제사란 자손이 생전에 못 다한 정성을 돌아가신 후에 효로써 올리는 일이니 무엇보다 정성이 중요하다. 제사에 차리는 제물은 주, 과, 포가 중심이고, 떡과 밥, 갱, 적, 전, 김치, 식해 등의 찬물을 놓는다.

제상과 제기는 평상시에 쓰는 것과 구별하여 마련한다. 제상은 검은 칠을 한, 다리가 높은 상이고, 제기는 굽이 있는 그릇으로 나무, 유기, 백자 등으로 한 벌을 맞추어 마련한다. 신위를 모시는 '독'을 넣는 교의(交椅)와 향로, 모사기, 향합, 퇴주기, 수저 등을 준비한다. 신위가 없을 때는 백지에 따로 지방을 써서 병풍에 붙이고 제사 후에 소지(燒紙)한다.

　제상은 북향으로 놓고 뒤에 병풍을 치고 앞에 초석을 깔고 향상을 놓는다. 제기는 담는 음식에 따라 모양이 다르다. 밥은 주발에 담고 갱은 깊이 있는 탕기에 건지만 담으며, 전, 나물 등의 찬은 다리가 달린 쟁첩에 담고, 김치는 보시기에 담고, 간장, 초, 꿀 등은 종지에 담는다. 떡은 사각진 편틀에 시루편을 아래 고이고 위에 송편, 화전, 주악 등 웃기떡을 올린다. 적은 적틀에 생선적, 쇠고기적, 닭적의 순으로 한 그릇에 쌓아 올린다.

제례 음식

부❻

관혼상제의 사례(四禮)는 유교를 바탕으로 정치를 하던 조선 시대에 확립되었는데 중국의 주자가례(朱子家禮)를 근본으로 한다.

상례는 사람이 죽었을 때 행하는 의식으로 임종부터 소상, 대상, 고제(告祭)까지 모신다. 점차 간소화하고는 있지만 아직도 어려운 점이 많다.

기제사는 조상이 돌아가신 날의 전날 자정에 올린다. 시간이 임박하면 대청으로 위패를 모시고 나와서 교위에 안치한다. 그 앞에는 제상(검정색으로 다리가 높다)에 제물을 설찬(設饌)하고 직계 가족과 일가 친척이 법대로 엄숙하게 제례를 행한다. 제례는 가제(家祭)로서 사당에 모시는 사대조(四代祖)가 있고, 가문에 따라서는 불천지위(不遷之位)로 모시는 선조까지 여러 문의 기일에 지낸다. 그보다 윗대의 선조는 시제(時祭)를 지내는데 10월에 묘소에서 문중이 모여서 올린다.

지금은 정조(正祖 : 설)와 추석에 두 차례만 차례를 지내지만 옛날에는 다른 명절 때도 지냈다고 한다. 차례는 명절날 아침에 지내는데 설날에는 떡국차례를 지내고, 추석엔 햅쌀로 지은 밥과 술, 송편, 햇과일을 올린다. 조상에게 풍년을 감사드리는 마음을 담은 것이다. 차례는 한자로 '茶禮'라 쓰는 것으로 보아 원래는 차를 올리던 의례였던 듯하다. 제사에는 남자만 참석하는 집안도 있지만 여자도 참배하는 것이 옳다. 제물은 여자들이 목욕재계하고 정성을 다하여 정갈하게 마련한다. 제물의 운반, 설찬은 남자들이 담당하고, 높이 고이는 제물이나 생률 치는 일도 남자들이 하는 경우가 많다.

제례는 가가례(家家禮)로, 제물의 종류나 제기에 담고 설찬하는 법이 집집마다, 지방마다 다르다. 기제사에는 당사자 한 분만 모시는 게 원칙이나 집안에 따라서는 내외분을 함께 모시며, 재취를 했다면 모두 합사(合祀)하기도 한다.

제기

제사 때에는 제물을 제기에 담아 제상에 차린다. 제상은 다리가 높고 검은 칠을 한 네모진 상이며, 제기는 절대로 산 사람이 쓰는 식기와 섞어서 쓰면 안 된다. 제기 가운데 접시에는 대, 중, 소가 있고 모두 6~7cm 높이의 둥근 굽이 붙어 있다. 접시에는 전, 나물, 과일, 과자 등을 담는데 제물의 분량에 따라 가려서 담는다. 편틀은 한 변이 20cm 이상의 정방형 그릇이고, 적틀은 이보다 큰 장방형 그릇이다. 밥은 주발에 담고, 탕은 탕기에 담으며, 갱은 굽이 달린 갱기에 담고, 김치는 보시기에 담고, 간장과 초 등은 종지에 담는다. 그리고 제주(祭酒)를 담는 제주병과 술잔, 술잔받침, 퇴주기와 수저를 담아 놓는 시접이 필요하다. 메갱과 수저는 각각 준비하고, 다른 제물을 한 그릇씩 담는다.

그 밖에 위패를 모실 독과 이를 세우는 교의 그리고 제상 앞에 향과 모사기를 놓는 향상(香床)이 필요하다. 향상은 검은 칠을 한 작고 네모난 상으로 다리가 낮다. 그리고 촛대, 향로, 향합, 모사기가 필요하다. 제상에는 좌면지를 깔고 제물을 올리며, 제상 앞에 절을 하는 자리에 무늬 없는 돗자리를 깐다. 또 미리 지방을 써 놓고 축문을 준비한다.

제물

① 젯메(飯) : 흰 쌀밥을 주발에 소복하게 담는다.

② 갱(羹) 또는 메탕(飯湯) : 쇠고기, 무, 다시마를 넣고 맑게 끓여서 청장으로 간을 하여 갱기나 탕기에 담는다.

③ 삼탕(三湯) : 삼탕을 하려면 육탕은 쇠고기와 무, 봉탕은 닭고기, 어탕은 북어, 다시마, 두부를 주재료로 탕을 끓여서 건지만 탕기에 담는다.

④ 삼적(三炙) : 육적은 쇠고기나 돼지고기를 두툼하고 크게 조각 내어 양념을 하고 꼬치에 꿰어 석쇠에 굽고, 봉적은 닭의 목과 발을 잘라 내고 배를 갈라서 펴고 찌거나 기름에 지지고, 어적은 숭어, 조기, 도미 등을 통째로 소금을 절였다가 굽는다. 삼적은 적틀에 한데 담을 때는 제일 아래에 어적, 그 위에 육적, 가장 위에 봉적을 담는다. 이는 바다에 사는 생선을 아래 놓고, 땅 위에서 네 발로 다니는 짐승을 중간에 놓고, 가장 위에는 하늘을 나는 짐승인 새 대신 날개 있는 닭을 놓는 것이다. 닭 대신 꿩을 굽기도 한다. 말하자면 하늘과 땅, 바다라는 우주의 이치를 나타내고자 한 것이며 산해진미를 다 차린다는 뜻을 지닌다. 적틀은 가로 24cm, 세로 15cm 정도의 장방형이다.

⑤ 소적(素炙) : 삼적에 포함시킬 수도 있으며 두부를 크게 저며서 노릇노릇하게 지져서 따로 한 그릇을 담는다.

⑥ 향적(香炙) : 파, 배추김치, 도라지, 다시마 등을 길게 썰어서 꼬치에 넓적하게 꿰어 밀가루즙을 묻혀서 기름에 지진다. 여러 장을 겹쳐서 썰어 한 그릇에 담는다.

⑦ 간납(肝納) : 전유어를 말하는데 대구, 명태 등의 흰살 생선을 얇게 떠서 전을 지진다.

⑧ 포(脯) : 육포, 어포 등을 놓는다. 보편적으로는 북어포를 입 끝과 꼬리 부분을 잘라 내고 머리가 동쪽에 가도록 놓는다. 동해안 지방에서는 오징어를 놓기도 하고, 남쪽 지방에서는 대구포나 상어포를 올린다.

⑨ 해(醢) : 식혜의 밥알만 건져 제기 접시에 담고 위에 대추 조각을 얹는다. 젓갈 식해를 담던 풍습이 변한 것이다.

⑩ 숙채(熟菜) : 삼색으로 마련하는데 도라지나물(흰색)을, 고사리나 고비나물(갈색), 청채는 시금치(푸른색)를 삶아서 무친다. 한 접시에 삼색을 어울려 담는다.

⑪ 침채(沈菜) : 무, 배추, 미나리로 고추를 넣지 않고 나박김치를 담근다. 제물에는 화려한 색채나 장식을 쓰지 않고 고명을 얹지 않는다.

⑫ 편(餠) : 시루떡인 메편과 찰편을 높이 고이고 위에 경단, 화전, 주악 등의 웃기떡을 올린다. 시루떡의 고물로는 거피팥, 녹두, 깨고물 등을 쓰며,

붉은색 팥고물은 쓰지 않는다. 시루떡은 편틀 크기에 맞추어 썰어 가장자리를 직선으로 올리면서 쌓는다. 편틀의 가장 아래에 메편을 놓고 위에 찰편을 놓은 다음 웃기떡을 올린다.

⑬ 과(果) : 대추, 밤, 감, 배, 계절 과일 순으로 놓으며, 조과는 유과, 다식, 정과를 3, 5, 7의 가짓수로 배열한다.

진설법

제물을 설찬할 때에는 제상 북쪽에 병풍을 치고, 우를 동쪽, 좌를 서쪽으로 한다. 제물 설찬하는 방식에는 어동육서(魚東肉西), 좌포우해(左脯右醢), 홍동백서(紅東白西)가 있다. 제물은 한 번에 다 차려 놓기도 하고, 헌주(獻酒)하고는 안주에 해당하는 적, 간납 등을 먼저 올리고 다음 젯메와 갱을 올리는 집도 있다. 과일이나 조과(약과, 산자, 당속)는 높이 고여서 처음에 설찬한다.

신위 바로 앞줄에 메와 갱(산 사람과 반대로), 둘째 줄에는 중앙에 어육으로 만든 적과 간납, 서쪽에 면, 동쪽에 병(떡), 셋째 줄에는 서쪽에 포, 가운데 소채(나물과 김치), 동쪽에 젓 또는 식해(밥 위에 북어포나 대추채를 얹는다)를 놓는다. 넷째 줄에 과일을 좌로부터 조율이시(棗栗梨柿 : 대추, 밤, 배, 감)로 놓고, 큰 생과는 제철에 나는 과실을 놓는데 복숭아는 올리지 않는다.

제상의 탕은 술에 따라가는 것으로 한 가지면 단탕, 적(炙)도 단적으로 하고 삼탕 삼적(三湯三炙), 오탕 오적(五湯五炙) 등 형편에 따라서 마련한다.

제상은 산 사람의 반상 차림과 정반대로 놓는다. 잡수시는 위치에서 오른쪽에 메를 놓고, 왼쪽에 탕을 놓는다. 수저는 상에 내려놓지 않고 시접이라 하여 뚜껑이 있는 대접에 담아 두었다가 술잔을 올리고 선조가 잡수신다는 표시로 집사가 젓가락을 대접 바닥에 세 번 두드리고 나서 제물 위에 얹어 놓는다. 자반조기나 어적, 북어포는 머리가 동쪽으로 꼬리가 서쪽으로 가도록 놓는다. 즉 두동서미(頭東西尾)로 놓는다.

순서

제상의 진설을 마치고 자손들이 둘러서서 엄숙한 가운데 제례를 시작한다. 이 때 대문과 방문을 열어 놓아 조상이 들어오시도록 한다. 먼저 촛불을 밝히고 향을 피운다. 제례의 순서는 '계독'이라 하여 위패를 모신 독을 열고 위패를 모셔 온다. 다음에 참신(參神 : 신주에 절하는 것)을 행하고, 띠풀을 묶어 잘라 모사기에 세워서 제주가 술을 붓고 절을 하면 강신(降神)이 된다.

다음은 헌주(獻酒)하는 순서다. 장손부터 차례로 초헌(初獻), 아헌, 종헌으로 제주를 석 잔 올린다. 지손(支孫)들은 첨작(添酌)을 한다.

초헌으로 장손이 처음에 제주를 올리고 사제자(司祭者)가 축문을 읽고 일동 재배한다. 술잔을 올릴 때마다 일동 재배한다. 처음에 술잔을 올리는 것은 자손이 주안상을 올리는 격이므로 술잔을 올릴 때마다 젓가락을 안주가 되는 제물인 적, 포, 간납 등에 올려놓는다.

다음은 유식(侑食)으로 진짓상을 드리는 격식이다. 젯메 그릇의 뚜껑을 열고(開飯), 숟가락을 메 가운데 꽂고(揷匙) 참사자들은 잠시 물러가 있는다. 이 때 병풍으로 제상을 잠깐 가리거나 방문을 닫고 나가 있는데 이를 합문(闔門)이라고 한다.

유식이 끝나면 합문을 열고 입실하여 제갱(祭羹)을 내리고 헌다(獻茶)를 한다. 이는 생존시 숭늉을 드리는 순서로 혼백 앞에 정화수를 올리고 밥을 조금 떠서 말아 놓는다. 다음은 생과, 조과를 드리고 잠시 있다가 일동 재배하는데 이를 사신(辭神)이라 한다. 이어서 숟가락과 젓가락을 거두고 일동 재배한 다음 그 자리에서 지방을 소지(燒紙)한다.

신주를 다시 사당으로 모셔 가고 제주를 마시는 음복례(飮福禮)를 하며 조상의 가호를 빈다. 초헌 잔과 아헌 잔은 퇴주 그릇에 쏟으나 세 번째 잔은 그대로 두었다가 장손이 먼저 음복하고, 나머지 제주는 참배한 사람이 모두 나누어 마신다. 제물은 철상(撤床)하여 다른 방에 두레기상에다 음식을 차려 놓고 나누어 먹는다. 음복의 풍습이 집집마다 다른데 많은 사람이 고루 나누어 먹을 수 있도록 장국밥이나 비빔밥으로 하기도 한다. 제상에 올렸던 적이나 나물, 과일, 과자를 고루 차리고, 한 동네에 사는 친척집에도 음식을 보낸다.

혼례 음식

부❼

　통과의례 가운데 가장 훌륭하게 치러야 하는 의식이 혼례이다. 모든 의례가 시대에 따라 그 형식이 달라지듯 혼례도 예전과 많이 달라졌다. 최근에는 다시 고풍을 찾아 옛날의 교배석을 마련하고 합환주를 주고받는 경우도 많아졌다. 혼례에는 여러 절차가 있으나 현재는 보통 사주(四柱), 택일(擇日), 납채(納采), 예식, 폐백, 신혼여행, 우귀(于歸)의 순으로 진행한다.

봉치떡
　신랑집에서 신부집으로 예물과 혼서(婚書)를 보내는 것을 납채 또는 납폐(納幣)라고 하며, 폐(幣)를 봉채, 봉치, 봉채함 또는 함이라고 한다. 현행 관례는 신랑집에서 납폐서와 함께 예물을 보내지만 혼가의 형편과 풍습에 따라 미리 보내기도 한다.
　기본 예물과 그 외 예단은 혼례 수일 전에 보내는 것이 상례이다. 봉채함에는 예물의 품목을 적은 물목기를 예물 위에 얹어 보낸다. 사당이 있는 집에서는 봉채를 받아 사당에 고한다. 봉채함은 신랑집에서도 팥시루떡(봉치떡) 시루 위에 올려놓았다가 신부집에 보내며 신부집에서는 받은 함을 봉치떡 시루 위에 올려놓는다. 봉치떡은 찹쌀 석 되, 붉은팥 한 되로 시루떡을 두 켜만 안치고 가운데 대추 일곱 개와 밤을 박는다. 지역에 따라 백설기나 인절미 또는 절편을 하는 곳도 있다. 봉치떡 팥고물의 붉은 빛깔은 제액과

벽사의 뜻이 담겨 있다. 찹쌀 석 되로 떡을 하는 것은 '3'에 '많다'는 뜻이 담겨 있기 때문이고, 대추는 장수와 생남(生男)을 뜻한다. 밤(栗)은 파자(破字) 하면 서목(西木)이 되는데 서는 오행으로 백색이며 추수를 하는 가을을 뜻하여 생산과 풍요를 상징한다고 한다. 찹쌀은 찰기가 있으니 부부가 이별하지 않고 금실이 좋을 것을 기원하는 뜻이 담겨 있다.

함을 받을 때는 대청에 화문석을 깔고, 중앙에는 소반을 놓으며 홍색보로 덮는다. 떡시루를 상 위의 목판에 올려놓고 한지를 덮는다. 혼주인 아버지가 혼수함을 받아서 어머니에게 넘기면 이를 시루 위에 얹고 마주 서서 절을 하고, 함을 열어 보고 나서 안방으로 들어간다. 어머니는 밤, 대추가 박힌 떡을 색시 밥그릇에 담아 준다. 함진아비에게는 주안상을 차려서 후하게 대접한다.

초례상

초례청 또는 전안청은 차일을 치고 멍석을 편 곳으로 붉은 칠을 한 고족상(高足床 : 잔치에 쓰는, 다리가 높은 상)을 중앙에 동서로 길게 놓는다. 상 위 양쪽에 청홍색 양초를 세우고, 밤, 대추, 흰콩, 팥을 한 그릇씩 담아 놓는다. 집안에 따라서는 흰떡으로 만든 황룡(黃龍)을 동쪽에, 청룡(靑龍)을 서쪽에 놓는다. 산 수탉은 홍보에 싸서 동쪽에, 암탉은 청보에 싸서 서쪽에 놓는다.

작은 상을 신랑과 신부 쪽에 하나씩 놓고, 그 위에 각각 술병과 합근배(合졸杯)로 쓸 쪽박 잔을 나누어 놓는다. 두 잔은 청홍색 비단실 다발로 연결하여 묶어 놓는다. 이렇게 하지 못할 경우에는 술잔을 나르는 사람 손목에 청홍실을 묶고, 술잔을 신랑 신부에게 세 번씩 왔다갔다한다. 합근례(술잔을 주고받는 예)가 끝나면 상객(上客 : 신랑을 데리고 온 사돈)에게 주안상을 대접한다.

큰상

신랑 신부를 맞이하는 양가에서는 큰상인 고배상(高排床)을 차려 경사를 축하한다. 고이는 음식은 생과실, 건과류, 조과류(造果類), 육물(肉物) 등이다.

높이는 형편에 따라 다르나 한 자 다섯 치에서 가장 높게는 두 자까지 고이는데 이런 고배상은 조선 중기에 생겨난 것 같다.

신부집에서 대례를 끝낸 신랑은 큰상인 신랑상을 받는다. 그런데 고배상은 먹을 수 없으므로 신랑 바로 앞에 국수장국과 음식을 차린 입맷상을 차려 준다. 이를 다담상(茶啖床) 차림이라고도 한다.

신랑집에는 큰상에 차린 음식을 보내는데 이것을 장반(長盤) 또는 상수(床需)라 하며 송복(頌福)의 뜻이 담겨 있다. 이 때 상수 송서장에 어육주과포(魚肉酒果脯)의 순으로 적은 물목을 적어 보내고, 사돈지도 보낸다. 즉 사돈댁의 음식 솜씨를 읽는 것으로 '퇴상 보낸다'고 한다. 잔치가 끝나고 손님들이 집으로 돌아갈 때는 음식을 선물로 싸서 보내는 풍습도 있는데 이를 '봉송' 또는 '반기를 나눈다'고 한다.

우귀(于歸)는 신부가 대례를 마치고 신행하여 시댁에 가는 것으로 도착하여 폐백을 올린다. 그 후 신부에게도 큰상인 신부상을 차려 주는데 집안에 따라서 먼저 신부상을 차려 주고 폐백을 올리기도 한다. 신랑집에 차린 큰상은 퇴상 후에 신부집으로 보내는데 이를 '봉송'한다고 한다. 이렇게 사돈지간에 음식을 주고받는 것은 친교의 뜻이 담겼으므로 양가는 서로 받은 음식으로 일가친척을 청하여 크게 잔치를 벌인다.

요즘에는 큰상을 차리는 일은 드물고, 신부집에서 이바지라 하여 갖가지 음식을 마련하여 시댁으로 보내는 풍습은 남아 있다.

폐백

폐백이란 혼인하고 시부모를 처음 뵙는 의식인데 보통 대추와 포, 술을 갖고 간다. 닭을 통째로 구워서 전체수(全體需)를 마련하기도 한다.

『사례편람(四禮便覽)』에 나온 내용을 살펴보면, 시아버지와 동서로 상면하여 앉고 신부가 북향하여 절하고 나아가 밤과 대추를 예물로 올리고 절하고 물러선다. 시어머니에게 절하고 나아가 편포와 포백(布帛)을 예물로 올리고 절한다. 시아버지에게 술을 따르면 시아버지는 신부에게 축복과 훈계의 말을 건넨다. 시조부모가 계시면 시부모처럼 예를 올리나 예물은 없다. 다른 존장자에게는 예물 없이 절만 올리고 항렬이 같으면 맞절을 한다고 하였다. 『오례의(五禮儀)』에서는 "신부가 시가로 가서 시부모를 뵐 때는 밤, 대추, 포를 드린다"고 하였다. 시아버지에게 밤과 대추를 올리는 것은 공경하겠다는 뜻을 지닌다. 예물은 자손 번창을 의미하고 시가와 합체 의례를 강조하는 음식을 준비한다.

폐백 음식은 지방과 가문, 계절에 따라 다르며 현재는 혼례 형태에 관계 없이 시부모와 직계 존장에게 사배(四拜)한다. 시아버지께는 대추를 올리고, 시어머니께는 꿩(乾雉)이나 닭 또는 편포를 올린다. 이 때 대추는 일명 백익홍(百益紅)이라 하여 장수를 뜻한다. 절이 끝나면 시아버지는 신부에게 대추를 던져 주고 축복과 훈계를 한다. 이 때 대추는 생남을 기원하는 뜻이 담겨 있다. 시댁에 사당이 있으면 사당에 술과 안주를 올리고 고유제(告由祭)를 드리는데 이 날은 시댁에서 택일한다.

폐백 음식은 홍색으로 네 구석에 금전지를 붙인 겹보로 싸서 묶지 않고 네 귀를 모아 쥐고 '근봉(謹封)'이라고 쓴 간지를 둥글게 돌려 말아 모아 붙인다. 이는 축하와 결연의 뜻이 있으므로 풀기 쉽게 하기 위함이다.

신행하여 시댁에서 이틀을 자고 사흘 만에 처음 부엌에 내려가면 친정에서 장만해 온 밑반찬과 찬거리로 진짓상(7첩 반상)을 차려서 시부모를 대접한다. 폐백은 조부모가 계시면 폐백 음식을 따로 똑같이 장만해 가고, 부모를 뵌 다음에 조부모를 뵙고 상견례를 한다.

이바지 음식

예전에 신랑과 신부를 맞이하는 양가에서 큰상을 차리고 이를 사돈댁에 보내는 풍습을 상수라 하였다. 현재는 번거로움을 줄이고 예단 음식으로 주고받는다. 상수 또는 봉송 돌린다는 용어가 이바지 음식으로 변했다고 할 수 있다. 이바지는, 잔치를 뜻하는 '이바디'에서 변한 말인 듯하다. 힘들여서 음식 등을 보내 주는 일과 그 음식을 뜻하기도 한다.

이바지 풍습은 지방마다 다르다. 제주도에서는 혼례에 쓸 물자를 신부댁에 보내는 것을 이바지라고 한다. 약혼 후 혼례날 전에 적당한 날에 보내는데 품목은 돼지, 닭, 두부 또는 두부 만들 콩, 쌀, 술 등이다.

 경상도에서는 혼례 전날 또는 당일에 혼인 음식을 주고받는다. 예단 음식으로 백설기, 각색 인절미, 절편, 조과, 정과, 과일, 편육, 갈비, 돼지 다리, 소다리, 건어물, 술 등을 주고받는다. 개성 지방에서는 신부가 시댁에 가서 필요한 음식을 한다. 떡으로는 수수경단, 인절미, 메절편인 달떡, 엿, 국수, 돼지다리, 반찬 등이다. 특히 신부가 시부모에게 조석으로 문안 인사 할 때의 음식인 사관(伺觀) 음식과 신부가 입주(入廚) 때 쓸 밑반찬까지 포함하여 마련하니 이를 이바지로 볼 수 있다.

한국의 부엌과 부엌 세간

부❽

　우리 나라 부엌은 집 안에서 큰 비중을 차지하는 장소이며 가장 다목적으로 쓰이는 공간이기도 하였다. 이곳에서 조리와 난방을 하고 절구질 따위를 하는 작업 공간으로도 이용하였다.
　부엌은 인류가 생겨난 때부터 있어 왔다고 해도 과언이 아니다. 약 사오천 년 전 신석기 시대의 움집에는 부엌과 방이 따로 없었다. 부엌이 집 한가운데에 있고 그 주위가 방이었다. 부엌이라 해야 우묵하게 파낸 바닥에 돌을 둥글게 둘러 놓고 불이 번지지 않게 다른 돌이나 진흙으로 둘러쌓은 것이 전부였다. 또 그릇이라고 해야 곡물 등을 갈무리하려고 바닥에 박아 놓은 흙그릇이 전부였다. 이곳에서 불을 일으켜 먹을 것을 익히고 몸을 데우고 집 안을 밝혔다. 집 꼭대기에는 구멍을 내어 연기가 밖으로 빠져 나가게 하였다.
　청동기와 초기 철기 시대에 이르러 집의 모양이 긴 네모꼴로 바뀌었으며 부엌은 한가운데에서 벽 쪽으로 밀려났고, 삼국 시대에 들어서서야 거의 완전한 모양새를 갖추었다. 4세기 중엽의 고구려 안악고분의 벽화를 통하여 알 수 있는데, 부엌은 독채로 맞배지붕에 기와를 얹었으며 지붕마루 한쪽에 새 한 마리가 앉아 있다. 부뚜막 위의 시루 앞에 선 아낙이 음식이 익었나 살피고, 또 한 여인은 둥근 상에 그릇을 차리고 있다. 부뚜막 연기는 오리목 모양의 굴뚝을 거쳐 밖으로 나가고 있다. 이 벽화에 그려진 집은 궁궐이나 대갓집이 분명한데 조선 시대 궁궐의 반빗간(음식 만드는 곳)을 연상시킨다. 또다른 벽화에서는 디딜방앗간과 외양간도 보인다. 부엌에 대한 최초의 기록은 3세기경 중국의 『삼국지』 「변진조」에서이다. "부엌이 대체로 서쪽에 있다"는 구절이 그것인데 남향집에서 부엌을 서쪽에 두었다는 말일 것이다. 주걱질을 할 때 집안 쪽으로 하면 복을 불러들이지만 반대쪽으로 하면 복을 쫓아내는 결과를 가져온다고 여겼다. 부엌이 동쪽에 있으면 주걱 끝이 바깥쪽으로 가기 때문에 서쪽에 있어야 한다는 것이다. 조선 시대에도 유중림의 『증보산림경제』를 보면 "부엌을 서남쪽에 두면 좋지만 서북쪽에 두면 나쁘다"고 하였다.

부엌이라는 말이 처음 나타난 문헌은 15세기 말 『두시언해』인데, '브석'으로 나와 있고, 그 후 '브엌'으로 바뀌었다가 『역어유해』(1690)에는 '부엌'이 되었고 오늘날에는 '부엌'으로 쓰고 있다. 일부 호남과 경북 지방에서는 부엌을 '정지' 또는 '정주'라고도 하는데 함경도 겹집인 '정주간'에서 온 것으로 보인다. 겹집은 방이 '밭전(田)' 자 꼴로 배치되고 방 앞에 정주와 부엌 그리고 외양간과 디딜방앗간이 이어진다. 부엌과 정주간 사이는 터져 있으며 정주간 앞쪽에 솥을 달고 불을 땐다.

농경이 중심이던 우리 나라에서는 예부터 가을철에 곡식을 거두어서 갈무리해서 분배하는 것은 주부의 권한이었다. 곳간에는 찧지 않은 곡식을 두고, 마루의 뒤주에는 빻은 곡식을 넣고 자물쇠를 걸어 두고 매 끼니마다 됫박으로 재서 밥을 해 먹었다. 예전에는 집에서 음식 만드는 일만 하는 것이 아니라, 곡물을 도정하거나 가루를 내는 일, 장 담그기, 김장하기, 술 빚기 등을 모두 해야 하므로 작업 공간이 많이 필요했다. 그래서 부엌 살림이나 조리 기구를 부엌뿐만이 아니라 광, 우물가, 장독대, 찬방, 찬간, 마루 등에 두루 놓고 썼다.

또 부엌은 난방을 위해 아궁이에 장작이나 짚으로 불을 지펴야 하는 곳이어서 흙바닥이며 한 단 아래로 꺼져 있고, 아궁이 위에 큰 가마솥과 작은 솥을 항상 걸어 놓았다. 아궁이에 걸린 큰솥은 물솥이고, 중솥과 작은 솥으로 밥을 짓고 국을 끓인다. 찬이나 찌개는 아궁이의 불을 조금 내어 삼발이를 없어 이용하거나 화로나 풍로에 불을 피워서 만들었다.

부엌에서 매일 쓰는 식기나 찬물은 대개 부뚜막 위나 벽에 길게 드리운 선반인 살강에 두고 썼다. 부엌 출입문 위나 벽에 선반을 매달아 상이나 목판, 소반 등을 얹어 놓았다.

부엌 한켠에는 '드므'라고 하는 윗배가 부른 물독에 물을 길어다 여러 용도로 썼고, 식수는 따로 담아 놓고 먹었다. 우물이나 샘에서 물을 길어 물동이나 방구리에 담아 날라서 물독에 부어 놓고 썼다. 개수통은 통나무를 갈라서 가운데를 깊이 파내어 붙박이식으로 요즘의 싱크대처럼 만든 것도 있고, 자배기나 옹배기에 물을 담아서 재료를 씻거나 설거지할 때 썼다. 쓰고 난 물은 모았다가 뒤뜰의 채마밭에 뿌리거나 허드렛물로 이용했다.

찬방과 마루의 부엌 세간

찬장은 이층이나 삼층의 나무로 짠 장으로 대개 문짝이 달려 있다. 마른 음식물과 유기나 사기 반상기, 제기 등의 무거운 그릇을 보관해야 하므로 구조가 튼튼하다.

찬탁은 층층이 선반을 놓은 것으로 식기나 작은 함지, 음식물을 얹어 두거나 보관하기에 편리하다. 때로는 벽에 붙박이장으로 만들어 붙이기도 한다.

뒤주는 곡식을 담아 두는 세간으로 나무로 궤짝을 만들고 네 모서리에 발을 달았다. 천판은 두 짝으로 되어 있어 뒤짝은 붙박이로 고정되어 있고, 앞짝은 여닫을 수 있도록 되어 있으며 자물쇠를 달았다. 쌀을 담는 뒤주는 한두 가마니 들어갈 정도의 크기이고, 콩, 팥, 깨 등의 잡곡을 담는 뒤주는 서너 말 들이로 작으며 찬광에 두거나 대청마루에 두고 썼다.

뒤주 위에는 사기 백항아리나 석간주 항아리를 올려놓았다. 사기 백항아리는 수박처럼 배가 둥글고 주둥이에 테가 없으며, 전이 위로 약간 올라와 있고, 모란이나 화초 무늬가 새겨져 있다. 대개 크기가 다른 항아리 세 개 또는 다섯 개가 한 조를 이루며, 장아찌, 꿀, 엿, 조청, 마른 가루 등을 담아 두고 썼다. 석간주 항아리는 붉은 빛의 채료인 석간주를 입혀서 구워 낸 항아리로 색깔이 검붉다. 백항아리처럼 크기가 여러 가지이고, 꿀이나 엿 등을 담아 둔다. 용준항은 키가 높은 백자에 용이 그려진 항아리로 대개 쌍으로 양쪽에 놓는데, 본래는 제향 때 술 항아리로 쓰던 것이며 꼭지가 달린 뚜껑이 있다.

방아, 절구, 맷돌

예전에 농가에서는 농사를 지은 곡물이나 채소를 집에서 직접 가공하여 먹었다. 따라서 도정을 하거나 가루를 내는 데 필요한 방아와 절구를 집집마다 갖추고 있었다. 연자방아는 둥글고 편편한 돌판 위에 그보다 작고 둥근 돌을 옆으로 세워 얹어서 이를 소나 말에게 끌게 하여 곡식을 찧거나 밀을 빻았다. 디딜방아는 발로 디디어 곡식을 찧거나 가루낼 때 쓰는 방아로 Y자 모양의 굵은 나무 한쪽 끝에 공이를 박고 두 갈래진 양끝을 발로 디디게 되어 있으며 공이 아래에 방아확이 땅에 묻혀 있어 이곳에 곡식을 담는다.

나무로 만든 매통은 겉벼를 붓고 비벼서 겉껍질을 벗기는 대형 맷돌이다. 키는 곡식을 까불러서 쭉정이, 티끌, 검부러기 등을 골라내는 기구로 고리버들이나 대쪽을 납작하게 쪼개어 앞은 넓고 평평하게, 뒤는 좁고 우묵하게 만든다. 풍구는 둥근 통 속에 장치한 날개를 돌려 바람을 일으키는 기구로 곡식을 까부르는 키와 같은 기능을 했다.

절구는 곡식의 껍질을 벗기거나 가루를 낼 때 쓴다. 속이 우묵하게 생긴 기구로 통나무나 돌을 깎아서 만들거나 무쇠로 만든 것도 있다. 크기에 따라 거기에 맞는 절굿공이가 딸린다. 확돌 또는 학독이라고도 하는데 작은 것은 양념을 찧는 데 쓴다. 전라도 지방에서는 넓적하고 커다란 돌을 둥글게 파서 줌돌로 곡물을 갈거나 마늘, 고추 등의 양념을 가는 데 쓴다. 양념절구는 나무, 돌, 쇠 등으로 만든 작은 절구로 깨소금을 빻거나 고추, 생강, 마늘 등의 양념을 찧는 데 쓴다.

맷돌은 곡식을 타개거나 가루를 낼 때 쓴다. 두 짝으로 위의 돌에 구멍이 뚫려 있어 그곳에 곡식을 넣고 나무 손잡이를 돌리면 두 짝 사이에서 곡물이 타개지거나 가루가 되어 나온다. 풀맷돌은 가루를 곱게 갈기 위해 돌을 곱게 쪼아 만든 맷돌로 풀쌀이나 죽 재료를 갈 때 쓴다. 위짝과 아래짝이 있는데 회전하는 중심에 쇠를 꽂으며, 이를 중쇠라고 한다. 위짝에 이를 싸고 돌게 만든 것을 암쇠라 한다. 손잡이는 ㄱ자로 나무인 맷손을 만들어 위짝에 파서 박기도 하고 칡이나 대로 메우고 꽂아서 쓰기도 한다. 마른 것을 갈 때는 맷돌 밑에 맷방석을 깔고, 젖은 것을 갈 때는 매판 위에 맷돌을 놓고 갈면 간 것이 한곳으로 모여 아래서 받게 되어 있다. 또는 자배기나 양푼 등 큰 그릇에 쳇다리를 놓고 위에 맷돌을 얹어 놓고 간다.

국수틀, 기름틀, 안반

국수틀은 가루를 반죽하여 통에 넣고 공이로 눌러서 국수를 뽑아 내는 틀이다. 지렛대의 이치로 긴 틀나무 끝을 눌러서 힘을 가한다. 빼낸 국수는 바로 끓는 물에 넣고 익혀 건져서 찬물에 헹군다. 분틀이라고도 하는데 대개 이북 지방에서 냉면이나 강원도 막국수를 만들 때 쓴다. 반면 남쪽 지방에서는 반죽을 얇게 밀어서 칼로 썰어서 국수를 만든다. 넓은 나무판으로 만든 밀판을 깔고 밀 방망이로 반죽을 얇게 밀어서 가늘게 썬다. 방망이는 굵은 것부터 가는 것 등 여러 가지가 있는데 경상도에서는 홍두깨로 밀기도 한다.

기름틀은 국수틀과 같은 이치로 두 개의 나무판과 지지대로 이루어졌다. 기름을 짤 때는 깨, 피마자, 콩 등을 볶아서 절구에 찧어 체로 친다. 이를 시루에 담아 쪄서 기름떡을 한다. 이 기름떡을 삼베 주머니에 담아 떡판 위에 올리고 눌러 짠다. 판 밑에 기름 단지나 푼주 귀때그릇을 놓아 흘러내리는 기름을 받는다.

시루떡은 떡가루를 시루에 쪄 내는 것으로 끝나지만 인절미, 절편, 가래떡은 일단 시루에 찐 떡을 다시 절구나 안반에 담아 차지게 쳐야 한다. 안반은 시루에 쪄 낸 무리떡을 끈기가 날 때까지 치는 도구로 두꺼운 널판으로 만들거나 긴 통나무를 반으로 갈라서 우묵하게 만든다. 떡메는 긴 자루가 달린 방망이로 떡을 칠 때는 힘차게 쳐야 하므로 보통 장정들이 친다. 절구에다가 치기도 한다. 가래떡은 차지게 친 떡을 손으로 가늘게 비벼서 만들고 이를 굳혀서 돈짝처럼 썰어 떡국 거리로 삼는다. 떡국 거리는 식칼로도 썰지만 썰기 쉽게 만든, 작두처럼 생긴 떡칼도 있다. 시루떡이나 절편은 나무나 쇠로 만든 넓적한 편칼로 써는데 작은 것이 50cm 정도이고 아주 큰 것도 있다.

옹기, 질그릇, 사기그릇

독은 배가 부르고 운두가 높으며 전이 달린, 큰 오지그릇이나 질그릇으로 장류, 김치, 술 등을 담아 둔다. 장독, 김칫독, 술독 등이 있다. 항아리는 아래위가 좁고 배가 불룩 나온 질그릇으로 고추장, 김치, 술, 초, 젓갈, 장아찌 등을 담는다. 술독은 한 말에서 한 섬들이의 큰 독으로 술독에는 반드시 술만 담아야지 장이나 김치를 담던 독을 쓰면 안 된다. 다 된 술은 항아리나 술통에 담아 둔다.

항아리 중에 독보다 키가 작고 아가리가 좁으며 배는 불룩한 형태의 질그릇에는 곡물이나 장류, 김치 등을 담는다. 항아리 위쪽에 좁은 주둥이가 달려 있는 귀때항아리는 간장, 식초 등의 액체를 따라 쓰기에 편리하다. 단지는 항아리보다 더 작은 것으로 옹기, 백자 등이 있는데 곡식이나 술, 꿀, 엿, 장아찌, 젓갈 등을 담아 둔다.

이중 독 또는 이중 김치독이 있는데 높이의 삼분의 일 정도부터 이중으로 되어 있고 윗면이 항아리의 입보다는 낮다. 이 항아리에 김치를 담아서 물이 떨어져 내리는 곳에 두면 흘러내린 물이 가장자리 홈에 모였다가 차서 흘러내리면서 항아리 겉면을 차게 하여 여름철에 김치가 시지 않게 해준다.

입이 넓은 큰 물독은 드드라고 하고, 물을 나를 때는 동이나 방구리를 쓴다. 동이는 항아리처럼 생겨서 물을 길어 나를 때 쓰며 양쪽에 손잡이가 달려 있고 키가 작은 편이다. 방구리는 모양이 동이와 같으나 더 작다.

자배기는 옹기로 밑이 좁고 위가 벌어지고 바깥에 손잡이가 달려 있다. 큰 자배기는 손잡이가 사면에 있다. 보리를 대끼거나 채소를 씻고 절일 때, 마른 나물이나 쌀을 불릴 때, 두부를 만들거나 녹말을 낼 때, 물을 많이 쓸 때 요긴하게 쓴다. 소래기는 접시 모양의, 운두가 조금 높은 그릇으로 서래기라고도 한다. 자배기나 소래기는 독이나 항아리의 뚜껑으로 쓰기도 한다.

옹배기는 주둥이보다 복부가 넓고 둥글며 바닥이 좁은 편인데 자배기처럼 여러 용도로 쓴다. 자배기나 소래기 등은 옹기로도 만들고 질그릇도 있다. 푼주는 입이 넓고 밑이 좁은 사기나 옹기로, 음식을 버무리거나 다 된 음식을 담는 큰 대접 모양의 그릇이다.

예전에 식초는 집에서 오지로 만든 초항아리를 부뚜막 위에 놓아 두고 쌀과 술을 빚어서 발효시키고, 틈틈이 막걸리나 먹던 술을 부어 만든다. 식초를 만드는 항아리는 솔가지나 짚을 묶어 주둥이를 막아서 발효시키는데 부뚜막이 발효에 가장 적합한 장소였다. 초항아리는 보통 항아리보다 목이 짧고 아가리보다 배가 부르며 윗부분에 주전자처럼 꼭지가 붙어 있다. 식초나 간장은 따라 쓰기에 편리하도록 주둥이가 있는 귀때병이나 입이 달린 작은 단지에 덜어 놓고 쓴다.

귀대접은 넓은 상부에 입술 한 쪽이 삐죽 나온 모양의 대접으로 술을 비롯하여 간장, 식초 등의 액체를 옮겨 담을 때 편리하다. 차를 마실 때 찻물을 식히는 식힘대접도 귀대접이다.

뚝배기는 상에 찌개를 끓여서 그대로 올리는 오지그릇으로 설렁탕, 장국밥 등의 탕반을 담는다. 지방에 따라 투박이, 투가리, 독수리, 툭배기, 툭수리로 불리며, 아주 작은 것은 알뚝배기라고 한다. 흙으로 빚어 오짓물을 입혀 구운 것으로 겉은 투박하지만 안쪽은 매끄럽다. 불에 강해서 음식을 담아 불에 바로 올려 끓일 수 있다.

젓갈을 담는 독은 예전에 섬이나 해안 지방의 산지에서 아예 담은 채로 소비지까지 운반하였다. 배나 달구지, 지게 등에 운송하기 위해 항아리의 모양을 배가 나오지 않게 홀쭉하게 만들었다. 멸치젓, 새우젓, 곤쟁이젓 등 종류에 따라 항아리의 모양이나 크기가 약간씩 다르다.

양념 단지는 작고 배가 부르게 빚은 옹기로 소금, 고춧가루, 꿀, 설탕, 엿, 깨소금 등의 양념을 담는다. 작은 양념 단지를 아예 두 개, 세 개, 다섯 개를 한데 붙여서 만든 것도 있다.

술, 기름, 간장, 식초 등의 액체를 담는 병은 백자나 옹기로 되어 있다. 기름병은 목이 짧은 작은 병으로 주둥이가 좁은 편이며 참기름, 들기름, 콩기름 등을 담는다. 기름병은 대개 삼이나 노끈으로 목을 질끈 동여매어 부엌 벽에 걸어 놓고 썼다.

술병은 상에서 마실 때나 갖고 다닐 때 담는데 목이 긴 거위병이나 자라병, 장군에 담는다.

질그릇은 진흙을 빚어서 유약을 바르지 않고 구운 것으로 표면이 테석테석하고 윤기가 없어 약한 편이나 흡수력이 있어서 시루나 밥통으로는 적합하다. 질그릇 자배기는 녹말을 낼 때 앉아서 갈기에 좋고, 밥통은 통기가 잘 되어 여름철에 밥을 담아 두어도 쉬지 않는다. 시루는 밑에 구멍이 있어 떡이나 음식을 찔 때 솥에 얹어서 쓴다. 시루는 질시루가 가장 많고, 옹기시루, 놋시루, 구리시루도 있다.

소줏고리는 약한 술이나 술밑을 솥에 넣고 끓여서 증발해서 생긴 알코올을 식혀서 모으는 일종의 증류기이다. 토기, 철기 자기, 오지 등으로 만드는데 민가에서는 주로 옹기로 된 것을 많이 썼다. 소줏고리의 뚜껑 부분에 물을 채워서 갈아 주면 냉각시키면서 증류된 소주가 주둥이에서 흘러나온다.

나무로 만든 부엌 세간

목판은 음식을 담아 나르는 그릇으로 네모지거나 팔각 또는 십이각으로 되어 있다. 바닥은 네모나 팔각진 판자로 각변에 위가 약간 벌어지도록 나무 조각을 붙인다. 보기에도 좋고 견고하게 힘을 받을 수 있게 각 모서리마다 백동이나 쇠장식을 물리고 들기름칠이나 주칠 또는 흑칠을 한다. 떡이나 과일, 과자를 담아 두거나 운반하기 위한 것으로 잔치 때 마련한 여러 음식을 목판에 차곡차곡 담아 두고 쓰고, 이바지 음식을 보낼 때 석작과 함께 쓴다.

함지는 함지박이라고도 하는데 통나무를 반으로 갈라서 안을 파내거나 깎아서 만든 것으로 둥근 것과 갸름한 타원형이 있다. 전이 없는 민함지와 전체에 전이 둘러져 있는 전함지, 양쪽에만 전이 있는 귀함지가 있다. 곡물이나 떡가루나 김장 소를 무칠 때 그리고 떡이나 과자, 과실을 운반할 때 사용한다. 더러는 한지에 풀을 먹여서 만든 종이함지도 있다.

쟁반은 음식을 담은 그릇이나 다과를 담아서 부엌에서 방으로 나를 때 쓴다. 운두가 낮은 편평한 기물로 나무나 유기로 만든다. 목쟁반은 목판과 비슷한데 전이 낮고 형태는 직사각형이나 원형, 육각형, 팔각형 등이 있다. 상처럼 낮은 다리가 달린 것도 있다. 유기 쟁반은 대부분 둥근 모양으로 운두가 낮고 전이 달려 있다.

이남박은 통마루를 파내어 바가지처럼 만든 것으로 안팎에 완만한 곡선을 이루며 안쪽 면에 계단식으로 여러 줄의 골이 나 있다. 안쪽 골에 곡물을 문질러 씻거나 돌이나 뉘, 흙을 일어서 고르는 도구이다.

말, 되, 홉은 분량을 재는 그릇이다. 농경 사회는 곡식을 셈할 때 '섬' 또는 '석'을 기준으로 하였으며 계량을 할 때는 '말'이 기준이고 적은 분량은 '되'나 '홉'을 사용했다. 1석은 15말(斗)이고, 1말은 10되이고, 1되는 10홉이 기준이다. 현재는 미터법의 적용으로 20리터를 한 말로 정하고 있다. 전통적인 말은 정방형으로 된 모말(方斗)으로 여겨지나 직립형의 원통형 말은 일본에서 들어온 것으로 알려져 있다. 1되는 10홉을 가리키는데 이를 큰되(大升)라 하고 그 반을 작은되(小升)라고 한다. 되와 홉은 직육면체로 나무 판자로 만드는데 재래식 되는 위가 바닥보다 약간 오므라진 형태이다.

체는 곡물을 고르거나 빻은 가루를 곱게 칠 때 쓰는 도구로 나무쪽을 휘어서 바퀴를 삼고 바닥에 망을 친 것이다. 소나무를 얇게 켜서 매끈하게 다듬어 물에 불려서 둥근 바퀴를 만들어 칡넝쿨이나 삼 껍질, 철사 등으로 쳇바퀴를 만든다. 다음에 바닥의 쳇불은 말꼬리털, 가는 철사, 가는 대나무나 등나무를 엮은 망을 쓰거나 삼베, 명주 등을 팽팽하게 당겨서 아래 바퀴로 고정시킨다. 쳇불 구멍의 크기나 재료에 따라 어레미, 도드미, 중거리, 가루체, 고운체, 말총체, 깁체 등으로 나뉜다. 체에 술이나 장 또는 가루를 칠 때 잘 빠질 수 있게 받는 그릇 위에 갈래진 나무를 걸치는데 이를 쳇다리라고 한다. 체판은 둥근 나무판으로 가운데가 움푹 들어가 있고 중앙에 큰 구멍이 뚫려 있는 용구로 술을 거를 때 많이 쓰므로 술거르개라고도 한다. 술뿐 아니라 간장이나 기름, 약을 짤 때도 밑에 받는 거르개로 쓴다. 오지로 만든 것도 있으나 잘 깨진다.

찬합은 여러 가지 반찬을 담을 수 있도록 여러 층으로 된, 운반하기 쉽게 만든 그릇이다. 나무로 만든 것이 많고 사기나 도자기, 대, 버들로 엮는다. 원형이나 방형(方形)으로 한 층에 여러 칸으로 나뉜 것도 있고, 3층에서 5층으로 포갤 수 있다. 찬합은 물기와 기름진 음식을 담아야 하므로 방수가 되도록 옻칠이나 기름칠을 한다.

구절판은 팔각진 목판으로 가장자리의 여덟 칸과 가운데 큰 칸의 아홉 칸으로 나뉘어 있다. 밀전병을 가운데 담고 가장자리에 찬을 담는 구절판 음식이나 마른 안주, 숙실과, 정과 등을 담는다.

다식판은 깨나 콩가루, 화분 등을 꿀로 반죽하여 다식을 박아내는 틀이다. 길고 네모진 나무판이 아래위 두 짝으로 이루어져서 아래쪽에 문양이 있고, 하나로 된 것은 안쪽에 문양이 조각되어 있다. 다식판의 문양은 수(壽), 복(福), 강(康), 령(寧)의 길한 문자나 꽃, 새, 생선 등의 문양이 조각되어 있다. 약과판도 다식판과 비슷한데 대개 둥글다. 떡살은 쌀로 만든 절편이나 쑥떡의 표면에 도장처럼 눌러 찍는 도구이다. 둥근 모양은 나무나 사기, 옹기로 만든 것이 많고, 기하학적인 문양이 새겨진 막대 모양의 떡살로 찍은 떡은 제상이나 고임상에는 길게 그대로 쓰고, 먹을 것은 알맞게 썬다.

부엌의 조리 도구

음식을 만들려면 우선 재료를 썰고 다질 칼과 도마가 필요하다. 원시 시대에는 돌이나 뼈를 갈아 칼을 만들었지만 철이 생산되면서 무쇠를 달구어 두들겨 한쪽에 날을 세우고 나무로 자루를 박아 만들었다. 우리 나라 식칼의 모양은 대개 외날로 등과 날이 칼끝으로 가면서 완만한 곡선을 이루며, 주로 육류와 생선, 채소를 썰고 자르는 데 쓰고, 작은 칼은 창칼이라 하여 채소를 다듬거나 과일을 깎을 때 쓴다. 채칼은 무나 배 등을 채 썰 때 이용하는 칼로 무, 감자, 배 등의 껍질을 깎아서 밀어내면 채가 바로 밑으로 떨어지게 만들었다.

도마는 칼질을 할 때 받치는 네모나고 두꺼운 나무 토막 또는 널빤지로 아래에 낮은 발이 달려 있다. 굵은 나무를 옆으로 토막내어 둥글게 만들기도 하였다.

찬가위는 여느 가위와 마찬가지로 두 개의 다리에 손가락을 넣어 식품을 자르거나 다듬을 때 쓴다. 떡가위는 인절미와 같은 떡을 자르는데 바느질 가위보다 손잡이가 훨씬 크고 둥글다.

국자는 국이나 죽 등 국물이 있는 음식을 뜨는 용구로 바닥이 우묵하게 패어 있고 긴 자루가 달렸다. 놋쇠나 무쇠, 나무로 만든다. 복자는 한 쪽에 부리가 달려 있어 기름이나 국물을 따를 때 쓰며, 석자는 철사로 잘게 그물처럼 엮어서 만든 국자 모양의 도구로 물에 삶거나 기름에 튀긴 것을 건질 때 쓴다.

주걱은 둥글납작한 모양에 자루가 달려 있어 밥이나 음식을 그릇에 떠 담을 때 쓴다. 나무, 대, 놋쇠 등으로 만들며 크기는 용도에 따라 여러 가지이다.

깔때기는 밑에 구멍이 뚫린 나팔 모양의 기구로 액체를 입이 좁은 병에 부을 때 쓴다.

바가지는 박을 갈라서 속을 파고 말려서 물이나 곡물을 풀 때 쓴다. 조롱박은 간장이나 술을 뜰 때 쓴다.

강판은 생강, 과실, 무 등을 갈 때에 쓰는 기구로 사기나 구리, 양은으로 만든다. 도기나 사기는 흙을 빚어서 상면을 톱니 모양의 작은 돌기를 세워서 구워 낸다. 구리나 양은은 전면 바닥을 끌로 돌기를 깎아 세워서 날카롭게 만든다. 이 돌기(齒)의 크기에 따라 재료가 거칠게 또는 곱게 갈린다.

시룻밑은 떡이나 식품을 시루에 찔 때 밑으로 빠지지 않도록 만든 둥근 망이다. 짚이나 끌영풀, 한지 등으로 꼬거나 삼 껍질, 칡넝쿨 껍질을 시루 바닥의 크기만큼 둥글게 엮어서 만든다. 솥에서 올라오는 김이 잘 통하도록 엉성하게 짜고 두께가 고르게 만든다.

시루방석은 짚으로 둥글게 엮은 방석으로 김이 오르는 시루 위에 뚜껑으로 덮는다. 짚으로 촘촘하고 두껍게 엮는데 시루 아가리보다 크게 만들어야 한다. 다 찌고 나서 깔아 놓고 시루를 엎어 놓는 데도 쓴다.

누룩틀은 술의 원료인 누룩을 만들 때 성형하는 도구로 누룩고리라고도 한다. 나무 송판을 우물 정(井) 자 모양으로 짜 맞춘 것과 쳇바퀴 모양의 원통에 새끼줄을 동여 감은 것, 무쇠로 된 원통형의 주물, 통나무를 둥글게 파낸 것 등 지방에 따라 모양이나 크기가 아주 다양하다.

불에 쓰는 도구

　무쇠솥에는 가마솥, 중솥, 작은 솥이 있는데 밥을 짓거나 국을 끓일 때 쓴다. 두멍솥은 채소를 데치거나 국을 많이 끓일 때 쓴다. 전이 밖으로 나와 있어 편리하고 나무로 된 뚜껑은 두 짝을 맞추어 덮는다. 돌이나 옹기솥도 있으나 대개 작다.

　새옹은 놋쇠로 만든 작은 솥으로 배가 부르지 않고 바닥이 평평하며 전과 뚜껑이 달렸다. 흔히 밥을 지어서 새옹째 상에 갖다 놓는다.

　쟁개비는 냄비의 본래 이름으로 무쇠나 유기 또는 돌로 만든다. 음식을 끓이거나 튀기거나 볶을 때 다용도로 쓴다. 노구는 쇠나 놋으로 만든 작은 솥인데 걸었다 떼었다 할 수 있다.

　양푼은 일단 익힌 음식을 더운물에 중탕할 때 담아서 띄우는 그릇이다. 보통 놋쇠로 만들고 굽이 없이 밑면이 밋밋하고 위가 벌어져 있어 반병두리와 똑같이 생겼다.

　번철(燔鐵)은 전철(煎鐵)이라고도 하며 솥뚜껑을 젖혀 놓은 모양으로 둥글넓적하게 생겼는데 전을 부치거나 지짐질을 할 때 쓴다. 무쇠나 돌 또는 유기로 만드는데 손잡이가 달린 것도 있다.

　석쇠는 적쇠 또는 적철이라고 하며 육류나 어패류를 구울 때 쓴다. 굵은 철사로 테와 자루, 바탕을 하고 바탕은 그물처럼 얽어서 만든다. 예전에는 구이를 할 때 재료를 꼬챙이에 꿰어 구웠는데 철사가 생기고 나서는 얹어서 굽게 되었다.

　삼발이는 쇠에 세 뿔이 나거나 둥근 테에 세 발이 달린, 쇠로 만든 기구로 주전자나 뚝배기 등을 화롯불 위에서 끓일 때 쓴다. 다리쇠는 화로 위에 냄비나 주전자 등을 올려놓을 때에 걸치는 기구로 쇠붙이로 두 귀가 나오게 고리를 만드는데 걸쇠라고도 한다.

전골틀은 벙거지를 젖혀 놓은 모양으로 생겼으며 쇠나 곱돌로 만든 전골틀은 벙거짓골 또는 전립투(戰笠套), 전립골(戰笠骨)이라고 한다. 식사를 하면서 상 옆에 둔 화로에 얹어 사용한다.

신선로는 냄비에 화통이 붙어 있는 모양으로, 숯불을 피워 넣고 상에 올려 신선로(열구자탕)를 끓이면서 먹을 수 있다. 실용성도 있지만 모양도 운치가 있다.

주전자는 술을 데우는 것으로 뚜껑, 손잡이, 귓대가 있다.

수란뜨개는 날달걀을 깨트려 놓고 끓는 물에 넣어서 반숙으로 익혀 내는 도구이다. 작은 접시를 서너 개 모아 붙여서 가운데 손잡이를 수직으로 붙였다.

풍로는 화로의 한 가지로 아래로 바람이 통하도록 되어 있고 흙이나 쇠붙이로 만든다. 방에 놓는 화로는 쇠나 놋쇠로 되어 있고 발이 높이 달려 있다.

대나 싸리로 만든 도구

조리는 싸리나 대오리로 조그마한 삼태기 모양으로 엮어 쌀을 일어서 돌이나 뉘를 고르는 데 쓴다.

채반은 싸리나 대오리로 넓게 만들어서 곡물이나 음식을 널어 말리거나 전이나 부침을 지져서 놓는 데 쓴다.

소쿠리는 대, 싸리, 버들을 엮어서 만들어 물건을 담거나 채소를 씻어서 건질 때 쓴다.

광우리는 광주리라고도 하며 대, 싸리, 버들 등으로 엮은 커다란 그릇이다. 바구니는 버들, 싸리, 칡넝쿨 등으로 정방형으로 짜고 높이와 폭을 비슷하게 하고 둥글게 마무리한 그릇으로 여러 식품과 마른 곡물을 담아 둔다. 다래끼는 작은 것으로, 흔히 달걀을 넣어 둔다.

고리는 갯버들 가지를 장방향으로 엮고 같은 모양의 뚜껑을 만든다. 큰 것은 의류나 식기를 보관하고, 작은 고리는 엿이나 떡 등의 선물을 담을 때 쓴다. 도시락은 고리버들로 만든 작은 고리짝같이 만들어 밥과 반찬을 담는다.

용수는 대나무나 싸리로 길이가 길고 폭이 좁게 만든 것으로 예전에는 술이 고이면 박아서 가운데 모이는 맑은 술을 떠냈다. 작은 것은 수저를 꽂아 두고 쓴다.

경그레는 시루나 찜통까지 꺼내지 않고 간단히 솥에다 음식을 찔 때 재료가 물에 잠기지 않도록 만든 기구이다. 대오리나 싸리, 철사 등으로 얼기설기 엮어서 만든다.

반상기와 수저

밥을 비롯하여 국이나 반찬 등 음식을 담는 그릇을 식기라 한다. 격식을 갖추어 밥상을 차릴 때는 한 사람씩 외상을 차린다. 반상에 올라가는 한 벌로 된 그릇을 전부 반상기라 하고, 나무, 유기, 은기, 사기 등으로 만들며, 뚜껑과 한 벌이다.

반상기는 밥그릇, 국그릇, 조칫보, 김칫보, 종지와 반찬 그릇, 대접, 대접을 올리는 쟁반이 한 벌을 이룬다.

밥을 담는 그릇은 주발 또는 사발이라 하고, 국을 담는 그릇은 탕기 또는 갱기라 하며, 찌개를 담는 그릇은 조칫보라고 한다. 이 세 종류의 그릇은 모두 모양이 같고 크기만 대, 중, 소 세 가지인데, 가장 큰 것에 밥, 중간 것에 국, 작은 것에 찌개를 담는다. 요즘에는 국을 대접에 담지만 원래는 숭늉이나 국수, 만두국을 담았다.

쟁첩은 반찬을 담는 그릇으로 대접보다 훨씬 작고 납작한 편으로 찜이나 찌개를 제외한 찬을 담는다. 김칫보는 쟁첩보다 한 둘레 크고 깊은데, 김치 종류에 따라 숫자가 늘어난다. 종지에는 간장이나 초장, 초고추장 등을 담는다. 접시는 쟁첩인데 뚜껑이 없이 바라지게 벌어진 그릇을 말한다.

찜은 합이나 조반기에 담는다. 합은 아래위가 평평한 운두가 그리 높지 않고 둥글넓적하게 생겨 크기가 여러 가지일 때 차례로 겹쳐 놓을 수 있게 삼합이나 오합으로 되어 있다. 조반기는 대접처럼 생겼는데 꼭지 달린 뚜껑이 있는 그릇으로 잣죽이나 찜을 담는다.

여자 밥그릇은 바리라 하여 사발보다 배가 약간 부르고 아가리가 좁아지는 모양이고 꼭지가 달렸다. 가장 흔한 주발은 연엽주발이고, 배가 부른 것은 우멍주발이라 한다.

국수장국이나 만두국, 떡국 등은 대접이나 반병두리에 담는다. 반병두리는 대접 크기로 밑이 편평하고 아가리가 벌어져 있으며 대개 놋으로 만드는데 여러 개를 포개어 보관한다.

수저는 시저(匙箸)라 하여 숟가락과 젓가락을 한데 이르는 말이다. 수저는 은, 백동, 놋쇠 등으로 만든다. 조선 시대에 이르러 타원형으로 우묵하게 들어가고 길쭉한 자루가 달린 수저가 나왔는데 이를 잎사시라고 한다. 젓가락은 같은 재질로 가늘고 긴 막대기 두 개가 한 조이고, 단면이 둥글거나 납작하다. 우리 나라에서는 수저를 귀하게 여겨서 백일이나 돌 때 은수저를 장만해 주고, 성인이 되거나 혼례 때 수저와 젓가락의 윗봉에 문양을 새기거나 칠보 장식을 한 은수저를 마련하여 평생 소중히 쓰도록 한다. 수저를 보관하는 주머니는 새색시가 혼수로 비단에 십장생이나 꽃, 새를 수놓거나 수(壽), 복(福), 부귀다남(富貴多男) 등의 글씨를 새긴 것을 마련해 간다. 막수저는 놋쇠로 만들어 신분에 상관없이 썼고, 부엌에서 조리용으로 썼다.

향토 음식

부 ❾

서울

서울은 자생 산물은 별로 없으나 전국 각지에서 나는 여러 식품이 모두 모이는 곳이다. 우리 나라에서 음식 솜씨가 좋은 곳으로는 서울, 개성, 전주 세 곳을 꼽는다. 서울은 조선 시대 초기부터 오백 년 이상 도읍지여서 궁중의 음식 문화가 이어지는 곳이며 양반 계급과 중인 계급의 음식 문화에 많은 영향을 주었다. 양반들은 유교의 영향으로 격식을 중시하고 치장을 많이 하는 편이어서 더러 사치스럽고 화려한 음식도 있었다. 하지만 서울 토박이의 성품이 원래 알뜰해서 양을 많이 하지는 않고 가짓수는 많으며, 예쁘고 작게 만들어 멋을 부리는 경향이 있다. 중인 계급은 장사를 하거나 외국과 무역을 하는 상인, 통역관, 의관들로, 경제적으로 부를 축적하여도 양반이 못 되는 서러움을 달래느라고 식도락을 즐기기도 하였다고 한다.

서울 음식은 간이 짜지도 싱겁지도 않고, 지나치게 맵게 하지 않아 전국적으로 보면 중간 정도의 맛을 지닌다. 음식에 예절과 법도를 지키고 웃어른을 공경하며, 재료를 곱게 채 썰거나 다지는 등 정성이 깃들여 있고, 상에 낼 때는 깔끔한 백자에 꼭 먹을 만큼만 깔끔하게 내는 것도 특징이다.

서울 음식에는 고기, 생선, 채소 등이 고루 쓰이며, 갖은 양념을 한다. 새우젓은 무쳐서 찬을 하거나 젓국찌개를 끓이거나 호박나물, 알찌개 등에도 넣는다. 말린 자반 생선이나 장아찌 등 밑반찬 종류도 많다. 특히 서울은 설렁탕이나 곰탕 등의 탕반이 유명하다.

주식으로 흰밥이나 팥밥을 즐기고, 면류나 만두로 비빔국수, 국수장국, 메밀만두, 편수, 생치만두, 떡국 등 가루붙이 음식이 많고, 잣죽, 흑임자죽 등이 있다. 국에는 설렁탕, 곰탕, 육개장, 추어탕, 선짓국 등이 있다.

찬물로는 신선로, 너비아니, 도미국수, 갈비찜, 구절판, 각색전골, 갑회, 어채, 탕평채 등의 사치스럽고 화려한 음식도 있다. 굴비나 관메기, 암치 등 말린 생선으로 구이나 지짐이를 하고, 육포, 젓갈류와 장아찌 등 늘 밑반찬을 갖춘다.

김치는 배추김치는 물론이고 겨울철에는 섞박지와 장김치, 감동젓무 등을 담근다.

떡에는 각색편, 느티떡, 상치떡, 각색단자, 약식 등이 있고, 과자에는 매작과, 약과, 각색다식, 엿강정, 정과 등이 있다. 음청류는 앵도화채, 오미자화채와 대추, 인삼 등 건과와 한약재를 달인 차를 즐긴다.

별미 음식

설렁탕은 조선 시대 동대문 밖 선농단(先農壇)에서 2월 상재일에 왕이 나와서 친경(親耕)을 하고 제를 올리는 행사 때 생겼다고 한다. 서울의 명물 음식으로 알려져 있다.

열구자탕은 화통이 달린 냄비에 산해진미 재료를 넣어 끓이는 음식으로 지금은 신선로라고 한다. 신선로 틀은 중국에 원형이 있는데 궁중뿐 아니라 중국에 다녀온 역관과 고관들도 틀을 들여와서 즐겼다고 한다.

탕평채는 청포묵 무침으로 정조 때 탕평책을 논할 때 만들어졌다고 하여 붙은 이름이다. 봄철에 탕평채를 채 썰어 볶은 고기와 데친 숙주, 미나리 등을 합하여 초장으로 무친 음식이다.

경기도

경기도는 논농사와 밭농사가 고루 발달하여 곡물과 채소가 풍부하고, 서해안에서는 생선과 새우, 굴, 조개 등이 많이 잡히며 한강, 임진강에서는 민물고기와 참게가 많이 나고, 산간에서는 산채와 버섯이 고루 난다. 경기미는 품질이 좋기로 유명한데 여주, 이천, 김포산이 인기가 높다. 고려의 도읍지였던 개성 지방의 음식은 다양하고 사치스러운 편으로 유난히 정성을 많이 들인다. 음식에 쓰이는 재료가 다양하며, 숙련된 조리 기술이 필요한, 만들기 어려운 음식과 과자가 많다.

경기도 음식은 소박하면서도 다양하나 개성 음식을 제외하고는 대체로 수수하다. 음식의 간은 서울과 비슷하여 짜지도 싱겁지도 않으며, 양념도 많이 쓰는 편이 아니다. 강원도, 충청도, 황해도와 접해 있어 공통점이 많고 같은 음식도 많이 있다.

주식으로는 흰밥보다 찰밥, 팥밥 등의 잡곡밥이나 오곡밥을 즐기고 팥죽, 호박풀떼기를 즐겨 먹으며, 국수는 맑은장국 국수보다 제물칼국수나 메밀칼싹두기, 수제비 등 국물이 걸쭉하고 구수한 음식이 많다. 국은 원추리, 냉이, 소루쟁이 등의 산채와 아욱, 근대, 시금치 등을 조개나 마른 새우를 한데 넣고 토장국을 즐겨 끓이며 여름철에는 열무나 애호박을 넣은 젓국찌개를 끓이고, 삼계탕이나 개성닭젓국, 민어탕도 즐겨 먹는다.

채소 찬물로는 산야와 밭에서 나는 채소와 콩나물, 숙주나물 등으로 만든 생채나 나물이 있다. 겨울철에는 말린 나물을 쓰고, 깻잎, 고추, 감자 등의 부각을 만든다. 콩으로 두부를 만들고, 녹두, 메밀, 도토리 등으로 녹말을 만들어 묵을 쑨다. 그 외에 탕평채, 참무릇쑥조림, 더덕구이, 시래기곰, 물쑥나물, 호박선, 배추꼬랭이볶음, 마구이, 냉이토장국, 달래무침 등이 있다.

육류 찬물로는 쇠고기를 삶아서 수육 또는 편육을 하고, 신선한 고기나 내장류는 회로 먹는다. 돼지고기로는 편육, 고추장구이, 찜을 하고 내장으로 순대도 만든다. 닭고기는 백숙을 하거나 찜을 한다. 제육저냐, 종갈비찜, 수원 쇠갈비, 개성 설야멱적, 닭젓국, 족편, 쇠머리수육 등이 있다.

서해안에서 잡히는 해산물로는 구이, 찌개, 조림, 젓갈 등 다양한 찬물을 만드는데 주꾸미조림, 뱅어국, 홍해삼, 조개전, 오징어회, 굴회 등이 있고, 한강 유역에서 잡히는 민물 생선으로 뱅어국, 웅어회, 웅어감정, 밴댕이찌개, 붕어찜 등을 만든다.
　경기도에서는 특히 떡을 잘 만드는데 시루떡, 인절미, 절편, 수수부꾸미, 쑥개떡 등이 있으며 지역마다 별미떡이 있다. 여주는 산병, 강화도는 근대떡, 가평은 메밀빙떡, 여주는 산병이 유명하다. 조과류는 약과, 강정, 정과, 다식, 엿강정 등이 있는데, 가평의 송화다식, 강화의 인삼정과, 여주의 땅콩엿강정이 유명하다. 차에는 강화 수삼꿀차, 연천 율무차 등이 있고, 화채로는 모과화채, 배화채, 노란장미화채, 송화밀수 등이 있다.

별미 음식

　수원의 쇠갈비구이는 조선조 때부터 생긴 쇠전에 전국의 소장수가 모여들던 수원에 불갈빗집들이 생기고 나서부터 유명해졌다.
　개성 음식은 조랭이떡국, 무찜, 홍해삼, 편수 등과 병과로 약과, 경단, 주악 등이 유명하다. 조랭이떡국은 흰 가래떡을 나무 칼로 누에고치처럼 만들어서 끓인다. 개성모약과는 밀가루에 참기름과 술, 생강즙, 소금을 넣고 반죽하여 납작하게 밀어서 모나게 썰어 기름에 튀겨 조청에 즙청한 것이다. 경단은 멥쌀과 찹쌀가루로 동글게 빚어서 삶아 내어 삶은 팥을 걸러서 앙금만 모아 말린 경앗가루를 묻힌다. 개성주악은 우매기라고도 하는데 찹쌀가루와 밀가루를 합하여 막걸리로 반죽한 다음 둥글게 빚어서 기름에 튀겨 조청에 즙청한다.

충청도

　충청도는 농업이 주가 되는 지역이므로 쌀, 보리, 고구마, 무, 배추, 목화, 모시 등을 생산한다. 서쪽 해안 지방은 해산물이 풍부하나 충청북도와 내륙에서는 좀처럼 신선한 생선을 구하기가 어려워 옛날에는 절인 자반 생선이나 말린 것을 먹었다. 오래전부터 쌀을 많이 생산했으며 보리도 많이 나 곱게 대껴서 보리밥을 짓는 솜씨도 훌륭하다. 충청도 음식은 그 지방 사람들의 소박한 인심을 나타내듯 꾸밈이 별로 없다. 충북 내륙의 산간 지방에는 산채와 버섯이 많이 나 그것으로 만든 음식이 유명하다.

풍부한 농산물로 죽, 국수, 수제비, 범벅 등과 떡도 많이 만든다. 서해안에 가까운 지역에서는 굴이나 조갯살 등으로 국물을 내어 날떡국이나 칼국수를 끓이기도 한다.

음식 맛을 낼 때는 된장을 많이 사용하며, 겨울에는 청국장을 만들어 구수한 찌개를 끓인다. 충청도 음식은 사치스럽지 않고 양념도 그리 많이 쓰지 않아 자연 그대로의 담백하고 소박한 맛이 난다.

주식 중 밥은 흰밥과 보리밥, 찰밥, 콩나물밥 등을 하고, 칼국수, 날떡국, 호박범벅 등을 자주 하는 편이다.

국은 토장국이 흔하고, 굴냉국, 넙치아욱국, 청포묵국 등도 끓인다. 된장찌개, 청국장찌개, 젓국찌개도 즐긴다.

찬물로는 장떡, 말린묵볶음, 호박고지적, 웅어회, 오이지, 상어찜, 애호박나물, 참죽나물, 어리굴젓, 각색부각, 호도장아찌 등이 있다.

병과류로 떡은 물호박떡, 쇠머리떡, 꽃산병, 햇보리떡, 약편, 도토리떡 등이 있고, 과자류로 무릇곰, 무엿, 각색정과 등이 있다. 음료에는 찹쌀미수와 복숭아화채가 있다.

별미 음식

어리굴젓은 간월도가 예부터 유명하다. 서산 앞바다는 민물과 서해 바닷물이 만나는 곳으로 천연굴도 많고, 굴 양식에 적합하다. 어리굴젓은 굴을 바닷물로 씻어 소금으로 간하여 2주일쯤 삭혔다가 고운 고춧가루로 버무려 삭힌다. 간월도 어리굴젓은 조선 시대부터 이름이 나 있고 지금도 전국으로 나간다.

청국장을 특히 즐겨 먹어 겨울철에 콩을 삶아 나무 상자나 소쿠리에 띄워

2~3일 후에 끈끈한 진이 생기면 빻아서 양념을 섞어서 두고 두부나 배추김치를 넣고 찌개를 끓인다.

올갱이는 맑고 얕은 개천에서 잡히는 민물 다슬기로 이것으로 된장찌개를 끓이며 삶아서 무쳐 안주로도 먹는다. 충청북도에서는 민물에서 잡히는 새뱅이, 붕어, 메기, 미꾸라지 등으로 특별한 찬물을 만든다. 피라미조림, 붕어찜, 새뱅이찌개, 추어탕이나 미꾸라지조림 등이 그것이다.

금강 하류에서는 웅어와 황복이 잡힌다. 강경 지방에 있던 황복이 5월 중순에서 6월 하순에 산란을 위해 금강을 거슬러 올라오는데 바다 복보다 살이 연하고 감칠맛이 나서 찜을 하거나 탕을 끓인다. 이곳에서는 웅어를 우여라고 하는데 강물과 민물이 합쳐지는 강 하류에서 잡힌다. 갈치처럼 은백색이며 깊은 맛이 난다.

한강, 금강 하류에서 4월 중순에서 5월 초순에 잡히는데 살이 부드럽고 기름져서 고소하다. 웅어는 잘게 토막내어 회로 먹거나 고추장찌개를 끓인다.

호박꿀단지는 늙은 청둥호박 안에 꿀을 넣고 중탕한 음식으로 안에 고인 물을 마신다. 산모의 부증에 효과가 있다고 하며 어느 가정에서나 즐겨 만드는 음식이다. 찐 호박으로는 범벅을 만든다.

강원도

강원도는 영서 지방과 영동 지방에서 나는 산물이 크게 다르고 산악 지방과 해안 지방도 크게 다르다. 산악이나 고원 지대에서는 논농사보다 밭농사를 더 많이 지어 옥수수, 메밀, 감자 등이 많이 난다. 산에서 나는 도토리, 상수리, 칡뿌리, 산채 등은 옛날에는 구황 식물에 속했지만 지금은 기호 식품으로 많이 이용한다. 동해에서는 명태, 오징어, 미역 등이 많이 나서 이를 가공한 황태, 마른 오징어, 마른 미역, 명란젓, 창란젓 등이 있다. 산악 지방에는 육류를 거의 쓰지 않는 소음식이 많으나, 해안 지방에서는 멸치나 조개 등을 넣어 음식 맛을 돋우며 소박하고 먹음직하다.

강원도 음식에는 감자, 메밀, 옥수수와 도토리, 칡 등으로 만든 것이 많다. 동해안에서 나는 다시마와 미역은 질이 좋고, 구멍이 나 있는 쇠미역은 쌈을 싸 먹거나 말린 것은 튀긴다. 지누아리라는 해초로는 장아찌를 담근다.

주식으로는 강냉이밥, 감자밥, 메밀막국수, 감자수제비, 강냉이범벅, 감자범벅, 감자 막가리만두 등이 있다.

찬물에는 깊은 산에서 나는 산채와 표고, 석이, 송이, 느타리 등 버섯으로 만든 나물이나 생채가 있다. 산나물, 취쌈, 더덕구이, 송이구이, 석이나물 등이 그것이다. 송이는 양양에서 나는 것이 으뜸인데 산지에서는 장에 재워서 장아찌도 담근다. 해산물 찬물을 보면, 오징어로는 고추장으로 양념구이, 순대 등을 만들고 회를 하거나 말리거나 젓을 담근다. 동태로는 찜이나 구이를 하고, 황태 덕장이 있는 횡계 부근에서는 북어찜이나 구이를 한다. 동태의 알과 내장으로는 명란젓과 창란젓을 담그며 함경도처럼 가자미나 동태, 청어 등에 조밥과 무를 함께 넣고 식해를 담근다.

떡은 시루떡, 경단, 개떡 등이 있는데 감잣가루에 무소를 넣어 송편을 빚고, 메밀전병을 부쳐서 무나물을 소로 넣은 메밀총떡이 있다. 석이버섯은 고명으로 쓰지만 가루를 섞어 석이병을 만들기도 한다. 과자류는 산자(과줄), 약과, 송화다식이 있고, 잣은 홍천과 정선이 특히 유명한데 잣죽을 쑤거나 잣박산을 만든다. 강릉 지방은 예부터 산자가 맛있기로 유명하다. 음료로는 오미자화채, 당귀차, 강냉이차, 책면 등이 있다.

별미 음식

감자는 보통 쪄서 먹지만 삭혀서 전분을 만들어 국수나 수제비, 범벅, 송편 등을 만들기도 한다. 감자부침은 날감자를 강판에 갈아서 파, 부추, 고추 등을 섞어 번철에 부친다.

메밀막국수는 지금은 춘천막국수로 알려져 있지만 인제, 원통, 양구 등의 산촌에서 더 많이 먹던 국수이다. 원래는 메밀을 익반죽하여 분틀에 눌러서 무김치와 양념장을 얹어서 비벼 먹지만 동치미 국물이나 꿩 육수를 부어 말아먹기도 한다. 쟁반막국수는 최근에 개발해 낸 음식으로 오이, 깻잎, 당근 등의 채소를 섞어서 양념장으로 비빈 국수이다.

옥수수는 쪄서 먹거나 밥에도 섞지만 가루로 빻아 떡에도 넣고 엿도 만드는데 대화와 평창 엿이 유명하다.

올챙이묵은 풋옥수수를 갈아서 죽을 쑤어 구멍난 바가지나 네모틀에 넣고 흘려 내려서 만든다. 도토릿가루로는 묵을 쑤기도 하고, 반죽하여 냉면도 만들며, 칡뿌리의 전분으로는 국수, 떡, 부침개 등을 만든다. 강릉 초당리의 두부는 간수 대신 바닷물로 두유를 엉기게 하여 만든 것으로 맛이 아주 좋다.

동해안에서 잡히는 싱싱한 생선은 회를 치거나 매운탕을 끓인다. 삼숙이는 생김새는 거칠지만 살이 쫄깃하고 탕을 끓이면 국물이 시원하다.

북한강이나 깨끗한 강에서 잡히는 쏘가리, 민물장어, 바가사리, 모래무치 등은 회를 치거나 매운탕을 끓인다.

전라도

전라도는 땅과 바다, 산에서 산물이 고루 나고 많은 편이어서 재료가 아주 다양하고 음식에 특히 정성을 많이 들인다. 특히 전주, 광주, 해남은 부유한 토반(土班)이 많아 가문의 좋은 음식이 대대로 전수되는 풍류와 맛의 고장이다. 기후가 따뜻하여 음식의 간이 센 편이고 젓갈류와 고춧가루와 양념을 많이 넣는 편이어서 음식이 맵고 짜며 자극적이다.

전라도에는 발효 음식이 아주 많다. 김치와 젓갈이 수십 가지이고, 고추장을 비롯한 장류도 발달했으며, 장아찌류도 많다. 전라도에서는 김치를 지라고 하는데 배추로 만든 백김치를 반지(백지)라고 한다. 무, 배추뿐 아니라 갓, 파, 고들빼기, 검들, 무청 등으로도 김치를 담근다. 다른 지방에 비하여 젓갈과 고춧가루를 듬뿍 넣는데 전라도 고추는 매우면서도 단맛이 나며, 멸치젓, 황석어젓, 갈치속젓 등의 젓갈을 넣는다. 김치는 돌로 만든 학독에, 불린 고추와 양념을 으깨고 젓갈과 식은 밥이나 찹쌀풀을 넣고 걸쭉하게 만들어 절인 채소를 넣고 한데 버무린다.

순창 고추장은 예부터 이름이 나 있으며, 나주에서는 집장도 담근다. 장아찌는 무, 울외, 더덕, 우엉, 도라지, 배추꼬랭이, 감, 고들빼기, 마늘, 고춧잎 등의 채소를 고추장, 된장, 간장 등에 박아 담그며 참게장은 간장을 부어 담근다.

주식으로 흰밥, 보리밥을 많이 하고, 깨죽, 오누이죽, 대합죽, 피문어죽, 합자죽 등이 있다. 해물 찬물은 추어탕, 용봉탕, 홍어회, 산낙지회, 전어회, 장어구이, 붕어조림, 꼬막무침, 상어찜, 낙지호롱, 유곽 등 종류가 많은데 잔치나 손님상에는 꼭 홍어를 낸다. 채소 찬물에는 토란탕, 머위깨즙나물, 죽순채, 두루치기, 겨자잡채, 죽순찜, 양애적, 장떡 등이 있다. 떡은 모시풀편, 나복병, 수리취떡, 호박고지떡, 감인절미, 감단자, 차조기떡, 전주 경단, 복령떡 등이 있고, 조과류로 유과, 동아정과, 고구마엿 등이 있다.

별미 음식

전라도의 유명한 젓갈로는 추자도 멸치젓, 낙월도 백하젓, 함평 병어젓, 고흥 진석화젓, 여수 전어밤젓, 영암 모치젓, 강진 꼴뚜기젓, 무안 송어젓, 옥구의 새우알젓, 부안의 고개미젓, 뱅어젓, 토화젓, 참게장, 갈치 속젓 등이 있다.

부각은 자반이라고도 하는데 가죽나무 연한 잎을 모아 고추장을 탄 찹쌀풀을 발라서 가죽자반을 하고, 김, 깻잎, 깻송이, 동백잎, 국화잎 등은 찹쌀풀을 발라서 말리고, 다시마는 찹쌀 밥풀을 붙여서 말린다.

전주는 예부터 '완산팔미'라 하여 서남당골에서 나는 감, 기린봉의 열무, 오목대의 청포묵, 소양의 담배, 진주천의 모래무지, 한내의 게, 사정골의 콩나물, 서원 너머의 미나리가 유명했다. 요즘 돌솥비빔밥이 전주비빔밥처럼 알려져 있지만 원래는 돌솥이 아니라 유기 대접에 담았다. 전주콩나물밥은 콩나물국에 밥을 넣고 끓여 새우젓으로 간을 맞춘 뜨거운 국밥으로 이른 아침 해장국으로 인기가 있다.

홍탁삼합이란 잘 삭힌 홍어와 돼지고기 편육을 막걸리와 함께 먹는 것을 말한다. 홍어는 흑산도산이 좋은데 홍어어시욱은 대강 말려서 찐 것이다.

광주 애저는 원래 진안의 명물인데 어린 돼지나 태 속에 있는 애저를 통째로 무르게 삶아 양념장을 찍어 먹는다.

그 밖에 영광의 굴비와 보성강의 미꾸라지, 해남의 세발낙지, 명산의 장어 등이 유명하다. 곡성은 은어회로 이름이 나 있고, 석곡과 광양은 숯불에 구운 돼지불고기가 유명하다.

경상도

경상도는 남해와 동해에 좋은 어장이 있어 해산물이 풍부하고, 경상남북도를 크게 굽어 흐르는 낙동강의 풍부한 수량이 주위에 기름진 농토를 만들어 농산물도 넉넉하다. 이곳에서는 고기라고 하면 바닷고기를 가리키며 민물고기도 많이 먹는다. 음식이 대체로 맵고 간이 센 편으로 투박하지만 칼칼하고 감칠맛이 있다. 음식에 지나치게 멋을 내거나 사치스럽지 않고 소담하게 만들지만 방앗잎과 산초를 넣어 독특한 향을 즐기기도 한다. 싱싱한 바닷고기로 회도 하고 국도 끓이며, 찜이나 구이도 한다. 곡물 음식 중에서는 국수를 즐기나, 밀가루에 날콩가루를 섞어서 반죽하여 홍두깨나 밀대로 밀어 칼로 썬 칼국수도 즐겨 먹는다. 장국 국물에는 멸치나 조개를 많이 쓰고, 더운 여름철에도 더운 장국에 넣어 끓이는 제물국수를 즐기며, 범벅이나 풀떼죽은 그다지 즐기지 않는다.

주식으로 무밥, 갱식과 콩국수, 조개국수, 닭칼국수, 애호박죽, 떡국 등이 있다. 국으로는 재첩국, 추어탕, 대구탕, 깨즙국, 미역홍합국, 시래기국 등이 있고, 해물 찬물로 아귀찜, 미더덕찜, 장어조림, 돔배기(상어)구이, 조개찜, 파전, 돔찜, 영덕게찜, 해물잡채, 멸치회, 은어회, 도다리물회, 생선식해 등이 있으며, 채소 찬물로는 호박선, 미나리찜, 배추적, 꼴뚜기무생채, 장떡 등이 있고, 장아찌는 무말랭이로 담근 골곰짠지와 당귀·단풍진 콩잎으로 담근 것이 있다. 김치는 얼얼하도록 맵고 짠 것이 특징인데 콩잎, 우엉, 부추 김치 등이 있다. 경상도에서는 다른 지방보다 된장을 많이 먹는 편인데 막장, 담북장도 즐기고, 여름철에 단기간에 숙성시키는 집장이나 등겨장도 있으며, 채소에 된장이나 고추장을 섞어서 찌는 장떡도 즐겨 만든다. 떡에는 모시잎 송편, 만경떡, 칡떡, 잡과편 등이 있고 유과, 대추징조, 다시마정과, 우엉정과 등의 조과류가 있다. 음료로는 안동식혜, 수정과, 유자화채, 유자차, 잡곡미수가루 등이 있다.

별미 음식

진주비빔밥은 화반(花飯)이라고도 하는데 계절 채소를 데쳐서 바지락을 다져 넣고 무치며 선짓국을 곁들인다.

미더덕찜과 아귀찜은 마산이 유명하다. 미더덕은 멍게인 우렁쉥이와 비슷한 맛이 나는데 찜이나 찌개에 넣는다. 미더덕을 여러 채소와 함께 매운 양념으로 끓이다가 찹쌀풀을 넣어 만든다. 아구는 무섭고 흉하게 생겼는데 살이 희고 담백하며 꼬들꼬들하며 찜을 해 먹는다. 토막 낸 아구를 콩나물과 미나리를 넣고 아주 맵게 양념하여 만든다.

안동 지방은 전통 문화에 대한 자부심이 강하고 전통 음식이 잘 보존되어 있는 편이다. 안동식혜는 우리가 알고 있는 식혜와는 전혀 다르다. 찹쌀을 삭힐 때 고춧가루를 풀어서 붉게 물들이고 건지로 무를 잘게 썰어 넣는다. 톡 쏘는, 시큼하면서 달고 매운맛이 아주 독특하다.

건진국수는 밀가루에 콩가루를 섞어서 반죽하여 홍두깨로 얇게 밀어서 가늘게 채 썰어 찬 장국에 말아서 꾸미를 얹는다.

헛제삿밥은 안동만이 아니라 진주, 경주에서도 이름이 나 있다. 일부러 제사지낸 음식처럼 만드는데 상어적과 탕국, 비빔밥을 한데 차린다.

동래파전은 기장에서 나는 파와 언양의 미나리, 조개, 굴, 홍합 등을 함께 넣고 부친 음식이다. 파를 번철에 나란히 놓고 위에 해물을 놓고 쌀가루와 찹쌀가루를 묽게 푼 반죽을 얹어서 지진다.

경상도추탕은 미꾸라지를 푹 고아서 체에 걸러 뼈를 가려낸 다음 배추시래기, 숙주, 고비 등의 채소를 넣고, 된장과 고추장을 풀어 끓이고 산촛가루를 뿌려서 먹는다.

제주도

예전에 제주도는 아주 척박하고 험한 곳이어서 조선 시대에 어떤 이가 귀양가서 "가장 괴로운 것은 조밥이요, 가장 두려운 것은 뱀이요, 가장 슬픈 것은 파도 소리다." 하고 지은 글이 있다. 지금은 천혜의 자연 자원으로 세계적인 관광지로 손꼽힌다.

예전에 제주도는 해촌, 양촌, 산촌으로 구분되어 있었는데, 양촌은 평야 식물 지대로 농업을 중심으로 생활한 곳이었고, 해촌은 해안에서 고기를 잡거나 해녀로 잠수 어업을 하고, 산촌은 산을 개간하여 농사를 짓거나 한라산에서 버섯, 산나물, 고사리 등을 채취하여 생활하던 곳이었다. 쌀은 거의 생산되지 않고 콩, 보리, 조, 메밀, 고구마가 많이 나고, 감귤과 전복, 옥돔이 가장 널리 알려진 특산물이다.

제주도에는 근해에서 잡히는 특이한 어류가 많다. 음식에도 어류와 해초를 많이 쓰며, 된장으로 맛을 내는 것을 좋아한다. 이곳 사람들의 부지런하고 소박한 성품은 음식에도 그대로 나타나 음식을 많이 장만하지 않고, 양념도 적게 쓰며, 간은 대체로 짜게 하는 편이다. 죽이나 범벅이 많고 찬물 중에는 국이 많은 편이다. 싱싱한 해물은 회로 먹으며, 바닷고기로 국을 많이 끓이고 죽에도 넣는다. 다른 곳에는 없는 자리돔과 옥돔, 오분자기 등이 잡힌다. 수육으로는 돼지고기와 닭을 많이 쓰며 겨울에는 꿩으로 만든다. 제주 돼지는 특히 뒷간에서 기른 똥돼지가 연하고 맛있다고는 하지만 지금은 없어졌고 대신 흑돼지가 맛있다. 한라산에서는 표고버섯과 산채가 많이 나고, 겨울에도 따뜻하여 김장을 많이 담그지 않는다.

주식으로는 잡곡밥을 많이 해 먹고, 메밀이 많이 나와 이것으로 칼국수, 저배기, 범벅, 빙떡 등을 만든다. 죽엔 전복, 옥돔, 깅이(게), 초기(표고버섯),

닭, 매역새(미역) 등을 넣어 끓인다. 찬물 중 국에는 멈국, 고사리국, 톨냉국, 갈치호박국, 옥돔국, 돼지고기 육개장 등이 있다. 싱싱한 어류는 거의 회를 치는데 특히 자리물회, 물망회, 전복회 등이 별미이고, 옥돔, 갈치, 자리, 상어 등은 구이나 찜을 한다. 그 밖에 양애무침, 꿩적, 초기전, 두루치기, 돼지불고기, 톳나물, 동지김치, 자리젓, 오분자기젓 등이 있다. 떡은 빙떡, 오메기떡, 차좁쌀떡, 감제떡, 상애떡 등이 있고 약과, 닭엿, 보리엿을 즐겨 해 먹으며, 음료로는 밀감화채, 자굴차, 소엽차, 설록차 등이 있다.

별미 음식

자리돔은 제주도 근해에서 잡히는 검고 작은 돔으로 '자리'라고도 한다. 자리회는 여름철이 제철인데 비늘을 긁고 손질하여 토막을 내고 부추, 미나리를 넣고 된장으로 무쳐서 찬 샘물을 부어 물회로 한다. 식초로 신맛을 내는데 유자즙이나 산초를 넣기도 한다.

옥돔은 분홍빛의 담백하면서도 기름진 물고기로 맛이 아주 좋다. 싱싱한 옥돔에 미역을 넣어 국을 끓이고, 소금을 뿌려 말렸다가 구워 먹는다.

싱싱한 갈치로는 회도 치고 토막을 내어 늙은호박을 넣고 국을 끓이면 은색 비늘과 기름이 둥둥 뜨는데 맛이 아주 좋다.

제주도는 예부터 전복의 명산지로 유명했는데 회도 하지만, 불린 쌀을 참기름으로 볶다가 전복의 싱싱한 푸른빛 내장을 함께 섞고 물을 부어 끓인 다음 얇게 썬 살을 넣어 전복죽을 끓이면 색도 파릇하고 향이 특이하면서 아주 맛있다.

해물뚝배기는 조개, 게, 새우 등의 여러 해물을 넣어 끓이는 된장찌개이다. 이 때 작은 전복처럼 생긴 오분자기를 꼭 넣는다.

빙떡은 메밀가루를 묽게 반죽하여 솥뚜껑에 얇은 전병을 지져서 안에 흰색의 무나물을 넣어 둘둘 만 것으로 제사나 잔칫상에서 빠뜨리지 않는다.

황해도

북쪽 지방의 곡창 지대인 연백 평야와 재령 평야는 쌀과 잡곡 생산량이 많고 질도 좋다. 특히 조를 섞어서 잡곡밥을 많이 해 먹는다. 곡식의 종류도 많고 질이 좋으며 이 양질의 가축 사료 덕에 돼지고기와 닭고기의 맛이 독특하다. 해안 지방은 조석간만의 차가 크고 수심이 낮으며 간석지가 발달해 소금이 많이 난다.

황해도는 인심이 좋고 생활이 윤택한 편이어서 음식을 한 번에 많이 만들고, 음식에 기교를 부리지 않으며 맛이 구수하면서도 소박하다. 송편이나 만두도 큼직하게 빚고, 밀국수도 즐겨 만든다. 간은 별로 짜지도 싱겁지도 않으며, 충청도 음식과 비슷하다.

김치는 그리 맵지 않고 시원하게 담그며, 동치미 국물을 넉넉히 마련하여 겨울에 냉면 국수나 찬밥을 말아서 밤참으로 즐기기도 했다. 김치에는 독특한 향의 고수와 분디를 넣는다. 고수는 미나릿과에 속하는 진한 향의 풀로 향유(香荽) 또는 호유(胡荽)라고 하는데 강회나 생채로 무치거나 김치에 많이 넣으며 이곳 사람들은 물론이고 절에서도 즐겨 먹는 채소이다. 분디는 산초나무와 비슷한데 잎에서 진한 향이 난다.

주식으로 쌀밥 외에 잡곡을 섞은 세아리반, 잡곡밥, 김치밥, 비지밥, 남매죽, 수수죽, 밀범벅, 호박만두, 냉콩국, 씻긴 국수, 김치말이, 밀낭화 등이 있다. 찬류에는 돼지고기와 두부를 많이 쓰는데 김치국, 조기국, 되비지탕, 호박지찌개 등 국이나 찌개를 푸짐하게 끓이고, 행적, 고기전, 김치순두부, 잡곡전, 순대, 청포묵무침, 행적, 김치적, 붕어조림, 개구리구이, 돼지족조림, 된장떡 등과 젓갈의 일종인 연안식해가 있다. 떡은 오쟁이떡, 큰송편, 우메기, 잡곡부침, 닥알떡, 수리취 인절미, 우찌지, 경단 등을 많이 하고, 과자에는 무정과 등이 있다.

별미 음식

남매죽은 팥을 무르게 삶아 찹쌀가루를 넣어 팥죽을 끓이다가 밀가루로 만든 칼국수를 넣고 끓이는 죽인데 특이하게 국수가 들어 있다.

밀다갈범벅은 강낭콩과 팥을 삶아서 밀가루를 수제비처럼 뜯어 넣어 끓인 것으로 여름철에 오이냉국과 함께 먹는 별식이다.

승가기탕(勝佳妓湯)은 『해동죽지』에 해주의 명물로 나온다. 서울의 도미국수와 같은 것으로 맛이 절가(節佳)하다고 하여 승가지라 한다. 또한 같은 책에 '해주 비빔밥'을 예찬한 시도 있다.

호박지찌개는 늙은호박으로 담근 김치를 넣고 끓인 찌개이다. 김장철에 호박지에 무청을 섞어서 담그는데 김치로 먹지 않고 찌갯거리로 삼는다.

연안식해는 조갯살의 내장을 빼내고 물기를 없애서 밥을 고슬고슬하게 지어 엿기름가루, 소금, 고춧가루, 참기름을 넣고 버무려서 사기 항아리에 담아 익힌 일종의 젓갈이다.

냉콩국수는 여름철에 콩국에 삶은 밀국수를 말아서 먹는 것이 보통이지만 이곳에서는 수수경단을 삶아서 띄워 먹는다.

행적은 배추김치, 돼지고기, 실파, 고사리를 길게 잘라서 양념하여 대꼬치에 번갈아 꿰어 밀가루와 달걀을 묻혀서 번철에 지진 누름적이다.

돼지족조림은 돼지족을 깨끗이 다듬고 푹 삶아서 물과 갱엿과 간장, 생강을 넣어 뭉근한 불에서 서서히 조린다. 갱엿이 돼지고기 냄새도 없애 주고 단맛과 윤기를 더해 준다. 조려서 뼈를 발라내고 얇게 저며 새우젓국에 곁들여 낸다.

고수김치는 고수를 하룻밤 물에 담가 독한 맛을 뺀 후, 조개젓이나 황석어젓으로 김치처럼 버무려 담근다. 고수만으로는 너무 맛이 진하므로 배추나 무를 썰어 섞박지 담글 때 섞기도 한다.

평안도

평안도는, 동쪽은 산이 높아 험하지만 서쪽은 서해안에 면하여 해산물도 풍부하고 평야가 넓어 곡식도 많이 난다. 예부터 중국과 교류가 활발하여 성품이 진취적이고 대륙적이다. 따라서 음식도 먹음직스럽게 크게 만들고 푸짐하게 많이 만든다. 크기를 작게 하고 기교를 많이 부리는 서울 음식과 매우 대조적이다. 곡물 음식 중에는 메밀로 만든 냉면과 만두 등 가루로 만든 음식이 많다. 겨울이 특히 추운 지방이어서 기름진 육류 음식도 즐기고 밭에서 나는 콩과 녹두로 만든 음식도 많다. 음식의 간은 대체로 심심하고 맵지 않다. 평안도 음식으로 가장 널리 알려진 것은 냉면과 만두, 녹두빈대떡 등이다. 지금은 전국 어디에서나 사철 냉면을 먹을 수 있지만 본고장에서는 추운 겨울철에 먹어야 제맛이라고 한다.

주식으로는 온반, 콩나물밥, 김치말이, 어복쟁반, 냉면, 온면, 만두국, 굴만두, 닭죽, 어죽 등이 있다. 찬물에는 황해도와 마찬가지로 콩과 돼지고기를 많이 쓴다. 국과 찌개로 내포중탕, 콩비지, 전어된장국, 고사릿국, 오이토장국 등이 있고, 육류 찬물에는 돼지고기편육, 순대, 고기전, 똑똑이자반 등이 있으며, 채소 찬물로는 무청곰, 녹두지짐, 두부회, 도라지산적, 더덕전, 백김치, 가지김치, 더풀장 등이 있다. 송기떡, 꼬장떡, 놋티, 뽕떡, 골미떡 등의 떡과, 과줄, 엿, 태석 등의 과자가 있다.

별미 음식

평안도에서는 만두를 큼직하게 빚는데 소로 돼지고기, 김치, 숙주 등을 넣는다. 때로는 껍질 없이 만두소를 둥글게 빚어서 밀가루에 여러 번 굴려서 껍질 대신 밀가루옷을 입힌다. 이를 굴만두라고 하는데 만두피로 빚은 것보다 훨씬 부드럽고 맛있다.

어복쟁반은 화로 위에 커다란 놋쇠 쟁반을 올려놓고 쇠고기편육, 삶은 달걀과 메밀국수를 한데 돌려 담고 육수를 부어 끓이면서 여러 사람이 함께 떠 먹는 음식이다. 일종의 온면이다. 편육에 적합한 부위는 소의 양지머리, 우설, 업진, 유통살, 지라 등으로 무르게 삶아서 얇게 썰고, 느타리와 표고버섯은 채 썰어 양념하고, 배 채도 넣는다.

내포중탕은 돼지내장찌개로 구수하고 푸짐하다. 내포는 돼지의 내장으로 허파, 간, 대창을 말한다. 내장을 깨끗이 씻어서 푹 삶아 내어 작게 썰어서 배추김치와 숙주, 파를 넣고 다시 끓인다. 웃기로 삶은 달걀과 은행을 얹는다.

되비지는 콩을 불려서 맷돌에 갈아 콩비지를 만들어 돼지갈비와 김치를 넣고 약한 불에서 서서히 끓인 것이다. 돼지를 뼈째 넣고 끓여서 맛이 아주 구수하다.

순대는 돼지 창자에 소를 채워서 끓는 물에 삶는다. 소는 돼지고기와 선지, 두부, 찹쌀밥을 합하여 파, 마늘, 생강, 후춧가루, 소금으로 양념하여 대롱을 대고 채워 양끝을 실로 묶는다. 때로는 삶은 우거지나 숙주나물을 데쳐서 섞기도 한다. 쪄서 소금, 고춧가루, 후춧가루를 섞은 것에 찍어 먹는다. 소창으로 하면 가늘고 대창으로 하면 굵은 순대가 된다.

노티(놋치)는 잡곡 가루로 만든 전병인데 지져서 즙청하여 오래 두고 먹을 수 있다. 찰기장과 차수수, 찹쌀을 각각 불려서 가루로 빻아 엿기름가루와 물로 버물버물 반죽하여 찐다. 쪄 낸 떡에 다시 엿기름가루를 뿌리면서 고루 반죽하여 방에 두어 삭힌다. 삭은 반죽을 동글납작하게 빚어서 번철에 참기름을 두르고 지진다. 지져 낸 떡은 굴이나 설탕을 켜켜로 뿌려서 항아리에 재워 두고 먹는다.

함경도

함경도는 백두산과 개마고원이 있는 험한 산간 지대가 대부분이다. 동쪽은 해안선이 길고 영흥만 부근에 평야가 조금 있어 논농사보다는 밭농사를 많이 한다. 특히 콩의 품질이 뛰어나고 잡곡 생산량이 많아 주식으로 기장밥, 조밥 등 잡곡밥을 많이 짓는다. 동해안은 세계 삼대 어장에 속하여 명태, 청어, 대구, 연어, 정어리, 넙치 등 어종이 다양하다.

감자, 고구마도 질이 우수하며 이것으로 녹말을 만들어 여러 음식에 쓴다. 녹말을 반죽하여 국수틀에 넣고 빼서 냉면을 만들기도 한다. 음식은 큼직큼직하고 장식을 하거나 기교를 부리지 않는다. 북쪽으로 갈수록 음식의 간이 싱겁고 담백하나 고추와 마늘 등의 양념을 많이 쓰기도 한다.

함흥 지방의 회냉면은 가자미 등의 생선을 맵게 회로 무쳐서 냉면국수에 얹어서 비벼 먹는 매운 비빔국수이며, 다대기는 이 고장에서 생긴 고춧가루 양념의 별칭이다.

주식으로 잡곡밥, 닭비빔밥, 찐조밥, 가리국, 회냉면, 감자국수, 옥수수죽, 감자막가리만두, 얼린콩죽 등이 있다. 찬물로 동태순대, 북어전, 원산 해물잡채, 순대, 닭섭산적, 다시마냉국, 이면수구이, 가자미식해, 북어식해 등이 있다. 떡은 인절미, 오그랑떡, 언감자떡, 달떡 등이 있고, 조과류로 과줄, 산자, 약과, 콩엿강정, 들깨엿강정, 산자 등이 있으며, 음료에는 단감주가 있다.

별미 음식

함경도 회냉면은 본고장에서는 감자 녹말을 반죽하여 빼낸 국수를 삶아서 매운 양념으로 무친 가자미를 위에 얹는다고 한다. 지금은 새콤달콤하고 새빨갛게 무친 홍어회를 많이 쓰지만 동해안 지방에서는 명태회를 쓰기도 한다.

가리국은 고깃국에 밥을 만 탕반의 일종으로 본고장에서 오래전부터 음식점에서 팔던 음식이라고 한다. 사골과 소의 양지머리(석기살)를 푹 고아서 육수를 만들고 삶은 고기는 가늘게 가른다. 선지는 따로 끓는 물에 삶아 내고, 쇠고기 우둔은 가늘게 채 썰어 육회를 준비한다. 대접에 밥을 담고 삶은 고기와 선지 썬 것과 육회를 얹어서 담는다. 육수에 두부를 한 모씩 넣어 따뜻하게 데워 이를 밥 위에 얹고 육수를 듬뿍 붓는다. 먹을 때는 먼저 육수를 마시고 나서 매운 다대기 양념을 넣어 밥을 비벼서 먹는다.

가자미식해도 회냉면과 더불어 널리 알려진 음식으로 새콤하게 잘 삭은 것은 술안주나 밥반찬으로 일품이다. 손바닥만한 크기의 가자미를 씻어서 소금에 살짝 절여서 꾸득꾸득 말려 토막을 낸다. 조밥을 짓고, 무는 굵게 채썰어 절여서 물기를 짜고 가자미와 합하여 고춧가루, 다진 파와 마늘, 생강을 넉넉히 넣고 엿기름가루를 한데 버무린다. 김치처럼 항아리에 꼭꼭 눌러서 서늘한 곳에 일 주일쯤 두어 익힌다. 새콤하면서 매운맛이 독특하다. 생선이 삭은 후에 무를 넣기도 한다.

　동태순대는 동태의 내장을 빼낸 뱃속에 소를 채워 만든 순대이다. 동태를 절여서 배를 가르지 말고 입쪽에서 내장을 빼내고, 동태 내장과 두부, 삶은 숙주와 배추를 잘게 다져 섞어서 다진 파와 마늘, 후춧가루, 소금으로 양념하여 입에서부터 채워 넣어 입을 아무린다. 김장철에 많이 만들어 얼려 두었다가 찌거나 구워 먹는다.

　콩부침은 불린 콩을 갈아서 돼지고기와 풋고추 썬 것과 다진 파, 마늘을 섞어서 빈대떡 부치듯 지지는데 끈기가 별로 없으므로 작게 부친다. 차수수와 녹두를 가루 내어 부친 잡곡전도 있다.

명절 음식과 시식(時食)

부⑩

우리 조상들은 다달이 있는 절기에 맞춰 특별한 음식을 해 먹었는데 이를 절식(節食)이라 하고, 시식(時食)은 춘하추동 계절에 따라 나는 식품으로 만든 음식을 통틀어 말한다. 예부터 홀수이면서 달과 날이 같은 날을 큰 명절로 여겼는데 단일(端一), 단삼(端三), 단오(端午), 칠석(七夕), 중구(重九)가 있다.

육당 최남선은 『조선상식문답』에서 "제철에 나는 재료를 그 때에 맞게 조리하여 먹는 음식을 시식(時食) 또는 절식(節食)이라 이르니 흔히 명일(名日)을 중심으로 하여 이를 각미(覺味)하였다"고 하였다. 시절식은 궁중이나 민가나 비슷하고, 서울이나 지방이나 마찬가지였다. 우리의 명절은 대부분 농사의 월령과 관련지어 지키는 세시 풍속이 대부분이다. 조선 시대의 세시 풍속은 『경도잡지』, 『동국세시기』, 『열양세시기』에 잘 나와 있다.

정월

정월 차례(正月 茶禮)

종묘나 가묘에서 제사 지내는 것을 차례라 한다. 정월 차례를 떡국차례라고 하는 것은 메(飯) 대신에 떡국을 올리기 때문이고, 차례를 지내기 위해 만드는 음식을 세찬(歲饌)이라 한다.

원단(元旦)의 절식은 흰떡, 떡국, 만두국, 약식, 약과, 다식, 정과, 강정, 전야, 빈자떡, 편육, 족편, 누름적, 떡찜, 떡볶이, 생치구이, 전복초, 숙실과, 수정과, 식혜, 젓국지, 동치미, 장김치 등이다. 세찬 중에 가장 으뜸은 멥쌀로 만든 흰떡이며 이것으로 떡국을 끓일 때 쇠고기, 꿩고기, 닭고기 등을 넣는다.

정월 삼일에는 승검초편, 꿀찰떡, 봉오리떡(두텁떡), 오리알산병, 각색주악, 각색단자 등을 절식으로 삼기도 한다.

상원(上元)

상원을 대보름이라고도 한다. 상원 절식의 으뜸은 약식(藥飯)이다. 약식의 유래는 "신라 소지왕(炤智王)이 정월 15일 까마귀의 도움으로 위기를 모면하였다. 그 은혜에 보답코자 찹쌀밥을 지어 까마귀에게 제사를 지냈다"고 『삼국유사』에 씌어 있다. 신라 시대에는 약밥이 아니고 찹쌀밥이었는데 고려시대의 『목은집』을 보면 기름, 꿀, 잣, 밤, 대추 등을 넣어 만든 호화로운 음식이었다. 서민들은 약밥을 해 먹기가 어려워 대신 오곡밥을 만들어 이웃과 나누어 먹는 풍습이 남게 된 듯하다.

대보름 절식에는 오곡수라, 묵은나물(上元菜), 약식, 유밀과, 원소병, 부럼, 귀밝이술, 복쌈, 팥죽 등이 있다.

상원채(上元菜)는 지난해에 말려 둔 묵은 나물들을 삶아서 나물을 만드는 것으로, 오곡밥과 같이 먹으면 여름에 더위를 안 탄다고 한다. 아홉 가지 나물은 호박오가리, 가지고지, 시래기, 묵나물, 취나물, 박나물, 표고 등이다. 『동국세시기』에서는 이 나물을 '진채(陳菜)'라 하였다. 오래 산다고 하여 배춧잎, 취, 김으로 쌈을 싸서 먹는데 이를 복쌈 또는 명쌈이라고 한다.

또 이른 새벽에 날밤, 호두, 은행, 잣, 무 등을 깨물며 1년 동안 무사태평하고 종기나 부스럼이 나지 않게 해달라고 축수한다. 이를 부럼 또는 작절(嚼癤)이라고 한다. 치아를 튼튼하게 하기 위한 목적도 있다.

정월 보름경에는 씨를 뿌리기 전의 풍년을 기원하는 행사로 『경도잡지』나 『동국세시기』에 나와 있는 '화적(禾積)'이 있다.

시골 인가에서는 보름 전날 짚을 묶어 깃대 모양을 만드는데 그 안에 벼, 기장, 피, 조의 이삭을 집어 넣어 싸고 목화를 그 장대 위에 매단다. 그것을 집 옆에 세우고 새끼를 늘어뜨려 고정하는데 이를 화적이라 한다.

입춘(入春)

입춘날에는 진산채(進山菜)라 하여 경기도의 산골 지방에서 움파, 산갓, 당귀싹(辛甘草), 미나리싹, 무싹 등의 오신반(五辛盤)을 궁중에 진상하고, 민가에서도 서로 선물을 주고받았다. 산갓은 초봄에 눈이 녹을 무렵 땅속에서 움터 나오는 풀싹인데 데쳐서 초장에 무치면 매우면서도 맛있다. 당귀싹은 움에서 키운 것으로 깨끗하기가 은동곳 같아 꿀을 찍어 먹으면 맛이 좋다고 하였다.

중국의 옛 기록에 "동진(東晉)의 이악(李鄂)이 입춘날 무와 미나리로 채반을 만들어 손님을 대접했다"고 했고, 두보(杜甫)의 시에 "입춘날에 가느다란 생채(春日春盤細生菜)"라는 말이 있으며, 소동파(蘇東坡)의 시에도 "파란 쑥과 노란 부추가 봄에 채반에 올랐도다." 하였다. 오신반의 다섯 가지 생채에 대하여 중국과 우리의 문헌에 여러 가지 설이 전해지나 그 중 움파, 산갓, 당귀싹 세 가지가 속한 것은 확실하다.

이월

중화절(中和節)

정조 병진년(1766년)에 음력 이월 초하룻날(朔日)을 중국 당나라의 중화절을 본따 농사일이 시작되는 날로 정하였다. 당나라의 이필(李泌)이 임금에게 "이월 초하루를 중화절로 삼아 백관으로 하여금 농서(農書)를 올리게 하고 힘써야 할 근본을 나타내게 하십시오"라고 한 기록에서 따 온 것이다. 농가에서는 그 해의 풍년을 빈다는 뜻으로 정월 대보름날 세워 두었던 볏가릿대에서 벼이삭을 내려 송편을 만들어 먹었다. 이 떡을 노비에게도 나누어 주어 농사일을 격려하여 이 날을 노비일(머슴날)이라고도 한다.

김장철에 말려 두었던 시래기를 양념하여 송편의 소로 넣어 쪄 먹으면 일년 내 고약한 병과 액운을 면할 수 있다고 하여 액막이로 먹기도 하였다.

문묘석전(文廟釋奠)

이월 첫 정(丁)일에는 문묘석전을 행한다. 문묘는 공자와 그 밖의 명현의 위패를 안치하는 곳이다. 제물은 소나 돼지의 희생을 쓰고, 밥을 쪄서 올린다.

천빙(薦氷)

이월 안에 길일을 택하여 태묘(太廟)에 얼음을 천신한다.

삼월

삼짇날(上巳日)

삼춘(三春 : 봄의 석 달)의 가장 큰 명절로 삼는다. 삼동을 꼭 갇혀 살다가 화창한 봄을 맞아 해방된 기쁨을 만끽하는 명절이다. 이 때 동류수(東流水)에 나가서 불계(祓禊 : 신에게 빌어 재액을 제거함)의 종교 의식을 행한다. 모든 묵은 때를 없애 버린다는 뜻이며 이 날은 강남에서 제비가 돌아오는 날이라 한다. 들판에 나가 무성한 풀을 밟고 새로운 생명을 반기고 풍류를 즐기는 인사들은 냇가에 모여서 유상곡수연(流觴曲水宴 : 삼월 삼짇날, 곡수에 잔을 띄워 그 잔이 자기 앞에 오기 전에 시 따위를 짓는 놀이)을 벌인다. 이 고적이 경주 포석정(鮑石亭)에 남아 있다. 중삼절에는 두견화(杜鵑花)전, 화면(花麵), 수면(水麵)을 천신한다.

삼짇날의 절식은 청주, 육포, 절편, 녹말편, 조기면, 진달래화전, 수면(水麵), 청면(淸麵), 화면(花麵) 등이 있다. 오미자를 찬물에 담가서 우려내면 빨갛고 신맛이 난다. 꿀을 타서 신맛과 단맛을 맞추어서 오미자국을 마련한다. 두견화가 피기 전 이른 봄에는 화채감이 마땅치 않다. 이 때 녹두 녹말을 만들어 홀홀하게 풀어서 놋쟁반에 한술 떠서 얇게 펴 끓는 물에 중탕하여 익히다가 반 정도 익으면 더운물 속에 담가 말갛게 다 익으면 꺼내서 찬물 속에서 떼어 낸다. 이 얇은 조각을 돌돌 말아서 물을 훑어 곱게 채 썰어서 오미자국에 띄운다. 마시면 매끄럽게 넘어가는 촉감이 아주 좋은데, 이를 수면 또는 청면, 창면(暢麵), 책면(冊麵)이라 한다. 화면은 오미자화채의 건지로 진달래꽃을 띄우는, 운치 있는 음료이다. 진달래꽃은 술을 따 내고 녹두 녹말을 묻혀서 끓는 물에 잠깐 넣어 녹말이 익어서 매끄러워지면 찬물에 건져서 오미자국에 잣과 함께 띄우면 맛과 빛깔이 아주 훌륭하다.

화전(花煎)놀이

진달래꽃과 참꽃을 따서 꽃술을 빼고 찹쌀가루를 지질 때 붙인 화전은 가묘(家廟)에 먼저 천신하고 함께 먹는다. 『동국세시기』에 따르면 필운대(弼雲臺)의 살구꽃, 북둔(北屯)의 복사꽃, 홍인문(興仁門) 밖의 버들이 아름다워 이곳에 모여서 꽃놀이도 하고 화전을 부쳐 먹으며 하루를 즐겼다고 한다. 조선 말기 궁중에서는 창덕궁 후원(비원)의 옥류천에 나가서 궁녀들이 진달래꽃을 따서 그 자리에서 화전을 부치고 즐겼다고 한다. 왕은 봄, 가을로 꽃놀이에 행차하는데 이 날 준비는 소주방(燒廚房)에서 했다. 봄에는 두견화를 따서 화전을 부치고, 가을에는 국화전을 부치면서 꽃놀이를 했다.

곡우절(穀雨節)

곡우는 농가에서 모판을 만들기 시작할 무렵으로 곡우절 삼일은 공미리(針九魚)가 한창이고, 경기도 일대와 서울로 들어오는 연평도 조기는 이 때 기름이 가장 많이 오르는 때여서 맛이 좋다. 음력 삼사월이면 소어(蘇魚 : 밴댕이)와 웅어가 많이 잡혔다. 웅어는 한강 하류인 경기도 고양군 양주 근처의 사옹원의 관망(官網)으로 잡아서 진공(進供)했다. 궁중에서는 이 웅어로 고추장을 넣고 감정(찌개)을 만들어 올렸다. 소어는 안산 군자만에서 많이 잡히며, 회, 구이, 전, 찌개 등을 해 먹는다.

한식(寒食)

한식은 동지에서 105일째 되는 날이며 이 날 성묘를 한다. 민간에서는 설날, 한식, 단오, 추석의 네 명절에 제사를 올리고, 궁중에서는 여기에다 동지를 더하여 오절사(五節祀)를 지냈는데 술, 과일, 포, 식혜, 떡, 국수, 탕, 적 등을 차렸다. 민간에서는 이 날을 전후하여 쑥탕, 쑥떡을 해 먹고 조상의 무덤에 떼를 입혔다.

중국 춘추 시대에 개자추(介子推)란 신하가 진나라 문공(文公)이 공자(公子)로서 망명할 때 19년간 모셨다. 그는 문공이 귀국한 후에 간신의 모함을 받아 벼슬을 하지 못하고 면산(緜山)에 숨어 살았는데 문공이 잘못을 뉘우치고 나올 것을 간청했지만 나오지 않았다. 문공이 산에 불을 질렀으나 그래도 나오지 않고 늙은 홀어머니를 껴안고 버드나무 아래에서 타 죽었다. 그래서 이 날은 문에 버드나무를 꽂기도 하고 개자추를 생각하며 불을 쓰지 않고 찬밥을 먹어 냉절(冷節)이라 하기도 한다.

봄철 시식

이 때의 시식으로는 탕평채(蕩平菜), 수란(水卵), 조기국, 하돈(河豚), 도미찜, 서여증식(薯蕷甑食), 떡 등이 있다. 탕평채는 늦은 봄 녹두묵(菉豆泡纙)에 돼지고기, 미나리, 김을 넣고 초장으로 무친 음식이다.

수란은 달걀을 끓는 물에 넣고 반숙한 것으로 초장을 찍어 먹으며, 조기국은 황저합(黃苧蛤 : 모시조개)과 석수어(石首魚 : 조기)를 한데 넣고 끓인 국이다. 하돈은 복어를 가리키는데 복숭아꽃이 떨어지기 전에 미나리를 넣고 기름장으로 국을 끓이면 맛이 아주 좋다. 도미찜은 가장 맛이 있을 때의 도미(禿尾魚)로 찜을 하는데 승기악탕(勝妓樂湯)이라고도 하였다.

서여증식은 서여(마)를 쪄서 꿀에 찍어 먹는 것으로, 생실과 접시에 함께 담아 낸다.

여러 가지 떡인 각색병을 만들어 먹기도 했다. 『동국세시기』에서는 떡집에서 멥쌀로 만든 흰떡에 팥소를 넣고 방울떡을 만들어 오색빛을 찍어 다섯 개를 염주처럼 꿰어 만든 것을 환병(環餠)이라 하였고 청, 백, 분홍색 등으로 반달형으로 만든 떡을 작은 것은 다섯 개, 큰 것은 두개 또는 세 개를 잇대어 붙인 것을 산병(散餠)이라 하였다. 지금의 개피떡과 같다. 오색떡을 크게 만든 마제병(馬蹄餠), 대추를 넣은 찰시루떡도 춘절의 시식이다.

사월

초파일(燈夕節)

초파일은 석가모니의 탄생일로 저녁에 연등하여 경축한다. 중국의 연등회는 정월 15일인데 우리 나라에서는 고려 때부터 4월에 지낸다.

인가마다 등대(燈竿)를 세우고 위쪽에 꿩의 꼬리를 장식하고 깃발을 만들어 자녀의 수대로 등을 달아 올렸다.

초파일에는 고기를 넣지 않은 음식을 만들어 소연(素宴)을 베푼다. 소찬(素饌)으로 삶은 콩, 미나리강회, 느티잎시루떡 등이 있다. 궁중의 초파일 절식에는 녹두찰떡, 쑥편, 화전, 청홍주악, 석이단자, 국수비빔, 양동구리, 해삼전, 양지머리편육, 신선로, 도미찜, 웅어회, 도미회, 미나리강회, 가련수정과, 순채화채, 청면, 제육편육, 생실과, 숙실과, 햇김치 등이 있다.

초여름(初夏) 시식

초여름 시식으로는 기주떡, 화전, 어채, 어만두, 미나리강회 등이 있다. 기주떡은 쌀가루에 술을 넣어 발효시켜서 쪄 낸 증병으로 여름철에 맛있게 먹을 수 있는 떡이다.

여름철 화전은 노란 장미꽃을 찹쌀 반죽에 붙여서 지진 것이며, 어채는 흰살 생선의 살을 잘게 썰어서 녹말을 입혀 끓는 물에 살짝 데쳐 낸 숙회이다. 오이, 국화잎, 석이, 달걀 지단 등과 함께 놓는다. 어만두는 민어 같은 흰살 생선을 넓게 조각을 떠서 고기 소를 넣어 만두처럼 빚어서 쪄 내어 초장을 찍어 먹는다. 미나리강회는 미나리나 연한 실파를 끓는 물에 데쳐서 강회로 말아서 초고추장을 찍어 먹는 것으로 술안주로 많이 한다.

오월

단오(端午)

단옷날은 수리(戍衣), 수릿날, 천중절(天中節), 단양(端陽) 등으로도 불린다. 이 날은 여름 더위가 시작되는 날이라 하여 부녀자들이 창포 삶은 물로 머리를 감고, 창포 뿌리를 깎아 비녀를 만들어 '수복(壽福)'이란 글자를 새겨 꽂기도 하였다. 궁중의 단오 절식에는 증편, 어알탕, 준치만두, 앵두화채, 제호탕, 생실과, 수리취떡 등이 있다. 수리취떡은 수리취를 삶아서 절편을 찧을 때 함께 쳐서 수레바퀴 문양 떡살을 박아 만들어 차륜병(車輪餠)이라도 하고, 쑥을 삶아서 넣은 애엽고(艾葉餻)도 있다.

『성호사설』에는 "주악, 증편, 수단이 단오절의 절식"이라고 씌어 있으나 "지금은 중요시하지 않는다"고 하였고, 고려 시대의 『목은집』에는 "창포 배 금 술잔에 창꽃이 떠 있다"는 구절이 나오는 것으로 보아 창포주가 고려 시대의 단오 절식이었음을 알 수 있다.

단오날 오시(午時 : 낮 12시)에는 쑥과 익모초를 뜯어서 응달에 말려 일 년 내 약용으로 쓴다. 대추나무가 있는 집에서는 "대추나무 시집보내기(嫁樹)"라 하여 대추나무의 두 가지 사이에 돌을 끼워 놓으면 대추가 많이 열리고, 다른 과수도 이 날 전지(剪枝)를 하면 과일이 많이 열린다고 한다.

제호탕은 약이면서 청량음료에 속한다. 단오절부터 여름 내내 시원한 냉수에 타서 마시면 더위를 타지 않고 건강하게 지낼 수 있다고 한다. 제호탕의 재료는 백청(白淸) 한 두, 오매말(烏梅末) 10량, 백단향(白檀香) 8돈, 축사(縮砂) 4돈, 초과(草果) 3돈이다. 약재 모두를 고운 가루로 만들어서 백청을 끓이면서 넣어 되직하게 될 때까지 달여서 백항아리에 담아 놓고 먹을 때에 냉수에 몇 숟가락씩 타서 마신다. 속이 시원하고 향기가 오래도록 가시지 않는다고 한다.

장 담그기(沈醬)

콩을 볶아서 삶아 메주를 만들어 장을 항아리에 담아서 겨울을 넘겼다가 먹는다. 신일(申日)에는 무슨 일이든 꺼리지만 장을 담글 때는 더욱 꺼린다.

유월

유두(流頭)

유월 보름을 유두라고 하는데 대개 신라의 풍습을 따른다. 동으로 흐르는 냇물에 머리를 감아 모든 부정을 다 떠내려 보내고, 액막이를 위해 모여 마시는 술자리를 유두연(流頭宴)이라 하는데 산골짜기나 물가 등 경치 좋은 곳을 찾아가서 즐겼다. 하루 동안 자연을 즐기면서 시를 짓는 것은 옛날부터 내려오는 풍류놀이라 할 수 있다.

유두날 아침에는 수단, 건단, 유두면 등과 수박, 참외 등의 햇과일 그리고 피, 기장, 조, 벼를 조상께 천신했다. 궁중에서는 종묘에 천신했다. 수수피 나락을 가묘에 바치는 것을 천곡(薦穀)이라 하였다. 보리로 단술을 빚어서 바치기도 했다. 유두면은 밀가루로 국수를 만들어서 닭국에 말아먹는데 이를 먹으면 더위를 안 탄다고 한다. 옛날에는 밀가루로 구슬을 만들어 오색으로 물감을 칠해서 세 개씩 꿰어 차고 다니거나 문설주에 매달아 놓으면 액을 면한다고 하였다.

유두 절식에는 편수, 봉선화화전, 감국화전, 색비름화전, 맨드라미화전, 밀쌈, 구절판, 깻국탕, 어채, 복분자(覆盆子 : 산딸기)화채, 떡수단, 보리수단, 참외, 상화병(霜花餠 : 기주떡)등이 있다.

삼복 시식

복날에는 더위를 피하여 산수 좋은 곳을 찾아가서 시를 짓고 술을 마시고 찬물에 발을 담그며 하루 더위를 잊는다. 복날에는 붉은팥과 쌀로 죽을 쑤어 더위를 이겼는데 여기에는 축원의 뜻이 담겨 있다.

삼복 시식으로는 수단, 연병, 편수, 계삼탕, 깨찰떡, 꿀설기, 주악, 규아상(미만두), 편수, 육개장, 깻국탕(荏子水湯), 김치국냉면, 영계찜, 어채, 떡수단,

복분자화채, 장김치, 열무김치, 참외, 수박 등이 있다.

수단은 멥쌀가루를 흰떡처럼 쳐서 가늘게 비벼서 구슬처럼 만들어 꿀물에 넣어 먹는 것이다. 예전에는 차례에도 올렸다. 꿀물에 넣지 않은 것은 건단이라 하는데 지금의 절편이었으리라고 생각한다. 연병은 지금의 밀쌈과 같이 밀전병을 부쳐서 호박, 팥, 깨를 소로 넣어 돌돌 만 것이다. 편수는 밀가루 반죽을 얇게 밀어서 호박 소를 넣고 빚어서 초장을 찍어 먹는다. 계삼탕은 닭을 잡아서 뱃속에 인삼, 대추, 찹쌀을 넣고 고아서 먹는 것으로 여름철에 좋은 보양식이다. 지금은 삼계탕이라고 한다.

칠월

칠석(七夕)

칠월 칠일은 견우와 직녀가 오작교에서 일 년에 한 번 만난다는 날이다. 부녀자들은 마당에 바느질 차비를 하고 음식을 차려 놓고 길쌈과 바느질을 잘하게 해 달라고 바느질을 관장하는 직녀에게 빈다. 이 날 집집마다 책을 볕에 쬐는 풍습도 있다. 칠석날의 절식에는 밀전병, 증편, 육개장, 게전, 잉어구이, 잉어회, 복숭아화채, 오이소박이, 오이깍두기 등이 있다.

백중(百中)

칠월 보름은 중원이라 하고 백종(百種)일 또는 망혼(亡魂)일이라고도 한다. 불가(佛家)에서는 먼저 세상을 떠난 망혼을 천도하는 우란불공(盂蘭佛供)을 드린다. 도가(道家)에서는 천상의 선관이 일 년에 세 번씩 인간의 선악을 기록하는 때를 원(元)이라 하여 정월 보름을 상원(上元), 칠월 보름을 중원(中元), 시월 보름을 하원(下元)이라 하고 이 삼원에 제사를 지낸다. 여염집 사람들은 모여서 주연을 베풀고 팔씨름 내기를 하며 즐긴다. 또 이른 벼 즉 조도(早稻: 올벼)를 가묘에 천신한다.

여름철 시식

이 때의 시식으로는 밀국수, 애호박전, 민어지짐이, 떡국, 과일로는 참외가 있다. 밀국수는 깻국(白麻子湯)에 말아서 호박과 닭고기를 얹어 먹으며 민어 대가리를 넣고 지짐이를 지져 먹는다. 궁중에서는 정월에 남겨 둔 흰떡을 다시 불려서 떡국을 끓여 먹었는데, 더위를 이기기 위해 겨울 음식을 여름에 다시 먹는 것이다.

팔월

추석(秋夕, 嘉俳)

추석은 가배 또는 한가위라고도 하며, 설과 함께 가장 큰 명절이다. 오곡이 다 여물고 모든 과일이 다 익고 채소도 풍성한 추수절이므로 햇곡식으로 신곡주(新穀酒)를 빚고 햇과일을 따고 제물을 차려 조상께 제사를 올리는 추석 차례를 지낸다. 한가위 절식에는 오려송편(철 이르게 익는 벼인 올벼로 만든 송편), 토란탕, 밤단자, 갖은 나물, 가리찜, 배화채와 밤, 대추, 사과, 배, 감 등의 햇과일이 있다.

구월

중양절(重陽節)

양수(陽數)가 겹치고, 구(九)가 겹친 날로 명절로 삼는다. 삼짇날에 돌아온 제비가 다시 강남으로 떠나는 날이다. 중양절에는 향기가 좋은 국화꽃이나 잎으로 화전을 지져 먹고 산과 들로 나가 단풍을 감상하며 국화꽃을 띄운 술을 마시면서 시를 읊었다. 가묘에 황국전을 지져서 천신했다. 중양절의 절식에는 감국전, 밤단자, 유자화채, 생실과 등이 있다. 유자화채는 배, 유자를 썰어 꿀물에 넣고 석류와 잣을 띄운 화채로 향기가 아주 좋다.

가을철 시식

추수가 한창이라 햇곡식이 풍성하여 인심도 후한 계절이다. 물호박떡, 무시루떡, 밤단자, 대추인절미 등의 떡과 토란탕, 토란단자 등을 만들고, 살찐 황계(黃鷄)를 백숙한다.

시월

무오일(戊午日)

붉은팥을 고물로 하여 햇곡식으로 시루떡을 쪄서 마구간에 갖다 놓고 무병하기를 빌고, 무당은 오(午)일 중에 무오일이 가장 좋은 날이라 하여 성주굿(성주맞이굿, 성주풀이)을 하고 다닌다. 햇곡식으로 술을 빚고 붉은팥 시루떡을 바치고 빈다. 무오일의 절식에는 무시루떡, 무오병, 신선로, 감국화전, 유자화채 등이 있다.

초겨울 시식

이 때의 시식으로는 변씨(邊氏)만두, 애탕(艾湯), 쑥단자, 밀단고(蜜團餻), 연포탕(軟泡湯), 신선로(神仙爐) 등이 있다.

변씨만두는 모밀가루 반죽으로 빚은 만두로 모양이 세모꼴이다.

애탕은 쑥을 넣은 국이고, 쑥단자는 쑥을 찧어 떡을 만들고 볶은 콩가루를 묻힌 것이다. 밀단고는 찹쌀가루로 동그란 떡을 만들어 삶은 콩을 꿀에 섞어 바르되 붉은빛을 낸 것이고, 연포탕은 두부를 가늘게 잘라 꼬치에 꿰어 기름에 지져서 닭고기를 섞어 끓인 국이다. 신선로는 원래 화로와 냄비가 한데 붙은 그릇을 말하는데, 이 냄비에 갖가지 고기와 채소를 고루 꾸며서 담고 장국을 끓여서 먹는다. '입을 즐겁게 한다'고 하여 '열구자탕(悅口資湯, 悅口子湯)' 또는 '구자(口子)'라고도 한다.

난로회(煖爐會)는 도회지 풍속으로 날이 추워지면 큰 화로를 둘러싸고 앉아서 전철(煎鐵 : 전골틀)을 걸고 양념한 고기를 볶고 가운데 장국을 부어 끓이면서 즐기는 시식이다.

동짓달

동지(冬至)

동지는 밤이 길고 낮이 가장 짧은 날이다. 하지 때 가장 짧았던 해가 동지를 지나면서 조금씩 길어지는 현상을 고대인은 태양이 죽었다가 부활하는 것으로 생각하여 생명과 광명의 주인인 태양신에 대한 축제를 열었다. 동지를 다음해가 되는 날이라는 뜻으로 '아세(亞歲)' 또는 '작은 설'이라 부르기도 한다.

동지의 절식에는 팥죽, 전약, 식혜, 수정과, 동치미 등이 있다.

동짓날에는 온갖 귀신과 잡신을 쫓는다는 벽사(僻邪)의 뜻으로 팥죽을 쑨다. 먼저 팥죽을 사당에 올려 차례를 지내고, 다음에 방, 마루, 광에 한 그릇씩 떠 놓고, 대문이나 벽에다 팥죽을 뿌리고 나서 먹는다. 이 풍습은 팥이 액을 막고 잡귀를 없애 준다고 하는 데서 나왔다. 팥죽을 동네의 고목에 뿌리기도 했다.

민간에서는 동지 팥죽을 먹어야 나이를 한 살 더 먹는다고 생각한다. 따라서 유두, 백중 등 제일(祭日)에 냇가에 뿌리고 먹는, 귀신을 쫓는 팥죽과는 달리 동지 팥죽에는 반드시 먹는 사람의 나이 수만큼씩 새알심을 넣어서 먹는 풍습이 있다.

동짓날 궁중에서는 전약을 만들어 진상하고 다시 이를 신하들에게 나누어 주었다. 『동의보감』의 전약에 쓰인 약재는 백청 1두, 아교(阿膠 : 젤라틴) 1두 3승, 관계(官桂 : 좋은 계피) 6포, 건강(乾薑 : 말린 생강) 1량 4돈, 후추(胡椒) 5돈, 정향(丁香) 3돈, 대추살(大棗肉) 8홉 등이 들어 있다. 아교를 녹이고 약재는 모두 곱게 가루를 내고 대추는 쪄서 체에 걸러 꿀에 넣고 오래 끓여서 족편처럼 굳힌다. 약재가 들어 있는 족편이라고 할 수 있으며 겨우내 추위로부터 몸을 보한다고 한다.

다음으로 강정이 있는데 찹쌀을 물에 담가 골마지가 생기도록 삭혀서 가루를 내어 반죽하여 반대기를 만든 다음 꽈리가 일도록 오래 쳐서 얇게 편다. 작게 썰어 말렸다가 기름에 튀겨 내면 고치처럼 부풀어오른다. 강정은 유과 또는 과줄이라고도 하고 모양이나 고물에 따라 여러 가지로 불린다. 세건반강정, 매화강정, 빙사과, 연사과, 산자 등이 모두 유과에 속하는 과자로 겨울철이 제철이며 세찬으로도 중요하다. 오색강정은 색을 들인 세건반과 흰깨, 흑임자, 잣가루, 승검춧가루, 송홧가루 등 여러 고물을 묻혀서 만든다.

겨울철 시식

냉면은 추운 겨울의 시식으로 꼽힌다. 고종은 특히 면을 좋아하여 야참으로 냉면을 즐겼다고 한다. 냉면의 꾸미는 편육, 배, 잣뿐이었고 국물은 육수가 아니고 시원한 동치미국에 배를 많이 넣은 것이라 무척 달고 시원했다고 한다. 그 밖의 시식으로는 잡채와 골동면(骨董麵)이 있다. 잡채는 고기와 채소를 두루 볶아서 당면과 버무린 음식이고, 골동면은 비빔국수로 고기와 여러 채소를 넣어 기름 간장으로 고루 섞어 비빈 국수이다.

섣달

납일(臘日)

납일은 동짓날에서 세 번째 미일(未日)로, 그 해 농사 형편과 여러 가지 일에 대하여 신에게 고하는 제사를 지내는데 이를 납향(臘享)이라고 한다. 수렵이 해제되는 때이기도 하다. 궁중에서는 왕이 수렵 행사 한다는 통고가 있으면 사냥터에서 먹을 음식을 소주방에서 차려서 나가고, 수렵에서 돌아오면 노루, 산돼지, 메추리, 꿩 등 잡은 고기로 전골을 만들어 잔치를 베푼다. 수렵한 산짐승, 산새 등으로 만든 전골을 납평전골이라 부르며 납일에 수렵해 온 고기는 모두 맛이 좋았다 한다.

종묘의 납향 때 납육(臘肉)으로 산돼지와 산토끼를 썼다. 경기도 산간 지역에서는 납향에 쓰는 산돼지를 조달하기 위하여 그곳 수령들이 군민을 동원하여 산돼지를 잡았다고 한다.

항간에서는 황작(黃雀:참새)이 특히 노인, 아이나 약한 이에게 좋고 마마를 깨끗이 낫게 한다고 하여 많이 잡아 먹었다고 한다. 납일 밤에는 사내들이 한패가 되어 그물을 가지고 새가 둥지를 튼 지붕 추녀를 찾아다니며 새잡이를 한다. 그물을 새 둥지에 대고 막대기로 추녀를 세게 치면 잠자던 새들이 깨서 날다가 그물에 걸리는 것이다. 납일에 내린 눈을 받아 독에 담아두고 눈에 바르면 눈병이 없어지고, 옷이나 책에 바르면 좀이 슬지 않으며, 약을 지을 때나 장, 술, 김치를 담글 때 쓰면 벌레가 안 난다고 한다. 눈 녹은 물은 증류수와 같아서 귀하게 쓰인 모양이다.

대회일(大晦日)

섣달 그믐날은 모든 것을 마무리하고 고요한 마음으로 새해를 맞이한다 하여 제야(除夜)라고 한다. 그믐날의 절식에는 골무병, 주악, 잡과병, 떡국, 만두, 각색편, 각색전골, 정과, 식혜, 장김치, 보쌈김치, 비빔밥 등이 있다.

세찬(歲饌)

조선 시대에는 각 지방의 절도사, 각 도백(道伯) 수령들이 궁중과 고관 친지에게 토산물을 증정하고 세찬 단자를 바쳤다. 이것을 총명지(聰明紙)라 했다. 세찬이 토산물이 아닌 경우에는 떡쌀, 술쌀, 두부콩, 메밀쌀을, 세육(歲肉)으로는 쇠고기, 꿩고기, 북어, 참새 등이 좋으며, 과품으로는 밤, 대추, 곶감, 엿강정 등을 선물하였다.

궁중 음식

부⑪

　우리 나라는 5,000년의 역사를 이어 오면서 조선 왕조에 이르러 가장 화려한 음식 문화를 이루었다. 조선 시대 궁중의 식생활에 관하여는 『경국대전』, 『조선왕조실록』, 『진연의궤』, 『진작의궤』, 『궁중음식발기』 등의 문헌에 잘 나타나 있다. 의례, 기명(器皿), 조리 기구, 상차림법, 음식명과 음식의 재료 등을 알 수 있다. 궁중 음식의 조리 기술은 나인들의 손에서 손으로 대를 이어 전승되어 온 것으로, 이를 바로 알고 보존하는 것은 큰 의의가 있다. 지금 전하는 궁중 음식의 실제 조리법은 조선의 마지막 주방 상궁인 한희순(韓熙順)에게서 전수받은 이들이 재현하고 있다.

　우리 음식 문화의 정수라 할 수 있는 궁중 음식을 보존하기 위하여 1970년 당시 필자의 모친이기도 한 황혜성(黃慧性) 문화재전문위원은 조선 시대 궁중 음식의 조리 기술, 상차림, 기명, 주방 제도 등을 조사하여 문화공보부 문화재관리국에 보고하였다. 1971년 1월 6일 국가에서는 '조선왕조 궁중 음식'을 중요 무형문화재 제38호로 지정하고, 제1대 기능 보유자로 한희순 상궁을 지정하였다. 한희순 상궁의 뒤를 이어 제2대 기능 보유자로 1973년 황혜성을 지정하였고, 1990년에는 기능 보유자 후보로 한복려(韓福麗)를 지정하였다.

궁중의 일상식

궁중에서의 평상시 일상식은 이른 아침의 초조반(初朝飯), 조반(朝飯)·석반(夕飯)의 두 번의 수라상(水刺床) 그리고 점심 때 차리는 낮것상과 밤중에 내는 야참(夜食)까지 다섯 번의 식사를 올린다. 낮것상이란 점심과 저녁 사이의 간단한 입맷상으로 차리는 장국상 또는 다과상을 말한다. 세 번의 식사 외에 야참으로는 면, 약식, 식혜 또는 우유죽 등을 올렸다. 현재 전하는 수라상 차림은 한말 궁중의 상궁과 왕손들의 구전으로 전해진 것으로 조선시대 전반에 걸친 수라상 차림이라고 할 수는 없다. 『영조실록』에는 "대궐에서 왕족의 식사는 예부터 하루에 다섯 번이다"고 씌어 있으나 영조는 검박(儉朴)하여 오식(午食)과 야식(夜食)을 두 번 줄여서 하루 3회로 하였다고 한다.

궁중의 일상식에 대한 문헌은 연회식에 관한 것보다 훨씬 부족한 형편이다. 그 중 유일하게 궁중 일상식을 알 수 있는 문헌으로 『원행을묘정리의궤(園幸乙卯整理儀軌)』가 남아 있다. 정조 19년(1795년)에 모후(母后)인 혜경궁 홍씨(사도세자 빈)의 회갑을 맞아 화성(華城)의 현융원(顯隆園)에 행차하여 잔치를 베푼 기록이다. 이 의궤에는 왕과 자궁(慈宮)과 여형제들이 한성 경복궁을 출발하여 화성에 가서 진찬(進饌)을 베풀고 다시 환궁할 때까지 8일간 대접하는 식단이 자세히 실려 있다. 특히 일상식에 해당하는 수라상과 죽상, 응이상, 고음상 그리고 다과상에 해당하는 다소반과(茶小盤果)가 실려 있다. 한말보다 약 1세기 앞선 18세기 후반인데도 수라상을 비롯한 음식의 내용이 구한말과는 아주 다름을 알 수 있다.

궁중의 일상식은 왕의 사고 방식에 따라서 사치스럽게 산해진미를 즐기는 경우도 있고, 반대로 검소하게 차린 경우도 있다. 임금에 따라서 수라상의 규모가 다르나 한말의 수라상 차림은 다음과 같다.

수라상

궁중에서는 이른 아침에 보약이나 미음, 응이를 들고 아침 수라는 열시가

지나야 차린다. 저녁 수라는 저녁 다섯시경이다. 평상시에는 수라간(水剌間)에서 주방 상궁들이 준비한 수라상을 왕과 왕비가 각각 동온돌과 서온돌에서 받으며 절대 겸상을 하지 않는다. 대왕대비전과 세자전에는 각각의 전각에 딸린 주방에서 만들어 올린다.

수라상에 올리는 찬물은 왕의 침전과 멀리 떨어진 수라간에서 만들어서 지밀에 속해 있는 배선실(配膳室)인 퇴선간에서 일단 받는다. 퇴선간에서는 식은 찬물을 데우고, 곱돌솥이나 새옹에 백탄을 피워서 수라를 지어 상을 차리고, 수라에 쓰이는 여러 기명(器皿), 화로, 상 등도 관장한다.

① 찬품(饌品) — 평소의 수라상은 12첩 반상 차림으로 수라와 탕 두 가지씩과 기본 찬품, 쟁첩에 담는 열두 가지 찬물로 구성된다.

기본 음식으로 백반(白飯)과 팥 삶은 물로 지은 찹쌀밥인 붉은 빛의 홍반(紅飯) 두 가지를 수라기에 담고, 탕은 미역국(藿湯)과 곰탕 두 가지를 탕기에 담아 올려 좋아하는 것을 골라 먹도록 준비한다. 조치는 토장조치와 젓국조치 두 가지를 준비하고 찜, 전골, 김치 세 가지가 기본 음식이다. 상 위에 놓는 조미품으로 청장, 초장, 윤집(초고추장), 겨자즙 등을 종지에 담는다. 쟁첩에는 열두 가지 찬물을 다양한 식품으로 조리법을 각기 달리하여 만들어 담는다.

② 기명(器皿) — 수라상은 큰 원반과 곁반인 작은 원반, 책상반, 상 세 개에 차린다. 대원반은 붉은색의 주칠을 하고 중자개로 문양을 넣거나 다리에 용트림 무늬를 조각하였다. 대원반은 중앙에 놓이며 왕과 왕비가 먹는 상이다. 곁반으로 소원반과 네모진 책상반이 쓰이며, 책상반 대신 둥근 소반을 쓰기도 한다.

찬물을 담는 그릇은 철에 따라 달리 쓴다. 추석부터 다음해 단오까지는 은 반상기(銀飯床器)를 쓰고, 더운 철인 단오에서 추석 전까지는 사기 반상기를 쓰며, 수저는 은수저를 썼다. 조선조 말에 쓰던 수라상과 은 반상기, 칠보 반상기 등이 창덕궁 전시실에 보존되어 있다.

수라는 주발 모양의 수라기에 담는다. 바리나 합처럼 생긴 것도 있다. 탕은 수라기와 같은 모양인데 크기가 작은 갱기(羹器)에 담는다. 조치는 갱기보다 한 둘레 작은 그릇인데 하나는 토장조치, 또 하나는 젓국조치를 담는다. 수라상에 올리는 기명은 거의 은기나 사기인데 예외로 토장조치는 작은 뚝배기에 담기도 한다. 찜은 조반기(朝飯器 : 꼭지가 달린 뚜껑이 있는 대접)에 담고, 김치류는 쟁첩보다 큰 보시기에 담는다.

열두 가지 찬품은 쟁첩이라는 뚜껑이 덮인 납작한 그릇에 담고, 청장, 초장, 젓국, 초고추장 등은 종지에 담는다.

찻물은 숭늉도 쓰지만 대개 곡차를 끓여서 다관(茶罐 : 차 주전자)에 담고,

궁중의 음식명		일반 음식명	기 명
* 기본 음식 : 수라, 탕, 조치, 찜, 전골, 침채, 장류			
1. 수라	흰밥, 붉은팥밥 2가지	밥, 진지	수라기, 주발
2. 탕	미역국, 곰탕 2가지	국	탕기, 갱기
3. 조치	토장조치, 젓국조치 2가지	찌개	조치보, 뚝배기
4. 찜	찜(육류, 생선, 채소) 1가지	찜	조반기, 합
5. 전골	재료, 전골틀, 화로 준비	전골	전골틀, 합, 종지, 화로 김치보, 보시기
6. 침채류	젓국지, 송송이, 동치미 3가지	김치, 깍뚜기	
7. 장류	청장, 초장, 윤집, 겨자집 3가지	장, 초장, 초고추장	종지
* 찬품(12첩)			
1. 더운 구이	육류, 어류의 구이나 적	구이, 산적, 누름적	쟁첩
2. 찬 구이	김, 더덕, 채소의 구이나 적	구이	쟁첩
3. 전유화	육류, 어류, 채소류의 전	전유어, 저냐, 전	쟁첩
4. 편육	육류 삶은 것	편육, 수육	쟁첩
5. 숙채	채소류를 익혀서 만든 나물	나물	쟁첩
6. 생채	채소류를 날로 조미한 나물	생채	쟁첩
7. 조리개	육류, 어패류, 채소류의 조림	조림	쟁첩
8. 장과	채소의 장아찌, 갑장과	장아찌	쟁첩
9. 젓갈	어패류의 젓갈	젓갈	쟁첩
10. 마른 찬	포, 자반, 튀각 등의 마른찬	포, 튀각, 자반	쟁첩
11. 별찬회	육, 어패, 채소류의 생회, 숙회	회	
12. 별찬수란	수란 또는 다른 별찬		
* 차수	숭늉 또는 곡차	숭늉	다관, 대접

수라상의 찬품과 기명

찻종보다 큰 대접에 담아 쟁반에 받쳐서 곁반에 올린다. 곡차는 보리, 흰콩, 강냉이를 볶아서 끓인다.

낮것상

점심(點心)은 '낮것'이라 하여 평소에는 마음에 점을 찍을 정도로 가벼운 음식인 응이, 미음, 죽 등의 유동식이나 간단한 다과상을 차려서 올린다. 왕가의 친척이나 손님이 점심 무렵에 방문했을 때에는 국수장국이나 다과상을 차려서 대접한다.

면상(麵床)

탄일이나 명절에는 면상인 장국상을 차려서 손님을 대접한다. 진찬이나 진연 등 궁중의 큰 잔치 때는 병과와 생실과, 찬물을 고루 갖추어 높이 고이는 고임상(고배상 : 高排床)을 차린다. 실제로 먹는 것은 입맷상으로 주로 국수와 찬물을 차린다.

면상에는 여러 병과류와 생과, 면류, 찬물을 한데 차린다. 주식으로 온면, 냉면 또는 떡국이나 만두 중 한 가지를 차리고, 찬물로 편육, 회, 전유화, 신선로 등을 차린다. 면상에는 반상에 오르는 찬물인 장과, 젓갈, 마른찬, 조리개 등은 놓지 않으며, 김치는 국물이 많은 나박김치, 장김치, 동치미 등을 놓는다.

초조반(初朝飯)

궁중에서는 아침 수라를 열시경에 차리므로 보약을 먹지 않는 날에는 유동식으로 보양이 되는 죽, 응이, 미음 등을 이른 아침에 올린다. 아침 일찍 먹는 조반이므로 초조반 또는 자릿조반이라고 한다. 궁중에서는 죽을 아플 때가 아니라 초조반 또는 낮것상에 올리는 경우가 많았다.

죽에는 흰죽, 잣죽, 우유죽, 깨죽, 흑임자죽, 행인죽 등이 있다. 미음으로는 차조, 인삼, 대추, 황률 등을 오래 고아서 거른 차조미음이나 멥쌀만 고아서 거른 곡정수(穀精水), 찹쌀과 마른 해삼, 홍합, 우둔고기를 한데 곤 삼합미음 등이 있다. 응이에는 율무응이, 갈분응이, 녹말응이, 오미자응이 등이 있다.

　초조반상은 죽이나 응이, 미음 등 유동식이 주식인 상으로 찬품이 아주 간단하다. 죽상을 차릴 때는 죽, 미음, 응이 등을 합에 담고, 따로 덜어 먹을 공기와 수저를 놓는다. 찬품으로는 어포, 육포, 암치보푸라기, 북어보푸라기, 자반 등의 마른찬을 두세 가지 차리고, 조미에 필요한 소금, 꿀, 청장 등을 종지에 담는다. 김치는 나박김치나 동치미가 어울린다. 죽상에 놓는 조치는 맑은조치로 소금이나 새우젓국으로 간을 맞춘 찌개이다.

궁중의 연회식

　궁중에서는 특별한 행사가 일 년 내내 빈번했다. 연례적인 행사로는 정월, 단오, 추석, 동지 등의 명절과 궁 안의 왕족들의 탄일을 비롯하여 궁 밖에 사는 종친들의 생신 등이 있었다. 규모가 비교적 작은 잔치는 탄일, 왕손의 관례나 가례, 병이 나았을 때 등으로 경사가 있을 때 수시로 열었다. 국가적인 행사나 왕이나 대왕대비의 육순, 칠순 등에는 큰 잔치를 베풀었다.

진연(進宴)과 진찬(進饌)

　조선 시대 궁중에서는 왕, 왕비, 대비 등의 회갑, 탄신, 4순(旬), 5순(旬), 망(望)5(41세), 망(望)6(51세) 등의 특별한 날이나 이들이 존호(尊號)를 받거나 왕이 기로소(耆老所)에 들어갈 때, 왕세자 책봉, 가례(嘉禮) 등과 외국 사신을 맞을 때 등의 국가적인 경사가 있을 때 왕의 윤허(允許)를 받아 큰 연회를 베풀었다.

　잔치의 규모나 의식 절차에 따라 진연(進宴), 진찬(進饌), 진작(進爵), 수작(受爵) 등으로 나뉘는데 "진연은 나라에 행사가 있을 때, 진찬은 왕족에게 경사가 있을 때 베푸는 잔치로 진찬이 진연보다 규모가 작고 의식이 간단하다"고 하였지만 연회 음식의 내용은 크게 다르지 않다. 규모가 작은 잔치인 탄일이나 축하일에 차린 연회 음식의 기록은 궁중 고문서 가운데 『음식건기』에 상당히 많이 남아 있어 궁중 음식 연구에 귀중한 자료가 된다.

진찬, 진연, 진작 등의 잔치를 열려면 행사하기 수개월 전부터 임시 관청인 진찬도감(都監), 진연도감, 진작도감 등을 설치하여 제반 사항을 진행했다. 큰 규모의 잔치인 진찬, 진연, 진작 등의 진행 과정을 기록한 의궤(儀軌)와 등록(謄錄)이 많이 남아 있다. '의궤'란 나라에 큰일이 생기거나 경사스러운 일이 생겼을 때 후세에 참고로 삼을 수 있도록 일의 논의 과정, 준비 과정, 의식 절차, 진행, 행사 후의 유공자 포상에 관해 기록한 것이다. '담록'은 행사를 치른 과정 전부를 순서대로 기록한 것이고 이를 바탕으로 의궤를 만들었다.

진연, 진찬 때는 도감에서 모든 절차를 계획하여 필요한 물자를 조달하고, 의식 절차와 정재(呈才 : 궁중의 무용과 음악)는 여러 차례 습의(習儀 : 예행 연습)했다.

연회 음식에 관해서는 연회 일자별로 차리는 찬안(饌案)의 규모, 종류, 차리는 음식의 이름을 적은 찬품단자(饌品單子 : 식단)를 만든다. 음식을 차리는 데 필요한 상, 기명, 조리 기구를 점검하여 부족한 것은 새로 마련하고, 필요한 식품 재료를 품의하여 잔칫날에 맞추어 미리 준비하고, 규모에 따라 적당한 인원의 숙수(熟手)를 동원했다.

큰 규모의 잔치는 하루만이 아니고 이틀 또는 사흘에 걸쳐서 네 차례에서 여섯 차례의 연회를 베풀었다. 연회를 열 전각이 정해지면 반차도(班次圖 : 나라의 의식에서 문무백관이 늘어서는 차례를 나타내는 그림)에 의거하여 여러 가지를 차비하여 배설(排設)했다. 천장에는 천막을 치고, 왕과 왕족이 앉을 대차(大次)와 소차(小次) 등을 꾸몄다. 연회에 필요한 각종 산선(繖扇)과 휘(麾) 등도 점검하고 전각에 주렴(珠簾 : 발)과 황목장(黃木帳)을 치고 야간 연회에 필요한 등촉도 준비했다. 전각의 대청 중앙에 동조어좌(東朝御座)를 남향으로 놓고, 용평상(龍平床)과 이동할 수 있는 쇠로 만든 의자인 납교의(鑞交椅), 십장생 병풍, 수방석, 표피방석, 채상, 글씨 병풍, 보상(寶床), 향좌(香座), 향로 등도 준비한다. 조화(造花)를 화려하게 장식하여 항아리에 담은 준화(樽花) 한 쌍을 연회장 양쪽 준화대 위에 놓았다.

음식을 배선할 고족주칠찬안(高足朱漆饌案), 주칠협안(朱漆挾案)과 수주정(壽酒亭), 술항아리, 술잔, 은잔대를 배설했다. 다정(茶亭)도 아가상(阿架床)에 명주보를 덮고 유지를 깐 후 은주전자와 은찻잔을 소원반에 받쳐 올려놓았다. 축수하는 시를 쓴 두루마리를 놓는 주칠 치사전문함(致詞箋文函), 꽃을 받아 놓는 진화함(進花函), 찬품단자를 담는 주칠 찬품단자함(饌品單子函) 등도 준비했다.

고배상

왕족에 올리는 고배상에는 다리가 높은 고족찬안(高足饌案)을 여러 개 이어서 삼사십여 가지의 음식을 차렸다. 상의 윗면은 도홍색(桃紅色) 운문단(雲紋緞)을 덮고, 그 위에 좌면지(座面紙)를 깔고 음식 담은 그릇을 놓았다. 상 옆쪽은 초록색 운문단을 주름을 잡아 늘어뜨리고, 여러 음식을 찬품단자에 정해진 치수대로 고여서 상에 배선했다.

찬품 중에 물기가 많아서 고일 수 없는 것을 제외하고는 고인 꼭대기에 종이나 비단으로 만든 상화(床花)를 꽂아 호화롭게 장식했다.

궁중의 평상시 수라상은 나인인 주방 상궁들이 담당하지만, 잔치 때는 궁에 속해 있는 남자 조리사인 대령숙수(待令熟手)들이 주로 조리하고 주방 상궁과 생과방 상궁 등이 도왔다. 평소의 왕의 식사를 만드는 수라간(燒廚房)은 좁아서 다량의 음식을 만들 수가 없으므로 임시로 내숙설소(內熟說所) 또는 주원숙설소(廚院熟設所)라고 하는 가가(假家)를 짓고 이곳에서 수십 명에서 백여 명의 숙수가 며칠을 두고 음식을 준비했다.

진어상(進御床)

궁중 연회는 왕과 왕족에게는 가짓수도 많고 높이 고인 고임상(高排床)을 올리고, 친척, 명부, 제신 등 손님에게는 사찬상(賜饌床)을 내렸다. 고임상의 규모를 보면 왕이나 경사를 맞은 당사자에게 올리는 상은 가짓수도 많고 높게 차렸다. 잔칫날 왕이 받는 상을 진어상(進御床) 또는 어상(御床)이라 한다. 진어상에 차리는 음식의 종류, 품수, 높이 등은 정해진 규정은 없으나 현존

하는 『진찬의궤』의 「찬품조」에 나와 있는 것을 보면 거의 비슷하다.

　음식에 따라 고이는 높이가 다른데 떡류, 각색당, 연사과, 강정, 다식 등 병과류와 생과류는 한 자 세 치에서 한 자 일곱 치 정도로 높이 고였다. 숙실과인 율란, 조란, 생란과 각색정과는 이보다 조금 낮게 고였다. 전유화, 편육, 화양적, 회 등의 찬품은 조과류보다 낮게 고이며, 그 밖의 화채, 찜, 탕, 열구자탕, 장류 등 물기가 많은 음식은 높게 고이지 않았다. 민가에서도 이를 본떠 혼인, 회갑, 회혼례 때 고임상을 차려서 축하하며 이 상을 큰상, 또는 높이 바라보는 상이라 하여 망상(望床)이라고 한다.

　연회 때에 왕이나 왕족은 고임상에 차려진 음식을 들지는 않았다. 별도로 올리는 별찬안(別饌案)이나 술잔을 올리면서 함께 내는 진어미수(進御味數), 진소선(進小膳), 진대선(進大膳), 진탕(進湯), 진만두(進饅頭), 진과합(進果榼) 등을 먹는다. '진어염수(進御鹽水)'라 하여 소금물을 올리고, 차를 올리는 '진다(進茶)'는 중간에 올린다.

　진찬, 진연의 의례 절차 중에는 음악이나 무용이 간간이 들어 있어 한 차례의 잔치에 궁중음악과 궁중무가 십여 가지 이상씩 시연되었다. 의례 중에는 왕족에게 치사(致詞 : 축사)와 술잔을 올리는 진작(進爵), 진화(進花) 등 중요한 절차가 있었다.

　진찬, 진연에 참석한 왕족과 제신(諸臣), 종친(宗親), 척친(戚親), 좌명부(左命婦), 우명부(右命婦), 의빈(儀賓)을 비롯하여 악공, 정재여령(呈才女伶), 군인에 이르기까지 참석자 전원에게 음식을 대접하는데 이를 사찬상(賜饌床)이라 한다. 지위에 따라서 외상 또는 겸상이나 두레반 등에 차려서 대접한다.

　궁중에서 연회가 끝나면 퇴선(退膳)한 다음, 차렸던 음식을 종친(宗親)이나 신하집으로 골고루 나누어 보냈다.

한국의 옛 음식책 부⑫

 우리 나라의 전통 음식을 연구하려면 문헌을 통해서 알 수밖에 없다. 조리법이나 음식에 관한 문헌은 고서의 도서 목록에서는 거의 찾아볼 수 없고, 농서(農書)와 백과 사전 등에 약간 실려 있을 뿐이다. 조리법은 개인 또는 각 가정의 것이라 하여 국가에서 간행하지 않았던 것이다. 옛 음식책은 대부분 한문으로 씌어 있는 경우가 많고 한글로 된 것은 거의가 서문, 연대도 없고 저자명도 알 수 없는 것이 많다.

1500~1600년대의 음식책

 식품과 음식에 관한 전문 문헌은 고려 시대까지는 전혀 찾아볼 수 없고, 조선 시대 중기에 이르러 중종 때 김수(金綏)의 『수운잡방(需雲雜方)』(1540년경)이 현재 가장 오래된 전문 조리서로 한문으로 씌어 있다. 모두 121항으로 되어 있는데, 술과 누룩에 관한 것이 59항으로 주방문(酒方文)에 가까운 음식책이다. 조선 시대 중기 이전의 식생활 연구에 귀중한 자료인데 김치를 침저(沈菹) 또는 침채(沈菜)로 표시하였고, 생선으로 만든 식해(食醢)도 나온다. 이 때는 물론 고추가 들어오기 이전이므로 김치에 고추를 전혀 쓰지 않았고, 장과 메주 항에 나오는 '시(豉)'는 장을 가리킨다.

 한편 일반 관리의 일상 업무에 필요한 사항을 기록한 어숙권(魚叔權)의 『고사촬요(攷事撮要)』(1554년) 「잡방편」에는 여러 금기 식품과 구산주법, 도 소주, 내국향온법, 홍조주 등의 술빚기와 초 만드는 이야기가 나온다.

허균(許筠, 1569~1618)은 어릴 때부터 맛좋은 음식을 먹고 자랐고, 과거 급제 후에는 전국 고을을 두루 다니며 벼슬살이를 하여 전국의 식품 재료와 각종 유명한 음식을 고루 먹어 보았다. 그러던 그가 말년에 바닷가에 유배되어 거친 음식을 먹게 되자 예전에 먹었던 여러 음식을 생각나는 대로 적어 놓으면서 '도문(屠門)을 바라보고 크게 씹듯이(大嚼)' 한다는 뜻의 『도문대작(屠門大嚼)』(1611년)을 남겼다. 이 책은 당시의 식품 재료와 조리, 가공품이 모두 나와 있는 귀중한 자료이자 최고의 식품 전문서로 떡류, 과실류, 해수족류, 소채류 등 130여 종에 대한 특징과 명산지를 설명하였고, 서울 식품 28종이 자세히 나와 있다. 내용 중 '초시(椒豉)'가 나오는데 여기의 '초'는 고추가 아니고 조피나무 열매인 천초를 가리킨다.

이수광(李晬光)의 『지봉유설(芝峯類說)』(1613년)은 백과전서로 구체적인 음식책은 아니지만 음식에 관한 고증적 설명이 많이 실려 있다. 이 책에 처음으로 '고추'가 나온다.

한글로 씌인 가장 오래된 음식책인 『음식디미방(飮食知味方)』(1670년경)은 경북 양양군의 안동 장씨 부인이 썼는데, 일명 『규곤시의방(閨壼是議方)』이라 한다. 저자의 부군이나 후손이 격식이나 체통을 갖추기 위해 붙인 듯하다. '규곤(閨壼)'이란 여자들이 거처하는 안방을 뜻하므로 '여자들의 길잡이'라 풀이할 수 있다. 조선 시대 음식책이 대개 남자들이 지은 한문서로 중국의 문헌을 그대로 옮겨 놓은 조목이 많은 데 비하여 이 책은 예부터 내려오거나 스스로 개발한 조리법이 적혀 있다. 책의 뒤표지에는 "이 책은 이리 눈이 어두운데 간신히 썼으니 이 뜻을 잘 알아 이대로 시행하고, 딸자식들은 각각 베껴 쓰되 이 책을 가져갈 생각은 하지 말며 상하지 않게 잘 간수하여 버리지 마라"고 간곡히 적고 있다. 내용은 크게 면병류, 어육류, 소과류, 술과 초의 네 부분으로 분류할 수 있다. 특히 개고기 조리법과 상화(霜花) 만드는 법이 자세히 적혀 있고 육류의 훈연 저장법이 나와 있는 것이 특징이며, 고추를 사용했다는 기록은 없다.

1680년경 저자 미상의 한문 음식책인 『요록(要錄)』을 보면 김치의 재료로

과(瓜)류를 많이 쓰고, 향신료로는 천초나 생강을 썼음을 알 수 있고, 식해 만드는 법이 나와 있다.

1691년의 한문으로 된 농촌가정 백서인 『치생요람(治生要覽)』에도 초, 장, 술 만드는 법과 구황, 찬법, 과실 수장법, 금기물 등이 간략하게 적혀 있다.

『음식디미방』과 비슷한 시기의 한글 음식책으로 『주방문(酒方文)』이 있다. 이 책의 뒷장에는 『하생원 주방문책(河生員酒方文冊)』 "정월이십칠일 전일량(正月二十七日 錢一兩)"이라고 씌어 있다. 술빚기만이 아니라 조리 전반에 걸쳐 기록되어 있다.

1700년대의 음식책

1700년대로 추정되는 음식책은 한글로 된 『음식보(飮食譜)』가 있다. 표지에는 "석애 선생 부인 숙부인 진주 정씨(石崖先生夫人 淑夫人 晉州鄭氏)"라고 적혀 있고, 내용에는 술, 반찬, 떡과 과자류 등 36항목이 기록되어 있다. 반찬의 조리법 중에 '느르미'가 있고, 고추를 이용한 음식이 없는 것으로 미루어 1600년대 말엽이나 1700년대 초엽의 것으로 짐작된다.

『역주방문(曆酒方文)』(필사본)은 '대청가경(大淸嘉慶) 5년(1800년)' 책력의 뒷장에다 자기 집에서 전해 내려오는 음식을 한문으로 적은 필사본으로 자손들이 1700년대 음식에다 나중에 보충하여 필사해 놓은 듯하다고 이성우는 풀이하였다.

1800년대로 추정되는 『술 만드는 법』에는 내용에 '고추'가 없고, '느르미'에 대해 자세히 씌어 있다. 내용은 크게 술 빚는 법과 음식하는 각양법으로 나뉘어 있다.

홍만선(洪萬選)은 『산림경제(山林經濟)』(1715년)라는 방대한 책을 남겼다. 이 책은 『거가필용(居家必用)』, 『신은(神隱)』, 『제민요술(齊民要術)』 등의 중국 서적과 우리 나라의 문헌을 참고하여 지은 농촌 가정생활 백과사전이다.

이후 『산림경제보(山林經濟補)』와 『증보산림경제(增補山林經濟)』가 나왔고, 1827년 서유구(徐有榘)가 지은 『임원십육지(林園十六志)』의 모체가 되었다.

『산림경제』「치선(治膳)편」에는 380항목에 걸쳐서 총론, 과실, 차와 음료,

국수, 엿, 죽과 밥, 채보, 어육, 양념, 장, 초, 누룩, 술, 식기(食忌) 등 각 방면에 걸쳐 자세하게 설명하고 있다.

그 후에 나온 두암(斗庵)의 『민천집설(民天集說)』(1752년), 서호수(徐浩修)의 『해동농서(海東農書)』(1799년), 서명응(徐明膺)의 『고사신서(攷事新書)』(1771년) 등은 『산림경제』를 재배열한 것에 불과하다. 1700년대의 중인 출신인 이표 (李杓)가 지은 한문 음식책 『수문사설(謏聞事說)』은, 내용을 보면 서울의 내관, 역관, 의원, 대상들이 돈은 있으나 높은 벼슬에 오르지 못하는 시름을 식도락으로 잊고자 수많은 숙수(熟手)들의 비결을 알아내었다는 이야기와 지방의 별미와 일본의 어묵(가마보곳)에 이르기까지 다양하게 적혀 있다.

1800년대의 음식책

1800년대에 들어서서는 서유구 일가가 남긴 농업서나 조리에 관한 문헌이 많다. 서유구의 조부 서명응은 『고사십이집(攷事十二集)』, 그의 조부는 『해동농서(海東農書)』, 그의 형수인 빙허각(憑虛閣) 이씨는 『규합총서(閨閤叢書)』 그리고 서유구 자신은 『옹희잡지(饔饎雜誌)』와 『임원십육지(林園十六志)』 등을 편찬하였다. 가정 백과전서인 『임원십육지』의 「정조지(鼎俎志)」는 동서고금의 음식책을 원문 그대로 모아 편집한 것으로 음식의 명칭이 때와 곳에 따라 다르고 용어도 매우 복잡하다. 소(燒)는 '굽다'와 '삶는다'는 뜻으로 쓰이고, 증(蒸)은 '시루에 넣어 수증기로 익힌다'는 뜻으로 쓰였다.

한글판 가정 백과사전인 『규합총서』(1815년)는 빙허각 이씨가 쓴 책으로 주사의(酒食議), 봉임(縫紝), 산가락(山家樂 : 농업), 청낭결(靑囊訣 : 의학)의 사문(四門)으로 나뉘어 있다. 주사의에 조리법이 자세히 나와 있는데, 음식 총론, 술 만들기, 장과 초 만들기, 밥과 죽, 차, 김치류, 어품류, 육류, 채소류, 볍과류, 과실 저장법, 채소 저장법, 유독한 채소와 과일, 기름 짜는 법, 엿 고는 법, 식해법, 두부법, 녹말법, 전약, 유자청 등에 대한 설명이 실려 있다.

한편 1869년에 『규합총서』의 음식만을 정리하여 간행한 『간본규합총서』가 있다.

1830년에 최한기(崔漢綺)는 방대한 농서인 『농정회요(農政會要)』를 펴냈다. 이 책은 『증보산림경제』의 「치선편」을 옮겨 놓은 것에 불과하다.

1800년대 초엽에 심제(沈齋)가 쓴 『식경(食經)』이란 책은 청나라 장영(張英)의 『반유십이합설(飯有十二合說)』을 필사한 것이다.

1800년도 중엽에 저자 미상의 『군학회등(群鶴會騰)』은 한문 음식책으로 내용에서 『산림경제』나 『증보산림경제』를 많이 인용하고 있다. 표지에는 『박해통고(博海通攷)』라 되어 있고, 내제에는 '군학회등'이라 씌어 있다.

1800년대 후반으로 추측되는 『학음잡록(鶴陰雜錄)』은 『산림경제』를 많이 인용하였다.

1867년 신석근(辛碩根)의 『방서(方書)』는 몇 가지 음식을 적은 책으로 여기서는 배추김치를 '배초저(培草菹)'로 표기하였다.

1850년에 나온 『오주연문장전산고(五洲衍文章箋散稿)』는 이규경(李圭景)이 지은 것으로 우리 나라와 중국 그리고 외방의 모든 사물에 대하여 고증한 것으로 60여 권에 이르는 방대한 책이다. 음식에 대하여는 「산구준여(山饋餕餘)」, 「행주음선(行廚陰膳)」 두 항목에 자세히 설명되어 있다.

1854년 저자 미상의 『음식법(飮食法)』은 비교적 내용이 충실한 한글 음식책이다. 내용 중에 '낙지느르미'와 '동아느르미'가 나오는데 이는 1600년대의 느르미와 달리 재료에 녹말이나 달걀을 씌워서 번철에 지져내는 느름적, 전의 부류라고 하였다.

『규곤요람(閨壺要覽)』은 고려대본과 연세대본의 두 가지가 있다. 1880년대 중반의 고려대본 『규곤요람』(일명 듀식방)은 술빚기가 대부분이고 떡과 찬에 대한 것이 조금 실려 있고, 연세대본 『규곤요람』(1896년)에는 술은 천일주 한 가지만 기록되어 있고 조리법 전반에 걸쳐서 자세하게 설명하였다.

철종 9년(1858년)에 나온 『음식유취(飮食類聚)』는 한글 음식책으로 현재 소재가 불명하나, 내용은 술빚기가 대부분인 작은 책이다.

철종 11년(1860년)에는 저자 미상의 『김승지댁 주방문(金承旨宅 酒方文)』이라는 한글 음식책이 나왔다. 전체 31조목 중에 25조목이 술 빚기이고 국수와 찜, 장의 조리법이 나와 있다.

1800년대 말엽의 저자 미상의 『시의전서(是議全書)』는 아주 충실하게 반가(班家) 음식을 적은 전문 음식책이다. 조선 시대의 다른 음식책과는 달리 술 빚기가 실려 있지 않고, 제물(祭物)에 대해 따로 설명한 것과 음식 담는 법, 9첩 반상, 7첩 반상, 5첩 반상, 국수상의 상차림이 그림으로 실려 있는 것이 특징이다. 전통 음식을 광범위하게 분류하고 잘 정리하여 조선 시대 말엽의 우리 나라 음식을 한눈에 볼 수 있다.

1900년대의 음식책

1900년대에 들어서서 음식책은 필사본은 거의 없고, 한글 신활자체로 발행된 것과 일본어로 된 한국 음식책이 나왔다. 1913년 방신영이 『요리제법(料理製法)』을 펴낸 이후 수차 개정하였고, 1915년에는 『부인필지(夫人必知)』라는 책을 냈는데 가정 생활에서 긴요한 것을 『간본규합총서』보다 더 광범위하게 뽑고 1900년도 초엽의 명물인 '명월관 냉면' 같은 부분을 보충한 것이다.

1930년에는 서울 주재 외국인 여성 단체에서 『선영셔양요리법(鮮英西洋料理法)』을 펴냈다. 해방 이후에 나온 것으로 추측되는 연대와 필자 미상인 필사본 『가정요리』는 고대 도서관에 남아 있다.

1934년에는 이석만(李奭萬)이 지은 『간편조선요리제법(簡便朝鮮料理製法)』, 1935년에는 『신영양요리법(新營養料理法)』이 편찬되었다. 『신영양요리법』은 요리뿐 아니라 영양학의 기초와 식단표를 작성하여 실었다.

1939년에는 경성여자사범학교의 가사연구회에서 요리 전문 교과서인 『할팽연구(割烹硏究)』를 간행하였다. 또한 『사계(四季)의 조선요리(朝鮮料理)』가 간행되었고, 1940년에는 홍선표(洪善杓)가 국한문 혼용으로 『조선요리학(朝鮮料理學)』을 출간하였다.

1940년에는 손정규(孫貞圭)의 『조선요리(朝鮮料理)』가 일본어로 발행되었고, 1948년에는 한글로 번역된 『우리 음식』이 나왔다.

1942년에는 이용기(李用基)가 『조선무쌍신식요리제법(朝鮮無雙新式料理製法)』을 지었는데, 내용은 『임원십육지』「정조지」를 한글로 번역하여 설명한 것이고, 가끔 신식 요리도 써 넣은 방대한 책이다. 1943년에는 증보본이 나왔다.

1944년에는 김호직(金浩稙)이 『조선식물개론(朝鮮食物槪論)』을 일본어로 번역한 책이 나왔다. 우리 나라의 음식물과 식품 전반에 대해 전통적인 측면과 신영양학적인 측면에서 밝혔다.

1952년에는 방신영이 지은 『우리 나라 음식 만드는 법』이 나왔다. 이 책은 현대 한국 음식의 모범이 된다.

1957년에는 조선 왕조 마지막 주방 상궁인 한희순과 황혜성, 이혜경(李惠卿) 공저로 『이조궁정요리통고(李朝宮廷料理通攷)』가 나왔다.

한국 식생활의 역사

부 ⑬

원시 시대

약 60만 년 전으로 추정되는 평양의 검은모루 유적과 경기도 연천군 전곡리, 충북 청원군 두루봉, 강원도 명주군 심곡리 등의 전기 구석기 시대의 유적이 발굴되어 당시의 생활을 짐작하게 해준다. 그 밖에 중기, 후기 구석기 유적이 도처에서 발굴되고 있다. 구석기인은 동굴에서 살았고 돌을 두들겨 주먹도끼, 찍개, 긁개, 돌망치, 돌칼들을 만들어 사냥이나 음식을 조리하는 데 사용하였다. 당시의 인류는 불을 이용할 줄 알았고 음식을 불에 구워 먹을 줄 알았다.

구석기인이 한반도에서 사라지고 기원전 5,000년경에 고(古)아시아족의 한 부류가 한반도에 빗살무늬 토기를 가지고 들어와 신석기 문화를 이루게 되었다. 신석기 시대 후기에 이르러 간석기를 갖고 농경을 시작하였다고 한다. 강원도 오산리, 함북 서포항 등의 유적지에서 괭이, 뒤지개, 돌보습, 곰배 모양의 농기구와 피, 조 등의 유물이 나오는 것으로 보아 신석기 말기에는 농경이 상당히 발달한 것으로 보인다. 도토리를 비롯한 나무 열매나 뿌리 등의 야생 식물을 채집하여 먹었고 개와 돼지, 물소 뼈 등도 발굴되어 목축 생활도 했음을 알 수 있다. 돌도끼, 화살촉, 돌창 등을 이용하여 사냥을 하였고 낚싯바늘, 작살, 그물추 등으로 물고기나 조개 등을 어획하였다.

신석기인이 살던 움집에는 화덕 터와 저장 혈(穴)이 남아 있는데 음식을 불에 조리하였고, 불은 조리도 하지만 추위를 막고 어둠을 밝혀 주는 역할도 하였으리라고 추정한다. 토기가 생겨나면서 굽는 조리법에서 삶는 조리법이 발달하기 시작하였다. 고기나 조개를 삶아 연하게 해서 먹었고 국물도 맛있게 먹을 줄 알았다. 날로 먹기 어려운 것은 아린 맛이나 떫은 맛을 없애고 먹었다. 어류나 육류는 칼로 썰어 날로 먹기도 하고 불에 굽거나 연기에 그을리는 조리법도 있었다.

상고 시대

빗살무늬 토기인에 이어 청동기를 가진 북방 유목민이 이 땅에 들어와 선(先)주민들과 어울려서 우리 민족의 조상인 맥족(貊族)을 이루었고 이들이 세운 나라가 고조선이다. 이들은 청동기로 무기나 제기를 만들었고, 돌이나 나무로 농구를 만들어 농경을 크게 발달시켰으며, 민무늬 토기를 사용하였다. 철기 시대에는 철제 농기구가 널리 퍼졌고 골각제(骨角製) 농기구도 생겼다.

우리 나라에서 벼를 재배하기 시작한 것은 기원전 2,000년경부터이며 이 외에 조, 기장, 보리, 콩, 수수, 팥 등의 곡물을 재배하였다. 채소로 박, 아욱, 외, 순무, 무, 토란 등과 단군 신화에 나오는 산마늘 등이 있었으리라고 추정된다. 과일로는 밤, 대추, 복숭아, 오얏, 오디, 잣 등이 문헌에 나온다.

북방에서는 사냥이 활발하여 여우, 너구리, 흰곰, 담비, 멧돼지, 고라니, 사슴, 노루 등을 잡았고 부여에서는 벼슬 이름으로 마가(馬加), 우가(牛加), 저가(猪加), 구가(狗加), 견사(犬使) 등이 있었던 것으로 미루어 그들의 생활에서 가축이 얼마나 큰 비중을 차지했는지 알 수 있다.

중국 진(晉)나라의 『수신기(搜神記)』에 "맥적(貊炙)이란 다른 민족의 먹이인데도 태시(太時) 이래로 중국 사람이 이것을 즐겨, 귀인이나 귀족의 잔치에 반드시 내놓으니 이것은 그들이 이 땅을 침범할 징조이다"는 구절이 나온다. 여기의 맥적은 고기를 미리 장(醬)과 마늘로 조미하여 직화에 굽는 맥족의 음식으로 당시 중국에까지 널리 알려진 우리 음식이다. 이 때 이미 육류를 능숙하게 조리하였음을 알 수 있으며 오늘날 불고기의 원형이라 할 수 있다.

　농경은 더욱 발달하였고, 가을철에는 추수를 감사하는 뜻으로 하늘에 제사를 올리는 영고(迎鼓), 동맹(東盟), 무천(舞天) 등의 제천 의식을 행했는데 이 때는 주야음주가무(晝夜飮酒歌舞 : 밤새도록 먹고 마시고 춤춘다)하는 풍습이 있었다고 한다. 이즈음에는 곡물을 쪄서 밥과 떡을 만들고 술 빚는 기술이 뛰어나 중국에까지 알려졌다. 경남 웅천의 조개무지에서 시루가 출토되었고, 고구려 안악 고분 벽화에도 시루가 나오는 것으로 미루어 곡물을 찌는 조리법이 있었음을 알 수 있다.

　한편 우리 조상은 야생의 콩을 처음으로 재배하기 시작하였고, 이것으로 장을 담그는 법을 개발하였다. 콩의 원산지는 지금의 만주 지역, 즉 고구려의 땅이다.

삼국 및 통일신라 시대

　삼국 시대는 고구려·백제·신라의 세 나라가 정립하던 시대로 4세기경 국가 체제를 형성하였다. 발달한 철기 문화를 받아들여 생산 기술이 크게 발달하였고, 중국 문화와 불교 문화가 들어왔으며, 7세기경에 삼국이 통일되었다. 농경에 철제 낫을 썼고 소를 이용하여 땅을 갈았으며 수리의 정비로 농산물 생산이 늘어나면서 강력한 국가 체제가 성립되었다.

　벼농사가 크게 보급되었으며 고구려는 조, 신라는 보리, 백제는 벼를 많이 생산했고 기장, 수수, 밀, 보리, 콩, 팥, 녹두 등도 재배하였다. 쌀을 비롯한 곡물로는 밥과 죽, 떡을 만들었다. 채소로는 상추가 중국에 알려졌고, 문헌에는 아욱, 순무, 배추, 무, 동아, 시금치, 쑥갓, 근대, 토란, 가지, 외, 박, 마, 버섯 등이 나온다. 과일로는 밤, 잣, 감귤, 유자, 개암, 복숭아, 오얏, 배, 살구 등이 문헌이나 유물에서 나타나고 있다.

　가축으로 소, 돼지, 닭, 양, 염소, 오리 등을 길렀고 계란을 먹었으며, 일본으로 건너간 백제 사람이 일본의 천왕에게 우유를 바친 기록이 남아 있다. 3~4세기에는 배를 만드는 기술이 향상되어 큰 배를 만들어 먼 바다까지 나아가서 고기잡이를 할 수 있게 되어 다양한 물고기와 해초류를 먹기 시작했다. 식품의 조리법과 가공법도 점차 발달하여 술, 장, 김치, 젓갈 등을 만들어 오래 저장할 수 있었으며 엿, 꿀, 기름을 써서 음식 맛을 내게 됨으로써 식생활이 다양화하였다.

또 살생과 육식을 금하는 불교가 들어와서 식생활에 큰 영향을 끼쳤다. 고구려와 백제에서는 살생 금지령이 내렸고, 사냥과 고기잡이 도구를 불태워 없애기까지 하였다. 그러나 신라의 원광법사(圓光法師)는 세속오계(世俗五戒)의 규범에서 살생유택(殺生有擇)이라 하여 살생을 무조건 금하는 것이 아니라 때를 가려서 하라고 일렀다. 신라에서는 어느 정도 육식을 허용한 셈이다.

우리 조상의 식생활은 삼국 시대 무렵에 곡물로 만든 주식과 채소, 육류, 어패류로 만든 찬물을 부식으로 하는 주식과 부식의 구조가 확립되었다. 왕권 사회여서 지배 계급과 서민의 생활 정도에도 차이가 많았고 식생활에서도 빈부의 차이가 많이 났다. 지배 계급은 불교와 함께 들어온 음차(飮茶)의 풍습이 생겼고 다기(茶器)와 식기가 발달하였다. 민무늬 토기에 이어 가마에 굽는 김해식 토기와 신라 토기가 나타났다. 용도에 따라 종지, 보시기, 사발, 바리, 깊은 바리, 접시, 잔, 병 등의 원형이 나타나고 굽다리 그릇도 많이 생겨났다. 숟가락, 젓가락, 독, 항아리, 절구, 맷돌, 식칼, 국자, 솥, 시루 등이 나오는 것으로 보아 당시 조리 기술이 상당히 향상되었음을 알 수 있다.

콩으로 가공한 두장(豆醬)으로 시(豉)와 말장(末醬)을 만들었는데, '시'는 콩을 발효시켜 소금을 섞은 것으로 일종의 낱알 메주이고, '말장'은 삶은 콩을 찧어서 메주를 만든 것으로 중국과 일본에 전파되어 우리와 함께 콩으로 만든 장을 먹는 두장(豆醬) 문화권을 이루게 되었다.

고려 시대

고려 시대 전반기에는 토지 제도를 재편성하고, 세를 줄이고, 제방 수리와 개간 사업, 농서 발행 등으로 농사를 권장하여 농산물 생산이 늘어났고 곡물을 비축하는 제도가 실시되었다. 주식으로 쌀을 먹었지만 산촌에는 보리와 피 등을 섞은 잡곡밥이 더 일반적이었다. 찹쌀로 만든 약밥에 대한 기록이 『삼국유사(三國遺事)』, 『목은집(牧隱集)』에 나오고, 팥죽과 두부에 대한 기록도 나온다. 국수와 떡, 약과, 다식 등 다양한 음식이 생겼고 간장, 된장, 술, 김치 등의 저장 음식도 더욱 늘어났으며 두부와 콩나물등 식품의 종류도 다양해졌다. 때로 재앙이 들 경우 도토리 등 각종 야생 식물을 찾아 먹은 기록도 있다.

신라 시대에 이어서 관설 시장이 생기고 화폐가 통용되어 식품 매매가 이루어졌다. 개성에는 주점(酒店)이 생기고, 외국과의 교류가 빈번해지면서 객관(客館)도 생겨났다. 절에서 술, 차, 국수 등을 만들고 소금, 기름, 꿀 등도 판매하여 경제적으로 상당한 영향력을 갖게 되었고 병폐도 심하였다.

고려 시대의 축산물로는 쇠고기, 돼지고기, 양고기, 닭고기, 개고기 등이 있고 때로 말고기를 먹은 기록도 있다. 수산물로는 미꾸라지, 전복, 방합, 진주조개, 왕새우, 문합, 게, 굴, 소라들과 거북, 각종 해초를 먹었다. 하지만 불교가 더욱 융성해지면서 육식 습관이 점점 쇠퇴하게 되었다. 송나라의 사신이 고려를 다녀가서 쓴 『고려도경(高麗圖經)』(1123년)에는 "고려에서는 중국 사신을 대접하기 위하여 양과 돼지를 도살하는데 네 다리를 묶고 내던진다. 살아나면 몽둥이로 때려죽이니 뱃속의 창자가 다 흘러나오고, 이것으로 만든 고기 음식은 고약한 냄새가 나서 도저히 먹을 수 없다"고 씌어 있다. 이처럼 도살이 서투르니 육류 조리법도 변변하지 못하였음을 알 수 있다. 육류의 조리법은 쇠퇴한 반면 식물성 식품 조리법은 더욱 발달하였다. 기름과 향신료를 많이 이용하였고 사찰 음식도 더욱 발달하였다. 불교가 융성함에 따라 부처님께 차를 올리는 헌다(獻茶)의 예와 음차 습관이 널리 성행하게 되었고 다기(茶器)도 매우 발달하여 세계에 자랑하는 고려 청자도 만들어 냈다.

고려 시대 중기 이후에는 승려보다 무관의 세력이 강해져 다시 육식을 즐기게 되었다. 몽고족이 침입하고 원나라와의 교류가 빈번해지면서 설탕, 후추, 포도주 등이 교역품으로 들어왔다. 후기에는 몽고의 지배를 받아서 동물의 도살법과 여러 가지 육식의 조리법도 배우게 되니 식생활도 많이 바뀌었다. 원나라 초기에 나온 『거가필용(居家必用)』에는 고기의 조리법이 많이 나오는데 조선 시대의 『산림경제(山林經濟)』(1715년)에 나오는 육류 음식의 대부분이 이 책을 참조한 것으로 우리 나라의 육류 조리법이 원나라의 영향을 크게 받았음을 알 수 있다. 예를 들면 고기를 물에 넣어 끓이는 곰탕이나 편육, 순대 등이 중국 책에는 양고기로 되어 있지만 우리 나라에서 쇠고기로 바뀌었을 뿐 조리법은 거의 같다. 지금의 곰탕이나 설렁탕의 원조인 공탕(空湯)과 찐빵의 일종인 상화(霜花)와 소주도 이 때 들어왔다. 당시 몽고군이 주둔한 개성, 안동, 제주 등이 지금까지도 소주의 명산지로 꼽힌다.

고려 시대의 수도인 개경(지금의 개성)은 경제·문화의 중심지이고 특히 왕조의 영향으로 화려하고 정성이 많이 가는 음식이 많아 지금도 음식 솜씨가 빼어난 곳으로 꼽힌다. 고려 시대의 문헌에는 두부, 김치, 장아찌, 술, 차, 유밀과, 다식에 대한 기록이 많이 나오는 것으로 미루어 상류 계층의 식생활은 상당히 높은 수준이었음을 알 수 있다. 따라서 고려 시대는 식품과 조미료가 다양해져서 '한국 음식 조리의 완성기'라고 할 수 있겠다.

조선 시대

조선 시대 초기에는 곡물 생산, 사대주의, 숭유배불(崇儒背佛)을 삼대 국시(國是)로 삼았다. 특히 권농정책으로 토지 제도를 정비하고 개간 사업 장려, 영농 기술의 개발, 농서 발간에 힘썼다. 모내기 법이 보급되고 보리와 벼를 이모작하였으며, 원예 작물의 재배에도 힘썼다. 영농 기술 보급을 위하여 『농사직설(農事直說)』이 나오고 『금양잡록(衿陽雜錄)』, 『사시찬요(四時纂要)』, 『농사집성(農事集成)』 등의 농서를 펴냈다. 조선 시대 전반기의 식생활은 고려 시대와 큰 차이는 없었으나 16세기 이후에는 숭유주의의 사림파가 양반 문벌 사회를 형성하여 식생활에 큰 영향을 끼치게 되었다.

조선 시대는 철저한 계급 사회여서 빈부의 차이가 격심하여 식생활에도 심한 차이가 생겨났다. 농민은 흉년에는 굶기가 예사였고, 인위적인 수탈도 심하여 만성적인 굶주림에 시달리게 되니 산야의 풀이나 열매, 나무 껍질 등 구황 식물을 찾아내기에 이르렀고, 『구황촬요(救荒撮要)』, 『신간 구황촬요』 등의 책도 나왔다.

유교가 조선 시대 이후 우리의 식생활에 끼친 영향은 아주 크다.

첫째는 차를 마시는 습관이 쇠퇴하였다. 불교에서는 헌다(獻茶)를 하고 차를 즐겨 마시지만 유교에서는 일부러 차밭을 방치하여 차의 생산이 거의 중단될 지경이었다. 일부 남도 지방의 스님이나 학자가 음차의 풍류를 꾸준히 즐기면서 차 생산을 면면히 이어왔고, 특히 다도의 전통은 초의선사나 정약용의 역할이 아주 크다. 서민의 음차 습관은 쇠퇴하였고 반면에 화채와 한약재를 달인 탕차류 그리고 주류 등이 기호 음료를 대신하게 되었다.

둘째로 노인 영양학이 발전하였다. 유교에서는 효행(孝行)을 인간의 근본 도덕이라 하였으므로 노인 영양학의 중요성이 강조되었고 의서나 가정백과전서에도 '양로문(養老門)'을 따로 다루게 되었다.

셋째는 수저 문화의 전통을 남겼다. 동양의 삼국 중에 유독 우리 나라에서만 숟가락과 젓가락을 사용하는 전통이 내려오고 있는데 이는 숭유주의자들이 공자 시대에 숟가락을 사용하였음을 끝까지 고집하여 숟가락을 버리지 않았기 때문이다.

넷째로 개고기와 육회를 먹는 풍습이다. 중국에도 한나라 때에는 개 도살 전문직이 있을 정도로 개고기를 많이 먹었지만 명나라·청나라 이후로는 거의 먹지 않았다. 그러나 우리 나라에서는 고려 이후 조선 시대에도 계속 개고기로 만든 음식이 책에 많이 나오며 생선이나 고기나 가리지 않고 날것으로 먹는다.

이외에 철저한 가부장제 사회를 이루어 외상 차림으로 대접하는 법을 고수하였고, 상물림의 풍습이 생겼다. 의례를 중요시하여 주자(朱子)가 가르친 가례(家禮)를 모범으로 삼아 혼례, 상례, 제례의 규범을 엄격하게 지켰다.

조선 시대 중기 이후에 들어와서 식생활에 큰 변화가 왔다. 남방에서 고추, 감자, 고구마, 호박, 옥수수, 땅콩 등이 들어온 것이다. 이들 식품의 원산지는 거의가 아메리카 신대륙으로 그 중 고추의 전래는 우리 음식에 큰 변화를 가져왔다. 『지봉유설(芝峰類說)』(1613년)에 "고추는 일본에서 건너온 것이니 왜개자(倭芥子)라 하는데 요즘 간혹 재배하고 있다"고 하였으니 고추가 우리 음식에 널리 쓰인 것은 17세기 이후의 일이다. 고추는 여러 음식에 양념으로 쓰여 매운맛을 내게 되었고, 고추장과 김치에도 쓰이기 시작하면서 오늘날 한국 음식의 특징으로 꼽히는 매운맛과 붉은 빛깔을 내는 역할을 하였다. 특히 채소의 발효 식품인 김치에 들어가고 또한 어패류의 젓갈도 한데 넣는 지혜 덕분에 오늘날 세계적으로 가장 자랑하는, 영양적으로 훌륭하면서 독특한 맛을 내는 발효 식품으로 발달하게 되었다.

조선 시대 궁중에서는 전국에서 진상하는 다양하고 진귀한 재료로 고도의 조리 기술을 지닌 주방 상궁과 숙수(熟手)들의 솜씨로 한국 음식의 정수를 이루어 냈다. 조선 시대 말기는 한국 음식의 절정기로 한국 음식이 가장 발달한 시기라고 할 수 있다.

조선 시대 후기에는 미대륙 원산의 식품이 전래되어 음식이 더욱 다양해지고 조리법도 발달하였다. 현재 남아 있는 가장 오래된 한문 음식책『수운잡방(需雲雜方)』(1550년대)과 가장 오래된 한글 음식책인『음식디미방』(1670년경)의 내용을 살펴보면 당시의 다양한 조리법을 잘 알 수 있다.

또 주식과 부식을 분리하고 신분이나 형편에 따라 3첩에서 12첩의 반상 차림의 형식을 갖추게 되었다. 일상식으로 반상, 죽상, 면상, 주안상, 다과상을 나누어 차리는 형식과 사람이 일생 겪는 통과 의례 때의 상차림으로 삼신상부터 돌, 혼례, 상례, 제례 때의 의례적인 상차림 형식도 갖추게 되었다. 명절이나 계절에 따라 시식(時食)이나 절식(節食)을 즐기는 풍류도 있었으며, 지방에 따라 독특한 산물을 바탕으로 향토 음식이 발달하게 되었다. 한양에는 식품을 거래하는 시장과 육의전이 생겨났다. 인구가 늘어나면서 곳곳에 난전이 생겼는데 식품과 그릇을 전문화하여 싸전, 잡곡전, 생선전, 유기전, 염전, 시저(匙箸)전, 과일전, 닭전, 육전, 좌반전, 젓갈전, 꿩전 등으로 아주 다채롭다.

개화기

조선 시대 말기(1900년대)에 이르러 중국, 일본, 서양과의 교류가 활발하게 이루어졌는데 이 때를 개화기라고 한다. 외국 문물이 들어오면서 식생활에도 영향을 끼쳐 우리 나라 음식 문화의 고유성을 차츰 잃게 되었다. 일제 시대에는 곡물이 일본에 유출되면서 우리의 식생활 수준이 아주 나빠졌다. 조선 왕조가 망하면서부터는 궁중 음식을 만들던 이들이 고급 요정을 차리면서 일반인도 궁중 음식을 먹을 수 있게 되었다.

서양 음식은 우리 나라에 찾아온 서양 사람들이 소개하였고, 특히 궁중에는 러시아의 공사 부인과 손탁이 고종에게 만들어 올리면서 전파되었다. 1920년에 조선호텔이 생겼고, 시중에 서양 요리집이 생겨났으며 '양탕국'이라 하여 커피가 널리 퍼지게 되었고 철도 식당도 생겨났다.

중국 음식은 임오군란 이후에 들어온 중국 군인과 민간인이 들여왔는데 이들은 대부분 호떡집을 하거나 채소 재배를 하여 생활을 영위하였다. 호떡, 만두, 교자 등을 파는 중국집이 1900년대 초기에 서울 태평로, 명동, 소공동 등에 많았고 중국 국수와 고급 요리를 파는 중국집도 생겨났다. 일본 음식은 식민지 시대에 자연스럽게 들어와서 우동, 단팥죽, 어묵, 단무지, 초밥, 청주 등과 일본 요리가 널리 퍼지게 되었다.

참고 문헌

■ 1960년까지의 옛 문헌 및 역본(연대순)

이민수 역, 『조선전』(삼국지위지동이전), 탐구신서, 1974.
가사협(賈思勰), 『제민요술(齊民要術)』(중국 문헌), 530~550.
윤서석 외 역, 『제민요술 식품조리가공편 연구』, 민음사, 1993.
서긍(徐兢), 『국역 고려도경(高麗圖經)』(1123), 민족문화추진회, 1977.
이규보(李奎報) 원저, 『국역 동국이상국집(東國李相國集)』(1200년대 초),
  민족문화추진회, 1980.
이인로(李仁老) 원저, 장덕순 역, 『파한집(破閑集)』(1200년대 초), 범우사, 1982.
일연(一然) 원저, 이민수 역, 『삼국유사(三國遺事)』(1282년경), 을유문화사, 1983.
정몽주(鄭夢周) 원저, 이한조 역, 『포은집(圃隱集)』(1300년대 말),
  대양서적, 1975.
찬자 미상, 『거가필용(居家必用)』(중국 문헌), 1200년대 말.
최자(崔滋) 원저, 박성규 역, 『보한집(補閑集)』(1200년대 중반), 계명대학교 출
  판부, 하권, 1984.
이색(李穡) 원저, 이백구 역, 『목은집(牧隱集)』(1300년대 말), 대양서적, 1973.
성현(成俔) 원저, 『국역 용재총화(慵齋叢話)』(1400년대 말), 고려대
  민족문화연구소, 1973.
서거정(徐居正) 편저, 『국역 동문선(同文選)』(1478), 민족문화추진회, 1968.
이계순 校註, 소혜황후 한씨 원저, 『내훈(內訓)』(1475), 백양출판사, 1980.
최세진(崔世珍), 『훈몽자회(訓蒙字會)』, 1527.
김수(金綏), 『수운잡방(需雲雜方)』, 1540년경.
윤숙경 역, 『국역 수운잡방』, 신광출판사, 1997.
이행(李荇) 찬, 『국역 신증 동국여지승람(新增東國輿地勝覽)』(1543),
  민족문화추진회, 1969.

어숙권(魚叔權), 『고사촬요(攷事撮要)』, 1554.
유몽인(柳夢寅), 『어우야담(於于野談)』, 1600년대 초.
허균(許筠) 원저, 김연진 역, 『한정록(閑情錄)』(1610년경),
  한국농촌경제연구원, 1984.
허균(許筠), 『도문대작(屠門大嚼)』, 1611.
허준(許浚) 원저, 『국역 동의보감(東醫寶鑑)』(1611), 남산당, 1991.
이수광(李睟光) 원저, 이가원 역주, 『지봉유설(芝峰類說)』(1613), 탐구당, 1974.
찬자 미상, 『요리물어(料理物語)』(일본 문헌), 1643.
안동 장씨(安東張氏) 원저, 『음식디미방(飮食知味方, 閨壼是議方)』, 1670년경.
황혜성 역주, 『음식디미방』(영인본-해설편), 궁중음식연구원, 1985.
신속(申洬) 찬, 『농가집성(農家集成)』, 1655.
김영진 역, 『농가집성』, 한국농촌경제연구원, 1984.
신속 찬, 『신간 구황촬요(救荒撮要)』, 1660.
이성우·조준하 역, 『국역 구황촬요』, 「한국생활과학연구 No. 1」,
  한양대학교 한국생활과학연구소, 1983.
찬자 미상, 『요록(要錄)』, 1680년경.
이성우·조준하 역, 『국역 요록』「한국생활과학연구 No. 1」,
  한양대학교 한국생활과학연구소, 1983.
찬자 미상, 『치생요람(治生要覽)』, 1691.
찬자 미상, 『주방문(酒方文)』, 1600년대 말.
찬자 미상, 『음식보(飮食譜)』 1700년대 초.
홍만선(洪萬選), 『산림경제(山林經濟)』, 1715년경.
『국역 산림경제』(전2권), 고전국역총서, 민문고, 1967.
이성우(李盛雨) 찬, 『조선조 궁중 연회식 의궤(宴會食儀軌)』(1719~1902),
  미원음식연구원, 1987.
찬자 미상, 『경도잡지(京都雜志)』, 1700년대.
서명응(徐命膺) 찬, 『고사십이집(攷事十二集)』, 1737년경.
이표(李杓), 『수문사설(謏聞事說)』, 1740년대.

이성우·조준하 역,『국역 수문사설』「한국생활과학연구 No. 2」,
　한양대학교 한국생활활과학연구소, 1984.
이익(李瀷),『성호사설(星湖僿說)』, 1763.
유중림(柳重臨),『증보 산림경제(增補山林經濟)』, 1766.
서명응(徐命膺) 찬,『고사신서(攷事新書)』, 1771.
찬자 미상,『온주법(蘊酒法)』, 1700년대 말.
이덕무(李德懋),『청장관전서(靑莊館全書)』, 1795.
찬자 미상,『정일당잡식(貞一堂雜識)』, 1796 또는 1856.
정동유(鄭東愈)·남만성 역,『주영편(晝永編)』(1805), 을유문화사, 1971.
빙허각 이씨(憑虛閣李氏),『규합총서(閨閤叢書)』, 1815년경.
정양완 역주,『국역 규합총서』, 보진재, 1975.
빙허각 이씨,『규합총서』(고려대 본), 1800년대 초.
찬자 미상,『주방(酒方)』, 1800년대 초.
장영(張英) 원저, 심재(心齋),『식경(食經)』(飯有十二合說), 1800년대 초.
서유구(徐有榘),『옹희잡지(饔餼雜誌)』, 1800년대 초.
『국역 만기요람(萬機要覽)』(1808), 민족문화추진위원회, 민문고, 1967.
정약전 원저,『자산어보(玆山魚譜)』(1814), 지식산업사, 1977.
정학유(丁學游) 찬, 박성의 주해,『농가월령가(農家月令歌)』(1816),
　예그린출판사, 1978.
김매순(金邁淳),『열양세시기(洌陽歲時記)』, 1819.
정약용(丁若鏞) 원저, 김종권 역주,『아언각비(雅言覺非)』(1819), 일지사, 1976.
정약용(丁若鏞),『목민심서(牧民心書)』, 1821.
서유구(徐有榘),『임원십육지(林園十六志)』, 1827.
『임원경제지(林園經濟志)』(전5권, 영인본), 민속원, 1991.
찬자 미상,『역잡록(歷雜錄)』, 1829.
유본예(柳本藝) 원저, 김영진 역,『한경지략(漢京識略)』(1830), 탐구당, 1974.
최한기(崔漢綺),『농정회요(農政會要)』(1830, 영인본), 아세아문화사, 1983.
홍석모(洪錫謨),『동국세시기(東國歲時記)』, 1849.

이규경(李圭景), 『오주연문장전산고(五洲衍文長箋散稿)』, 1850.

찬자 미상, 『군학회등(群學會騰)』[또는 『박해통고(博海通攷)』] 1800년대 중반.

찬자 미상, 『음식방문(飮食方文)』, 1800년대 중반.

찬자 미상, 『음식책(飮食冊)』, 1838 또는 1898.

찬자 미상, 『윤씨음식법(尹氏飮食法, 饌法)』, 1854.

윤서석·조후종, 「조선시대 후기의 조리서인 '음식법'의 해설 I·II·III」, 한국식문화학회지, Vol. 8-1, 2, 3. 1993.

찬자 미상, 『음식뉴취』, 1858.

찬자 미상, 『김승지댁 주방문(金承旨宅酒方文)』, 1860.

찬자 미상, 『역주방문(曆酒方文)』, 1800년대 중반.

이성우·조준하 역, 『국역 역주방문』「한국생활과학연구 No. 1」, 한양대학교 한국생활과학연구소, 1983.

작자 미상, 『학음잡록(鶴陰雜錄)』, 1800년대 중반.

이성우 찬, 『조선조 궁중음식 건기』(1863~1941), 미원음식연구원, 1987.

빙허각 이씨, 『간본(刊本) 규합총서』, 1869.

황필수, 『명물기략(名物紀略)』, 1870년경.

찬자 미상, 『주찬(酒饌)』, 1800년대

찬자 미상, 『이씨음식법(李氏飮食法)』, 1800년대 말.

찬자 미상, 『술 만드는 법』, 1800년대 말.

찬자 미상, 『술 빚는 법』, 1800년대 말.

찬자 미상, 『시의전서(是議全書)』, 1800년대 말.

찬자 미상, 『청량찬법(靑囊饌法)』, 1800년대 말.

찬자 미상, 『규곤요람(閨壼要覽)』(고려대 본), 1880년대 중반.

찬자 미상, 『규곤요람』(연세대 본), 1896.

조재삼(趙在三), 『송남잡식(松南雜識)』, 연대 미상.

『국역 대동야승(大同野乘)』, 민족문화문고간행회, 1985.

장지연(張志淵), 『만국사물기원역사(萬國事物起原歷史)』, 1909.

빙허각 이씨 원찬, 『부인필지(夫人必知)』, 1915.

방신영(方信榮), 『조선요리제법(朝鮮料理製法)』, 신문관, 1917.(한성도서, 1942)
최영년(崔永年), 『해동죽지(海東竹枝)』, 장학사, 1925.
이석만(李奭萬), 『간편조선요리제법(簡便朝鮮料理製法)』, 삼문사. 1934.
鈴木商店, 『四季의 朝鮮料理』, 鈴木商店 내외요리출판부, 1935.
『할팽연구(割烹硏究)』, 경영여자사범대학교 가사연구회, 1937.
조자호(趙慈鎬), 『조선요리법(朝鮮料理法)』, 광한서림, 1938.
손정규(孫貞圭), 『조선요리(朝鮮料理)』, 경성서방, 1940.
홍선표(洪善杓), 『조선요리학(朝鮮料理學)』, 조광사, 1940.
찬자 미상, 『가정요리』, 1940년대.
이용기(李用基), 『조선무쌍신식요리제법(朝鮮無雙新式料理製法)』,
　　영창서관, 1943.
김호직(金浩稙), 『조선식물개론(朝鮮食物槪論)』, 생활과학사, 1944.
손정규(孫貞圭), 『우리음식』, 삼중당, 1948.
황혜성(黃慧性), 『조선요리대략』, 숙명여자대학 가사과, 1950.
방신영(方信榮), 『우리 나라 음식 만드는 법』, 청구문화사, 1952.
한희순·황혜성·이혜경, 『이조궁정요리통고(李朝宮廷料理通攷)』, 학총사, 1957.
이성우 찬, 『조선왕조 행행식 가례식 영접식 의궤』, 미원음식연구원, 1988.
『원행을묘정리의궤(園幸乙卯整理儀軌)』, 1795.
『조선왕조실록(朝鮮王朝實錄)』 - 성종(成宗), 숙종(肅宗), 영조(英祖), 고종(高宗)
최남선, 『조선상식문답』, 삼성미술문화재단, 1988.
이석호 역, 『조선세시기』(열양세시기, 동국세시기, 동경잡기, 경도잡지), 동문선,
　　1991.
유만공 원저, 임기중 역주, 『우리 세시풍속의 노래』, 집문당, 1993.
『중간 노걸대(重刊 老乞大) 언해』(17세기 후반, 영인본), 홍문각, 1984.
『중간 노걸대(老乞大) 언해』, 아세아문화사, 1974.

■ 1960년 이후의 문헌(저자 가나다순)

『강원도의 향토, 관광요리』, 강원도농촌진흥원, 1997.
『강원도 향토의 맛』, 강원도농촌진흥원, 1993.
『경기향토요리』, 경기도농촌진흥원, 1991.
『경남향토음식』, 경상남도농촌진흥원, 1994.
『식품영양학사전』, 한국사전연구사, 1997.
『식품재료사전』, 한국사전연구사, 1997.
강인희,『한국의 맛』, 대한교과서주식회사, 1987.
강인희,『한국인의 보양식』, 대한교과서주식회사, 1992.
강인희·이경복,『한국식생활풍속』, 삼영사, 1984.
구천서,『세계의 식생활문화』, 향문사, 1994.
김경은,『명가집 내림손맛』, 고려원미디어, 1997.
김광언,『김광언의 민속지』, 조선일보사, 1994.
김득중,『우리의 전통 예절』(증보판), 한국문화재보호재단, 1986.
김명길,『낙선재 주변』, 중앙일보사, 1977.
김소운,『언문 조선구전 민요집』, 제일서방, 1931.
김연식,『한국사찰음식』, 우리출판사, 1997.
김영원,『조선백자』, 대원사, 1989
김용숙,『조선조 궁중풍속연구』, 일지사, 1987.
김용숙,『한국 여속사』, 민음사, 1989.
김태정,『쉽게 찾는 우리 나물』, 현암사, 1998.
나선화,『소반』, 대원사, 1989.
뿌리깊은 나무,『겨울음식』, 대원사, 1989.
뿌리깊은 나무,『봄·가을음식』, 대원사, 1989.
뿌리깊은 나무,『여름음식』, 대원사, 1989.
송수권,『남도의 맛과 멋』, 창공사, 1995.
신태범,『먹는 재미, 사는 재미』, 서당, 1989.
신태범,『우리맛 탐험』, 강천, 1997.

어효선,『내가 자란 서울』, 대원사, 1990.
유계완,『계절과 식탁, 春夏秋冬』, 삼화출판사, 1976.
유태종,『식품보감』, 문운당, 1988.
윤서석 감수,『한국음식 세시기』, 중앙일보사, 1975.
윤숙경,『우리말조리어사전』, 신광출판사, 1996.
이규태,『한국인의 음식 이야기』, 기린원, 1991.
이성우,『고대 한국식생활사 연구』, 향문사, 1992.
이성우,『고려 이전의 한국식생활사 연구』, 향문사, 1978.
이성우,『한국식경대전(韓國食經大典)』, 향문사, 1981.
이성우,『한국 식생활의 역사』, 수학사, 1993.
이성우,『한국식품문화사』, 교문사, 1984.
이성우,『한국식품사회사』, 교문사, 1984.
이성우,『한국요리문화사』, 교문사, 1985.
이영춘,『차례와 제사』, 대원사, 1994.
이종근,『온고을의 맛, 한국의 맛』, 신아출판사, 1995.
이훈종,『국학도감』, 일조각, 1970.
이훈종,『민족생활어 사전』, 한길사, 1992.
장지현,『한국전래 대두 이용 음식의 조리가공사적 연구』, 수학사, 1993.
정순자,『한국조리』, 신광출판사, 1990.
조풍연,『서울잡학사전』, 정동출판사, 1989.
최승범,『한국의 먹거리와 풍물』, 문학아카데미, 1997.
최필승,『자랑스런 민족음식(북한의 요리)』, 한마당, 1989.
한국민속사전 편찬위원회,『한국민속대사전』, 민족문화사, 1991.
한국의 맛 연구회,『전통건강음료』, 대원사, 1996.
한복려,『떡과 과자』, 대원사, 1989.
한복려,『서울음식과 궁중음식』, 대원사, 1989.
한복진,『팔도음식』, 대원사, 1989.
한복려,『한복려의 밥』, 뿌리깊은 나무, 1991.

한복려·한복진, 『종가집 시어머니 장 담그는 법』, 둥지, 1995.
한복선, 『명절음식』, 대원사, 1990.
한복진, 『전통음식』, 대원사, 1989.
홍석화, 『한국의 토종 기행』, 사계절, 1994.
홍성유, 『맛과 멋을 찾아서』, 대완도서, 1981.
홍승면, 『백미백상』, 학원사, 1983.
홍정실, 『유기』, 대원사, 1989.
황혜성, 『고향음식의 맛과 멋』, 문화재보호협회, 1990.
황혜성, 『조선왕조 궁중음식』, 궁중음식연구원, 1995.
황혜성, 『한국요리 백과사전』, 삼중당, 1976.
황혜성, 『한국의 미각』, 궁중음식연구원, 1971.
황혜성·한복려·한복진, 『한국의 전통음식』, 교문사, 1991.
황혜성·한복려·한복진·서혜경, 『궁중의 식생활, 사찰의 식생활』
　(한국음식대관 제6권), 한국문화재보호재단, 1997.
황혜성·한복선·한복진, 『태교음식』, 둥지, 1996.
황혜성 외, 『한국민속종합조사보고서-향토음식편』,
　문화공보부 문화재관리국, 1984.

찾아보기

ㄱ

가리구이 580, 581
가리국 580, 1060
가리비 755
가리찜 580
가물치 698, 701, 702
가물치탕 702
가오리 690
가오리국 690
가오리숙회 693
가자미 694, 695
가자미식해 695, 1060
가자미양념구이 697
가지 892, 893
가지나물 892
가지느름이 577
가지선 892, 894
각색전골 569, 572
간서리목 575
간전 592
갈비구이 580~583
갈비찜 583, 592
갈비탕 588
갈치 716, 717, 718, 719
갈치조림 719
감자 878, 879, 880
감자막가리만두 880, 882
감자부침 880, 1049
감자전 882
갑오징어 730, 732

갑회 565, 566, 567, 568
강하(糠蝦) 741
강회 565
개성모약과 1046
개성주악 1046
개장 593
개장고지느름이 577
개장국느름이 577
개조개 755
건구절판 927
건수란(乾水卵) 942, 943
건진국수 1053
건치 610
계감정 738
계장 736
게전 739
겨자즙 925
겨자채 919, 924, 925
결구배추 848
경단 1046
경상도추탕 1053
고구마 878, 880, 881, 882
고구마순나물 882
고기산적 575, 576
고등어 703, 705
고등어소금구이 706
고등어쌈장 705
고사리 864
고사리나물 867

고수김치 1057
고추 895, 896, 897
고추부각 897
곤쟁이(紫鰕) 740
곰탕 588
곱창전골 569
광어 694
광어전 697
구절판 926~930
국수전골 569
굴 757, 758
굴비구이 715
굴비장아찌 715
굴전 762
굴전유어 759
굴회 759, 762
궁중 닭찜 607
궁중전골 569
귀세미젓 709
근대 850, 852
근대된장국 852
근대죽 854
기장우무묵 939
김 934, 937, 938
김부각 938
김자반 939
김치전골 569
김치찜쌈 877
깻잎쌈 876, 877
깻잎찜 877
꼬리곰탕 588, 592
꼬막 751, 754
꼬막무침 756
꼴뚜기 730
꽃게 735~739
꽃게감정 739

꽃게찜 739
꽃새우 744, 745
꿩고기 음식 608~612
꿩구이 609
꿩만두 608, 609, 612
꿩적 575

ㄴ

나박김치 847
낙삼탕 734
낙지 730, 733
낙지볶음 734
낙지전골 734
낙지죽 734
낙지호롱 734
난로회 570, 571
난숙(卵熟) 944
남매죽 1056
납평전골 570
내장탕 588
내포중탕 1058
냉이 856, 857
냉이국 857
냉이무침 861
냉콩국수 1057
너비아니 561, 564
넙치 694
노각생채 887
노티(놋치) 1059
녹두묵 908, 909, 910
녹두빈대떡 864, 931~933
농어 681, 682, 683
농어회 685
누르미른 577
누름적 573, 574, 577~579
느름이 577

느타리버섯　906
늙은호박　889
능이버섯　907

ㄷ

다시마　934, 938
달걀　940~944
달걀부침　941
달걀선　943
달래　857
달래밀적　857
달래생채　861
닭고기 음식　603~607
닭도리탕　606
닭볶음　606
닭북어찜　607
닭적　575, 604, 607
닭찜　604, 607, 688
대구(大口)　707, 710
대구껍질강회　711
대구껍질채　711
대구매운탕　710, 711
대구모젓　711
대구백숙　710
대구포　711
대추편포　597, 599
대추포　596
대하　740, 741, 742, 743
대하구이　741, 743
대하잣즙무침　745
대하찜　741, 743, 745
대합　751, 752, 753
대합구이　756
더덕　866, 867
더덕구이　866, 867
더덕북어　709

더덕생채　866
더덕술　867
도라지　865
도라지나물　867
도루묵　686, 688
도루묵백숙　689
도루묵조림　689
도리뱅뱅이　702
도리탕　606
도미　686
도미국수(도미면)　687, 689
도미소금구이　687
도미전골　687
도미찜　606, 687, 689
도미탕　687
도미회　687
도야지순대　594
도토리묵　908, 910, 911, 912, 913
돌나물　858
돌나물김치　861
돌나물물김치　858
돌나물생채　861
동래파전　869, 1053
동아　883, 886, 887
동아느르미　579
동아섞박지　887
동아선　887
동아장아찌　887
동아정과　886
동충하초(冬蟲夏草)　907
동치미　847
동태순대　593, 710, 1061
동화눌음(訥音)　578
동화느르미　578
동화느름이　577, 578
돼지갈비찜　602

돼지고기 음식 600~602
돼지고기편육 600
돼지삼겹살구이 600
돼지순대 593
돼지족조림 1057
돼지찜 601
되비지 1059
두릅 858, 859
두릅적 576, 859
두릅회 861
두부 914~918
두부선 917, 918
두부전골 917, 918
두부조림 918
등심구이 563
떡산적 573, 576
똑도기자반 615

ㅁ

마늘 895, 897, 898, 899, 900
마늘장아찌 899
마른새우볶음 745
마른서대조림 697
막두부 916
만나지 614, 615
맛살 754
매듭자반 939
머위 892, 893
머위깨즙나물 894
멍게 763, 766
메기 720, 723, 724
메기매운탕 723, 724
메밀막국수 1049
메밀묵 908, 910, 911, 913
메추라기찜 611
메추리구이 611

멸치 746, 747, 748, 749
멸치쌈장 749
멸치장산적 750
멸치젓 748
명란젓 709
명태 707
모시조개 751
목이버섯 906
못소 765
무 845, 846, 847, 848
무갑장과 848, 849
무국 847
무나물 847, 849
무명두부 916
무생채 847
무장아찌 847
묵 908~913
문어 730, 733, 734
물쑥 860
뭉치구이 615
미나리 868, 871, 872
미나리강회 871, 872
미나리나물 872
미나리장과 872
미더덕 766, 767
미더덕찜 766, 1053
미쌈(해삼전) 764, 765
미역 934, 935, 936
미역국 936
미역생채 936, 939
미역자반 939
민어 681, 682
민어국 682
민어매운탕 684
민어전 685
민어회 683

밀다갈범벅 1057
밀전병 928, 929

ㅂ
바지락 755
박 888, 890, 891
박나물 891
박느르미 579
박속국 891
방자구이 563
배추 846, 848, 849
배추김치 848
배추선 849
배추속대장과 849
배추장과 849
배추찜 849
배츳잎쌈 877
백하(白蝦) 741
뱅어 746, 749, 750
뱅어숙회 749
뱅어전 750
뱅어탕 750
뱅어포 750
뱅어포구이 750
버섯 901~907
버섯산적 576, 907
베부두 916
병어 694, 696
병어감정 696, 875, 877
병어고추장구이 697
보리국 693
보리새우볶음 875, 877
복매운탕 729
복쌈(福裹) 873
복어 725, 727, 728, 729
복어탕 729

봄나물 855~861
봉적(鳳炙) 607
봉총찜(鳳悤蒸) 609
부각 1051
부아전 592
부추 868, 870, 871
부추김치 870
부추부치개 872
북어 708
북어국 709
북어전 711
북어조림 711
분홍새우 740, 743, 744
불고기 561~564
붕어 698
붕어구이 698
붕어찜 698, 699, 702
붕장어 722
비결구배추 848
비단두부 916
빙떡 1055
뽈국 710
뽈찜 711

ㅅ
사슬적(사슬산적) 574, 575, 576
사태찜 592
산적 573~576
산채 862~867
삼치 703, 705, 706
삼치국 706
삼합장과 761, 762
상추생채 877
상추쌈 873, 874, 875
새우 740~745
새우산적 741

새우전 741
새조개 755
생곰취쌈 876
생멸치절임 749
생복 760
생복찜 760
생선눌음 578
생선적 575
생치구이 610
생치다식 610
생치적 612
생치침채(沈菜) 609
생회(生膾) 565
샤브샤브 608
서대(서대기) 694, 696, 697
서리목 575
석류탕법 609
석이단자 906
석이떡 905
석이버섯 905, 906
석이볶음 907
석화(石花) 759
석화느르미 578
석화느름이 578
석화젓 759
선기야탕 688
설렁탕 1044
설상(雪上)가리 581, 582
설야멱적 575
설야적(雪夜炙) 562, 581
설하멱(雪下覓) 562
섭산삼 867
섭산적 613, 614, 615, 616
성게 763, 767, 768
세발낙지 734
세하(細蝦) 741

소 내장 음식 588~592
소라 757, 761, 762
소라초 762
소적(素炙) 575
송이버섯 902, 903
송이산적 903
송이전골 903, 907
송이탕 903, 907
송이회 903
쇠갈비구이 583, 1046
쇠갈비찜 583
쇠갈비찜구이 583
쇠고기느르미 578
쇠고기 밑반찬 613~616
쇠고기산적 573
쇠고기장조림 614, 616
쇠고기전골 569, 572
수란(水卵) 941, 942, 944
수육(水肉) 594
수정회(水晶膾) 939
숙육(熟肉) 594
숙주 841
숙주나물 843, 844
숙편(熟片) 594
숙회(熟膾) 565
순대 593, 1059
순두부 916
순조전(鶉鳥煎) 611
숭어 681, 683, 684
숭어찜 685
숭어채 684
승가기(勝佳妓, 勝歌妓) 605
승가기탕(勝佳妓湯) 1057
승개기 571
승기야탕(勝只雅湯) 605, 688
승기악탕(勝妓樂湯) 605, 606, 687

찾아보기 1115

시금치　850, 851, 852
시금치나물　854
실파장국　869
싸리버섯　907
쏘가리　698, 700, 701
쏘가리매운탕　701, 702
쑥갓　850, 852
쑥갓나물　854
씀바귀　859, 860
씀바귀나물　861

ㅇ
아귀　725
아귀국밥　726
아귀수육　726, 727
아귀찜　725, 726, 729, 1053
아귀탕　727
아나고　722
아욱　853, 854
아욱된장국　853
아욱죽　853
안동식혜　1053
안동파산적　872
알느름이　578
알쌈　765, 942, 943, 944
알찌개　944
알찜　941, 944
암치자반　682
암치포무침　685
애저(兒猪)　601
애호박　888, 889
애호박나물　891
애호박전　891
약고추장　875, 877
약산적　613, 614
양곰탕　588, 590

양동구리　590, 592
양만두　590
양볶이　590
양서리목　575
양숙　595
양숙편　590
양지머리편육　595
양지탕　588
어교(魚膠)순대　594, 682
어글탕　710
어리굴젓　1047
어만두　683, 684, 685
어복쟁반　1058
어선　683, 684, 685
어숙회(魚熟膾)　684
어음적(於音炙)　578
어적(魚炙)　575
어채　565, 683 ,684 ,685 ,690
어포　597 ,684
연계적(닭구이)　606
연계증(軟鷄蒸)　604
연계찜　605
연근　892, 893
연근전　894
연근정과　894
연두부　916
연안식해　1057
연포탕　918
열구자탕　1044
염통구이　592
염포　596
영광굴비　714～715
영지(靈芝)　907
오리구이　611
오믈렛　941
오분재기　760

오이 883, 884, 885
오이갑장과 884
오이깍두기 884
오이나물 885
오이무름국 885, 887
오이선 884, 887
오이소박이 870, 884
오이장아찌 884
오이지 884
오징어 730
오징어구이 734
오징어불고기 733
오징어순대 593, 594, 595, 733
옥돔 1055
올챙이묵 908, 912, 913, 1050
왕게 736
외탕 885
우거지된장국 848
우렁쉥이 766
우모포(牛毛泡) 939
우무 934
우무묵 938, 939
우엉 894
우육구이 561
우육느르미 578
우육다식 599
우행교방(牛餳膠方) 585
움파산적 576
웅어감정 696
원추리 860
원추리나물 861
월과채 889
유곽 756
유부(油腐) 917
육적(肉炙) 574, 575
육포 596~599

육회 565, 566, 568
이어화탕(鯉魚花湯) 700
인복 760
인삼메기매운탕 723
잉어 698, 699, 700
잉어기자탕(鯉魚杞子湯) 700
잉어된장국 702
잉어탕 700

ㅈ
자리물회 688
자리회 1055
자반가자미 695
잔멸치볶음 750
잡누름적 579
잡느럼이 579
잡느름이 578
잡산적 574, 575
잡채 575, 919, 920, 921, 925
잡탕 575
장똑도기 614, 615, 616, 877
장똑도기자반 875
장산적 574, 613, 614, 615, 616
장어 720
장어구이 720, 721, 724
장인복(長引鰒) 760
장포 596
재첩 755
재첩국 755
저육구이 602
저육수정회(猪肉水晶膾) 567
저피수정회(猪皮水晶膾) 586
전갱이 703, 706
전갱이조림 706
전골 569~572
전복 757, 760, 761

전복만두 761
전복죽 1055
전복찜 762
전약(煎藥) 584, 586, 587
전주비빔밥 843, 1051
전주콩나물밥 1051
절미된장조치 874
제물묵 909
제육구이 602
제육불고기 601, 602
제육편육 595
조개회 753
조기 712~715
조기국 715
조기양념장구이 715
조랭이떡국 1046
조복 760
족병(足餠) 585
족볶음 587
족볶이(주저탕) 587
족적(足炙) 574, 575, 586
족탕 588
족편 584, 585, 586, 587
좌반(佐飯) 613
주꾸미 733, 734
죽순찜 923, 925
죽순채 919, 921, 922, 923, 925
죽순회 923, 925
준치 716
준치만두 719
중하 740
즙화양적 577
지짐누름적 573, 579
지히 609
진구절판 928
진주비빔밥 1053

진주좌반 615
진주탕 610
집산적 869

ㅊ

차새우 740, 743
참새우 745
창란젓 709, 711
채란 944
채소쌈 873~877
처녑만두 590
처녑전 592
천리찬 614, 615
청국장 1047
청어 703, 704
청어조림 706
청포묵 908, 913
추복 760
취 864
취나물 867
취쌈 876, 877
치육포 610
치포 610
칠보편포 596, 597, 599
칠향계(七香鷄) 605
침채 609

ㅋ

콩나물 841, 842, 843
콩나물겨자채 844
콩나물 기르기 843
콩나물무침 844
콩나물잡채 843
콩부침 1061
콩잎쌈 877
키조개 755

ㅌ
탕평채 910, 913, 1044
토란 878, 882
토란곰국 882
토란국 882
토란탕 882
통마늘장아찌 900
통문어찜 734

ㅍ
파 868, 869, 870
파강회 869
파산적 573, 869
파전 869
패주전 756
팽란(烹卵) 942, 943
팽이버섯 907
편육(片肉) 593, 594, 595
편포 597
포쌈 596, 597
표고버섯 904, 905
표고전 907
풋고추무침 900
풋고추장아찌 900
피라미 702
피마자잎쌈 877

ㅎ
한치회 733
해물겨자채 925
해물뚝배기 1055
해물전골 569
해삼 763, 764, 765, 766
해삼·멍게회 768
해삼쌈 764
해삼전 768

해삼찜 764
해삼초 765
해하(海蝦) 741
행적 1057
향느럼이 579
헛제삿밥 1053
호박 888, 889, 890
호박고지 889
호박꿀단지 1048
호박나물 888, 889
호박문주 889
호박선 891
호박잎쌈 877
호박지찌개 1057
호박찌개 888, 889
홍어 690
홍어백숙 690
홍어어시욱 692
홍어어채 691
홍어찜 691, 693
홍어탕 693
홍어회 690, 691, 692, 693
홍탁삼합 692
홍합 751, 753, 754
홍합초 754, 756
홍해삼 765, 768
화반(花飯) 1053
화양누르미(누르미) 577
화양적 573, 577, 579
황과선 885
황과찜 885
황포 597
황향눌음 578
횃누르미 577
회냉면 1060

찾아보기 1119